Lizenzen an Unternehmenskennzeichen

AF883935

Europäische Hochschulschriften

Publications Universitaires Européennes

European University Studies

Reihe II

Rechtswissenschaft

Série II Series II

Droit

Law

Bd./Vol. 4509

PETER LANG

Frankfurt am Main · Berlin · Bern · Bruxelles · New York · Oxford · Wien

Andreas Möller

Lizenzen an Unternehmenskennzeichen

PETER LANG
Europäischer Verlag der Wissenschaften

Bibliografische Information der Deutschen Nationalbibliothek
Die Deutsche Nationalbibliothek verzeichnet diese Publikation in der Deutschen Nationalbibliografie; detaillierte bibliografische Daten sind im Internet über <http://www.d-nb.de> abrufbar.

Zugl.: Münster (Westfalen), Univ., Diss., 2006

1. Berichterstatter:	Prof. Dr. Thomas Hoeren
2. Berichterstatter:	Prof. Dr. Peter Mes
Dekan:	Prof. Dr. Reiner Schulze
Tag der mündlichen Prüfung:	30.05.2006

D 6
ISSN 0531-7312
ISBN-10: 3-631-56274-8
ISBN-13: 978-3-631-56274-1

© Peter Lang GmbH
Europäischer Verlag der Wissenschaften
Frankfurt am Main 2007
Alle Rechte vorbehalten.

Das Werk einschließlich aller seiner Teile ist urheberrechtlich geschützt. Jede Verwertung außerhalb der engen Grenzen des Urheberrechtsgesetzes ist ohne Zustimmung des Verlages unzulässig und strafbar. Das gilt insbesondere für Vervielfältigungen, Übersetzungen, Mikroverfilmungen und die Einspeicherung und Verarbeitung in elektronischen Systemen.

www.peterlang.de

Für Gudrun

Vorwort

Die Arbeit wurde im Januar 2006 fertig gestellt und von der Rechtswissenschaftlichen Fakultät der Westfälischen Wilhelms-Universität zu Münster im Sommersemester 2004 als Dissertation angenommen.

Mein Dank gilt zunächst meinem Doktorvater, Herrn Professor Dr. Thomas Hoeren, für seine wertvollen Anregungen bei der Anfertigung der Arbeit sowie für den Freiraum bei der Bearbeitung des Themas. Ferner bedanke ich mich bei Herrn Prof. Dr. Peter Mes für die zügige Erstellung des Zweitgutachtens, die den schnellen Abschluss des Promotionsverfahrens ermöglicht hat.

Mein besonderer Dank gilt meiner Frau Gudrun, die mich bei der Fertigstellung der Arbeit geduldig unterstützend begleitet hat. Ohne Ihr Verständnis und Unterstützung hätte diese Arbeit nicht entstehen können.

Abschließend möchte ich mich bei meinen Eltern bedanken, die mir, nicht nur bei der Anfertigung dieser Arbeit, die bestmögliche Unterstützung gegeben haben.

Haltern am See, im Sommer 2006
Andreas Möller

Inhaltsverzeichnis

Abkürzungsverzeichnis

a.A.	anderer Ansicht
a.a.O.	am angegebenen Orte
ABL.	Amtsblatt der Europäischen Gemeinschaften
Abs.	Absatz
AcP	Archiv für die civilistische Praxis
ADHGB	Allgemeines Deutsches Handelsgesetzbuch
a.F.	alte Fassung
AG	Aktiengesellschaft
AktG	Aktiengesetz
allg.	allgemein
Alt.	Alternative
Anh.	Anhang
Anm.	Anmerkung
ArbnErfG	Gesetz über Arbeitnehmererfindungen
Art.	Artikel
AT	Allgemeiner Teil
Aufl.	Auflage
Az.	Aktenzeichen
BayObLG	Bayerisches Oberstes Landesgericht
BB	Betriebsberater
Beschl.	Beschluss
BFH	Bundesfinanzhof
BGB	Bürgerliches Gesetzbuch
BGBl.	Bundesgesetzblatt der Bundesrepublik Deutschland
BGH	Bundesgerichtshof
BGHZ	Entscheidungssammlung des BGH in Zivilsachen
BPatG	Bundespatentgericht
BT-Drucks.	Bundestagsdrucksache
BVerfG	Bundesverfassungsgericht
BVerfGE	Entscheidungen des Bundesverfassungsgerichts
bzw.	beziehungsweise
CR	Computerrecht
DB	Der Betrieb
ders.	derselbe
dies.	dieselbe
d.h.	das heißt

Diss.	Dissertation
DNotZ	Deutsche Notar-Zeitschrift
DPMA	Deutsches Patent- und Markenamt
DStR	Deutsches Steuerrecht
DZWIR	Deutsche Zeitschrift für Wirtschafts- und Insolvenzrecht
EGBGB	Einführungsgesetz zum Bürgerlichen Gesetzbuch
EG	Europäische Gemeinschaft
EGV	Vertrag über die Gründung der Europäischen Gemeinschaft
Einf. v.	Einführung von
Einl.	Einleitung
ErbbaurechtsVO	Verordnung über das Erbbaurecht
etc.	et cetera
EU	Europäische Union
EUGH	Gerichtshof der Europäischen Gemeinschaften
evtl.	eventuell
EWiR	Entscheidungen zum Wirtschaftsrecht
f.	folgende
ff.	fortfolgende
FGG	Gesetz über die Angelegenheiten der freiwilligen Gerichtsbarkeit
FN	Fußnote
FS	Festschrift
GebrMG	Gebrauchsmustergesetz
gem.	gemäß
GeschmMG	Gesetz über den rechtlichen Schutz von Muster und Modellen
GewO	Gewerbeordnung
GG	Grundgesetz
ggf.	gegebenenfalls
GKG	Gerichtskostengesetz
GmbH	Gesellschaft mit beschränkter Haftung
GmbHG	Gesetz betreffend die Gesellschaften mit beschränkter Haftung
GRUR	Gewerblicher Rechtsschutz und Urheberrecht
GRURInt	Gewerblicher Rechtsschutz und Urheberrecht, Internationaler Teil

GRUR-RR	Gewerblicher Rechtsschutz und Urheberrecht, Rechtsprechungs-Report
GWB	Gesetz gegen Wettbewerbsbeschränkungen
HalbleiterschutzG	Gesetz über den Schutz der Topographien von mikroelektronischen Halbleitererzeugnissen
HGB	Handelsgesetzbuch
h.Lit.	herrschende Literaturmeinung
h.M.	herrschende Meinung
HRefG	Handelsrechtsreformgesetz
i.S.	im Sinn
InsO	Insolvenzordnung
i.V.	in Verbindung
JR	Juristische Rundschau
JuS	Juristische Schulung
JW	Juristische Wochenschrift
JZ	Juristen-Zeitung
KG	Kammergericht, Kommanditgesellschaft
KO	Konkursordnung
KStG	Körperschaftssteuergesetz
KUG	Kunsturhebergesetz
lit.	litera
m.	mit
MarkenG	Markengesetz
MarkenR	Markenrecht
Mio.	Millionen
MDR	Monatsschrift für Deutsches Recht
MMR	Zeitschrift für Informations-Telekommunikations- und Medienrecht MultiMedia und Recht
m.w.N.	mit weiteren Nachweisen
NamÄndG	Gesetz über die Änderung von Familiennamen und Vornamen
n.F.	neue Fassung
NJW	Neue Juristische Wochenschrift
NJW-RR	NJW-Rechtsprechungsreport Zivilrecht
NJWE-WettbR	NJW-Entscheidungsdienst zum Wettbewerbsrecht

Nr.	Nummer
Nrn.	Nummern
NZG	Neue Zeitschrift für Gesellschaftsrecht
NZV	Neue Zeitschrift für Verkehrsrecht
o.	oben
OHG	offene Handelsgesellschaft
OLG	Oberlandesgericht
PartGG	Gesetz über Partnerschaftsgesellschaften Angehöriger freier Berufe (Partnerschaftsgesetz – PartGG)
PatG	Patentgesetz
Rdn.	Randnummer
RG	Reichsgericht
RGZ	Entscheidungssammlung des Reichsgerichts in Zivilsachen
Rspr.	Rechtsprechung
S.	Seite, Satz
SachenR	Sachenrecht
SchuldR	Schuldrecht
sog.	so genannt
str.	strittig
st. Rspr.	Ständige Rechtsprechung
u.	und
U.	Urteil
u.a.	unter anderem
UrhG	Gesetz über Urheberrecht und verwandte Schutzrechte (Urheberrechtsgesetz)
UWG	Gesetz gegen den unlauteren Wettbewerb
v.	von, vom
VerlG	Gesetz über das Verlagsrecht
vgl.	vergleiche
VO	Verordnung
Vorb.	Vorbemerkung
WEG	Gesetz über das Wohnungseigentum und das Dauerwohnrecht (Wohnungseigentumsgesetz)
WM	Wertpapiermitteilungen

WRP	Wettbewerb in Recht und Praxis
WZG	Warenzeichengesetz
z.B.	zum Beispiel
ZHR	Zeitschrift für das gesamte Handelsrecht und Wirtschaftsrecht
ZIP	Zeitschrift für Wirtschaftsrecht
zit.	zitiert
ZPO	Zivilprozessordnung
zzgl.	zuzüglich

Literaturverzeichnis

Ahrens, Claus	Die Verwertung persönlichkeitsrechtlicher Positionen, Würzburg 2002
Bartenbach, Britta/ Bartenbach, Kurt	Schutzrechtsverkauf und Lizenzierung von Schutzrechten und Know-how nach der Schuldrechtsreform, in MDR 2003, S. 1270 ff.
Bartenbach, Britta	Die Patentlizenz als negative Lizenz, Diss. Köln 2002
Bartenbach, Kurt/ Gennen, Klaus	Patentlizenz- und Know-how-Vertrag, 5. Aufl., Köln 2001
Baumbach, Adolf/ Hefermehl, Wolfgang	Wettbewerbsrecht, 23. Aufl., München 2004, zit.: Baumbach/Hefermehl-Bearbeiter, §, Rdn.
Baumbach, Adolf/ Hopt, Klaus	Handelsgesetzbuch, 31. Aufl., München 2003, zit.: Baumbach/Hopt-Bearbeiter, §, Rdn.
Baur, Fritz/ Stürner, Rolf	Sachenrecht, 17. Aufl., München 1999
Beater, Axel	Mantelkauf und Firmenfortführung – Zugleich ein Beitrag zur Teleologie von § 23 HGB –, in GRUR 2000, S. 119 ff.
Benkard, Georg	Patentgesetz, 9. Aufl., München 1993, zit.: Benkard-Bearbeiter, §, Rdn.
Berkemeier, Astrid	Die Verwertung von Immaterialgüterrechten, Diss. Berlin 1984
Bleutge, Peter	Die Rechtsnatur des Firmenschutzes, Diss. Bochum 1970
Bokelmann, Gunther	Das Recht der Firmen und Geschäftsbezeichnungen, 5. Aufl., Freiburg u.a. 2000

ders.	Der Gebrauch von Geschäftsbezeichnungen mit Inhaberzusatz durch Nichtkaufleute und Minderkaufleute, in NJW 1987, S. 1683 ff.
Bornkamm, Joachim	Markenrecht und wettbewerbsrechtlicher Kennzeichenschutz, in GRUR 2005, S. 97 ff.
Brandi-Dohrn, Matthias	Sukzessionsschutz bei der Veräußerung von Schutzrechten, in GRUR 1983, S. 146 ff.
Bühling, Jochen	Die Markenlizenz im Rechtsverkehr, in GRUR 1998, S. 196 ff.
Bülow, Peter	Zu den Vorstellungen des historischen Gesetzgebers über die absolute Wirkung rechtsgeschäftlicher Abtretungsverbote, in NJW 1993, S. 901 f.
Busse, Rudolf	Patentgesetz, 6. Aufl., Berlin 2003
Bussmann, Kurt	Name, Firma, Marke, Berlin 1957
ders.	Unternehmenskennzeichen zwischen Ost und West, in GRUR 1950, S. 93 ff.
Canaris, Claus-Wilhelm	Handelsrecht, 23. Aufl., München 2000
ders.	Kollisionen der §§ 16 und 3 UWG mit dem Grundsatz der Firmenbeständigkeit gemäß §§ 22, 24 HGB, in GRUR 1989, S. 711 ff.
ders.	Die Verdinglichung obligatorischer Rechte, in FS für Werner Flume, S. 371 ff.
Dasch, Norbert	Die Einwilligung zum Eingriff in das Recht am eigenen Bild, München 1990

Däubler, Wolfgang — Rechtsgeschäftlicher Ausschluß der Veräußerlichkeit von Rechten?, in NJW 1968, S. 1117 ff.

Deutsch, Volker — Anspruchskonkurrenzen im Marken- und Kennzeichenrecht, in WRP 2000, S. 854 ff.

Droste, Karl — Firma und Geschäftsbezeichnung, in DB 1957, S. 573 ff.

ders. — Grundsätzliches zur Geschäftsbezeichnung, in DB 1967, S. 539 ff.

Ebenroth, Carsten Thomas/ Boujang, Karlheinz/ Joost, Detlev — Handelsgesetzbuch, München 2001, zit.: Ebenroth/Boujang/Joost-Bearbeiter, §, Rdn.

Eisenhardt, Ulrich — Die Einheitlichkeit des Rechtsgeschäfts und die Überwindung des Abstraktionsprinzips, in JZ 1991, S. 271 ff.

Emde, Raimond — Ausgleichsanspruch analog § 89 b HGB für Markenlizenznehmer, in WRP 2003, S. 468 ff.

Engels, Stephan — Die Rechtsnatur der Markenlizenz unter der Geltung des Markengesetzes 1995, Diss. Köln 1999

Erman — Bürgerliches Gesetzbuch,

- Band 1 §§ 1 - 811, UKlaG, 11. Aufl., Köln 2004,
- Band 2 §§ 812 - 2385, EGBGB, ErbbauVO, HausratsVO, LPartG, ProdHaftG, VAHRG, WEG, 11. Aufl., Köln 2004,

zit.: Erman-Bearbeiter, §, Rdn.

Fehrenbacher, Oliver — Der Lizenzvertrag, in JR 2001, S. 309 ff.

Felsner, Markus — Fortführung der Firma bei Ausscheiden des namensgebenden Gesellschafters nach dem Handelsreformgesetz, in NJW 1998, S. 3225 ff.

Fezer, Karl-Heinz — Markenrecht, 3. Aufl., München 2001, zit.: Fezer, MarkenR, §, Rdn.

ders. — Lauterbarkeitsrecht, Kommentar zum Gesetz gegen den unlauteren Wettbewerb (UWG),
- Band 1 §§ 1 - 4 UWG, München 2005,
- Band 2 §§ 5 - 22 UWG, München 2005,

zit.: Fezer-Bearbeiter, UWG, §, Rdn.

ders. — Liberalisierung und Europäisierung des Firmenrechts, in ZHR 161 (1997), S. 52 ff.

ders. — Anmerkung zu BGH v. 19.1.1976, Az. I ZR 71/74 „Sternhaus“, in GRUR 1976, S. 312 ff.

ders. — Lizenzrechte in der Insolvenz des Lizenzgebers, in WRP 2004, S. 793 ff.

ders. — Anmerkung zu BGH Urteil v. 19.05.1976, Az. I ZR 81/75 "Kyffhäuser", in GRUR 1976, S. 647 ff.

Fikentscher, Wolfgang — Markt oder Wettbewerb oder beides?, in GRURInt 2004, S. 727 ff.

Fischer, Ernst — Schadensersatz für den nichtausschließlichen Lizenznehmer, in GRUR 1980, S. 374 ff.

Forkel, Hans — Zur dinglichen Wirkung einfacher Lizenzen, in NJW 1983, S. 1764 ff.

ders. — Gebundene Rechtsübertragungen, erster Band: Patent, Musterrecht, Urheberrecht, Köln, München u.a. 1977

ders.	Die Übertragbarkeit der Firma, in FS für Paulick, S. 101 ff.
ders.	Lizenzen an Persönlichkeitsrechten durch gebundene Rechtsübertragung, in GRUR 1988, S. 491 ff.
ders.	Der Franchisevertrag als Lizenz am Immaterialgut Unternehmen, in ZHR 153 (1989), S. 511 ff.
ders.	Zur Zulässigkeit beschränkter Übertragungen an Namensrechten, in NJW 1993, S. 3181 ff.
ders.	Grundfälle zu den Immaterialgüterrechten, - Teil 1 in JuS 1988, S. 869 ff., - Teil 2 in JuS 1989, S. 721 ff.
Frey, Gerhard	Verwendung einer schutzfähigen Geschäftsbezeichnung als unberechtigter Firmenmissbrauch?, in DB 1993, S. 2169 ff.
Fromm, Friedrich Karl/ Nordemann, Wilhelm	Urheberrecht, 9. Aufl., Stuttgart 1998, zit.: Fromm/Nordemann-Bearbeiter, §, Rdn.
Gamm, v. Ott-Friedrich	Die Unterlassungsklage gegen Firmenmissbrauch nach § 37 Abs. 2 HGB, in FS für Stimpel 1985, S. 1007 ff.
ders.	Zur Warenzeichenreform, in WRP 1993, S. 793 ff.
Giefers, Hans-Werner	Markenschutz, 4. Aufl., Freiburg 1995
Gierke, Cornelie von	Buchstabenkombinationen als Unternehmenskennzeichen, in WRP 2000, S. 877 ff.
Gitter, Wolfgang	Gebrauchsüberlassungsverträge, Tübingen 1988

Gleiss, Als-Olav	Fehlen und Wegfall des Schutzrechtes bei Lizenz- und Nutzungsverträgen – Patent- und Urheberrecht, Diss. Regensburg 1994
Goldmann, Michael	Der Schutz des Unternehmenskennzeichens, Diss. München 2000
Götting, Horst-Peter	Persönlichkeitsrechte als Vermögensrechte, Tübingen 1995
Günther, Philipp H.	Die Entstehung des Unternehmenskennzeichenschutzes nach § 5 Abs. 2 S. 1 MarkenG, in WRP 2005, S. 975 ff.
Gustavus, Eckhart	Anmerkung zu OLG Stuttgart, Beschl. v. 26.8.1986 – Az. 8 W 239/86, in EWiR 1986, S. 115
Habermeier, Stefan	Das Trennungsdenken, in AcP 195 (1995), S. 283 ff.
Haedicke, Maximilian	Die Gewährleistungshaftung bei Patentveräußerungs- und Patentlizenzverträgen und das neue Schuldrecht, in GRUR 2004, S. 123 ff.
ders.	Rechtskauf und Rechtsmängelhaftung, Tübingen 2003
Harte-Bavendamm, Henning/ Bodewig, Frauke	Gesetz gegen den unlauteren Wettbewerb, München 2004, zit.: Harte/Henning-Bearbeiter, §, Rdn.
Hasselblatt, Gordian	Münchener Anwalts Handbuch Gewerblicher Rechtsschutz, München 2001, zit.: Hasselblatt-Bearbeiter, §, Rdn.
Hederich, Hans	Der Lizenzvertrag, 15. Aufl., Berlin 1957

Hefermehl, Wolfgang	Der namensrechtliche Schutz geschäftlicher Kennzeichen, in FS für Alfred Huek, Berlin 1959, S. 519 ff.
Heinrich, Irmgard	Firmenwahrheit und Firmenbeständigkeit, Diss. Hamburg 1982
Helm, Horst	Der Abschied vom „verständigen“ Verbraucher, in WRP 2005, S. 931 ff.
Henn, Günter	Patent- und Know-How-Lizenzvertrag, 5.Aufl., Heidelberg 2003
Henning-Bodewig, Frauke/ Kur, Annette	Marke und Verbraucher, Funktionen der Marke in der Marktwirtschaft, Band II Einzelprobleme, Weinheim u.a. 1989
Herbst, Reimer	Die rechtliche Ausgestaltung der Lizenz und ihre Einordnung in das System des Bürgerlichen Rechts, Diss. Göttingen 1968
Heymann	Handelsgesetzbuch (ohne Seerecht), Band 1 Erstes Buch Einleitung; §§ 1 - 104, Berlin, New York 1989, zit.: Heymann-Bearbeiter, §, Rdn.
Hilty, Reto M.	Lizenzvertragsrecht, Bern 2001
Hoeren, Thomas	Softwareüberlassung als Sachkauf, München 1989
ders.	Internetrecht, Stand August 2005
Hubmann, Heinrich	Das Persönlichkeitsrecht, 2. Aufl., Köln, Graz 1967
ders.	Die Zwangsvollstreckung in Persönlichkeits- und Immaterialgüterrechte, in FS für Heinrich Lehmann, S. 812 ff.

ders./ Götting, Horst-Peter	Gewerblicher Rechtsschutz, 7. Aufl., München 2002
Immenga, Ulrich/ Mestmäcker, Ernst-Joachim	GWB-Kommentar, 3. Aufl., München 2001, zit.: Immenga/Mestmäcker-Bearbeiter, §, Rdn.
Ingerl, Reinhard/ Rohnke, Christian	Markengesetz, 2. Aufl., München 2003
Jacobs, Rainer/ Lindacher, Walter/ Teplitzky, Otto	UWG Großkommentar, 3. Lieferung, §§ 16 - 24, Berlin 1991, zit.: GroßKomm-Bearbeiter, §, Rdn.
Jäger, Christian/ Heitmann, Stephan	Die steuerlich relevante Entgeltfähigkeit von Markenlizenzgebühren im multinationalen Konzern aus markenrechtlicher Sicht – Zahlungen der Tochter – an die ausländische Muttergesellschaft wegen Markenrechten, die mit dem Firmennamen identisch sind – Steuerminderung oder verdeckte Gewinnausschüttung?, in GRUR 1999, S. 542 ff.
Jauernig, Othmar	Trennungsprinzip und Abstraktionsprinzip, in JuS 1994, S. 721 ff.
ders.	Zur Akzessorietät bei der Sicherungsübertragung, in NJW 1982, S. 268 ff.
Kliems, Hubertus	Reduzierter Schutz für Unternehmenskennzeichen in kollidierenden Marken? – Zugleich ein Beitrag zur „Prägetheorie“ – , in GRUR 2001, S. 635 ff.
Klippel, Diethelm	Der Zivilrechtliche Schutz des Namens, Paderborn u.a. 1985
Knaak, Roland	Die Begriffe des markenmäßigen und firmenmäßigen Gebrauchs im Zeichenrecht, in GRUR 1982, S. 67 ff.

ders. — Der Schutz von Name, Firma und Geschäftsbezeichnungen, in FS zum hundertjährigen Bestehen der GRUR, S. 971 ff., zit.: Knaak, FS GRUR, S.

Knap, Karel — Der Lizenzvertrag als ein besonderer Vertragstypus, in GRURInt 1973, S. 226 ff.

Köhler, Helmut — Die kommerzielle Verwertung der Firma durch Verkauf und Lizenzvergabe, in DStR 1996, S. 510 ff.

ders. — Namensrecht und Firmenrecht, in FS für Wolfgang Fikentscher, S. 494 ff.

Kohler, Josef — Handbuch des deutschen Patentrechts in rechtsvergleichender Darstellung, Mannheim 1900, zit. Kohler, Handbuch, S.

ders. — Deutsches Patentrecht, Neudruck der Ausgabe Mannheim 1878, Aalen 1984, zit.: Kohler, S.

Kohte, Wolfhardt — Die rechtfertigende Einwilligung, in AcP 185 (1985), S. 103 ff.

Koller, Ingo/ Roth, Wulf-Henning/ Morck, Winfried — Handelsgesetzbuch, 5. Aufl., München 2005, zit.: Koller/Roth/Morck-Bearbeiter, §, Rdn.

Kolling, Annabella — Das Prinzip der Firmenwahrheit in historischer und rechtsvergleichender Betrachtung, Diss. Saarbrücken 2001

Koos, Stefan — Der Name als Immaterialgut, in GRUR 2004, S. 808 ff.

Kraßer, Rudolf — Die Wirkung der einfachen Patentlizenz, in GRURInt, 1983, S. S. 537 ff.

ders.	Verpflichtung und Verfügung im Immaterialgüterrecht, in GRURInt 1973, 230 ff.
ders.	Patentrecht, 5. Aufl., München 2004, zit.: Kraßer, S.
ders./ Schmid, Hans Dieter	Der Lizenzvertrag über technische Schutzrechte aus der Sicht des deutschen Zivilrechts, in GRURInt 1982, S. 324 ff.
Krieger, Ulrich	Das Recht zur Benutzung der Marke, in FS für Heinz Rowedder, S. 229 ff.
Krüger, Stefan/ Kamlah, Dietrich	Sukzessionsschutz bei Abgrenzungsvereinbarungen?, in WRP 2004, S. 1465 ff.
Krüger-Nieland, Gerda	Anwendungsbereich und Rechtsnatur des Namensrechts, in FS für Robert Fischer, Berlin, New York 1979
Küppers, Christoph	Der Firmenwert in Handels- und Steuerbilanz nach Inkrafttreten des Bilanzrichtliniengesetzes – Rechtsnatur und bilanzpolitische Spielräume, in BB 1986, S. 1633 ff.
Kur, Annette	Die gemeinschaftliche Markenbenutzung Markenlizenzen und verwandte Tatbestände, in GRURInt 1990, S. 1 ff.
dies.	Verwechslungsgefahr und Irreführung - zum Verhältnis von Markenrecht und § 3 UWG, in GRUR 1989, S. 240 ff.
Larenz, Karl/ Canaris/Claus-Wilhelm	Methodenlehre der Rechtswissenschaft, 3. Aufl., Berlin u.a. 1995
Larenz, Karl	Allgemeiner Teil des deutschen Bürgerlichen Rechts, 7. Aufl., München 1989, zit.: Larenz AT, S.

Larenz, Karl	Lehrbuch des Schuldrechts, zweiter Band, besonderer Teil, 1. Halbband, 13. Aufl., München 1986, zit.: Larenz SchuldR II/1, S.
Larenz, Karl/ Wolf, Manfred	Allgemeiner Teil des deutschen Bürgerlichen Rechts, 8. Aufl., München 1997, zit.: Larenz/Wolf, §, Rdn.
Lehmann, M./ Schönfeld, Th.	Die neue europäische und deutsche Marke: Positive Handlungsrechte im Dienste der Informationsökonomie, in GRUR 1994, 481 ff.
Leßmann, Herbert	Weitergeltung von Lizenzen bei Veräußerung des zugrundeliegenden Schutzrechts bzw. anderweitiger Lizenzierung, in DB 1987, S. 145 ff.
Lichtenstein, Erich	Der Lizenzvertrag im engeren Sinne, in NJW 1965, S. 1839 ff.
Loewenheim, Ulrich	Markenlizenzen und Franchising, in GRURInt 1994, S. 156 ff.
Lüdecke, Wolfgang	Zur rechtlichen Natur der Lizenz, in NJW 1966, S. 815 ff.
ders.	Welchen Einfluss hat die Veräußerung des Patents auf bestehende Lizenzverträge?, in GRUR 1964, S. 470 ff.
ders./ Fischer/Ernst	Lizenzverträge, Weinheim 1957
Lutz, Helmut	Lizenzierung von Computerprogrammen, in GRUR 1976, S. 330 ff.
Mager, Heinrich	Einfache Lizenz bei Veräußerung des Schutzrechts, in GRUR 1983, S. 51

Maunz/Dürig — Grundgesetz
- Band I Art. 1 - 11, Stand Juli 2001,
- Band II Art. 12 - 20, Stand Juli 2001,
zit.: Maunz/Dürig-Bearbeiter, §, Rdn.

Meffert, Heribert — Marketing, 9. Aufl., Wiesbaden 2000

Mes, Peter — Patentgesetz, Gebrauchsmustergesetz, München 1997

Metzlaff, Karsten — Praxishandbuch Franchising, München 2003, zit. Metzlaff-Bearbeiter, §, Rdn.

Meyers — großes Taschenlexikon in 25 Bänden, 8. Aufl., Mannheim u.a. 2001

Müller, Markus — Firmenlizenz und Konzernfirma, Diss. Köln 1996

Münchener Kommentar — zum Bürgerlichen Gesetzbuch
- Band 1 Allgemeiner Teil §§ 1 - 240, 4. Aufl., München 2001,
- Band 2 a Schuldrecht Allgemeiner Teil §§ 241 - 432, 4. Aufl., München 2003,
- Band 3 Schuldrecht Besonderer Teil I §§ 433 - 610 Finanzierungsleasing, HeizkostenV, BetriebskostenV, CISG, 4. Aufl., München 2004,
- Band 6 Sachenrecht §§ 854 - 1296, Wohnungseigentumsgesetz, Erbbaurechtsverordnung, Sachenrechtsbereinigungsgesetz, Schuldrechtsänderungsgesetz, 4. Aufl., München 2004,
zit.: MünchKomm-Bearbeiter, §, Rdn.

Münchener Kommentar — zum Handelsgesetzbuch Band 1 Erstes Buch, Handelsstand §§ 1 - 104, München zit.: MünchKommHGB-Bearbeiter, §, Rdn.

Münchener Kommentar — zur Insolvenzordnung, Band 1 §§ 1 - 102, München 2001, zit.: MünchKommInsO-Bearbeiter, §, Rdn.

Munk, Leo	Die patentrechtliche Licenz, Berlin 1897
Nave, José Campos	Die Publizierung von Unternehmenskennzeichen als Entstehungsvoraussetzung für den Unternehmenskennzeichenschutz, in WRP 2002, 1237 ff.
Nirk, Rudolf	Die Einordnung der Gewährleistungsansprüche und Leistungsstörungen bei Verträgen über Patente in das Bürgerliche Gesetzbuch, in GRUR 1970, S. 329 ff.
Olshausen, Theodor	Das Verhältnis des Namensrechts zum Firmenrecht, Berlin 1900
Omsels, Hermann-Josef	Kritische Anmerkungen zur Bestimmung der Irreführungsgefahr, in GRUR 2005, S. 548 ff.
Oppenhoff, Walter	Wandel der Markenrechtskonzeption?, in GRURInt 1973, S. 433 ff.
Pahlow, Louis	Firma und Firmenmarke im Rechtsverkehr – Zum Verhältnis von § 23 HGB zu den §§ 27 ff. MarkenG, in GRUR 2005, S. 705 ff.
Palandt	Bürgerliches Gesetzbuch, 65. Aufl., München 2006, zit.: Palandt-Bearbeiter, §, Rdn.
Papenberg, Jochen/ Geissler, Bernhard	Lizenzverträge, 5. Aufl., Köln u.a. 2003
Parmentier, Miriam/ Steer, Christian	Die Konzernfirma nach dem Ende der Unternehmensverbindung, in GRUR 2003, S. 196 ff.
Pawlowski, Hans-Martin	Allgemeiner Teil des BGB, 7. Aufl., Heidelberg 2003

Peifer, Karl-Niklaus	Eigenheit oder Eigentum – Was schützt das Persönlichkeitsrecht?, in GRUR 2002, S. 495 ff.
Plaß, Gunda	Die Rechtsstellung des Markenlizenznehmers nach § 30 III und IV MarkenG, in GRUR 2002, S. 1029 ff.
Reimer, Dietrich	Anmerkung zu BGH v. 27.2.1963, Az. I b ZR 180/61 „Micky-Maus-Orangen“, in GRUR 1963, S. 488 ff.
Rohnke, Christian	Firma und Kennzeichen bei der Veräußerung von Unternehmensteilen, in WM 1991, S. 1405 ff.
Rosenberger, Hans-Peter	Nochmals: Zur Frage des Fortbestands der einfachen Lizenz bei Übertragung des Patents, in GRUR 1983, S. 203 ff.
Röling, Andreas	Die Zukunft des Kartellverbots in Deutschland nach In-Kraft-Treten der neuen EU-Verfahrensrechtsordnung in GRUR 2003, S. 1019 ff.
Ruijsenaars, Heijo E.	WIPO-Studie über Character Merchandising, in GRURInt 1994, S. 309 ff.
Sack, Rolf	Die eigenmächtige Werbung mit fremden Namen als Delikt, in WRP 1984, S. 521 ff.
Schack, Haimo	Urheber- und Urhebervertragsrecht, 3. Aufl., Tübingen 2005
Schanda, Reinhard	Die Wirkung der Markenlizenz gegenüber Dritten – Eine Untersuchung zum österreichischen und deutschen Recht, in GRURInt 1994, S. 275 ff.
Schertz, Christian	Merchandising, München 1997

Schluep, Walter R.	Das Markenrecht als subjektives Recht, Basel 1964
Schlüter, Wilfried	Durchbrechung des Abstraktionsprinzips über § 139 BGB und Heilung eines formnichtigen Erbteilkaufs durch Erfüllung – BGH NJW 1967, 1128, in JuS 1969, S. 10 ff.
Schmidt, Karsten	Handelsrecht, 5. Aufl., Köln 1999
ders.	Vorratsgründung, Mantelkauf und Mantelverwendung, in NJW 2004, S. 1345 ff.
Schneider, Uwe	Die Firma des Konzerns und der Konzernunternehmen, in BB 1989, S. 1985 ff.
Scholz, Ulrich	Die Änderung der Gleichgewichtslage zwischen namensgleichen Unternehmen und dem Recht auf die Namensmarke – Zwei Fragen aus dem Recht der Gleichnamigen –, in GRUR 1996, S. 679 ff.
Schricker, Gerhard	Lizenzverträge über löschbare Zeichen, in GRUR 1980, S. 650 ff.
ders.	Rechtsfragen der Firmenlizenz, in FS für v. Gamm, S. 289 ff.
ders.	Urheberrecht, 2. Aufl., München 1999, zit.: Schricker-Bearbeiter, §, Rdn.
Schröter, Helmuth/ Jakob, Thinam/ Mederer, Wolfgang	Kommentar zum Europäischen Wettbewerbsrecht, Baden-Baden 2003, zit.: Schröter/Jakob/Mederer-Bearbeiter, Art., Rdn.
Schulte-Beckhausen, Thomas	Markenlizenzverträge, Köln 2002

Schultz, Detlef von — Kommentar zum Markenrecht, Heidelberg 2002, zit.: v. Schultz- Bearbeiter, §, Rdn.

Schumacher, Volker/ Schmid, Christoph — Die neue Gruppenfreistellungsverordnung für Technologietransfervereinbarungen in: GRUR 2006, S. 1 ff.

Schwarz, Mathias/ Klingner, Norbert — Rechtsfolgen der Beendigung von Filmlizenzverträgen zugleich eine Erwiderung auf Wente/Härle, GRUR 1997, 96 ff., in GRUR 1998, S. 103 ff.

Smid, Stefan/ Lieder, Soveig — Das Schicksal urheberrechtlicher Lizenzen in der Insolvenz des Lizenzgebers – Auswirkungen des § 103 InsO, in DZWIR 2005, S. 7 ff.

Soergel — Bürgerliches Gesetzbuch mit Einführungsgesetz und Nebengesetzen, Band 1, Allgemeiner Teil, §§ 1 - 240 HaustürWiderrufG, 12. Aufl., Stuttgart u.a. 1988, zit.: Soergel-Bearbeiter, §, Rdn.

Starck, Joachim — Marken und sonstige Kennzeichenrechte als verkehrsfähige Wirtschaftsgüter – Anmerkungen zum neuen Markenrecht, in WRP 1994, S. 698 ff.

Staub — Großkommentar zum Handelsgesetzbuch, 4. Aufl., Berlin/New York 1983, zit.: Staub/Bearbeiter, §, Rdn.

Staudinger — Kommentar zum Bürgerlichen Gesetzbuch mit Einführungsgesetz und Nebengesetzen,
- Erstes Buch, Allgemeiner Teil, §§ 1 - 12; Verschollenheitsgesetz, 13. Bearbeitung, Berlin 1995,
- Buch 1 Allgemeiner Teil §§ 134 - 163, 14. Bearbeitung, Berlin 2003,
- Zweites Buch, Recht der Schuldverhältnisse, Einleitung zu §§ 241 ff; §§ 241 - 243, 13. Bearbeitung, Berlin 1995,

- Zweites Buch, Recht der Schuldverhältnisse, §§ 249 - 254, 13. Bearbeitung, Berlin 1998,
- Zweites Buch, Recht der Schuldverhältnisse, §§ 397 - 432, 13. Bearbeitung, Berlin 1999,
- Buch 2, Recht der Schuldverhältnisse, §§ 433 - 487; Leasing, 14. Bearbeitung, Berlin 2004,
- Zweites Buch, Recht der Schuldverhältnisse, §§ 581 - 606, 13. Bearbeitung, Berlin 1996,
- Zweites Buch, Recht der Schuldverhältnisse, §§ 823 - 825, 13. Bearbeitung, Berlin 1999,
- Buch 2, Recht der Schuldverhältnisse, §§ 826 - 829; Produkthaftungsgesetz, 14. Bearbeitung, Berlin 2003,
- Drittes Buch, Sachenrecht, Einleitung zum Sachenrecht; §§ 854 - 882, 14. Bearbeitung, Berlin 2000,
- Buch 3, Sachenrecht, §§ 903 - 924, 14. Bearbeitung, Berlin 2002,
- Buch 3, Sachenrecht, ErbbVO; §§ 1018 - 1112, 14. Bearbeitung Berlin 2002,
- Buch 3, Sachenrecht, §§ 1204 - 1296; §§ 1 - 84; SchiffsRG, 14. Bearbeitung Berlin 2002,

zit.: Staudinger-Bearbeiter, §, Rdn.

Steinbeck, Anja	Die Verwertbarkeit der Firma und der Marke in der Insolvenz, in NZG 1999, S. 133 ff.
Ströbele, Paul/ Hacker, Franz	Markengesetz, 7. Aufl., Köln u.a. 2003, zit.: Ströbele/Hacker-Bearbeiter, §, Rdn.
Strohm, Hans Gottfried	Die Gestattung der Firmenfortführung, in Mitarbeiter FS für Eugen Ulmer, S. 333 ff.
Stumpf, Herbert/ Groß, Michael	Der Lizenzvertrag, 7. Aufl., Heidelberg 1998

Traub, Fritz — Die Bindung von Marke und Firma an den Geschäftsbetrieb, in FS für Reinhold Trinkner, S. 431 ff.

Troller, Alois — Immaterialgüterrecht, Band II, 3. Aufl., Basel u.a. 1985

Uhlenbrock, Wilhelm — Die Firma als Teil der Insolvenzmasse, in ZIP 2000, S. 401 ff.

Ulbrich, Sebastian — Der BGH auf dem Weg zum normativen Verbraucherleitbild? in WRP 2005, S. 940 ff.

Ullmann, Eike — Die Verwendung von Marke, Geschäftsbezeichnung und Firma im geschäftlichen Verkehr, insbesondere des Franchising, in NJW 1994, S. 1255 ff.

ders. — Zur Bedeutung der gewillkürten Prozeßstandschaft im Warenzeichen- und Wettbewerbrecht, in FS für v. Gamm, S. 315 ff.

ders. — Die Schnittmenge von Franchise und Lizenz, in CR 1991, S. 193 ff.

Ulmer — Anmerkung zu BGH Urteil v. 29.04.1970, Az. I ZR 30/69 "Maske in Blau", in GRUR 1971, S. 40 ff.

Völp, Formut — Vermarktung bekannter Marken durch Lizenzen, in GRUR 1985, S. 843 ff.

ders. — Weitergeltung der Lizenz bei Veräußerung des Schutzrechts, in GRUR 1983, S. 45 ff.

Wandtke, Artur — Doppelte Lizenzgebühr im Urheberrecht als Modell für den Vermögensschaden von Persönlichkeitsverletzungen im Internet?, in GRUR 2000, 942 ff.

Wandtke, Artur-Axel/ Bullinger, Winfried — Praxiskommentar zum Urheberrecht, München 2002, zit.: Wandtke/Bullinger-Bearbeiter, §, Rdn.

Wang, Jing-An — Der Lizenzvertrag im deutschen und chinesischen Recht, Diss. Konstanz 1980

Weber, Stefan — Das Prinzip der Firmenwahrheit im HGB und die Bekämpfung irreführender Firmen nach dem UWG, Diss. Köln u.a. 1984

Weinmann, Conrad — Die Rechtsnatur der Lizenz, Diss. Zürich 1996

Wente, Jüren/ Härle, Philipp — Rechtsfolgen einer außerordentlichen Vertragsbeendigung auf die Verfügungen in einer „Rechtekette" im Filmlizenzgeschäft und ihre Konsequenzen für die Vertragsgestaltung – Zum Abstraktionsprinzip im Urheberrecht, in GRUR 1997, S. 96 ff.

Wiegand, Wolfang — Die Entwicklung des Sachenrechts im Verhältnis zum Schuldrecht, in AcP 190 (1990), S. 112 ff.

Wieling, Hans Josef — Sachenrecht, 4. Aufl., Berlin u.a. 2001

Wyss, Hans Bernhard — Die schuldrechtliche Natur des Lizenzvertrages, Diss. Zürich 1964

Zöller — Zivilprozessordnung, 25. Aufl., Köln 2005, zit.: Zöller-Bearbeiter, §, Rdn.

Zwoll, van Christiane — Die Prozessstandschaft auf Beklagtenseite, Diss. Bochum 1993

§ 1 Einführung

Lizenzen sind im gesamten Bereich des Immaterialgüterrechts allgegenwärtig. Überwiegend sind Lizenzen gesetzlich geregelt wie z.B. in § 15 Abs. 1 PatG für Patente, § 22 Abs. 2 GebrMG für Gebrauchsmuster, § 30 Abs. 1 MarkenG für Marken etc. Eine ausdrückliche Regelung für Unternehmenskennzeichen, die gem. § 5 Abs. 2, § 1 Nr. 2 und § 15 MarkenG geschützt werden, fehlt dagegen. Im Gegensatz zu vielen anderen gewerblichen Schutzrechten[1] können sie, wie Marken, zeitlich unbeschränkt aufrechterhalten werden. Deswegen ist eine wirtschaftliche Verwertung der Unternehmenskennzeichnen sehr interessant. Eine wirtschaftliche Verwertung ist dabei einerseits durch eine Vollübertragung der Kennzeichen möglich, andererseits kommt aber insbesondere auch die Lizenzierung der Unternehmenskennzeichen in Betracht. Eine Lizenzierung hat den Vorteil, dass das Kennzeichen beim Lizenzgeber verbleibt, die Lizenzzeit begrenzt werden kann und der Lizenzgeber für die Nutzung eine Gegenleistung verlangen kann. Fraglich ist hierbei nicht so sehr, ob eine Lizenzierung an Unternehmenskennzeichen i.S. von § 5 Abs. 2 MarkenG rechtlich möglich ist. Fraglich ist vielmehr, wie eine solche Lizenzierung konstruiert werden kann, d.h., nach welchen Regeln sich eine solche Lizenz richtet und welche Grenzen eingehalten werden müssen. Eine ausführliche, in sich abschließende Erörterung dieser Fragen im Zusammenhang mit Lizenzen an Unternehmenskennzeichen ist bis jetzt noch nicht erfolgt.

Der Begriff der Unternehmenskennzeichen ist gem. § 5 Abs. 1 MarkenG enger als der Begriff der geschäftlichen Bezeichnung. Letzterer umfasst neben den Unternehmenskennzeichen auch die Werktitel. Die Definition der Unternehmenskennzeichen erfolgt in § 5 Abs. 2 MarkenG, die der Werktitel in § 5 Abs. 3 MarkenG. Die vorliegende Arbeit beschränkt sich auf die Fragestellungen von Lizenzen an Unternehmenskennzeichen i.S. von § 5 Abs. 2 MarkenG. Die Unternehmenskennzeichen identifizieren das Unternehmen bzw. den Träger des Unternehmens.[2] Werktitel erfüllen dagegen eine andere, werkidentifizierende Funktion. Auch folgt der Schutz der Werktitel eigenständigen Regeln.[3]

---

[1] Z.B. Patent, § 16 PatG, maximal 20 Jahre zzgl. evtl. eines ergänzenden Schutzzertifikates gem. § 16 a PatG; Gebrauchsmuster, § 23 Abs. 2 GebrMG maximal 10 Jahre; Geschmacksmuster, § 27 Abs. 2 GeschmMG, maximal 25 Jahre; Urheberrecht, § 64 UrhG, 70 Jahre nach Tod des Urhebers (sofern das Urheberrecht als gewerbliches Schutzrecht eingeordnet wird, dies ist str., vgl. hierzu z.B. Hubmann/Götting, § 1, Rdn. 4).

[2] Die pauschale Beschreibung von Unternehmenskennzeichen als unternehmensidentifizierend ist nicht ganz präzise, da Name und Firma nicht auf das Unternehmen als solches, sondern auf den Unternehmensträger hinweisen; vgl. ausführlich unten § 1 A I 1 u. 2.

[3] Vgl. zur Abgrenzung der Unternehmenskennzeichen von Werktiteln § 1 A IV.

A. Begriff und Schutzbereich der geschäftlichen Bezeichnungen

In § 5 Abs. 2 S. 1 MarkenG werden als Unternehmenskennzeichen solche Zeichen definiert, die im geschäftlichen Verkehr als Name, Firma oder als besondere Bezeichnung eines Geschäftsbetriebs oder eines Unternehmens benutzt werden. Diese Zeichen sind von Hause aus, d.h. ohne Eintragung in Register, schutzfähig. In § 5 Abs. 2 S. 2 MarkenG werden die sog. Geschäftsabzeichen[4] den besonderen Unternehmenskennzeichen gleichgestellt, die innerhalb der beteiligten Verkehrskreise als Kennzeichen des Geschäftsbetriebes gelten. Die Geschäftsabzeichen genießen damit im Unterschied zu den anderen Zeichen des § 5 Abs. 2 MarkenG erst durch Verkehrsgeltung Schutz.[5]

I. Unternehmenskennzeichen i.S. von § 5 Abs. 2 S. 1 MarkenG

Bei den Unternehmenskennzeichen i.S. des § 5 Abs. 2 S. 1 MarkenG ist einerseits zwischen Name, Firma bzw. deren Abkürzungen und andererseits den besonderen Geschäftsbezeichnungen zu unterscheiden.

1. Name

Der Namensbegriff des § 5 Abs. 2 S. 1, 1. Alt. MarkenG ist enger als der des § 12 BGB. Denn im Gegensatz zu § 12 BGB fallen die Firma und die besonderen Geschäftsbezeichnungen nicht unter § 5 Abs. 2 S. 1, 1. Alt. MarkenG, da diese in § 5 Abs. 2 S. 1, 2. und 3. Alt. MarkenG gesondert erwähnt werden.[6] Ein Name dient i.S. der engeren Definition des § 5 Abs. 2 S. 1, 1. Alt. MarkenG der Identifizierung und der Individualisierung einer Person. Dies bedeutet, dass im geschäftlichen Verkehr der Name den Unternehmensträger kennzeichnet. Da der Name im Rahmen des MarkenG nur im geschäftlichen Verkehr schutzfähig ist, ist dieser damit als Hinweis auf den Unternehmensträger die Grundform der Firma.[7] Deswegen wird im Folgenden der Name als Kennzeichen i.S. des § 5 Abs. 2 MarkenG nur dort besonders erörtert, wo sich Unterschiede zur Firma zeigen.
Ausgehend von der Identifizierungs- und Individualisierungsfunktion eines Namens musste nach der früheren Rechtsprechung[8] der Name als Wort aussprech-

---

[4] Z.B. Goldmann, § 4, Rdn. 4.
[5] Vgl. ausführlich zum Schutzbeginn § 1 A I 5.
[6] Ströbele/Hacker-Hacker, § 5, Rdn. 18; insoweit etwas ungenau Ingerl/Rohnke, § 5, Rdn. 16; Fezer, MarkenR, § 5, Rdn. 21 f. allgemein zum weiten Namensbegriff des § 12 BGB vgl. z.B. Palandt-Heinrichs, § 12, Rdn. 10.
[7] Ingerl/Rohnke, § 5, Rdn. 15; Kolling, S. 22.
[8] Z.B. BGH GRUR 1998, 165, 166 – RBB; BGH GRUR 1985, 461,462 – Gefa/Gewa; BGHZ 11, 214, 218 – KFA zum Firmenrecht; BGH GRUR 1965, 377, 379 – GdP zu einer Gewerkschaft; BGH GRUR 1968, 259 – NZ zu einer Zeitung; ebenso z.B. Hefermehl, FS Hueck, 519, 520.

bar sein. Abkürzungen erhielten nur Namensschutz, wenn sie Verkehrsgeltung besaßen. Im Anschluss an die h.Lit. ist der BGH nun der Auffassung, dass auch nicht als Wort aussprechbare Buchstabenfolgen Namensfunktion haben können.[9] Deswegen können auch nicht als Wort aussprechbare Buchstabenfolgen den Schutz gem. § 5 Abs. 2 S. 1, 1. Alt. BGB genießen.

2. Firma

Der Begriff der Firma i.S. von § 5 Abs. 2 S. 1, 2. Alt. MarkenG entspricht der Definition des § 17 HGB. Hiernach ist die Firma der Name, unter dem der Kaufmann seine Geschäfte betreibt und unter dem er gem. § 17 Abs. 2 HGB klagen und verklagt werden kann. Wie der Name die Grundform der Firma ist, ist die Firma ein Spezialfall eines Namens. Die Firma ist damit gem. § 12 BGB auch dann geschützt, wenn sie nicht den bürgerlichen Namen des Inhabers enthält.[10] Neben § 12 BGB ist auch das Firmenrecht gem. §§ 17 ff. HGB anwendbar.

Name und Firma weisen also im Bereich des MarkenG jeweils auf den Unternehmensträger hin. Eine Unterscheidung zwischen Name und Firma ist damit im Bereich des § 5 Abs. 2 MarkenG und auch für die Anspruchsgrundlagen des § 15 MarkenG weitgehend, aber nicht vollständig entbehrlich.[11] Denn bei einem Verstoß gegen das formelle Firmenrecht gem. §§ 18 ff. HGB kommt ein Schutz als Firma nach dem MarkenG nicht in Betracht.[12] Wenn die formell unzulässige Firma auf den Unternehmensträger hinweist, kann sie als Name geschützt sein, § 5 Abs. 2 S. 1, 1. Alt. MarkenG. Wenn eine solche Firma auf das Unternehmen hinweist, kommt ein Schutz als besondere Geschäftsbezeichnung in Betracht, § 5 Abs. 2 S. 1, 3. Alt. MarkenG. Die Voraussetzungen für den Schutz gem. § 5 Abs. 2 S. 1, 1. und 3. Alt MarkenG können in der Praxis normalerweise unproblematisch dargelegt und bewiesen werden. Deswegen kann dieser Unterschied im Rahmen des § 5 Abs. 2 MarkenG für die weitere Untersuchung vernachlässigt werden.

---

[9] BGH GRUR 2001, 344 – DB Immoblienfonds; Ströbele/Hacker-Hacker, § 5, Rdn. 21; Ingerl/Rohnke, § 5, Rdn. 16; a.A. Staudinger-Weick/Habermann, § 12, Rdn. 207; im Ergebnis wie hier MünchKomm-Schwerdtner, § 12, Rdn. 59; vgl. zu den Abkürzungen von Firmen und Namen unten § 1 A I 4.

[10] St. Rspr. seit BGHZ 14, 155, 163; BGH GRUR 1976, 311, 312 – Sternhaus; a.A. noch RGZ 59, 284, 286; h.Lit.: MünchKomm-Schwerdtner, § 12, Rdn. 59; Palandt-Heinrichs, § 12, Rdn. 9; Fezer, MarkenR, § 15, Rdn. 21; Krüger-Nieland, FS Fischer, 339, 343; Hefermehl, FS Hueck, 519, 520 ff. mit Darstellung der Rechtsprechungsentwicklung des Namensschutzes.

[11] Die Unterscheidung ist vollständig entbehrlich nach Ingerl/Rohnke, § 5, Rdn. 15; nicht ganz eindeutig insoweit Fezer, MarkenR, § 15, Rdn. 21, 106.

[12] BGH GRUR 1998, 391, 393 – Dr. St … Nachf; BGH GRUR 1968, 702, 704 – Hamburger Volksbank; Ströbele/Hacker-Hacker, § 5, Rdn. 26.

Der Begriff „Firma“ wird umgangssprachlich oft mit dem Betrieb oder dem Unternehmen gleichgesetzt z.B. in den Redewendungen: „Ich gehe jetzt in die Firma.“, „Die Firma gehört zur Hälfte mir.“ etc. Dagegen geht die h.M. davon aus, dass durch die Firma der Unternehmensträger in seiner Eigenschaft als Unternehmensinhaber identifiziert wird und nicht das Unternehmen als wirtschaftliche Zusammenfassung von Gütern.[13] Diese Identifizierung des Unternehmensträgers ist erforderlich, da das Unternehmen als solches nicht rechtsfähig ist. So ist weder das Unternehmen noch die Firma in einem Prozess Partei. Partei ist vielmehr der Träger des Unternehmens, § 50 ZPO. Sofern der Unternehmensträger wechselt, findet nicht automatisch ein Parteiwechsel zum neuen Unternehmensträger statt. Dies gilt auch, wenn wegen der Firmenfortführung gem. § 25 Abs. 2 HGB die Schuld auf den Erwerber des Unternehmens übergegangen ist. Auch in diesen Fällen muss ein Parteiwechsel in Form einer Klageänderung gem. § 263 ZPO durchgeführt werden.[14] Im Wege der reinen Berichtigung der Parteibezeichnung (Rubrumsberichtigung) kann dagegen die Firma durch den Namen des Einzelkaufmanns ersetzt werden, wenn die Firma während des Prozesses gelöscht wird.[15] Hintergrund ist, dass der Unternehmensträger identisch bleibt.

Dagegen will insbesondere *Frey*[16] aus den §§ 21 bis 24 HGB ableiten, dass eine Firma grundsätzlich ein Kennzeichen des Unternehmens und nicht des Unternehmensträgers ist. Insoweit verkennt *Frey* aber den zwingenden Wortlaut von § 17 Abs. 1 HGB. Auch aus den §§ 21 bis 24 HGB ergibt sich nichts anderes. Die §§ 21, 22 und 24 HGB regeln das Namensrecht der Firma bei Fortführung des Unternehmens. Durch die §§ 21, 22 und 24 HGB wird letztlich die Firmenwahrheit, d.h. die Möglichkeit der einfachen Identifizierung des Unternehmensträgers zu Gunsten der Firmenbeständigkeit, eingeschränkt.[17] Diese Einschränkung der Firmenwahrheit führt aber nicht zu einer anderen Funktion der Firma. Es bleibt auch bei einer fortgeführten Firma dabei, dass diese den Unternehmensträger kennzeichnet und nicht das Unternehmen. Auch der von *Frey* angenommene Rückschluss aus § 23 HGB ist nicht zwingend. § 23 HGB regelt, dass eine Firma nicht ohne das Handelsgeschäft veräußert werden

---

[13] BGH NJW 1960, 1008, 1009; BGH NJW 1991, 2023, 2024; Forkel, FS Paulick, 101, 107; MünchKommHGB-Bokelmann, § 17, Rdn. 1 ff.; Kolling, S. 16; Karsten Schmidt, § 12 I a, b; Ströbele/Hacker-Hacker, § 5, Rdn. 19; Müller, S. 6; ungenau Nave, WRP 2002, 1237; Giefers, Rdn. 21; Fezer, MarkenR, § 5, Rdn. 2 ff., die bei allen Unternehmenskennzeichen also auch bei einer Firma generell von unternehmensidentifizierenden Zeichen ausgehen; vgl. aber Fezer, MarkenR, § 15, Rdn. 106, der a.a.O. präzise auf den Unternehmensträger abstellt.

[14] Zöller-Vollkommer, § 50, Rdn. 25; Ebenroth/Boujong/Joost-Zimmer, § 17, Rdn. 22; zum praktischen Vollzug des Parteiwechsels Zöller-Greger, § 263, Rdn. 23 ff., § 269, Rdn. 5.

[15] Zöller-Vollkommer, § 319, Rdn. 14 m.w.N.

[16] Frey, DB 1993, 2169, 2171; Bleutge, S. 138; ebenso Staudinger-Weick/Habermann, § 12 Rdn. 41; unter Berufung auf diese ferner Erman-Westermann, § 12, Rdn. 2.

[17] Ausführlich hierzu und zum Verhältnis des HGB zum UWG Canaris, GRUR 1989, 711 ff.

darf. Durch § 23 HGB wird lediglich die Erwartung des Verkehrs geschützt, der die Firma mit dem Unternehmen gleichsetzt.[18] Durch die Regelungen der §§ 21 bis 24 HGB wird damit die Firmenwahrheit insoweit eingeschränkt, dass nicht in jedem Fall einfach der Unternehmensträger ermittelt werden kann. Denn ein einfacher Rückschluss von der Firma auf den bürgerlich-rechtlichen Namensgeber ist in diesen Fällen nicht in jedem Fall möglich.[19]

Frey ist nur insoweit Recht zu geben, dass die Firma für den beteiligten Verkehr auch ein Zeichen mit Hinweis auf das Unternehmen und nicht nur auf den Unternehmensträger sein kann. Diesen (tatsächlichen) Hinweis der Firma auch auf das Unternehmen belegen die oben angeführten Redewendungen. Dies gilt vor allem für die Handelsgesellschaften und juristischen Personen, die nur einen Namen, die Firma, haben. Bei diesen tritt die Unterscheidung zwischen Unternehmensträger und Unternehmen de facto zurück.[20] Zu beachten ist aber im Prozess die genaue Bezeichnung der Partei (vgl. o.). Für den Einzelkaufmann bleibt die Identifizierung des Unternehmensträgers auch in der alltäglichen Praxis von Bedeutung, da dieser zwei Namen führt, seinen bürgerlichen Namen und den Firmennamen. Dies gilt, auch wenn der bürgerliche Name und die Firma identisch sein können.

Die Wichtigkeit der Bezeichnung des Unternehmensträgers wird auch durch § 19 Abs. 1 Nrn. 1 bis 3 HGB deutlich. Hiernach müssen ein Einzelkaufmann, eine OHG oder eine KG einen auf diese Rechtsform hinweisenden Zusatz in ihre Firma aufnehmen. Durch einen solchen Zusatz wird die Rechtsform und damit auch der hinter der Firma stehende Unternehmensträger gekennzeichnet.

Es ist deswegen davon auszugehen, dass die Firma zwar rechtlich nur den Unternehmensträger kennzeichnet, der Verkehr die Firma aber zusätzlich auch als Hinweis auf das Unternehmen auffasst. Die Bezeichnung des Unternehmens steht in der Praxis faktisch zumindest gleichberechtigt neben der Bezeichnung des Unternehmensträgers.[21] Diese (doppelte) Bezeichnung führt aber nicht dazu, dass das Unternehmen als solches rechtsfähig ist.[22] Die entsprechende Lehre aus dem 19. Jahrhundert, die von der Rechtsfähigkeit und Parteifähigkeit der Firma ausging (und damit das Unternehmen meinte), ist seit der Einführung des § 17 HGB überholt.[23]

---

[18] Vgl. zum Streit unter Geltung des ADHGB, ob die Firma das Geschäft oder den Kaufmann bezeichnet Klippel, S. 110 ff. u. S. 477 ff.; Kolling, S. 11 ff.

[19] Vgl. hierzu z.B. Heinrich, S. 55 ff.; Strohm, FS Ulmer, 333, 334 „relative Firmenwahrheit".

[20] Karsten Schmidt, § 12 I 1 b; ähnlich Hubmann, S. 282; Staub/Hüffer, § 23, Rdn. 1.

[21] Z.B. Forkel, FS Paulick, 101, 107; Hubmann, S. 282; ders., FS Lehmann, 812, 825; Kolling, S. 14; BGHZ 21, 76 – Hausbücherei; anders allerdings BGHZ 32, 109 – Vogeler, hiernach bezeichnet die Firma nicht das Unternehmen.

[22] Nachweise bei Karsten Schmidt, § 4 IV 1; z.B. im Fall von BGH GRUR 1960, 93 ff. – Martinsberg.

[23] Karsten Schmidt, § 4 IV 1.

Ähnlich ist die Rechtslage bei den Freiberuflern. Diese haben kein Handelsgewerbe i.S. von § 1 HGB mit der Folge, dass sie keine Firma haben können. Bei einer Partnerschaft von Freiberuflern regelt aber § 2 Abs. 2 PartGG den Namen der Partnerschaft im Wesentlichen durch einen Verweis auf die entsprechenden Firmenvorschriften. Die nachfolgenden Erörterungen gelten damit auch für die „Firmen der Freiberufler".
In eine Firma können auch unselbstständige Geschäftsbezeichnungen aufgenommen werden z.B. „Richard Kaub, Möbelfundgrube"[24]. Diese unselbstständigen Geschäftsbezeichnungen sind Firmenbestandteile und folgen dem Firmenrecht.[25] Selbstständige Geschäftsbezeichnungen, insbesondere Teile von Firmen, die im geschäftlichen Verkehr isoliert herausgestellt werden, können dagegen Kennzeichen i.S. von § 5 Abs. 2 S. 1, 3. Alt. MarkenG oder solche gem. § 5 Abs. 3 S. 2 MarkenG sein z.B. Grand Hotel für ein Hotel.[26]

3. Besondere Geschäftsbezeichnung

Die besondere Geschäftsbezeichnung i.S. von § 5 Abs. 2 S. 1, 3. Alt. MarkenG wird weder im MarkenG noch sonst, insbesondere auch nicht im HGB, in der ZPO und im FGG, definiert. Verwendet werden die besonderen Geschäftsbezeichnungen vor allem bei Hotels, Restaurants, Apotheken etc.[27] Teilweise wird für den Begriff „besondere Geschäftsbezeichnung" auch als Synonym der Begriff „Etablissementbezeichnung" verwendet.[28] Die Begriffe sind grundsätzlich deckungsgleich, auch wenn es leichte Abweichungen im Einzelfall gibt.[29] Die besondere Geschäftsbezeichnung ist im Rahmen des Handelsrechts mittlerweile gewohnheitsrechtlich anerkannt und hat eine erhebliche praktische Bedeutung. Im Unterschied zu den Kennzeichen Name und Firma bezieht sich die besondere Geschäftsbezeichnung nicht zwangsläufig auf den Unternehmensträger, da eine dem § 17 HGB entsprechende Regelung fehlt. Deswegen ist eine Klage gegen den Unternehmensinhaber unter der Bezeichnung der besonderen Geschäftsbezeichnung nicht möglich.[30] Bei einer Klage unter bzw. gegen „die besondere Geschäftsbezeichnung" muss aber kein Parteiwechsel erfolgen.

---

[24] Beispiel aus MünchKommHGB-Bokelmann, § 17, Rdn. 21.
[25] OLG Karlsruhe BB 1968, 308, 309; MünchKommHGB-Bokelmann, § 17, Rdn. 21; Droste, DB 1967, 539; Fezer, MarkenR, § 15, Rdn. 120.
[26] Fall nach OLG Celle WRP 1996, 109 – Grand Hotel.
[27] Die Rspr. hat teilweise auch Internet-Domains als besondere Geschäftsbezeichnungen eingeordnet, vgl. z.B. OLG München CR 1999, 778 – tnet; LG Braunschweig CR 1998, 364, 365 – deta.com.
[28] Z.B. Ströbele/Hacker-Hacker, § 5, Rdn. 16; Goldmann, § 3, Rdn. 54 ff.
[29] Hierzu Droste, DB 1967, 539; Ingerl/Rohnke, § 5, Rdn. 26; Goldmann, § 3, Rdn. 54 ff; Karsten Schmidt, § 12 I 2 b aa.
[30] Bokelmann, Rdn. 27.

Insoweit reicht eine Berichtigung der Parteibezeichnung aus,[31] wenn durch die besondere Geschäftsbezeichnung der Rechtsträger eindeutig bezeichnet wird. Es erfolgt lediglich eine Klarstellung der Partei und keine Auswechslung des Unternehmensträgers.

Bei besonderen Geschäftsbezeichnungen sind zwei unterschiedliche Kennzeichen zu unterscheiden, die objektsbezogene Geschäftsbezeichnung und die subjektsbezogene.[32] Nach der wohl noch h.M. weisen Name und Firma auf den Unternehmensträger hin, während die besonderen Geschäftsbezeichnungen nur ein Unternehmen als Ganzes oder einen bestimmten Geschäftsbetrieb charakterisieren. Dies bedeutet im Ergebnis, dass die h.M. nur die objektsbezogenen Geschäftsbezeichnungen anerkennt,[33] die keine Beziehung zum Subjekt, dem Unternehmensträger, aufweisen. Diese objektsbezogenen Geschäftsbezeichnungen werden neben einer Firma oder neben einem Namen geführt und verweisen normalerweise auf einen Betrieb bzw. auf einen Unternehmensteil. Ein Unternehmen kann damit für mehrere organisatorisch getrennte Betriebe entweder eine eigenständige oder eine identische besondere Geschäftsbezeichnung verwenden. Eine Verwendung einer besonderen Geschäftsbezeichnung für sämtliche Betriebe des Unternehmens ist nicht erforderlich.[34]

Bei der subjektsbezogenen Geschäftsbezeichnung handelt es sich um die sog. „Firma des kleinen Mannes"[35] bzw. die „Minderfirma"[36]. Diese „Minderfirmen" resultieren u.a. aus den Regelungen der §§ 15 a und b GewO. Aus § 15 a GewO ergibt sich die Pflicht eines Kleingewerbetreibenden, seinen Familiennamen mit mindestens einem ausgeschriebenen Vornamen an der Außenseite oder am Eingang seiner offenen Verkaufsstelle, Gaststätte oder offenen Betriebsstätte in deutlich lesbarer Schrift anzubringen. In § 15 b GewO wird dem Gewerbetreibenden die Verpflichtung auferlegt, auf allen Geschäftsbriefen seinen Familiennamen und seinen ausgeschriebenen Vornamen anzugeben. §§ 15 a und b GewO führen damit zu einer Verpflichtung, die mit der Verpflichtung übereinstimmt, die einen Kaufmann gem. § 18 Abs. 1 HGB a.F. traf. Sofern der Gewerbetreibende die Angaben gem. den Verpflichtungen aus der GewO mit einem Zusatz kombiniert, entsteht eine subjektsbezogene Geschäftsbezeichnung.[37] Diese sub-

---

[31] Zöller-Vollkommer, § 319, Rdn. 14; Bokelmann, Rdn. 43.

[32] MünchKommHGB-Bokelmann, § 4, Rdn. 10; Karsten Schmidt, § 12 I 2 b aa.

[33] Droste, DB 1957, 573, 574; Ingerl/Rohnke, § 5, Rdn. 20 u. 26; Fezer, MarkenR, § 15, Rdn. 120; wohl auch BPatG GRUR 2003, 1051; OLG Karlsruhe BB 1968, 308; nicht eindeutig Baumbach/Hopt-Hopt, § 17, Rdn. 15.

[34] OLG München GRUR 1980, 1004, 1005 – Arena; wohl nur sprachlich unglücklich KG MMR 2004, 40, 41 – arena-berlin.de, in dem das KG eine unternehmensindividualisierende, den Unternehmensträger kennzeichnende Verwendung prüft.

[35] Droste, DB 1967, 539, 542; Ullmann, NJW 1994, 1255, 1257.

[36] Zum Begriff Karsten Schmidt, § 12 I 2 b bb.

[37] Z.B. „Fritz Müller, Fahrschule": Beispiel frei nach OLG Stuttgart EWiR 1986, 1115.

jektsbezogenen Geschäftsbezeichnungen dürfen aber, da keine § 17 HGB entsprechende Regelung existiert, nicht im Rechtsverkehr, z.B. nicht zur Unterzeichnung von Verträgen, verwendet werden.[38]
Für die Verwendung von Geschäftsbezeichnungen durch Vollkaufleute oder Minderkaufleute gilt Folgendes: Vollkaufleute können besondere Geschäftsbezeichnungen auch neben ihrer Firma führen, insbesondere als Hinweis auf einen Betrieb bzw. einen Unternehmensteil. Die Grenze hierbei ist die Irreführung des Verkehrs, d.h. ein Verstoß gegen §§ 3, 5 UWG.[39] Die besonderen Geschäftsbezeichnungen können auch als Firmenzusätze der Firma hinzugefügt werden. Diese Firmenzusätze folgen den Grundsätzen des Firmenrechts.[40] Minder- und Nichtkaufleute dürfen eine besondere Geschäftsbezeichnung nicht in der Art und Weise verwenden, dass der Verkehr davon ausgeht, es handele sich um eine vollkaufmännische Firma.[41] Hintergrund ist wiederum, dass dies eine gem. §§ 3, 5 UWG verbotene Irreführung des Verkehrs wäre.
Ob es darüber hinaus ein weitergehendes Verbot gibt, Geschäftsbezeichnungen firmenmäßig zu verwenden[42], ist im Hinblick auf die oben dargestellten Verpflichtungen gem. §§ 15 a und b GewO zweifelhaft.[43] Nach §§ 15 a und b GewO trifft den Kleingewerbetreibenden genau die Pflicht, die den §§ 18 ff. HGB a.F. entspricht. Damit entspricht die Angabe der subjektsbezogenen Geschäftsbezeichnungen einer firmenmäßigen Verwendung nach der alten Rechtslage. Objektsbezogene Geschäftsbezeichnungen dürfen dagegen nicht firmenmäßig verwendet werden, da eine solche Verwendung zu einer Irreführung des Verkehrs führt.
Ob eine Bezeichnung als besondere Geschäftsbezeichnung oder als Firma benutzt wird, kann anhand der Begrifflichkeit nicht entschieden werden. Denn die Kennzeichen sind für sich genommen nicht eindeutig. Der Wille des Geschäftsinhabers ist für die Abgrenzung allerdings unerheblich. Entscheidend ist allein, wie die angesprochenen Verkehrskreise die Kennzeichen auffassen.[44]
Voraussetzung für einen Schutz einer besonderen Bezeichnung eines Geschäftsbetriebes gem. § 5 Abs. 2 S. 1, 3. Alt. MarkenG ist, dass dieses Zeichen unter-

---

38 Bokelmann, Rdn. 27.
39 BGH NJW 1991, 2023, 2024; OLG Karlsruhe BB 1968, 308; Karsten Schmidt, § 12 I 2 b aa; Bokelmann, Rdn. 29.
40 Vgl. o. § 1 A I 2.
41 Bokelmann, NJW 1987, 1683; Gustavus, EWiR 1986, 115.
42 So wohl die noch h.M. Staub/Hüffer, § 37, Rdn. 8; OLG Bamberg DB 1973, 1989 f.; LG Mainz BB 1968, 309; Ullmann, NJW 1994, 1255, 1258, einschränkend unter Hinweis auf die neue Rechtslage nach dem HRefG Koller/Roth/Morck-Roth, § 17, Rdn. 8; Baumbach/Hopt-Hopt, § 17, Rdn. 15 ff..
43 Z.B. Karsten Schmidt, § 12 I 2 b bb; MünchKommHGB-Bokelmann, § 17, Rdn. 22.
44 BGH NJW 1991, 2023, 2024; OLG Frankfurt DB 1974, 2100, 2101; LG Mainz BB 1968, 309; Bokelmann, Rdn. 7; Fezer, MarkenR, § 15, Rdn. 120.

scheidungskräftig ist, d.h. eine Namensfunktion hat.[45] Die Terminologie ist insoweit nicht ganz eindeutig. Der BGH hat eine Namensfunktion[46], Unterscheidungskraft[47] bzw. eine namensmäßige Kennzeichnungskraft gefordert.[48] In der Sache ergibt sich aus dieser unterschiedlichen Terminologie aber kein relevanter Unterschied. Eine Namensfunktion ist gegeben, wenn der Verkehr in dem Zeichen einen Hinweis auf ein spezielles Unternehmen oder sein Warenangebot erblickt. Die absoluten Schutzhindernisse bei Marken gem. § 8 Abs. 2 Nrn. 2 und 3 MarkenG, der Ausschluss des Schutzes für rein beschreibende Angaben, gelten zwar für Unternehmenskennzeichen des § 5 Abs. 2 MarkenG nicht direkt. Diese Schutzhindernisse werden aber unter dem Gesichtspunkt der fehlenden Unterscheidungskraft geprüft. Damit haben rein beschreibende Angaben oder Beschaffenheitsangaben und Gattungsbezeichnungen ohne Verkehrsgeltung keine Unterscheidungskraft.[49] Die Anforderungen an die Unterscheidungskraft sind aber bei Unternehmenskennzeichen nicht zu hoch anzusetzen.[50] Fehlt die Unterscheidungskraft, d.h. die Namensfunktion, kommt ein Schutz des Zeichens nur noch kraft Verkehrsgeltung gem. § 5 Abs. 2 S. 2 MarkenG in Betracht.

4. Abkürzungen von Namen und Firmen

Der Schutz von Namen und Firmen gem. § 5 Abs. 2 S. 1 MarkenG erstreckt sich auch auf die Abkürzungen und Teile von Namen oder Firmen[51], z.B. „BMW" für „Bayrische Motorenwerke". Hintergrund dieser Ausdehnung des Schutzes ist, dass der Verkehr dazu neigt, längere Namen in der alltäglichen Praxis abzukürzen oder nur Teile zu verwenden. Diese Teile sind namens- und firmenrechtlich aber nur schutzfähig, wenn sie selbst kennzeichnungskräftig sind, d.h., wenn der Verkehr diese Abkürzungen als schlagwortartigen Hinweis auf das Unternehmen oder den Unternehmensträger versteht.[52] Unerheblich ist hierbei,

---

[45] BGH GRUR 2005, 419, 422 – Räucherkate; BGH WRP 2005, 614, 615 – Literaturhaus; Ingerl/Rohnke, § 5, Rdn. 29; Fezer, MarkenR, § 5, Rdn. 3; v.Schultz-Gruber, § 5, Rdn. 11 f.

[46] BGH GRUR 1954, 195 – KfA; BGH GRUR 2005, 419, 422 – Räucherkate.

[47] BGH GRUR 1996, 68 – Cotton Line; BGH WRP 2005, 614, 615 – Literaturhaus.

[48] BGH GRUR 1998, 165, 166 – RBB.

[49] BGH GRUR 1999, 492, 494 – Altberliner; OLG Düsseldorf GRUR-RR 2003, 342, 343 – Clever Reisen; Ströbele/Hacker-Hacker, § 5, Rdn. 20.

[50] Ingerl/Rohnke, § 5, Rdn. 28; Ströbele/Hacker-Hacker, § 5, Rdn. 48; Fezer, MarkenR, § 15, Rdn. 122 a.

[51] Ausführlich hierzu Gierke, WRP 2000, 877 ff.; Hefermehl, FS Hueck, 519, 525 f.; Knaak, FS GRUR, 971, 995; BGH GRUR 1960, 93 ff. – Martinsberg.

[52] St. Rspr. BGH GRUR 1999, 492, 493 – Altberliner; BGH GRUR 1985, 461, 462 – Gefa/Gewa; h.Lit.: Ingerl/Rohnke, § 5, Rdn. 23; Ströbele/Hacker-Hacker, § 5, Rdn. 35; v.Schultz-Gruber, § 5, Rdn. 7 ff.

ob dieser Bestandteil auch tatsächlich von der Firma in Alleinstellung verwendet wird, d.h., ob die Firma diese Verkürzung beabsichtigt.
Wie bereits ausgeführt,[53] war in der Rechtsprechung[54] zunächst nur anerkannt, dass aussprechbare Buchstabenkombinationen schutzfähig sind. Nicht aussprechbare Buchstabenkombinationen oder Abkürzungen wurden nur bei Verkehrsgeltung als schutzfähig angesehen.[55] Dieser Schutz wurde auf Abkürzungen und andere Buchstabenkombinationen ausgedehnt, die nicht aussprechbar sind, sofern die Buchstabenkombinationen keinen beschreibenden Begriffsinhalt haben oder an beschreibende Begriffe angelehnt sind.[56] Dies bedeutet, dass eine nicht aussprechbare Buchstabenkombination unterscheidungskräftig sein muss, damit sie schutzfähig ist. Wenn die Abkürzungen ausschließlich beschreibend sind, fehlt ihnen die für eine besondere Geschäftsbezeichnung erforderliche Unterscheidungskraft, § 5 Abs. 2 S. 1, 3. Alt. MarkenG. Bei Fehlen der Unterscheidungskraft können Abkürzungen nur als Geschäftsabzeichen gem. § 5 Abs. 2 S. 2 MarkenG schutzfähig sein, sofern sie die erforderliche Verkehrsgeltung erreichen.

5. Schutzbeginn von Unternehmenskennzeichen gem. § 5 Abs. 2 S. 1 MarkenG

Voraussetzung für den Schutz von Unternehmenskennzeichen gem. § 5 Abs. 2 S. 1 MarkenG ist zunächst, dass ein entsprechender Rechtsträger vorhanden ist.[57] Erst ab diesem Zeitpunkt kann ein Schutz nach dem MarkenG gewährt werden. Taugliche Rechtsträger sind hierbei nicht nur natürliche und juristische Personen. Nach der Anerkennung der Teilrechtsfähigkeit von Gesellschaften bürgerlichen Rechts sind auch diese sowie Einzelunternehmen,[58] d.h. der Einzelunternehmer, taugliche Rechtsträger. Der Schutz dauert auch bei einer vorübergehenden Unterbrechung der werbenden Tätigkeit des Unternehmens an. Ab wann eine Unterbrechung nicht mehr nur vorübergehend ist, ist eine Frage des Einzelfalls.[59]

---

[53] Vgl. oben § 1 A I 1.
[54] BGH GRUR 1985, 461, 462 – Gefa/Gewa.
[55] Vgl. Knaak, FS GRUR, 971, 990 m.w.N.
[56] BGH GRUR 2001, 344, 345 – DB Immobilienfonds; BGH GRUR 2002, 626, 629 – IMS; unter Aufgabe der alten Rechtsprechung z.B. BGH GRUR 1998, 165, 166 – RBB, die zum WZG u. § 16 UWG a.F. ergangen ist.
[57] BGH NJW 1997, 2948 – L'Orange; Ströbele/Hacker-Hacker, § 5, Rdn. 85; Nave, WRP 2002, 1237.
[58] Nave, WRP 2002, 1237, 1238; das Gleiche gilt für die Vor-GmbH: BGH GRUR 1993, 404 – Columbus.
[59] BGH WM 2003, 1036 ff. – Hotel Adlon, eine Unterbrechung zwischen 1945 – 1997 wurde als vorübergehend angesehen; Bokelmann, Rdn. 38 m.w.N; Ströbele/Hacker-Hacker, § 5, Rdn. 85 ff.

Der Kennzeichenschutz der Unternehmenskennzeichen gem. § 5 Abs. 2 S. 1 MarkenG beginnt mit der Nutzung im geschäftlichen Verkehr,[60] Verkehrsgeltung ist nicht erforderlich. Für die Nutzung im geschäftlichen Verkehr genügt jede Art nach außen gerichteter geschäftlicher Tätigkeit im Inland. Reine interne Vorbereitungsmaßnahmen, wie z.B. der Abschluss eines Gesellschaftsvertrages, genügen nicht.[61] Es ist „nur" die Nutzung im geschäftlichen Verkehr erforderlich, so dass der Schutzbeginn nicht von der Eintragung in Registern abhängig ist, z.B. Eintragungen ins Handelsregister, Gewerberegister etc. Dies gilt auch für die Firma, es sei denn, die Kaufmannseigenschaft hängt von der Eintragung im Handelsregister ab, § 1 Abs. 2 HGB.[62] Die Eintragung in das Handelsregister kann aber auch bei größeren Handelsgewerben indizielle Bedeutung für die Benutzung im geschäftlichen Verkehr haben.[63]
Da die Kennzeichen i.S. von § 5 Abs. 2 S. 1 MarkenG das Unternehmen oder den Unternehmensträger kennzeichnen, genügt eine ausschließlich markenmäßige Verwendung nicht. Erforderlich ist vielmehr zumindest auch eine namensmäßige Verwendung, d.h., es muss das Unternehmen oder der Unternehmensträger gekennzeichnet werden.[64] Bei Teilen von Namen und Firmen bzw. von Abkürzungen ist nicht auf den Gebrauch der Abkürzungen, sondern auf die Ingebrauchnahme des vollständigen Kennzeichens abzustellen.[65] Allerdings führt die Aufgabe der Firma in der Regel auch zum Verlust des aus der Firma gebildeten Firmenschlagwortes. Das Firmenschlagwort kann aber als besondere Geschäftsbezeichnung gem. § 5 Abs. 2 S. 1, 3. Alt. BGB mit eigener (späterer) Priorität Schutz genießen.[66]

II. Besondere Bezeichnungen des Unternehmens oder des Geschäftsbetriebes gem. § 5 Abs. 2 S. 2 MarkenG (Geschäftsabzeichen)

In § 5 Abs. 2 S. 2 MarkenG werden die Geschäftsabzeichen und sonstige zur Unterscheidung des Geschäftsbetriebes von anderen Geschäftsbetrieben bestimmte Zeichen den besonderen Geschäftsbezeichnungen des § 5 Abs. 2 S. 1, 3. Alt. MarkenG gleichgestellt. Im Folgenden werden die Kennzeichen i.S. von § 5 Abs. 2 S. 2 MarkenG insgesamt als Geschäftsabzeichen bezeichnet. Die

[60] So die Formulierung des § 5 MarkenG. Anders noch § 16 UWG a.F, der auf die Verwendung des Kennzeichens durch den Verletzer abstellte; ausführlich hierzu: Nave, WRP 2002, 1237, 1238; Knaak, FS GRUR, 971, 991 m.w.N.
[61] Ingerl/Rohnke, § 5, Rdn. 56; Günther, WRP 2005, 975, 976.
[62] Vgl. z.B. BGH GRUR 1954, 271, 273 – Dun Europa; Ingerl/Rohnke, § 5, Rdn. 32.
[63] Ingerl/Rohnke, § 5, Rdn. 32; ähnlich Günther, WRP 2005, 975, 976.
[64] BGH GRUR 1995, 825, 826 – Torres; BGH GRUR 2005, 419, 422 – Räucherkate; Ingerl/Rohnke, § 5, Rdn. 58; Günther, WRP 2005, 975, 976.
[65] BGH GRUR 1988, 635, 636 – Grundcommerz; BGH GRUR 1991, 556, 557 – LeasingPartner; BGH GRUR 1997, 468, 469 – NetCom; Ströbele/Hacker-Hacker, § 5, Rdn. 31 ff.
[66] BGH GRUR 2005, 871, 873 – Seicom.

Definition der Geschäftsabzeichen erfolgt durch die Abgrenzung zu den Zeichen gem. § 5 Abs. 2 S. 1 MarkenG. Der Unterschied zwischen den besonderen Geschäftbezeichnungen i.S. von § 5 Abs. 2 S. 1, 3. Alt. MarkenG und den Geschäftsabzeichen gem. § 5 Abs. 2 S. 2 MarkenG besteht darin, dass letztere keine Namensfunktion haben.[67] Trotz der fehlenden Namensfunktion sind die Geschäftsabzeichen aber Kennzeichenmittel. Als Zeichen i.S. von § 5 Abs. 2 S. 2 MarkenG kommen dabei fast alle Zeichen in Betracht wie z.B. Telefonnummern, Bildsymbole, Aufmachung des Geschäftswagens, einheitliche Kleidung der Mitarbeiter eines Geschäfts oder Lokals, Hausfarben, Werbesprüche etc.[68]

Der Schutz der Geschäftsabzeichen i.S. von § 5 Abs. 2 S. 2 MarkenG beginnt im Gegensatz zu den Zeichen i.S. von § 5 Abs. 2 S. 1 MarkenG nicht mit der ersten Benutzungshandlung. Denn zu diesem Zeitpunkt hat das Zeichen seine Funktion als Kennzeichenmittel für ein bestimmtes Unternehmen noch nicht erreicht. Der Schutz dieser Kennzeichen beginnt wegen der fehlenden Namensfunktion erst mit dem Zeitpunkt, in dem das Kennzeichen durch Verkehrsgeltung[69] seine Funktion als Kennzeichenmittel eines bestimmten Unternehmens innerhalb der beteiligten Verkehrskreise erreicht hat. Der Schutz endet, sobald die Verkehrsgeltung erlischt, wobei vorübergehende Unterbrechungen unschädlich sind.[70] Wegen des unterschiedlichen Schutzbeginns und der daraus folgenden unterschiedlichen Schutzdauer ist die Abgrenzung der Kennzeichen i.S. von § 5 Abs. 2 S. 1 und S. 2 MarkenG praktisch sehr wichtig.
Auch Geschäftsabzeichen können neben der Firma verwendet werden, sofern dies nicht zu einer Irreführung des Verkehrs führen.[71]

III. Räumlicher Schutzbereich der Unternehmenskennzeichen i.S. von § 5 Abs. 2 MarkenG

Alle Unternehmenskennzeichen des § 5 Abs. 2 MarkenG sind im gesamten Bundesgebiet geschützt, wenn sie auch im gesamten Bundesgebiet verwendet werden.[72] Namen und Firmen werden häufig im gesamten Bundesgebiet

[67] KG WRP 1980, 623; Fezer, MarkenR, § 15, Rdn. 139; Goldmann, § 4, Rdn. 4; Ullmann, NJW 1994, 1255, 1256 zur alten Rechtslage.
[68] Ströbele/Hacker-Hacker, § 5, Rdn. 70 ff.; Goldmann, § 4, Rdn. 30 ff.; Fezer, MarkenR, § 15, Rdn. 141 ff.; evtl. auch die Domain, wenn diese nicht schon als Zeichen i.S. von § 5 Abs. 2 S. 1 MarkenG aufgefasst wird, hierzu Fezer-Jung-Weiser, UWG, § 4-S11, Rdn. 70 ff.
[69] Mit dem Begriff der Verkehrsgeltung darf der Begriff der Verkehrsdurchsetzung nicht verwechselt werden, vgl. hierzu z.B. v.Schultz-Gruber, § 5, Rdn. 19.
[70] Ingerl/Rohnke, § 5, Rdn. 54; v.Schultz-Gruber, § 5, Rdn. 33; vgl. zu einer nur vorübergehenden Unterbrechung BGH GRUR 2002, 967, 968 – Hotel Adlon.
[71] BGH NJW 1991, 2023, 2024; Baumbach/Hopt-Hopt, § 17, Rdn. 11.
[72] BGH GRUR 1957, 550, 551 f. – Tabu II; BGH GRUR 1995, 507, 508 – City Hotel; BGH GRUR 1970, 479, 480 – Treppchen;

verwendet. Viele besondere Geschäftsbezeichnungen und Geschäftsabzeichen, aber auch viele Firmen, werden nur ortsgebunden verwendet. Bei den nur lokal eingesetzten Kennzeichen beschränkt sich der Schutzbereich auf den durch die Benutzung oder die Verkehrsgeltung abgedeckten Wirtschaftsraum. In Großstädten wird das Kennzeichen im gesamten Stadtgebiet geschützt, nicht nur in einem Stadtteil.[73] Für die Annahme einer überörtlichen Nutzung mit der Folge der Ausdehnung des Schutzbereiches eines Unternehmenskennzeichens reicht allein eine Internetdomain nicht aus.[74] Der Schutz erstreckt sich aber auch auf eine absehbare künftige räumliche und sachliche Ausdehnung des Geschäftsbetriebes. Für die Annahme einer solchen natürlichen künftigen Ausdehnung sind aber konkrete Anhaltspunkte erforderlich.[75] Solche können z.B. bei einem Franchise- oder Filialsystem vorliegen, dass darauf angelegt ist, weitere Betriebsstätten im gesamten Bundesgebiet zu betreiben.[76]
Der räumliche Schutzbereich inklusive des natürlichen Ausdehnungsbereiches der Unternehmenskennzeichen i.S. von § 5 Abs. 2 MarkenG beschreibt damit im Wesentlichen das Territorium, in dem die Lizenzen an diesen Zeichen in Betracht kommen.

IV. Abgrenzung der Unternehmenskennzeichen vom Werktitel und von der Marke

Die Abgrenzung zwischen den Unternehmenskennzeichen i.S. des § 5 Abs. 2 MarkenG und Werktiteln bzw. Marken erfolgt über die unterschiedliche Funktion des jeweiligen Zeichens. Wie oben ausgeführt, kennzeichnen die Unternehmenskennzeichen das Unternehmen bzw. den Unternehmensträger. Im Unterschied hierzu hat ein Werktitel i.S. von § 5 Abs. 3 MarkenG eine werkidentifizierende Funktion.[77] Ein Werktitel bezeichnet eine Ware, ein Produkt besonderer Art. Er unterscheidet sich von der Marke darin, dass er vorrangig der Unterscheidung eines Werkes von einem anderen Werk dient. Ein Werktitel dient

---

[73] BGH GRUR 1970, 479, 480 – Treppchen.
[74] BGH GRUR 2005, 262 – soco.de; Ströbele/Hacker-Hacker, § 5, Rdn. 25; Ingerl/Rohnke, § 5, Rdn. 13; v.Schultz-Gruber, § 5, Rdn. 29; Staudinger-Weick/Habermann, § 12 Rdn. 208.
[75] BGH GRUR 57, 547, 549 – Tabu I; BGHZ 130, 134, 141 f. – Altenburger Spielkartenfabrik; OLG Bremen WRP 1999, 215, 217 – Kla-Flü; Ströbele/Hacker-Hacker, § 5, Rdn. 25; Ingerl/Rohnke, § 15, Rdn. 23; Knaak, FS GRUR, 971, 1003.
[76] Günther, WRP 2005, 975, 976.
[77] St. Rspr. u. h.M. seit RGZ 104, 88, 89 f. – Trotzkopf; BGHZ 26, 52, 60 f. – Sherlock Holmes; BGH GRUR 1994, 908, 910 – Wir im Südwesten; jeweils zur alten Rechtslage; Ingerl/Rohnke, § 5, Rdn. 70; Fezer, MarkenR, § 15, Rdn. 154, 155 auch zur neuen Rechtslage; wohl nur sprachlich ungenau BGH GRUR 2004, 512, 513 – Leysieffer; in dieser Entscheidung ist von einer allen Kennzeichenrechten gemeinsamen Herkunftsfunktion die Rede. Diese Aussage bezieht sich aber auf Marken und Unternehmenskennzeichen, aber nicht auf Werktitel.

damit im Gegensatz zur Marke nicht primär als Herkunftshinweis.[78] Wenn er ausnahmsweise auch das Unternehmen identifiziert, ist ein Werktitel auch ein Unternehmenskennzeichen. In diesem Fall richtet sich der Schutz der unternehmensidentifizierenden Funktion nach den Vorschriften der Unternehmenskennzeichen.[79] Eine Marke bezeichnet im Unterschied zu den Unternehmenskennzeichen ein Produkt eines Unternehmens und nicht das Unternehmen bzw. dessen Träger. Gleichzeitig soll durch die Marke aber nicht nur das Produkt, sondern auch die Herkunft des Produktes aus einem bestimmten Geschäftsbetrieb gekennzeichnet werden.[80] Eine namensmäßige Wirkung wie bei den Kennzeichen gem. § 5 Abs. 2 S. 1 MarkenG hat die Marke von Natur aus aber nicht. Sie kann aber wie die Kennzeichen i.S. von § 5 Abs. 2 S. 2 MarkenG eine namensmäßige Wirkung erwerben.[81]

Im Rahmen der sog. Herkunftsfunktion der Marke hat diese einen ähnlichen Anwendungsbereich wie die Unternehmenskennzeichen.[82] Es ist durchaus möglich, dass eine Marke sich zu einem Unternehmenskennzeichen entwickelt oder umgekehrt, dass sich ein Unternehmenskennzeichen zur Marke entwickelt. Zwischen den beiden Zeichen besteht nach allgemeiner Meinung kein Verhältnis von Exklusivität, d.h., es ist möglich, dass ein Unternehmenskennzeichen auch zugleich eine Marke ist. Ferner kann eine Marke auch zur Firmenbildung verwendet werden z.B. kann die Marke „UHU" für die Firma „UHU GmbH" verwendet werden. Sofern neben dem Schutz des Unternehmenskennzeichen auch Markenschutz begehrt wird, ist erforderlich, dass das Zeichen auch die Anforderungen einer Marke erfüllt,[83] insbesondere dass keine absoluten Schutzhindernisse i.S. von § 8 MarkenG vorliegen.[84] Der Schutz wird aber praktisch angenähert, da die absoluten Schutzhindernisse des § 8 Abs. 2 Nrn. 2 und 3 MarkenG (kein Schutz für freihaltebedürftige rein beschreibende Zeichen) auch bei den

---

[78] St. Rspr. z.B. BGH GRUR 2002, 1083, 1085 – 1, 2, 3 im Sauseschritt; BGH GRUR 2000, 504, 506 – Facts; Ingerl/Rohnke, § 5, Rdn. 71.

[79] Fezer, MarkenR, § 15, Rdn. 161.

[80] Kliems, GRUR 2001, 635, 638; Kur, GRURInt 1990, 1, 6.

[81] Goldmann, § 3, Rdn. 14 u. § 17, Rdn. 46; Kur, GRURInt 1990, 1, 6, unter Hinweis darauf, dass die Herkunftsfunktion der Marke abstrakt aufzufassen sei, d.h. die Herkunftsfunktion erfordere für den Verbraucher keine konkret erkennbare Herkunft; vgl. zur Unterscheidung der markenmäßigen und firmenmäßigen Benutzung: Knaak, GRUR 1982, 67, 71.

[82] Knaak, GRUR 1982, 67, 71; vgl. zum Verbot, ein Warenzeichen (Marke) firmenmäßig zu benutzen BGH NJW 1991, 2023.

[83] BPatG GRUR 2003, 1051, 1052 zu den Voraussetzungen des Markenschutzes für besondere Geschäftsbezeichnungen; Ströbele/Hacker-Hacker, § 5 Rdn. 9; vgl. auch Gierke, WRP 2000, 877, 878, die darauf hinweist, dass dem Verkehr die Unterscheidung zwischen Marke und Unternehmenskennzeichen oft nicht geläufig ist.

[84] Vgl. Gierke, WRP 2000, 877, 879 ff. zu der Frage, inwieweit die absoluten Schutzhindernisse gem. § 8 Abs. 2 MarkenG als Beurteilungskriterien für die Schutzfähigkeit von Unternehmenskennzeichnungen berücksichtigt werden müssen.

Unternehmenskennzeichen im Rahmen der Unterscheidungskraft geprüft werden. Sofern ein Kennzeichen zugleich Marke und Unternehmenskennzeichen ist, richtet sich der Schutz des Kennzeichens bei den unterschiedlichen Funktionen Marke bzw. Unternehmenskennzeichen nach den jeweiligen Regeln.[85]
Die Kennzeichen Werktitel, Marke und Unternehmenskennzeichen können aber trotz der unterschiedlichen Funktion jeweils verwechselbar sein.[86] Dies ergibt sich aus der Gleichwertigkeit der einzelnen Kennzeichnungsrechte. Aus dieser Gleichwertigkeit folgt auch, dass bei der Geltendmachung eines Kennzeichenrechts gegenüber einem anderen die jeweilige Priorität entscheidend ist.

V. Zusammenfassung

Die vorliegende Arbeit beschäftigt sich ausschließlich mit Lizenzen an Firmen und besonderen Geschäftsabzeichen i.S. von § 5 Abs. 2 S. 1 und S. 2 MarkenG. Gemeinsam ist allen Unternehmenskennzeichen i.S. von § 5 Abs. 2 MarkenG, dass sie im Gegensatz zur Marke nicht bestimmte Waren oder Produkte kennzeichnen. Die besonderen Geschäftsbezeichnungen und die Geschäftsabzeichen weisen auf das Unternehmen hin, der Name und die Firma auf den Unternehmensträger. Mittelbar weisen aber auch der Name und die Firma im geschäftlichen Verkehr auf das Unternehmen als solches hin, da der Verkehr in großem Maße zumindest die Firma mit dem Unternehmen als solches gleichsetzt.
Die Abgrenzung der einzelnen Unternehmenskennzeichen ist vor allem wegen des unterschiedlichen Schutzbeginns der Kennzeichen i.S. von § 5 Abs. 2 S. 1 MarkenG und i.S. von § 5 Abs. 2 S. 2 MarkenG erforderlich. Gemeinsam ist allen Zeichen des § 5 Abs. 2 MarkenG, dass sie – genauso wie Marken – zeitlich unbeschränkt aufrechterhalten werden können. Die Zeichen sind räumlich am Ort ihrer Benutzung und dem natürlichen Ausdehnungsbereich geschützt.
Dieser örtliche Bereich ist im Wesentlichen der potenzielle Lizenzbereich der Kennzeichen.
Unternehmenskennzeichen können auch von Unternehmen stammende Produkte kennzeichnen und insoweit Marken sein. Ebenso können sie zusätzlich als Werktitel fungieren. Hierbei ist aber streng zwischen den unterschiedlichen Funktionen Marke und Werktitel einerseits und Unternehmenskennzeichen andererseits zu unterscheiden. Marke, Werktitel und Unternehmenskennzeichen

---

[85] BGH GRUR 1983, 764, 766; BPatG 2003, 1051, 1052; ausführlich zu den Problemen, wie der Schutz von Unternehmenskennzeichen gewährt wird, wenn diese gleichzeitig auch Markenbestandteile sind Kliems, GRUR 2001, 635 ff.; vgl. auch OLG Düsseldorf GRUR-RR 2004, 322 ff. – Thomson Life; Hefermehl, FS Hueck, 519, 526; zur Rechtslage in der Schweiz Troller, S. 298.
[86] Z.B. OLG Hamburg GRUR 2004, 104 ff. – eltern-online.de; BGH GRUR 1966, 499, 501 – Merck.

können jeweils eine unterschiedliche Priorität haben, die nach den für sie geltenden Vorschriften zu ermitteln ist.[87]

B. Begriff „Lizenz"

Der Begriff „Lizenz" findet sich im Gesetz im Zusammenhang mit einer Firma, einer besonderen Geschäftsbezeichnung und / oder einem Geschäftsabzeichen nicht. Der Begriff „Lizenz" wird aber in diversen Vorschriften verwendet z.B. in § 30 MarkenG, §§ 17, 18 GWB a.F.[88], § 22 Abs. 2 GebrMG, § 15 Abs. 2 PatG, § 266 Abs. 2 A I Nr. 1 HGB und § 31 GeschmMG. Im Urheberrecht wird dagegen eine andere Terminologie verwendet. Dort wird von Nutzungsrechten (§§ 31 ff. UrhG) und von Verwertungsrechten (§§ 15 ff. UrhG) gesprochen. Wirtschaftlich sind die Nutzungsrechte und Verwertungsrechte i.S. des UrhG mit den hier mit dem Begriff „Lizenz" beschriebenen Sachverhalten vergleichbar.[89] Der Inhaber des Schutzrechts will bei der Einräumung einer Lizenz bzw. von Nutzungsrechten einem anderen zeitlich befristet erlauben, das Schutzrecht wirtschaftlich zu nutzen. Eine endgültige Übertragung des Schutzrechts ist aber nicht gewollt.[90]
Nach der früher wohl h.M.[91] konnte bei einer Lizenz an Firmen, an besonderen Geschäftsbezeichnungen und / oder an Geschäftsabzeichen kein positives Benutzungsrecht eingeräumt werden. Deswegen wurde eine Lizenz lediglich als Verzicht des Inhabers gegenüber dem Lizenznehmer auf sein Verbietungsrecht verstanden.[92] Grundsätzlich ist aber auch im Kennzeichenrecht eine Lizenz i.S. eines Benutzungsrechts möglich. Dies ergibt sich u.a. aus § 30 MarkenG, der eine Lizenz an einer Marke zulässt.[93] Deswegen ist es sinnvoll, auch die Frage der Gebrauchsüberlassung der Kennzeichen Firma, besondere Geschäftsbezeichnung und Geschäftsabzeichen unter dem Begriff „Lizenz" zu erörtern. Hierbei ist der Begriff „Lizenz" an einer Firma, an einer besonderen Geschäftsbezeichnung bzw. Geschäftsabzeichen insoweit nicht ganz präzise, als es eigentlich um eine „Lizenz" an dem Firmenrecht, dem Recht an der besonderen

---

87 BGH GRUR 1983, 764, 766; BPatG GRUR 2003, 1051, 1052 – Rheuma-world.

88 Vgl. unten § 8 C zum GWB nach der 7. GWB-Novelle.

89 Z.B. Hoeren, Internetrecht, S. 124 u. Schack, Rdn. 539 benutzen in diesem Zusammenhang auch den Begriff Lizenz.

90 Vgl. z.B. Hasselblatt-Strasser, § 38, Rdn. 1; Stumpf/Groß, Rdn. 15; Forkel, ZHR 153 (1989), 511, 521.

91 Vgl. zur Geschichte der Lizenzen an Firmen, besonderen Geschäftsbezeichnungen und Geschäftsabzeichen § 2 A.

92 Z.B. RGZ 17, 53; Lichtenstein, NJW 1965, 1839; Hilty, S. 7; so auch der BGH in den Entscheidungen zu Firmenlizenzen BGH GRUR 1970, 528, 531 – Migrol; und BGH GRUR 1973, 375, 377 – Miss Petite.

93 Zur Frage, ob § 30 MarkenG auf Lizenzen an Unternehmenskennzeichen analog angewendet werden kann vgl. unten §§ 5 A, 6 B.

Geschäftsbezeichnung bzw. an dem Geschäftsabzeichen geht. Im Folgenden wird – verkürzt – der Begriff „Lizenz an einer Firma, an einer besonderen Geschäftsbezeichnung bzw. an Geschäftsabzeichen" verwendet.
Allein aus dem Begriff „Lizenz" kann aber in Anbetracht der unterschiedlichen Terminologie, z.B. im Vergleich zum Urheberrecht, keine Schlussfolgerung hinsichtlich der Rechtsnatur der Lizenz gezogen werden.[94] Der Begriff „Lizenz" ist auch nicht sehr aussagekräftig, weil es im Bereich des gewerblichen Rechtsschutzes anerkannt ist, dass es unterschiedliche Gestaltungsmöglichkeiten der Lizenz gibt. Herkömmlicherweise wird u.a. zwischen „einfachen" und „ausschließlichen" Lizenzen differenziert.[95] Bei der einfachen Lizenz ist der Lizenzgeber grundsätzlich nicht gehindert, weitere Lizenzen zu vergeben, während bei der ausschließlichen Lizenz der Lizenzgeber keine weiteren Lizenzen vergeben und normalerweise das lizenzierte Recht auch selbst nicht mehr nutzen darf. Damit einhergehend wird der ausschließlichen Lizenz häufig eine absolute (dingliche) Wirkung zugeordnet, während die einfache Lizenz nur schuldrechtlich wirken soll.[96] Diese Begrifflichkeiten beschreiben aber nur die Rechtswirkungen zwischen den Parteien. Die Verwendung dieser Begrifflichkeiten in dem Lizenzvertrag kann ein Indiz für die gewollte Rechtsbeziehung zwischen Lizenznehmer und Lizenzgeber sein. Ob die gewollten Rechtsbeziehungen tatsächlich eintreten (können), ergibt sich aber aus den Begrifflichkeiten nicht.[97] Dies gilt auch in Bezug auf die Kennzeichen Firma, besondere Geschäftsbezeichnung und Geschäftsabzeichen. Auch die Vermeidung des Begriffs „Lizenz" und die Verwendung von anderen Begriffen, wie z.B. „Nutzungsrecht", indiziert die Rechtsnatur nicht.
Da der Begriff Lizenz im Kennzeichenrecht bei Marken in § 30 MarkenG verwendet wird und auch international die Fragen von Gebrauchsüberlassungen von gewerblichen Schutzrechten unter dem Begriff Lizenz erörtert werden, wird dieser Begriff auch in der vorliegenden Arbeit verwendet. Ob unter dem Begriff „Lizenz" auch die Fallgestaltung verstanden wird, bei dem der Inhaber nur auf seine Verbotsrechte verzichtet, wird ausführlich in § 6 erörtert.

---

[94] Ebenso Herbst, S. 1 ff.; vgl. zu der Rechtsnatur der Lizenz §§ 4, 5, 6.

[95] Vgl. Hasselblatt-Strasser, § 38, Rdn. 2; Ingerl/Rohnke, § 30, Rdn. 11 ff.; Schanda, GRURInt 1994, 275, 282, weist zutreffend darauf hin, dass mit dem Begriff der ausschließlichen Lizenz keine Aussage im Hinblick auf die ausschließliche Wirkung entnommen werden kann, vgl. § 4 B.

[96] Vgl. dazu ausführlich unten § 4 B.

[97] Der Begriff der Dinglichkeit ist insofern ein nicht präziser „Rechtsfolgenbegriff", ebenso Engels, S. IV-98. Deswegen ist der Begriff der Absolutheit vorzuziehen, vgl. hierzu § 4 B.

C. Mögliche Anspruchsgrundlagen bei Verletzungen von Rechten i.S. von § 5 Abs. 2 S. 1 MarkenG

Bei Verletzungen von Kennzeichen i.S. von § 5 Abs. 2 S. 1 MarkenG kann der Rechtsinhaber sein Vorgehen gegen den Verletzter vor allem auf folgende Anspruchsgrundlagen stützen, § 15 Abs. 2 und Abs. 3 MarkenG, § 12 BGB, § 37 Abs. 2 HGB, § 823 Abs. 1 BGB (i.V. mit § 1004 BGB) und §§ 3, 4, 5 UWG n.F. (§§ 1, 3 UWG a.F.).[98]

I. Anspruch gem. § 15 Abs. 2 und Abs. 3 MarkenG

§ 15 MarkenG ist die zentrale Norm bei Verletzungen von Unternehmenskennzeichen. Voraussetzung für Ansprüche gem. § 15 Abs. 2 und Abs. 3 MarkenG ist, dass das Verletzerkennzeichen im geschäftlichen Verkehr verwendet wird. Der Begriff des geschäftlichen Verkehrs wird sehr weit ausgelegt.[99] Ausreichend ist, dass die Handlung der Förderung eines beliebigen eigenen oder fremden Geschäftszwecks dient. Gewinnabsicht, Entgeltlichkeit oder ein Wettbewerbsverhältnis sind nicht erforderlich. Die Nutzung im privaten Verkehr ist aber nicht ausreichend.

Durch § 15 Abs. 2 MarkenG ist der das Kennzeichen befugt benutzende Kennzeicheninhaber[100] gegen die Verwendung von identischen oder ähnlichen Zeichen geschützt. Bei ähnlichen Zeichen müssen das verletzte und das verletzende Kennzeichen verwechselbar sein. Bei der Prüfung der Verwechslungsgefahr wird ebenso wie bei einer Markenverletzung auf eine Wechselwirkung zwischen Kennzeichnungskraft, Ähnlichkeit der Kennzeichen und Branchennähe abgestellt. Je branchennäher das Verletzerzeichen und das verletzte Kennzeichen ist, desto weniger Anforderungen werden an die Kennzeichnungskraft und die Ähnlichkeit gestellt, desto branchenferner das Verletzungszeichen vom verletzten Kennzeichen ist, desto kennzeichenkräftiger und ähnlicher muss das verletzte Zeichen sein.[101]

Bei bekannten Unternehmenskennzeichen gewährt § 15 Abs. 3 MarkenG Schutz vor Verwässerungsgefahr und Rufausbeutung. Insbesondere bei bekannten Unternehmenskennzeichen kommt eine Verwechslungsgefahr auch dadurch in Betracht, dass die angesprochenen Verkehrskreise annehmen, der Zeicheninha-

---

[98] Zur geschichtlichen Entwicklung des Firmen- und Kennzeichenschutzes: Knaak, FS GRUR, 971, 986 f.

[99] Vgl. Ingerl/Rohnke, § 14, Rdn. 48 ff. m.w.N.

[100] BGH GRUR 2002, 706, 707 – vossius.de; Fezer, MarkenR, § 15, Rdn. 116; Ingerl/Rohnke, § 15, Rdn. 12.

[101] Statt aller BGH GRUR 2005, 61 – CompuNet/ComNetII; v.Schultz-Gruber, § 15, Rdn. 21; Ingerl/Rohnke, § 15, Rdn. 34 ff.; grundlegend zur unmittelbaren Verwechslungsgefahr bei Unternehmenskennzeichen: BGH GRUR 1957, 281, 283 – Karo As.

ber habe in die Benutzung eingewilligt, sog. Lizenzvermutung.[102] Firmenschlagworte oder Firmenabkürzungen können hierbei isoliert Gegenstand der Verwechslungsprüfung sein. Diese werden selbstständig kollisionsbegründend geprüft und nicht entsprechend der vom BGH für Mehrwortmarken entwickelten Prägetheorie nur als prägender Bestandteil gewertet.[103]
Sofern ein Verstoß gegen § 15 Abs. 2 MarkenG festgestellt wird, gewährt § 15 Abs. 4 MarkenG einen Unterlassungsanspruch und § 15 Abs. 5 MarkenG einen Schadensersatzanspruch.[104] Ferner besteht ein Vernichtungsanspruch gem. § 18 MarkenG und ein Auskunftsanspruch gem. § 19 MarkenG.

II. Anspruch gem. § 12 BGB

Der Namensschutz gem. § 12 BGB kommt in seinem unmittelbaren ursprünglichen Anwendungsbereich nur für Namen in Betracht. Die Rechtsprechung hat § 12 BGB aber zunächst u.a. auf die Kennzeichen mit Namensfunktion ausgedehnt und schließlich auch auf Kennzeichen ohne Namensfunktion. Dies bedeutet, dass neben den besonderen Geschäftsbezeichnungen auch die Geschäftsabzeichen gem. § 5 Abs. 2 S. 2 MarkenG über § 12 BGB geschützt sind. Dieser Schutz gilt auch für Abkürzungen von Firmen und Namen.[105] Damit ist § 12 BGB quasi die Generalklausel des gesamten Kennzeichenrechts, da sämtliche Kennzeichenverletzungsfälle, vorbehaltlich des Konkurrenzverhältnisses der Anspruchsgrundlagen,[106] über § 12 BGB gelöst werden können.[107]
§ 12 BGB regelt die Ansprüche beim Bestreiten des Rechts zum Gebrauch des Namens (Namensleugnung, § 12 S. 1, 1. Alt.) oder des unbefugten Namensgebrauchs (Namensanmaßung, § 12 S. 1, 2. Alt.). Die Namensleugnung, d.h., das Bestreiten der Befugnis zur Verwendung des Namens hat nur eine geringe praktische Bedeutung. Der Regelfall ist in der Praxis die Namensanmaßung

---

[102] Z.B. OLG Hamburg NJW-RR 1998, 986, 989 – infas; ausführlich zur Verwechslungsgefahr im weiteren Sinn wegen einer Lizenzvermutung Goldmann, § 13, Rdn. 47 ff.

[103] v.Schultz-Gruber, § 15, Rdn. 15 u. 20 m.w.N.; vgl. zum Schutz von Abkürzungen oben § 1 A I 4; vgl. zur Prägetheorie z.B. BGH GRUR 1996, 774, 775 – Falke-run/le run; BGH GRUR 1996, 775, 776 – Sali Toft.

[104] Zu weiteren Einzelheiten z.B. zur Berechnung des Schadensersatzes etc. vgl. z.B. Ingerl/Rohnke, Vor §§ 14-19, Rdn. 112 ff.; zu den Anforderungen an die Fassung des Unterlassungsanspruchs vgl. z.B. BGH GRUR 1997, 903, 904 f. – Garonor.

[105] BGH GRUR 1976, 311, 312 – Sternhaus; BGH GRUR 1997, 468, 469 – NetCom; OLG Hamm CR 1998, 241 f.; MünchKomm-Schwerdtner, § 12, Rdn. 86; Erman-Westermann, § 12, Rdn. 14; Palandt-Heinrichs, § 12, Rdn. 10; kritisch zur Ausdehnung des § 12 BGB: Klippel, S. 305 ff.; Hefermehl, FS Hueck, 519, 524 für die Begrenzung auf Kennzeichen mit Namensfunktion.

[106] Vgl. hierzu unten § 1 C VII.

[107] Krüger-Nieland, FS Fischer, 339, 341; Hefermehl, FS Hueck, 519, 523; Knaak, FS GRUR, 971, 972; Götting, S. 80; ders., S. 89 zum Spannungsverhältnis der Meinungsfreiheit gem. Art. 5 GG u. § 12 BGB.

durch den unbefugten Gebrauch des gleichen oder eines ähnlichen Namens. Der Anspruch aus § 12 BGB ist in diesen Fällen gegeben, wenn der Gebrauch des gleichen oder ähnlichen Namens zu einer Zuordnungsverwirrung führt und dadurch die Interessen des Berechtigten verletzt werden. Für eine solche Zuordnungsverwirrung reicht es ebenso wie bei § 15 MarkenG aus, wenn der unrichtige Eindruck erweckt wird, der Namensträger habe dem Gebrauch seines Namens zugestimmt.[108] Ein solcher Eindruck kann auch durch die unbefugte Verwendung eines Namens als besondere Geschäftsbezeichnung (Etablissementbezeichnung) bzw. Geschäftsabzeichen entstehen.[109] Reine Namensnennungen reichen aber nicht in jedem Fall aus wie z.B. die namentliche Bekanntgabe des jeweiligen Notfallarztes in der Tageszeitung.[110] Praktisch relevant werden unberechtigte Namensnennungen insbesondere im Zusammenhang mit der Werbung.[111]

Gerichtet ist der Anspruch gem. § 12 S. 1 BGB auf die Beseitigung der Beeinträchtigung und gem. § 12 S. 2 BGB bei Wiederholungsgefahr auf Unterlassung. Im Unterschied zu § 15 MarkenG setzt § 12 BGB keine Verwendung im geschäftlichen Verkehr voraus. Es ist auch keine Verwechslungsgefahr im engeren oder weiteren Sinn erforderlich. Sofern eine Verwechslungsgefahr i.S. des § 15 MarkenG vorliegt, ist aber auch eine Interessenverletzung i.S. des § 12 BGB anzunehmen, so dass dieser Unterschied zwischen § 15 MarkenG und § 12 BGB im Regelfall zurücktritt.[112]

III. Anspruch gem. § 37 Abs. 2 HGB

§ 37 Abs. 2 HGB kann ausschließlich bei einer unzulässigen Firmenbildung angewendet werden. Nur wenn die anderen Zeichen i.S. von § 5 Abs. 2 MarkenG unzulässig firmenmäßig eingesetzt werden, ist der Anwendungsbereich des § 37 Abs. 2 HGB eröffnet. Denn Ziel des § 37 Abs. 2 HGB ist die Verhinderung einer registerrechtlich unzulässigen Firma.[113] Durch den Anspruch gem. § 37 Abs. 2 HGB wird damit lediglich das Verfahren wegen Firmenmissbrauchs durch das Registergericht gem. § 37 Abs. 1 HGB ergänzt. § 37 Abs. 2 HGB ist damit systematisch keine kennzeichenrechtliche Anspruchsgrundlage im engeren Sinn.

---

[108] BGHZ 119, 237, 245 – Universitätsemblem; BGH NJW 1981, 2042, 2043 – Carrera.

[109] Palandt-Heinrichs, § 12, Rdn. 22; Erman-Westermann, § 12, Rdn. 19; BGH GRUR 2002, 622 – shell.de; Knaak, FS GRUR, 971, 979; BGH Urteil v. 9.9.2004, Az. I ZR 65/02, BeckRS 2005 02125, zur Frage der Namensanmaßung durch Registrierung einer Top Level Domain.

[110] BGH NJW 1991, 1532.

[111] BGH NJW 1959, 430, 431 – Caterina Valente; ausführlich Götting, S. 90 ff.; vgl. auch Knaak, FS GRUR, 971, 980 f. m.w.N.

[112] Knaak, FS GRUR, 971, 984.

[113] Fezer, ZHR 161 (1997), 52, 59; Staudinger-Weick/Habermann, § 12, Rdn. 226; GroßKomm-Teplitzky, § 16 UWG, Rdn. 464.

Beim Vorgehen gem. § 37 Abs. 2 HGB ist vor allem die territoriale Geltung einer Firma zu beachten. Für den Unterlassungsanspruch gem. § 37 Abs. 2 S. 1 HGB ist kein Verschulden erforderlich.[114] Klageberechtigt ist, „wer in seinen Rechten verletzt" ist. Für eine solche Rechtsverletzung ist nach heute ganz h.M., insbesondere wegen des Bezuges zu § 37 Abs. 1 BGB, die unmittelbare Verletzung von Interessen wirtschaftlicher Art ausreichend. Nicht erforderlich ist eine Verletzung von absoluten Rechten z.B. Firmen-, Namens-, Patent-, Markenrechten etc.[115] In der Praxis spielt der Anspruch gem. § 37 Abs. 2 S. 1 HGB nur eine geringe Rolle. Er bietet für den Verletzten weder von den Voraussetzungen noch von der Rechtsfolge her im Verhältnis zu den kennzeichenrechtlichen Anspruchsgrundlagen Vorteile.[116] Gem. § 37 Abs. 2 S. 1 HGB kann derjenige, der dadurch in seinen Rechten verletzt ist, dass ein anderer eine Firma unbefugt gebraucht, von diesem die Unterlassung des Gebrauchs der unzulässigen Firma verlangen. Gem. § 37 Abs. 2 S. 2 HGB bleibt ein nach anderen Vorschriften begründeter Anspruch auf Schadensersatz unberührt.

IV. Anspruch gem. § 823 Abs. 1 BGB (i.V. mit § 1004 BGB)

Die geschäftlichen Bezeichnungen i.S. von § 5 Abs. 2 MarkenG gewähren Rechte mit Ausschließlichkeitscharakter und sind damit absolute Rechte i.S. von § 823 Abs. 1 BGB. Bei einer Verletzung von absoluten Rechten gewährt § 823 Abs. 1 BGB einen Schadensersatzanspruch und i.V. mit § 1004 BGB analog einen Unterlassungsanspruch. Über § 823 BGB wurde dabei vor allem der Schutz gegen Verwässerung von berühmten Marken bzw. Unternehmenskennzeichen begründet.[117]

Ferner ist bei einer Kennzeichenverletzung auch eine Verletzung des eingerichteten und ausgeübten Gewerbetriebes als sonstiges Recht des § 823 Abs. 1 BGB denkbar. Insoweit ist aber die Subsidiarität dieses Rahmenrechtes zu beachten. Der Schutzbereich des eingerichteten und ausgeübten Gewerbetriebes gem. § 823 Abs. 1 BGB dient nur zur Ausfüllung einer Schutzlücke.[118] Wegen

---

[114] Staub/Hüffer, § 37, Rdn. 32; MünchKommHGB-Lieb/Krebs, § 37, Rdn. 44; Großkomm-Teplitzky, § 16, Rdn. 467.

[115] BGHZ 53, 65, 70 – Dr S & Co; BGH NJW 1991, 2023; MünchKommHGB-Lieb/Krebs, § 37, Rdn. 46; Baumbach/Hopt-Hopt, § 37, Rdn. 11; Staudinger-Weick/Habermann, § 12, Rdn. 227; a.A. noch RGZ 114, 90, 94, das eine Verletzung von absoluten Rechten forderte; ausführlich zur Klage gem. § 37 Abs. 2 HGB: v. Gamm, FS Stimpel, 1007 ff.

[116] Klippel, S. 319; Staudinger-Weick/Habermann, § 12, Rdn. 227; Knaak, FS GRUR, 971, 1004; teilweise a.A. Rohnke, WM 1991, 1405, 1406, der darauf hinweist, dass § 37 Abs. 2 HGB zwar in der Praxis kaum eine Rolle spiele, aber im Regelfall einfacher nachzuweisen sei als §§ 1, 3, UWG a.F.

[117] Vgl. hierzu z.B. Fezer, MarkenR, § 14, Rn. 441 ff.

[118] BGHZ 45, 296, 307 – Höllenfeuer; Baumbach/Hefermehl-Köhler, § 4, Rdn. 7.8; Palandt-Sprau, § 823, Rdn. 20 u. Rdn. 126 ff. zu den Voraussetzungen.

der Ansprüche aus dem MarkenG und den Ansprüchen aus § 823 Abs. 1 BGB wegen Verstoßes gegen die absoluten Rechte ist ein Bedürfnis für den Rückgriff auf einen Anspruch unter dem Gesichtspunkt der Eingriffs in den eingerichteten und ausgeübten Gewerbetrieb kaum gegeben. Dies gilt auch für die alte Rechtsprechung zur Verwässerung berühmter Kennzeichen, da diese in § 15 Abs. 3 MarkenG ausdrücklich genannt werden.[119] In Betracht kommt ggf. aber ein Anspruch gem. § 826 BGB wegen vorsätzlicher sittenwidriger Schädigung.[120]

V. Anspruch gem. §§ 3, 4, 5 UWG (§§ 1, 3 UWG a.F.)

Ein Anspruch aus dem UWG wegen unlauteren Wettbewerbs kommt im Bereich der Unternehmenskennzeichen i.S. von § 5 Abs. 2 MarkenG vor allem unter folgenden Gesichtspunkten in Betracht. Es kann ein Verstoß gegen § 4 Nr. 7 UWG durch eine Kennzeichenverunglimpfung vorliegen. Kennzeichen i.S. von § 4 Nr. 7 UWG sind alle Kennzeichen, also auch diejenigen i.S. von § 5 Abs. 2 MarkenG.[121] § 4 Nr. 7 UWG richtet sich aber nicht gegen die im vorliegenden Zusammenhang interessierende Kennzeichenverletzung, sondern gegen den unlauteren Wettbewerb unter Verwendung von Kennzeichen.[122] Das Gleiche gilt hinsichtlich der jetzt kodifizierten Fallgruppe der vermeidbaren Herkunftstäuschung gem. § 4 Nr. 9 UWG. Voraussetzung hierfür ist das Anbieten von Waren und Dienstleistungen. Bei den Unternehmenskennzeichen i.S. des § 5 MarkenG wird dies im Wesentlichen nur relevant, wenn die Unternehmenskennzeichen zugleich Marken sind. Dann sind die Kennzeichen in ihrem markenrechtlichen Charakter betroffen. Es verbleiben als Anspruchsgrundlagen aus dem UWG aber die gezielte Behinderung i.S. von § 4 Nr. 10 UWG[123] sowie ggf. eine unzulässige Irreführung gem. § 5 UWG.[124] Die wettbewerbsrechtlichen Grenzen von Lizenzen unter dem Gesichtspunkt der Irreführung werden unten in § 8 B ausführlich erörtert.

Bei unlauterem Handeln stehen vor allem den Wettbewerbern Ansprüche auf Beseitigung und Unterlassung (§ 8 UWG) und Schadensersatz (§ 9 UWG) zu. Daneben gewährt § 10 UWG, allerdings nicht Wettbewerbern, sondern den

---

[119] Vgl. zur alten Rspr. GroßKomm-Teplitzky, § 16, Rdn. 439 ff.; vgl. zur hier vertretenen Auffassung m.w.N. Ingerl/Rohnke, § 15, Rdn. 82 ff. u. § 14, Rdn. 775 ff; ähnlich OLG Rostock, GRUR 2005, 342 – Schöner Wohnen in W., in dieser Entscheidung wird betont, dass es eines Rückgriffs auf die alte Rechtsprechung zu den berühmten Kennzeichen grundsätzlich nicht bedarf.

[120] GroßKomm-Teplitzky, § 16 UWG, Rdn. 25.

[121] Fezer-Nordemann, UWG, § 4-7, Rdn. 12.

[122] Wie hier Bornkamm, GRUR 2005, 97, 100 m.w.N.

[123] Vgl. hierzu Fezer-Jung-Weber, UWG, § 4-S11, Rdn. 112 m.w.N; BGH GRUR 2004, 1039, 1041 – SB-Beschriftung; BGH WRP 2005, 614, 616 – Literaturhaus.

[124] Allgemein zum Verhältnis UWG und MarkenG: Bornkamm, GRUR 2005, 97, 101.

übrigen Klageberechtigten einen Gewinnabschöpfungsanspruch an den Bundeshaushalt.

VI. Konkurrenzen der Anspruchsgrundlagen

In § 2 MarkenG ist normiert, dass das MarkenG die Anwendung anderer Vorschriften zum Schutz der im MarkenG geschützten Kennzeichen nicht ausschließt.[125] Gestützt auf § 2 MarkenG will ein Teil der Literatur und Rechtsprechung[126] sämtliche Anspruchsgrundlagen in Anspruchskonkurrenz treten lassen. Nach Auffassung des BGH und der h.Lit.[127] enthalten die § 9 Abs. 1 Nr. 3, § 14 Abs. 2 Nr. 3, § 15 Abs. 2, 3 und §§ 51, 55 MarkenG dagegen eine umfassende Spezialregelung bei kennzeichenrechtlichen Verletzungen. Dies bedeutet, dass Ansprüche aus § 12 BGB, § 823 Abs. 1 BGB (i.V. mit § 1004 BGB) und nach §§ 3, 4, 5 UWG ausgeschlossen sind, soweit der Anwendungsbereich des MarkenG reicht. Erst wenn das Markenrecht nicht anwendbar ist, soll auf die anderen Anspruchsgrundlagen zurückgegriffen werden können. Durch den Vorrang des MarkenG wird verhindert, dass die kennzeichenrechtlichen Wertungen umgangen werden. Spätestens durch die BGH-Entscheidung *shell.de*[128] ist diese Frage für die Praxis geklärt. Der Ausschluss der Ansprüche nach dem UWG nach der *shell.de*-Entscheidung des BGH beschränkt sich aber auf den kennzeichenrechtlichen Vorrang. Das UWG kann weiter unter wettbewerbsrechtlichen Gesichtspunkten angewendet werden, wenn nicht die Kennzeichennutzung, sondern das unlautere Handeln im Vordergrund steht. Dies gilt vor allem im Hinblick auf die gezielte Behinderung und die Irreführung.[129] Diese Fallgruppen betreffen nur mittelbar das Verhältnis eines Verletzers und eines Rechtsinhabers von Firmen, besonderen Geschäftsbezeichnungen und Geschäftsabzeichen. Es geht bei diesen Fallgruppen, sofern sie neben dem MarkenG anwendbar sind, um außerkennzeichenrechtliche Fragen des unlauteren Wettbewerbs.[130] Diese

---

[125] Vgl. zur Konkurrenzproblematik zwischen § 16 UWG a.F., § 12 BGB u. § 37 Abs. 2 HGB nach der alten Rechtslage Hefermehl, FS Hueck, 519, 528 f m.w.N.

[126] Deutsch, WRP 2000, 854, 856 m.w.N; Fezer, MarkenR, § 15, Rdn. 12; Goldmann, § 17, Rdn. 8; Parmentier/Steer, GRUR 2003, 196, 197; OLG Bremen WRP 2002, 460, 463 – lila Verpackung.

[127] BGH GRUR 2002, 622, 623 – shell.de; BGH GRUR 1998, 696, 697 – Rolex-Uhr mit Diamanten; Palandt-Sprau, Einf. v. § 823, Rdn. 7; Ingerl-Rohnke, Nach § 15, Rdn. 3; Ströbele/Hacker-Hacker, § 2, Rdn. 13 bis 16; Baumbach/Hefermehl-Köhler, § 4, Rdn. 7.9; Bornkamm, GRUR 2005, 97, 101; a.A. Deutsch, WRP 2000, 854 ff. m.w.N.

[128] BGH GRUR 2002, 622, 623 – shell.de.

[129] Baumbach/Hefermehl-Bornkamm, § 5, Rdn. 2.39 ff.; vgl. Bornkamm, GRUR 2005, 97, 101 auch unter Hinweis auf den Sonderfall der vergleichenden Werbung gem. § 6 Abs. 2 Nr. 4 UWG.

[130] Baumbach/Hefermehl-Bornkamm, § 5, Rdn. 1.68 ff.; Rdn. 2.39 ff.

werden deswegen in der vorliegenden Arbeit nur unter dem Gesichtspunkt der wettbewerbsrechtlichen Grenzen der Lizenzen erörtert, vgl. Kapitel § 8 B.
Die nach dem BGH und der h.Lit. abschließende Regelung des MarkenG gilt im Fall der Unternehmenskennzeichen auch im Verhältnis zu § 12 BGB. Diese praktisch bedeutsamste nicht markenrechtliche Anspruchsgrundlage ist damit in der Praxis nur noch bei Kennzeichenverletzungen im nicht geschäftlichen Verkehr anwendbar.[131] Bei einem Verstoß gegen den handelsrechtlichen Firmengebrauch soll nach Auffassung des BGH und der h.Lit. § 37 Abs. 2 HGB als weitere Anspruchsgrundlage hinzutreten.
Im Ergebnis ist dem BGH und der h.Lit. trotz § 2 MarkenG zuzustimmen. Die markenrechtlichen Anspruchsgrundlagen wären ohne diesen Vorrang überflüssig. Sämtliche Fälle könnten nach der Erweiterung des Anwendungsbereiches des § 12 BGB auch auf Kennzeichen ohne originäre Namensfunktion über § 12 BGB gelöst werden.[132] Fraglich wäre dabei allerdings, ob bei dieser Lösung die markenrechtlichen Wertungen, insbesondere die des § 15 MarkenG, in den § 12 BGB hineingelesen würden. Nur durch den Vorrang der markenrechtlichen Anspruchsgrundlagen kann eine Aushöhlung der Anspruchsvoraussetzungen umgangen werden. Dies gilt auch, wenn der Unterschied zwischen der Interessenverletzung gem. § 12 BGB und der Verwechslungsgefahr gem. § 15 MarkenG praktisch nur gering ist. Nur durch einen Vorrang der markenrechtlichen Anspruchsgrundlagen ist bei Markenstreitigkeiten sicherzustellen, dass die einschränkenden Regelungen hinsichtlich der Prozessführung gem. § 30 Abs. 3 MarkenG beachtet werden.[133] Durch den Vorrang des MarkenG vor dem UWG wird ferner sichergestellt, dass die unterschiedliche Klagebefugnis im Markenrecht und im Wettbewerbsrecht nicht zu Wertungswidersprüchen führt. Denn im Markenrecht ist nur der Kennzeicheninhaber klagebefugt, während die Klagebefugnis gem. § 8 Abs. 3 Nrn. 1 bis 3 UWG deutlich weiter geht.[134] Nur durch einen Vorrang der markenrechtlichen Vorschriften kann auch die mit der Markenrechtsrichtlinie erstrebte europäische Harmonisierung erreicht werden.[135] Denn sofern bei kennzeichenrechtlichen Fragen neben dem harmonisierten Markenrecht auch das nicht vollständig harmonisierte UWG anwendbar bleibt, sind nationale Abweichungen in der Rechtsanwendung zu erwarten. § 2 MarkenG ist deswegen teleologisch zu reduzieren. Diese teleologische Reduktion erfasst aber

[131] BGH GRUR 2002, 622, 623 – shell.de; BGH GRUR 1999, 161 – MacDog; BGH GRUR 1998, 696, 697 – Rolex-Uhr mit Diamanten; sowie BGH GRUR 2001, 1050, 1051 – Tagesschau und BGH GRUR 2001, 1054, 1055 – Tagesreport für den Werktitelschutz; Ingerl/Rohnke, § 15, Rdn. 88.
[132] Krüger-Nieland, FS Fischer, 339, 341 spricht davon, dass § 12 BGB zur Generalklausel des gesamten Bezeichnungsrechtes wurde; ebenso Hefermehl, FS Hueck, 519, 523.
[133] BGH GRUR 1999, 161, 162 – MacDog.
[134] Teilweise einschränkend aber z.B. Kur, GRUR 1989, 240, 248.
[135] Bornkamm, GRUR 2005, 97, 99.

nicht die Anspruchskonkurrenz zu § 37 Abs. 2 HGB. Denn Ziel des § 37 Abs. 2 HGB ist, eine unzulässige Firmenbildung zu verhindern Dieses registerrechtliche Ziel gerät in keinen Konflikt mit kennzeichenrechtlichen Wertungen. Damit ist der Unterlassungsanspruch gem. § 37 Abs. 2 S. 2 HGB nicht ausgeschlossen.[136]

VII. Zusammenfassung

In der Praxis spielen bei Verletzungen von Unternehmenskennzeichen i.S. von § 5 Abs. 2 MarkenG im Wesentlichen zwei Anspruchsgrundlagen eine Rolle, § 15 MarkenG und § 12 BGB. Nach der höchstrichterlichen Rechtsprechung ist § 15 MarkenG in seinem Anwendungsbereich, d.h. im geschäftlichen Bereich, ausschließlich anwendbar. Der Anwendungsbereich von § 12 BGB beschränkt sich damit auf den privaten Bereich. Die Anspruchsgrundlagen nach dem UWG (§ 4 Nr. 7, Nr. 9, Nr. 10 und § 5 UWG) sind anwendbar, soweit es um außerkennzeichenrechtliche Wertungen geht. Im Rahmen von Lizenzen an Unternehmenskennzeichen sind aber die unten in Kapitel 8 B erörterten wettbewerbsrechtlichen Grenzen zu beachten. Der von § 15 MarkenG nicht ausgeschlossene § 37 Abs. 2 HGB hat in der Praxis eine sehr geringe Bedeutung.

[136] Ebenso z.B. Goldmann, § 16, Rdn. 42.

§ 2 Historische und wirtschaftliche Hintergründe

A. Geschichte der Firma, der besonderen Geschäftsbezeichnung und des Geschäftsabzeichens

Der Begriff der Firma leitet sich aus dem lateinischen „firmare" - bekräftigen, bestätigen, beglaubigen ab. Gebräuchlich war auch der Begriff „subscriptione confirmat" - Bekräftigung durch Unterschrift. Im Gemeinen Recht wurde ein Schriftstück durch Unterschrift bzw., wenn eine Partei schriftunkundig war, durch Handberührung bekräftigt.[137] Hieraus entwickelte sich, insbesondere in Italien, die mittelalterliche Firma. Ausgangspunkt für diese Entwicklung war das Bedürfnis, eine Abkürzung zu verwenden, die die Gesellschaft und die sie tragenden Gesellschafter kennzeichnete. Durch die Entwicklung des Kennzeichens Firma mussten nicht mehr alle Gesellschafter die Urkunden unterzeichnen. Deswegen konnten ursprünglich auch nur Handelsgesellschaften Firmen gründen.[138] Firmennachweise in dieser Form finden sich bereits in den particulären Registern des 12. und 13. Jahrhunderts.[139]

Das in den Jahren 1857 bis 1861 entstandene und in der Folgezeit in vielen deutschen Staaten in Kraft getretene ADHGB gab dem Firmenrecht die Kontur eines subjektiven Rechts.[140] In diesem Zusammenhang war u.a. streitig, ob eine Firma rechtsfähig war. Unter dem Begriff der Firma wurde in diesem Zusammenhang aber das Unternehmen als solches verstanden und nicht das Kennzeichen. Diese Ansicht, nach der das Unternehmen bzw. die Firma rechtsfähig ist, ist seit dem In-Kraft-Treten des HGB am 1.1.1900 durch § 17 HGB obsolet geworden.[141] Hiernach ist die Firma der Name, unter dem der Kaufmann seine Geschäfte betreibt und die Unterschrift leistet.[142]

Die letzte einschneidende Änderung des Firmenrechts wurde durch das Gesetz zur Neuregelung des Kaufmanns- und Firmenrechts und zur Änderung anderer gesellschaftsrechtlicher Vorschriften (HRefG vom 22.6.1998[143]) vollzogen. Hierdurch wurde u.a. das Firmenführungsrecht liberalisiert. Nach §§ 18, 19 HGB n.F. ist – entgegen § 18 HGB a.F. – bei einem Einzelkaufmann nicht mehr erforderlich, dass er seinen Familiennamen und einen ausgeschriebenen Vornamen in die Firma aufnehmen muss. Grundsätzlich Gleiches gilt für Personen-

---

[137] Fezer, ZHR 161 (1997), 52, 55.
[138] Fezer, ZHR 161 (1997), 52, 55; Heinrich, S. 53 ff. m.w.N.
[139] Bussmann, S. 9 f.; Staub/Hüffer, Vor § 17, Rdn. 5; Heinrich, S. 53.
[140] Vgl. hierzu Götting, S. 76.
[141] Karsten Schmidt, § 4 IV 1.
[142] Vgl. zur historischen Entwicklung der Firma z.B. Heinrich, S. 53 ff.; Kolling, S. 14 ff. auch zum Vorläufer der Firma, insbesondere in Oberitalien, dem Rechnungsnamen von Handelsgesellschaften, der „ratio", „ragione sociale"; zum Firmenrecht außerhalb des HGB vgl. Heinrich, S. 81 ff.
[143] BGBl. I, S. 1474.

gesellschaften. Dagegen musste nach § 19 HGB a.F. die Firma grundsätzlich den Namen wenigstens eines persönlich haftenden Gesellschafters mit einem das Vorhandensein der Gesellschaft andeutenden Zusatz enthalten. Nach dem HGB n.F. sind nun auch für Einzelkaufleute und Personengesellschaften Sachfirmen ohne Vor- und Familiennamen zulässig.[144]

Geschäftsbezeichnungen sind als individuelle Kennzeichnungen bereits seit Anfang des 14. Jahrhunderts nachweisbar[145] und spielen seitdem in der geschäftlichen Praxis eine erhebliche Rolle. Fast jede Gaststätte hat eine besondere Geschäftsbezeichnung wie z.B. „Der goldene Löwe" etc. Häufig wird zusätzlich zu einer besonderen Geschäftsbezeichnung auch ein Geschäftsabzeichen benutzt z.B. einheitliche Kleidung von Mitarbeitern. Besondere Geschäftsbezeichnungen und Geschäftsabzeichen gibt es nicht nur bei Gaststätten, sondern auch in vielen weiteren Bereichen z.B. bei Hotels, Apotheken, Friseuren, Fahrschulen, Theatern etc.[146] Dabei ist die Einordnung und Abgrenzung zur Firma seit jeher zweifelhaft. Entscheidend ist die Abgrenzung im Zusammenhang mit dem Streit, ob es ein Verbot gibt, besondere Geschäftsbezeichnungen bzw. Geschäftsabzeichen firmenmäßig zu verwenden.[147] Geklärt ist allerdings, dass besondere Geschäftsbezeichnungen, Geschäftsabzeichen und Firmen nebeneinander stehen können.

B. Geschichte der Lizenzen an Unternehmenskennzeichen i.S. von § 5 Abs. 2 MarkenG

Der Begriff der „Lizenz" leitet sich aus dem lateinischen „licet" bzw. „licere"– „es ist erlaubt / erlauben" ab. Eine weitere Grundlage für den Begriff „Lizenz" ist das lateinische Wort „licentia". Ursprünglich als „licentz" in die deutsche Sprache übernommen[148], bedeutet das Wort Freiheit, Freiheit, die man erhält, Erlaubnis i.S. eines Zustandes, der geduldet, gewährt bzw. verbürgt wird.[149] Im europäischen Ausland werden vergleichbare Begriffe verwendet wie z.B. „licence" in England, „licenza" in Italien und „liccensii" in Russland. Bei einem Lizenzvertrag geht es damit, ausgehend von dem Wortstamm, um die Erlaubnis einer sonst verbotenen Tätigkeit.

[144] Vgl. ausführlich zur geschichtlichen Entwicklung der Firma: Heinrich, Rdn. 16 ff.

[145] Bokelmann, Rdn. 2 a; Droste, DB 1957, 573; ders., DB 1969, 539, 540; vgl. Goldmann, § 1, Rdn. 5 zur geschichtlichen Entwicklung des Schutzes von Unternehmenskennzeichen.

[146] Das OLG Bamberg BB 1968, 308 spricht davon, dass die Etablissementbezeichnungen sich gewohnheitsrechtlich ausgebildet und im Handelsverkehr eine erhebliche Bedeutung haben.

[147] Vgl. oben § 1 A I, II.

[148] Vgl. z.B. Kohler, Handbuch, S. 508.

[149] Bartenbach, S. 49; Herbst, S. 2.

Trotz dieses alten Wortstamms ist die deutsche Geschichte der Lizenz an Firmen, besonderen Geschäftsbezeichnungen und Geschäftsabzeichen relativ jung. Grund hierfür ist, dass vor dem 19. Jahrhundert das Lizenzvertragsrecht insgesamt keine besondere Rolle spielte. Erst zu dieser Zeit wurden Lizenzen entwickelt, um gesicherte Rechte an technischen und geistigen Neuerungen zu gewähren. Der für eine Lizenz erforderliche Schutz für Erfindungen wurde aber erst durch das Reichspatentgesetz aus dem Jahre 1877 eingeführt.[150] Von den technischen Schutzrechten ausgehend, wurde versucht, auch andere Rechte zu lizenzieren.

Das RG stand zunächst einer Lizenz an einer Firma vollständig ablehnend gegenüber.[151] Grundlage dieser ablehnenden Entscheidungen war § 23 HGB, der den Verkauf einer Firma ohne das dazu gehörende Handelsgeschäft verbietet. Das RG nahm an, dass wegen § 23 HGB Vereinbarungen über das Firmenrecht insgesamt, in welcher Form auch immer, unzulässig seien. Das RG hielt es erstmals 1936[152] für möglich, auf Unterlassungsansprüche aus dem Firmenrecht zu verzichten. Ein Verbot des Verzichts im Hinblick auf § 23 HGB wurde nicht mehr angenommen. Ob der Verzicht auf Unterlassungsansprüche eine Lizenz ist, wird unten in § 4 und § 6 ausführlich erörtert. Ein solcher Verzicht steht aber in jedem Fall einer Lizenz rechtlich nahe. Hierdurch wird eine Gebrauchsüberlassung zwar nicht erlaubt, aber der „Lizenzgeber" kann gegen einen Gebrauch durch den „Lizenznehmer" nicht mehr vorgehen. Der BGH schloss sich zunächst der Auffassung des RG an.[153] Über diverse Zwischenschritte ist nach der aktuellen höchstrichterlichen Rechtsprechung die Möglichkeit einer Lizenzierung einer Firma nicht nur durch einen Verzicht auf Verbotsrechte, sondern auch i.S. einer Benutzungserlaubnis anerkannt.[154] Auch die Literatur steht der Möglichkeit einer Lizenzierung im Ergebnis mittlerweile überwiegend positiv gegenüber.[155]

Die Frage der Lizenzierungsmöglichkeit von besonderen Geschäftsbezeichnungen und den diesen gleichgestellten Geschäftsabzeichen entspricht der Li-

---

[150] Vgl. hierzu Fehrenbacher, JR 2001, 309; Forkel, JuS 1988, 869.

[151] RG JW 1894, 317; RG JW 1903, 293; RGZ 58, 169.

[152] RG JW 1936, 923, 944 – Iduna.

[153] BGH GRUR 1957, 44, 45.

[154] Noch ablehnend, aber liberaler BGH GRUR 1970, 528, 530 – Migrol; GRUR 1973, 375, 377 – Miss Petite; bejahend BGH GRUR 1985, 567, 568 – Hydair; BGH NJW 1991, 1353 – Ott International; BGH GRUR 1988, 843, 845 – AGIAV; BGH GRUR 1994, 652 – Virion; BGH GRUR 1997, 903, 906 – Garonor; BGH GRUR 1998, 391, 393 – Dr. St. … Nachf.; BGHZ 119, 237, 240 – Universitätsemblem; BGH WRP 2001, 931, 933 – buendgens; BGH GRUR 2002, 703, 704 – Vossius & Partner; OLG Celle WRP 1983, 623, 625; OLG Düsseldorf GRUR 1984, 447, 448; OLG München WRP 1987, 570, 571; OLG Hamburg GRUR-RR 2004, 175, 177 – Löwenkopf.

[155] Z.B. Schricker, FS v. Gamm, 289 ff.; Völp, GRUR 1985, 843; Fezer, MarkenR, § 30, Rdn. 56; Nachweise über die unterschiedlichen Auffassungen bei Müller, S. 7 FN 29 f.

zenzierungsmöglichkeit von Firmen. Besondere Geschäftsbezeichnungen und Geschäftsabzeichen können einen erheblichen wirtschaftlichen Wert haben.[156] Die grundsätzliche Zulässigkeit einer Lizenz an diesen Kennzeichen ist – soweit ersichtlich – unstreitig.[157] In der Rechtsprechungspraxis ging es vor allem um die Nutzungsbefugnis von Gaststättenbezeichnungen. So befasste sich der BGH im Jahr 1959 mit der Frage, wem die Nutzungsbefugnis an der Gaststättenbezeichnung nach der Veräußerung und Rückpacht des Grundstückes inklusive Gastwirtschaft zustand.[158] Ferner hat der BGH[159] die Möglichkeit der schuldrechtlichen Erlaubnis der Verwendung von besonderen Geschäftsbezeichnungen für die Firmenbildung eines Dritten bejaht. In einer neuen Entscheidung des OLG Stuttgart[160] wird ebenfalls die Zulässigkeit einer Lizenzierung vorausgesetzt.

Auch der Gesetzgeber bestätigt die Wichtigkeit der Lizenzen an Unternehmenskennzeichen i.S. von § 5 Abs. 2 MarkenG. In der amtlichen Begründung zu § 30 MarkenG, der Lizenzen an Marken regelt, heißt es: „Eine Aussage, dass Lizenzen an geschäftlichen Bezeichnungen, die weit verbreitet sind, künftig unzulässig wären oder auch künftig ausschließlich schuldrechtlicher Natur sein müssten, ist damit nicht verbunden.“[161] Diese Einschätzung wird von der Literatur geteilt.[162]

C. Wirtschaftlicher Wert von Zeichen i.S. von § 5 Abs. 2 MarkenG

Die Firma, die besondere Geschäftsbezeichnung und das Geschäftsabzeichen haben teilweise einen bedeutenden wirtschaftlichen Wert. Deswegen sind sie gem. § 266 Abs. 2 A I Nr. 1 HGB auf der Aktivseite in die Bilanz einzustellen. Dies gilt, auch wenn § 266 Abs. 2 A I Nr. 1 HGB unmittelbar nur von gewerblichen Schutzrechten spricht und Firmen, besondere Geschäftsbezeichnungen und Geschäftsabzeichen nicht zu den klassischen gewerblichen Schutzrechten gehören. Firmen, besondere Geschäftsbezeichnungen und Geschäftsabzeichen fallen aber zumindest unter „ähnliche Rechte“ i.S. von § 266 Abs. 2 A I Nr. 1

---

[156] OLG Nürnberg BB 1966, 1121; BGH GRUR 2002, 967, 970 – Hotel Adlon.

[157] Z.B. OLG Celle WRP 1983, 623; BGH GRUR 2002, 967, 970 – Hotel Adlon.

[158] BGH GRUR 1959, 87 ff. – Fischl; vgl. auch die ähnlich gelagerten Fälle; BGH BB 1963, 582 – Erdener Treppchen; OLG Hamm WRP 1982, 534 ff. – Eulenspiegel; OLG Celle WRP 1983, 623 ff. – physio-medica.

[159] BGH GRUR 1993, 574 ff. – Decker; ein ähnlicher Sachverhalt liegt der Entscheidung OLG München GRUR 1980, 1003 – Arena, zu Grunde.

[160] OLG Stuttgart GRUR-RR 2004, 8 ff. – Boss; ähnlich der BGH in BGH GRUR 2002, 967, 970 – Hotel Adlon.

[161] BT-Drucks. 12/6581 v. 14.1.1994, S. 86.

[162] Z.B. Fezer, MarkenR, § 30, Rdn. 56 „Lizenzen an geschäftlichen Bezeichnungen, die weit verbreitet sind“.

HGB.[163] Nicht einzustellen sind Firma, besondere Geschäftsbezeichnung und Geschäftsabzeichen aber, wenn ein Bilanzierungsverbot gem. § 248 Abs. 2 HGB eingreift. Hiernach dürfen immaterielle Vermögensgegenstände des Anlagevermögens nicht als Aktivposten eingestellt werden, wenn diese unentgeltlich erworben wurden. Ein unentgeltlicher Erwerb von Kennzeichenrechten von Dritten, d.h. ohne Gegenleistung, ist aber eher die Ausnahme. Relevant wird damit § 248 Abs. 2 HGB vor allem, wenn die Unternehmenskennzeichen i.S. von § 5 Abs. 2 MarkenG von den Unternehmen selbst gebildet werden. In diesen Fällen greift das Aktivierungsverbot des § 248 Abs. 2 HGB.[164]

Die Kennzeichen Firma, besondere Geschäftsbezeichnung und Geschäftsabzeichen sind wie Marken im Wettbewerb von entscheidender Bedeutung. Auf lokaler Ebene ist z.B. vielen Besuchern von Restaurants der Inhaber nicht bekannt. Die Besucher verabreden sich nicht in dem Restaurant des Inhabers XY, sondern in dem Restaurant mit der besonderen Geschäftsbezeichnung bzw. dem Geschäftsabzeichen YZ („heute Abend im Schwarzen Adler um acht"). Gleiches gilt auf überregionaler Ebene. Der Kontakt zu einer überregionalen Firma wird häufig unter der Firma bzw. dem Firmenschlagwort gesucht. Die Firma bzw. das Firmenschlagwort wird deswegen auch bevorzugt bei der Domainwahl eingesetzt, wobei der Domainname entsprechend der Firma / dem Firmenschlagwort einen großen Marketingeffekt hat. Viele Internetnutzer tippen in die Betreffzeile das entsprechende Schlagwort ein und erwarten den Internetauftritt der Firma. Deswegen ist der Krupp-Konzern gegen eine Online-Agentur im Streit um die Domain „krupp.de" vorgegangen.[165]

Bei dem wirtschaftlichen Wert der Firma ist zu berücksichtigen, dass der Verkehr und der Sprachgebrauch die Firma mit dem Unternehmen gleichsetzt, auch wenn sie gem. § 17 HGB den Unternehmensträger kennzeichnet. Deswegen hat die Firma genauso wie die auf das Unternehmen an sich hinweisenden anderen Kennzeichen des § 5 Abs. 2 MarkenG großen Einfluss auf den Absatzerfolg des Unternehmens.[166] Hinzu kommt, dass die Kennzeichen i.S. von § 5 Abs. 2 MarkenG die Marke auch teilweise rechtlich ersetzen können. So kann wegen der Gleichwertigkeit der Kennzeichen auf Grundlage eines Unternehmenskennzeichens gegen eine prioritätsjüngere Marke vorgegangen werden.[167]

---

[163] Müller, S. 8; ausführlich zur Bilanzierung des Firmenwertes: Küppers, DB 1986, 1633 ff.

[164] Vgl. Fezer, MarkenR, § 27, Rdn. 60 zur vergleichbaren Problematik bei Marken; Hoeren, Internetrecht, S. 144 zur vergleichbaren Problematik bei Urheberrechten m.w.N.

[165] Vgl. z.B. OLG Hamm NJW-RR 1998, 909 ff. – krupp.de; ebenso BGH GRUR 2002, 622 ff. – shell.de; vergleichbar ist die Entscheidung zu den Fernschreibkennungen BGH GRUR 1986, 475 – Fernschreibkennung.

[166] Steinbeck, NZG 1999, 133.

[167] St. Rspr. BGH GRUR 1964, 71, 73 – personifizierte Kaffeekanne; BGH GRUR 2005, 871, 872 – seicom; Ströbele/Hacker-Hacker, § 15, Rdn. 27; Rohnke, WM 1991, 1405, 1407 unter Hinweis auf die fehlende Recherchemöglichkeit bei Unternehmenskennzeichen.

Bei großen Firmen ist insgesamt eine Tendenz zu beobachten, dass eine Unternehmensmarke bzw. die Firma oder das Firmenschlagwort im Bereich der Werbung in den Vordergrund gestellt wird. So ist z.B. in der Automobilindustrie festzustellen, dass die Unternehmensmarken und damit korrespondierend die Firmen und Firmenschlagwörter einen erheblichen wirtschaftlichen Wert haben. Es werden die einzelnen Kennzeichen in den Vordergrund gestellt, und es wird versucht, damit bei dem potenziellen Vertragspartner positive Assoziationen zu wecken. Diese Zusammenhänge gelten vor allem für die Marke, die einzelne Produkte kennzeichnet. Gleiches gilt aber auch für die Kennzeichnung des Unternehmens als solches, dem ein entsprechendes Vertrauen entgegengebracht wird.[168] In Ausnahmefällen finden Firmenschlagwörter auch Eingang in den allgemeinen Sprachgebrauch mit den entsprechenden normalerweise positiven Assoziationen z.B. „das ist kruppstahlhart".
Auch wenn die Kennzeichen rechtlich auseinander zu halten sind, ist in der praktischen Wahrnehmung für die Konsumenten die Unterscheidung zwischen Konzernmarke und Firma schwierig. Häufig wird aus der Firma auch die entsprechende Konzernmarke gebildet und in der Werbung in den Mittelpunkt gestellt. Der Konsument verbindet mit den Waren nur wegen der unterschiedlichen Herkunft ein unterschiedliches Prestige. Deswegen kann z.B. Porsche für den im Wesentlichen baugleichen „Cayenne" deutlich mehr verlangen als Volkswagen für den „Touareg" (und dass, obwohl der Touareg nach Auffassung vieler Designer optisch besser gelungen ist). Insofern hat die Firma / Marke eine erhebliche absatzfördernde Wirkung.[169] Insgesamt symbolisieren auch die Unternehmenskennzeichen des § 5 Abs. 2 MarkenG das Vertrauen und das Ansehen, dass sich ein Unternehmen durch seine Leistungen erworben hat. Sie sind damit der Inbegriff der Leistungsfähigkeit und Qualität des Unternehmens.
Dieser wirtschaftliche Wert der Kennzeichen wird im Rahmen der vorliegenden Arbeit als Goodwill bezeichnet. Dieser Sprachgebrauch hat sich in Deutschland auch im Zusammenhang mit besonderen Geschäftsbezeichnungen durchgesetzt.[170]

---

[168] Ebenso z.B. Müller, S. 9; aus Sicht der Betriebswirte z.B. Meffert, S. 848, der sich dabei allerdings auf die Wirkung von Marken bezieht.

[169] Z.B. Meffert, S. 848; vgl. auch ders., S. 862 für die Dachmarkenstrategie, bei der der Firmenname zur Dachmarke geworden ist (z.B. Rodenstock für Brillen), ders., S. 865 zur Markentransferstrategie (z.B. Camel von Zigaretten auf Bekleidung).

[170] Z.B. BGH GRUR 1960, 490, 492 – Vogeler; BGH GRUR 1986, 681, 682 – Goodwill bei Pachtgeschäften; Köhler, FS Fikentscher, 494, 508; OLG Hamm WRP 1982, 534, 536 – Eulenspiegel im Zusammenhang mit einer besondern Geschäftsbezeichnung.

D. Wirtschaftliches Bedürfnis für Lizenzen an Firmen, besonderen Geschäftsbezeichnungen und Geschäftsabzeichen

Da die Kennzeichen Firma, besondere Geschäftsbezeichnung und Geschäftsabzeichen einen zum Teil sehr bedeutenden wirtschaftlichen Wert darstellen, gibt es auch ein entsprechendes Bedürfnis an der wirtschaftlichen Nutzung und Verwertung dieser Werte. Neben dem Verkauf der Zeichen kommt insbesondere die Lizenzierung in Betracht. Eine Lizenzierung hat den Vorteil, dass der Lizenznehmer ein Nutzungsrecht erhält, ohne dass der Lizenzgeber sein Recht vollständig verliert. Der Lizenzgeber erhält für sein Recht bei entgeltlichen Lizenzverträgen die Lizenzgebühr. Bei unentgeltlichen Lizenzverträgen wird der mit dem lizenzierten Kennzeichen zusammenhängende Goodwill durch einen erhöhten Bekanntheitsgrad gesteigert. Ein wirtschaftliches Bedürfnis an Lizenzen wird auch durch die oben aufgezeigte Rechtsprechungspraxis im Zusammenhang mit Lizenzen an Firmen, besonderen Geschäftsbezeichnungen und Geschäftsabzeichen belegt.

Eine Lizenzierung einer Firma kommt vor allem bei einem Konzern oder eng kooperierenden Unternehmen in Betracht. Besonders bei einem Konzern gibt es ein großes Bedürfnis, sämtliche Konzerngesellschaften mit einem einheitlichen Stammfirmenteil auszustatten. Das für diesen Stammfirmenteil genutzte Schlagwort stammt dabei typischerweise von einer Tochterfirma.[171] Hierdurch wird der den einzelnen Konzerngesellschaften zustehende Goodwill erhöht. Relevant werden diese Fälle vor allem bei berühmten Marken. Diese werden häufig dazu genutzt, um aus ihnen die Firma oder das Firmenschlagwort zu bilden.[172] Die einzelne Konzerngesellschaft nimmt hierdurch bei einem einheitlichen Stammfirmenteil zumindest teilweise an dem Goodwill des Gesamtunternehmens teil. Dies gilt sowohl in dem Fall, in dem ein Konzern selbstständige Unternehmen aufkauft und mit einem Firmenschlagwort umfirmieren möchte als auch für die Gründung von Tochterunternehmen. Denn bei der Verkehrsbekanntheit eines einheitlich benutzten Unternehmenskennzeichens i.S. von § 5 Abs. 2 MarkenG kommt den einzelnen Mitgliedsunternehmen einer Unternehmensgruppe die Verkehrsbekanntheit zugute, wenn der Verkehr das Zeichen auch den einzelnen Unternehmen zuordnet.[173] Neben der Teilhabe am Goodwill wird es ferner durch diese gemeinsamen Zeichen einfa-

---

[171] Parmentier/Steer, GRUR 2003, 196; vgl. zu den firmenordnungspolitischen Problemen bei Konzernen bzw. Konzernfirmen, Schneider, BB 1989, 1985 ff.; Rohnke, WM 1991, S. 1405 ff.

[172] Z.B. im Fall von BGH NJW-RR 1995, 358 ff. – Nicoline; vgl. hierzu auch Traub, FS Trinkner, 431, 439 und Ingerl/Rohnke, Vor §§ 27 – 31, Rdn. 8 auch zur Frage, ob eine Spaltung zwischen einer identischen Marke und Firma bzw. örtlichen Geschäftsbezeichnungen hingenommen werden muss.

[173] BGH GRUR 2005, 61, 62 – CompuNet/ComNet II, vgl. auch BGH GRUR 2002, 616, 617 – Verbandausstattungsrecht, auch zur Rechtslage nach dem WZG.

cher, eine einheitliche Außendarstellung mit einer corporate identity der einzelnen Firmen zu schaffen.[174]

Eine Lizenzierung von Firmen, besonderen Geschäftsbezeichnungen und Geschäftsabzeichen bietet sich im Konzern auch an, um das Insolvenzrisiko abzufedern. Diese Kennzeichen fallen bei einer Insolvenz in die Insolvenzmasse. Streitig ist allerdings, ob der Insolvenzverwalter befugt ist, die Firma ohne Zustimmung des Gemeinschuldners zu veräußern. Ausführlich wird diese Problematik unten in § 3 A erörtert. Zumindest bei Sachfirmen ist aber weitgehend unstreitig, dass der Insolvenzverwalter hierfür keine Zustimmung des Gemeinschuldners benötigt.[175] Dagegen geht die wohl h.M. bei einer Personenfirma, die keine juristische Person ist, davon aus, dass der Insolvenzverwalter für die Veräußerung die Zustimmung des Gemeinschuldners benötigt.[176] Wenn die Firma, die besondere Geschäftsbezeichnung und / oder das Geschäftsabzeichen aber nicht als Vollrecht beim Unternehmen existieren, sondern nur als Lizenz, fallen auch nur die Rechte aus der Lizenz in die Insolvenzmasse. Insoweit wird in den entsprechenden Lizenzverträgen regelmäßig ein außerordentliches Kündigungsrecht vorgesehen, so dass die Übertragung der Rechte aus der Lizenz im Rahmen der Insolvenz ausgeschlossen werden kann. Dies führt dazu, dass die häufig sehr werthaltigen Rechte bei einer sonst nicht werbenden Gesellschaft (Konzernmutter) liegen, die nicht in dem Maße von einer Insolvenz bedroht ist wie eine am Markt werbende Gesellschaft.

Diese Vorgehensweise hat auch zumindest keine steuerlich nachteiligen Folgen, wenn die Firma mit einer Marke identisch ist. Denn die Lizenzzahlungen von der Tochtergesellschaft an die Muttergesellschaft können in diesem Fall grundsätzlich bei der Tochtergesellschaft steuermindernd verrechnet werden. Dies hat der BFH im Anschluss an die wohl h.M. in der Literatur akzeptiert, wenn die Überlassung auf schuldrechtlicher entgeltlicher Basis vorgenommen wird und nicht auf unentgeltlicher gesellschaftsrechtlicher Basis.[177] Der BFH hat dabei ausgeführt, es komme darauf an, ob die mit der Einräumung der Lizenz verbundenen besonderen und marktfähigen Schutzrechte geeignet sind, zur Absatzförderung beizutragen.[178] Diese Erwägung ist aber nicht geeignet, eine Einschränkung der Verrechnungsmöglichkeit auf den Fall vorzunehmen, dass die Firma mit einer Marke zusammentrifft.[179] Denn die Firma bzw. das Firmenschlagwort

---

[174] Köhler, DStR 1996, 510, 513.

[175] Palandt-Heinrichs, § 12, Rdn. 15; Koos, GRUR 2004, 808.

[176] Vgl. hierzu BGHZ 85, 221 ff.; BGH NJW 1990, 1605 ff. – Benner, Köhler, DStR 1996, 510, 512; ausführlich Berkemeier, S. 145 ff.; Koos, GRUR 2004, 808 ff.

[177] BFH GRUR 2001, 346 ff. m.w.N.; vgl. auch hierzu Jäger/Heitmann, GRUR 1999, 542; Schweiger, BB 1999, 451 ff.

[178] BFH GRUR 2001, 346, 347.

[179] Im Ergebnis ebenso Ingerl/Rohnke, Vor §§ 27 - 31, Rdn. 8; a.A. Fezer, MarkenR, § 3, Rdn. 40 a.

stellt schon an sich teilweise einen erheblichen wirtschaftlichen Wert dar. Eine irgendwie geartete gesellschaftsrechtliche Pflicht, die Firma im Konzern unentgeltlich zur Verfügung zu stellen, ist nicht ersichtlich. Deswegen müssen Lizenzzahlungen, wenn sie dem entsprechen, was ein ordentlicher und gewissenhafter Geschäftsführer einer Kapitalgesellschaft zu zahlen bereit wäre, steuerlich berücksichtigt werden. Werden diese üblichen Lizenzsätze überschritten, liegt eine verdeckte Gewinnausschüttung i.S. des § 8 Abs. 3 S. 2 KStG vor, für die Körperschaftssteuer abzuführen ist. In der Praxis führt die Auffassung des BFH, dass die Firma gleichzeitig auch Marke sein müsse, aber im Regelfall zu keinem anderen Ergebnis als die hier vertretene Auffassung. Denn die werthaltigen Firmen bzw. Firmenschlagwörter sind, wenn sie nicht schon eingetragene Marken sind, meistens Marken kraft Verkehrsdurchsetzung, § 4 Nr. 2 MarkenG. Das Zusammentreffen von Marke und Firma ist bei einer Lizenzierung damit der Regelfall, ein Auseinanderfallen die Ausnahme.
Eine Lizenzierung von Firmen, besonderen Geschäftbezeichnungen bzw. Geschäftsabzeichen wird ferner im Bereich der Franchiseverträge praktisch relevant. Bei Franchiseverträgen handelt es sich um ein gesetzlich nicht geregeltes Dauerschuldverhältnis. Franchiseverträge sind in der Rechtsprechung anerkannt, die rechtliche Einordnung ist aber wegen der vielfältigen Erscheinungsformen noch nicht abgeschlossen.[180] In Franchiseverträgen wird normalerweise neben der Übertragung von Know-how vom Franchisegeber auf den Franchisenehmer[181] auch das Auftreten des Franchisenehmers nach außen geregelt. Hierzu gehört das Recht (und normalerweise auch die Pflicht) mit dem Logo, der Marke etc. des Franchisegebers aufzutreten.[182] Diese Zeichen werden häufig seitens des Franchisenehmers auch zur Firmenbildung benutzt.[183] Dann handelt es sich um einen Fall der Firmenlizenz. Sonst handelt es sich um eine Lizenz von besonderen Geschäftsbezeichnungen bzw. von Geschäftsabzeichen. Die Lizenzen beim Franchisevertrag stehen in diesen Fällen lediglich im Zusammenhang mit weiteren Regelungen wie der Einbindung in ein gemeinsames Marketingkonzept etc. Bekannte Beispiele sind z.B. die Ketten der Benetton-Händler und McDonald's-Restaurants.[184] Zur Abwendung der Irreführung des Verkehrs bei der Verwen-

[180] Z.B. BGH NJW 1985, 1895 – Mc Donald's; BGHZ 97, 351 – Yves Rocher; vgl. zu den regelmäßigen Voraussetzungen Loewenhein, GRURInt 1994, 156, 157; Forkel, ZHR 153 (1989), 511, 512.

[181] Hierzu Metzlaff-Metzlaff, § 8, Rdn. 129 ff., Staudinger-Emmerich, Vorb. zu § 581, Rdn. 135; Bartenbach, S. 46; v.Schultz-Brandi-Dohrn, § 30, Rdn. 6; Forkel, ZHR 153, (1989), 511, 514; zum Franchising und Markenrecht auch Fezer, MarkenR, § 3, Rdn. 145 ff. m.w.N.

[182] Vgl. z.B. den Sachverhalt von BGH GRUR 1995, 605, 606 – Franchise-Nehmer.

[183] Staudinger-Emmerich, Vorb. zu § 581, Rdn. 135; vgl. auch Goldmann, § 9, Rdn. 10; Schricker, FS v. Gamm, 289, 293; v.Schultz-Brandi-Dohrn, § 30, Rdn. 6; GroßKomm-Teplitzky, § 16 UWG, Rdn. 187; Ahrens, S. 32.

[184] Vgl. hierzu auch Goldmann, § 9, Rdn. 10 ff.

dung der Unternehmenskennzeichen im Hinblick auf den Unternehmensträger und zum Ausschluss einer eventuellen Haftung des Franchisegebers wird normalerweise ein Selbstständigkeitszusatz des Franchisenehmers hinzugefügt.[185] Wegen des typischen Inhaltes der Zurverfügungstellung von Kennzeichenrechten werden Franchiseverträge teilweise auch als gemischte Verträge mit vorwiegend lizenzvertraglichem Charakter beurteilt.[186] Richtiger erscheint es aber, den Franchisevertrag als den im Verhältnis zum Kennzeichenlizenzvertrag weiteren Begriff aufzufassen.[187]

Ähnliche Bedürfnisse wie beim Franchising finden sich auch bei Alleinvertretern, Inhabern ausschließlicher Handelskonzessionen und Angehörigen selektiver Vertriebssysteme. Je einseitiger sich der „Verkäufer“ an ein bestimmtes bekanntes oder berühmtes Unternehmen bindet, desto größer ist sein Interesse, dessen Kennzeichen zu nutzen. Die Nutzung liegt auch im Interesse des Kennzeicheninhabers, da seine Bekanntheit / Berühmtheit zumindest gewahrt, wenn nicht sogar gesteigert wird.[188]

Denkbar ist die Lizenz an Firmen, besonderen Geschäftsbezeichnungen und Geschäftsabzeichen auch in einer weiteren Fallgestaltung. Ein Prioritätsjüngerer hat mit erheblichem finanziellem Aufwand den Goodwill für sein Unternehmen, insbesondere durch Herausstellen seiner Firma, seiner besonderen Geschäftsbezeichnung und / oder seines Geschäftsabzeichens, aufgebaut. Der Prioritätsältere nimmt den Prioritätsjüngeren auf Unterlassung in Anspruch. Der Prioritätsjüngere kann in diesen Fällen die Änderung seiner eingeführten Kennzeichen durch eine Lizenzierung vermeiden.[189] Häufig handelt es sich hierbei in der Praxis aber nicht um eine Lizenzierung, sondern um eine sog. Abgrenzungsvereinbarung.[190]

Ebenfalls denkbar ist eine bewusste Lizenzierung von Firmen, besonderen Geschäftsbezeichnungen und Geschäftsabzeichen an branchenfremde Lizenznehmer im Rahmen des sog. Merchandisings. In diesen Fällen soll ein bekanntes Kennzeichen über den Bereich der Warengleichheit hinaus durch den Lizenz-

---

185 OLG Bremen NJW 1994, 1292; Metzlaff-Metzlaff, § 8. Rdn. 104; OLG Jena, U. v. 16.9.1998 – Az. 4 U 953/07 – nicht veröffentlicht, das eine Haftung des Franchisegebers auch bei nicht firmenmäßiger Nutzung ohne Selbstständigkeitszusatz bejaht hat; dagegen allerdings Ullmann, NJW 1994, 1256.

186 Staudinger-Emmerich, Vorb. zu § 581, Rdn. 139 ff. und Ullmann, CR 1991, 193, 194 f., jeweils mit der Darstellung der weiteren vertretenen Auffassungen; kritisch zur „Lizenztheorie“ beim Franchising Meztlaff-Gursky, § 5, Rdn. 21 ff.

187 Loewenheim, GRURInt 1994, 156, 158 auch zur Frage der Abgrenzung einer Markenlizenz vom Franchising; vgl. auch ausführlich Forkel, ZHR 153 (1989), 511, 516 ff.

188 Schricker, FS v. Gamm, 289, 293; GroßKomm-Teplitzky, § 16 UWG, Rdn. 186; Köhler, DStR 1996, 510, 513.

189 Vgl. Müller, S. 11.

190 Vgl. zu Abgrenzungsvereinbarungen § 4 C II; Krüger/Kamlah, WRP 2004, 1464, 1466.

nehmer für andere Warenbereiche eingesetzt werden.[191] Teilweise wird eine solche Lizenzierung von Firmen, besonderen Geschäftsbezeichnungen und Geschäftsabzeichen als nicht sehr praxisrelevant eingeschätzt.[192] Dagegen weist *Ahrens*[193] darauf hin, dass die Vertragspraxis darauf angelegt ist, umfassende Rechte zu gewähren, d.h. Gegenstand des Merchandisings sind Urheberrechte, Markenrechte, Geschmacksmusterrechte, Leistungsschutzrechte, wettbewerbsrechtliche Schutzpositionen, Rechte an geschäftlichen Bezeichnungen und Persönlichkeitsrechte. Grundsätzlich ist es zutreffend, dass beim Merchandising eine umfassende Rechtsposition angestrebt wird. Dies steht aber nicht im Widerspruch zu der Aussage, dass Lizenzen an Firmen, besonderen Geschäftsbezeichnungen und Geschäftsabzeichen im Rahmen des Merchandisings nicht sehr praxisrelevant sind. Denn beim Merchandising sollen bestimmte Kennzeichen zur Aufmachung der Ware verwendet werden, um so den Absatz zu erhöhen. Eine Kennzeichnung der hinter den Produkten stehenden Unternehmen bzw. des Unternehmensträgers, wie sie für die Unternehmenskennzeichen i.S. von § 5 Abs. 2 MarkenG charakteristisch ist, ist regelmäßig nicht angestrebt.
Die Versuche eines Image-Transfers auf fremde Produkte finden aber häufig bei Marken im Zusammenhang mit dem Ausnutzen des fremden guten Rufes durch Dritte statt.[194]

[191] Schricker, FS v. Gamm, 289, 293; umfassend zur nicht einheitlichen Definition des Merchandisings, Schertz, Rdn. 1 ff.
[192] Völp, GRUR 1985, 843, 848 für Lizenzen an bekannten Marken und Firmen; Merchandising mit dem Bild und Namen einer verstorbenen Schauspielerin war Gegenstand des Falles BGH NJW 2000, 2195 ff. – Marlene Dietrich.
[193] Ahrens, S. 33, FN 39; ähnlich Goldmann, § 9, Rdn. 10; vgl. auch den Mustervertrag von Schertz, S. 183 ff.
[194] Z.B. BGH GRUR 1983, 249 – Rolls-Royce; BGH GRUR 1985, 550 – Dimple.

§ 3 Rechtsnatur der Zeichen i.S. von § 5 Abs. 2 MarkenG

Für die Frage der Lizenzierbarkeit der Unternehmenskennzeichen i.S. von § 5 Abs. 2 MarkenG ist zunächst die Frage der Rechtsnatur der zu lizenzierenden Zeichen zu klären, da die Rechtsnatur der Zeichen Einfluss auf die Frage der Rechtsnatur des Lizenzvertrages an diesen Zeichen hat, vgl. zur Rechtsnatur der Lizenzverträge unten §§ 6, 7, 8.

Alle Zeichen i.S. von § 5 Abs. 2 MarkenG sind keine körperlichen Gegenstände und weisen zumindest teilweise einen Bezug zu den hinter den Zeichen stehenden bzw. diese Zeichen verwendenden Personen auf. Deswegen kommt als Rechtsnatur dieser Zeichen nur die Annahme eines Persönlichkeitsrechts oder eines Immaterialgüterrechts bzw. einer Mischform zwischen beiden in Betracht. Wegen der fehlenden Körperlichkeit ist insbesondere eine Einordnung als „klassisches Eigentum" i.S. von § 903 BGB nicht möglich.[195] Vorliegend wird der Begriff des Immaterialgüterrechts als Verfügungsrecht an unkörperlichen, aber ökonomisch wertvollen Gütern verstanden. Dagegen wird der Begriff des Persönlichkeitsrechts als Recht, dessen Gegenstand mit der Würde und Entfaltung der Persönlichkeit zusammenhängt, definiert.[196] Der entscheidende Unterschied zwischen den beiden Rechten ist, dass bei einem reinen Immaterialgut keine so erheblichen, rechtlich geschützten Persönlichkeitsbeziehungen zu dem Gut vorhanden sind, dass diese Persönlichkeitsbeziehungen gegen eine Verkehrsfähigkeit sprechen.[197] Bei den Kennzeichen des § 5 Abs. 2 MarkenG, insbesondere beim Namen, besteht hierbei die Gefahr eines Zirkelschlusses. Es könnte aus der Unübertragbarkeit des Namens die Einordnung des Namens als Persönlichkeitsrecht gefolgert werden und diese Einordnung als Persönlichkeitsrecht gleichzeitig als Grund für die Unübertragbarkeit angeführt werden.[198] Bei der Einordnung der Zeichen i.S. von § 5 Abs. 2 MarkenG als Persönlichkeitsrecht oder Immaterialgüterrecht ist ferner zu beachten, dass diese Rechte historisch dieselben Wurzeln haben und häufig in einem engen Zusammenhang stehen. Deswegen steht die Einordnung als Immaterialgüterrecht und Persönlichkeitsrecht nicht in

---

[195] Ebenso insbesondere für Persönlichkeitsrechte Ahrens, S. 52; vgl. auch Forkel, JuS 1988, 869, 871 zur Kritik am Begriff des geistigen Eigentums. Statt dessen sollte der Begriff des Immaterialgutes verwendet werden.

[196] Staudinger-Weick/Habermann, § 12, Rdn. 37; Klippel, S. 487, die darauf hinweisen, dass es sich bei diesen Begriffen nicht um axiomatische handelt; ähnlich Krüger-Nieland, FS Fischer, 339, 347; Müller, S. 25 FN 14; ausführlich zur Entwicklung der Begriffe Persönlichkeitsrecht und Immaterialgüterrecht seit dem 19. Jahrhundert Klippel, S. 494 ff.

[197] Forkel, GRUR 1988, 491, 498; Ahrens, S. 88; Kraßer, GRURInt 1973, 230; Götting, S. 9 jeweils m.w.N.

[198] In die Richtung dieses Zirkelschlusses bei Namen z.B. MünchKomm-Schwerdtner, § 12, Rdn. 39 u. 128; Götting, S. 101.

einem Exklusivitätsverhältnis. Vielmehr können Immaterialgüterrechte einen wesentlichen persönlichkeitsrechtlichen Einschlag,[199] d.h. eine Doppelnatur, haben.

Das Persönlichkeitsrecht wird vorliegend vom Immaterialgut abgegrenzt und nicht vom Vermögensrecht. Denn der Begriff des Vermögensrechts steht nicht im Gegensatz zum Persönlichkeitsrecht. Das Persönlichkeitsrecht kann ebenso wie ein Immaterialgüterrecht sehr wohl einen vermögensrechtlichen Charakter haben.[200] Dafür, dass Persönlichkeitsrechte auch eine vermögensrechtliche Bedeutung haben, spricht u.a. die Neufassung des § 253 BGB durch die Schuldrechtsreform, die zu einer Ausweitung der Ersatzfähigkeit des immateriellen Schadens geführt hat. Bei der Abtretung von (reinen) Persönlichkeitsrechten besteht aber die Gefahr der (vollständigen) Selbstentäußerung. Eine solche vollständige Selbstentäußerung würde gegen Art. 1 GG verstoßen. Die zivilrechtliche Abtretung wäre gem. § 399 1. Alt. BGB i.V. mit § 413 BGB unwirksam, da durch eine solche Abtretung das Persönlichkeitsrecht inhaltlich verändert würde.[201]

Die Frage der Rechtsnatur dieser Zeichen kann für die Möglichkeiten der rechtlichen Ausgestaltung einer Lizenz Auswirkungen haben. Insbesondere kann die Rechtsnatur der Zeichen Auswirkungen auf die Frage haben, ob eine Lizenz mit absoluter Wirkung möglich ist oder nur eine Lizenz mit obligatorischer Wirkung zulässig ist. Wenn eine Lizenz mit absoluter Wirkung angenommen werden soll, liegt die Annahme einer Verfügung nahe, d.h. einer Einwirkung auf den Bestand des Rechts. Eine Verfügung über den Bestand des Rechtes kann aber in Konflikt mit der Rechtsnatur des Zeichens treten, sofern ein (reines) Persönlichkeitsrecht angenommen wird.[202] Denn nach der bisher h.M. sind (reine) Persönlichkeitsrechte unübertragbar. Nur die Ausübung dieser Rechte durch Dritte wird teil-

---

199 Vgl. hierzu z.B. Götting, S. 10 f. insbesondere auch zum Urheberrecht, das er als Mischrecht einordnet; Forkel, S. 199 m.w.N.

200 Forkel, GRUR 1988, 491, 496 insbesondere FN 52; Ahrens, S. 87; Peifer, GRUR 2002, 495, 497; Sack, WRP 1984, 521 ff. und Götting, S. 4 ff., jeweils ausführlich zur Entwicklung des Persönlichkeitsrechts von der reinen Abwehr der Beeinträchtigung und Beseitigung der Verletzungsfolgen hin zum Schadensersatz; ähnlich BGH, NJW 1968, 1773, 1774 – Mephisto, der von vermögensrechtlichen Bestandteilen von Persönlichkeitsrechten spricht.

201 Ausführlich hierzu Ahrens, S. 345 ff., der auf S. 407 ff. aber die Lizenzierbarkeit von reinen Persönlichkeitsrechten entsprechend §§ 413, 398 BGB bejaht; ähnlich Forkel, NJW 1993, 3181.

202 Vgl. ausführlich die Konstruktion der Lizenz als Verfügung unten § 6 G; Bedenken aus der Rechtsnatur hinsichtlich der Lizenzierbarkeit von Persönlichkeitsrechten auch bei Forkel, GRUR 1988, 491, 500.

weise für möglich gehalten.[203] Bei reinen Persönlichkeitsrechten ist damit nach der noch h.M. nur eine schuldrechtliche Lizenz möglich. Dagegen können Immaterialgüterrechte wie z.B. das Patentrecht (§ 15 PatG), das Markenrecht (§ 27 MarkenG), das Geschmacksmusterrecht (§ 29 GeschmMG) etc. übertragen werden. Bei diesen Rechten sind auch Lizenzen mit absoluter Wirkung möglich. Nach einer im Vordringen befindlichen Meinung sind dagegen auch Persönlichkeitsrechte nicht in jedem Fall unübertragbar.[204] Die Einordnung der Zeichen i.S. von § 5 Abs. 2 MarkenG als Persönlichkeitsrecht würde damit darauf hindeuten, dass eine Lizenz, bei der eine Verfügung erforderlich ist, nicht möglich wäre.

A. Rechtsnatur des Namens und der Firma

Der Name und die Firma (§ 5 Abs. 2 S. 1, 1. und 2. Alt. MarkenG) könnten als Persönlichkeitsrecht einzuordnen sein. Beiden Kennzeichen ist gemeinsam, dass sie primär den Unternehmensträger kennzeichnen und mittelbar auch das Unternehmen.[205] Wegen der mittelbaren Kennzeichnung des Unternehmens stellen sie teilweise einen erheblichen wirtschaftlichen Wert dar.

Name und Firma können in vielfältiger Weise verändert werden. Bürgerliche Namen können öffentlich-rechtlich aus wichtigem Grund (§§ 1 ff. NamÄndG) geändert werden. Ferner können im Zuge einer Eheschließung (§ 1355 BGB) oder einer Adoption (§ 1757 BGB) fremde Namen angenommen werden. Daneben tritt die Möglichkeit unter einem Pseudonym aufzutreten, § 12 BGB. Bei der Firma gibt es nach der Reform des Firmenrechts durch das HRefG die Wahlfreiheit hinsichtlich der konkreten Firmenbildung. Vorbehaltlich einer besonderen abweichenden Verpflichtung kann der Kaufmann nach Belieben seine Firma ändern. Dies wirkt allerdings wie die Aufgabe der alten und Be-

---

[203] BGH NJW 1968, 1773, 1774 – Mephisto; BGHZ 119, 237, 240 – Universitätsemblem; Erman-Westermann, § 12, Rdn. 30; MünchKomm-Schwerdtner, § 12, Rdn. 128; Staudinger-Weick/Habermann, § 12, Rdn. 54; jeweils für das Namensrecht; Schack, Rdn. 51, 563; Wandtke/Bullinger-Bullinger, Vor §§ 12 ff., Rdn. 5 jeweils für das Urheberpersönlichkeitsrecht; allgemein: Krüger-Nieland, FS Fischer, 339, 346; a.A. z.B. Forkel, GRUR 1988, 491 ff.; Ahrens, S. 92 ff. insbesondere auch zur Frage, ob die Menschenwürde (Art. 1 GG) die Verwertung von Persönlichkeitsrechten verbietet. Diese Frage verneint Ahrens im Ergebnis.

[204] Offen gelassen z.B. BGH NJW-RR 1987, 231 – Nena für das Recht am eigenen Bild (das aber kein allgemeines, sondern ein besonderes Persönlichkeitsrecht ist); zumindest die Vererblichkeit bejaht in BGH NJW 2000, 2195, 2197 ff. – Marlene Dietrich, wo allerdings auch eine vollständige Veräußerung des Namens abgelehnt wurde; vgl. zur Vererblichkeit auch Götting, S. 106; beachtliche, insbesondere rechtsphilosophische Bedenken gegen die Kommerzialisierung des Persönlichkeitsrechts bei Peifer, GRUR 2002, 495, 500.

[205] Vgl. § 1 A I 1 u. 2.

gründung einer neuen Firma mit der Folge, dass die Priorität der alten Firma untergeht.[206]
Die Firma ist damit ein von außen zugeordnetes von dem Bezugssubjekt (dem Unternehmensträger) austauschbares Unterscheidungskennzeichen. Der bürgerliche Name ist dagegen unverzichtbare Voraussetzung für die soziale Kommunikation. Er ist ein unverzichtbares Merkmal für die hinter dem Namen stehende Person.[207] Dies gilt, obwohl sich jede bürgerliche Person ein Pseudonym zulegen kann.

Die Firma ist aber nicht nur eine andere Bezeichnung für den Namen der natürlichen Person. Dies gilt auch, wenn der bürgerliche Name zur Firmenbildung verwendet wird. Denn die Firma bleibt unverändert, wenn sich der bürgerliche Name wegen öffentlich-rechtlicher Namensänderung, Eheschließung oder Adoption ändert, § 21 HGB. Die Firma kann auch gem. §§ 22, 23 HGB übertragen werden, ohne dass diese Übertragung Auswirkungen auf den bürgerlichen Namen hat. Für die Priorität einer Personenfirma wird nicht auf die Priorität des zu Grunde liegenden Namens abgestellt, sondern auf die Aufnahme der Geschäftstätigkeit.[208] Durch diese Regelungen wird deutlich, dass die Zeichen Name und Firma jeweils eine eigenständige Bedeutung haben.[209] Der Gesetzgeber macht dies mittlerweile auch durch den Gesetzeswortlaut des § 2 HGB deutlich, der von „Firma des Unternehmens" spricht.
Deswegen kann die Firma auch nicht als beschränktes dingliches Recht am bürgerlichen Namensrecht begriffen werden. Sonst müsste bei Wegfall des Namensrechtes das Firmenrecht zu einem eigenständigen Recht erstarken. Hierbei wäre die dogmatische Konstruktion nicht ersichtlich. Denn ein Erstarken eines abgeleiteten Rechtes bei Untergang des Hauptrechtes ist dem deutschen Recht sonst fremd. So geht ein beschränktes dingliches Recht im sachenrechtlichen Sinn unter, wenn das Hauptrecht untergeht. Gegen die Einordnung der Firma als beschränktes dingliches Recht des bürgerlich rechtlichen Namens spricht auch die Übertragbarkeit der Firma gem. § 23 HGB. Name und Firma sind damit zwei getrennte und grundsätzlich voneinander unabhängige Kennzeichnungsrechte.[210]

---

206 Baumbach/Hopt-Hopt, § 17, Rdn. 22.
207 Götting, S. 70 f.
208 Vgl. § 1 A I 5.
209 Ebenso Köhler, FS Fikentscher, 494, 495; Canaris, § 10, Rdn. 9; Parmentier/Steer, GRUR 2003, 196, 198; in diese Richtung auch Klippel, S. 538.
210 Götting, S. 105; Karsten Schmidt, § 12 I 3 a; Köhler, FS Fikentscher, 494, 496; ders., DStR 1996, 510; a.A. Canaris, der bis zur 22. Aufl., § 10 I 4 sowie § 10 II d von einem beschränkt dinglichen Recht ausging; nun aber wie hier Canaris, § 10, Rdn. 8.

Auf dieser dogmatischen Grundlage kann auch der Fall gelöst werden, wenn die Firma von einer eigenen Rechtsperson gebildet wird. Die Firma steht in diesem Fall originär dieser juristischen Person zu. Sofern die Erlaubnis der Namensnutzung[211] zur Firmenbildung für die juristische Person seitens des bürgerlich rechtlichen Namensträgers aus irgendeinem Grund unwirksam ist, z.B. wegen Anfechtung des Gesellschaftsvertrages wegen arglistiger Täuschung, entsteht dennoch die Firma unter Verwendung des bürgerlichen Namens. Gegen diese Firma kann aber der bürgerlich-rechtliche Namensträger ggf. gem. § 12 BGB vorgehen. Bei der Weiterveräußerung der Firma ist von Folgendem auszugehen: Durch die Einwilligung in die Firmenbildung unter Verwendung des bürgerlichen Namens geht ein Benutzungsrecht des bürgerlichen Namens auf den Unternehmensträger über. Das Benutzungsrecht kann auch weiter übertragen werden.[212] Inwieweit trotz dieser teilweisen Übertragung noch eine Bindung zwischen dem bürgerlich-rechtlichen Namensinhaber und dem die Firma benutzenden Unternehmensträger vorliegt, z.B. bei Umstellung des Geschäftsbetriebes auf ein sittenwidriges Gewerbe, ist umstritten und soll an dieser Stelle nicht weiter erörtert werden. Für eine solche Bindung kommt entweder die Konstruktion einer gebundenen Übertragung oder § 826 BGB in Betracht.[213]

Die Rechtsnatur des Firmenrechts kann auch nicht aus einer Parallele zum Urheberrecht abgeleitet werden. In Deutschland ist beim Urheberrecht die sog. monistische Theorie herrschend, nach der die persönlichkeits- und die vermögensrechtlichen Befugnisse untrennbar verbunden sind. Hieraus wird wegen des persönlichkeitsrechtlichen Charakters des Urheberrechts der Schluss gezogen, dass dieses unübertragbar ist, § 29 S. 2 UrhG.[214] Bei der Firma geht es aber nicht nur um vermögensrechtliche Befugnisse des bürgerlichen Namens, sondern um ein hiervon unabhängiges Zeichen. Deswegen kann nicht wegen einer Parallele zum Urheberrecht auf eine Unübertragbarkeit der Firma geschlossen werden.

Im Bereich der Zeichen des § 5 Abs. 2 S. 1, 1. und 2. Alt. MarkenG beschränkt sich die vorliegende Untersuchung auf den geschäftlichen Bereich. Deswegen wird zu der Rechtsnatur des rein bürgerlichen Namens nicht Stellung genommen. Das unterscheidende Kriterium zwischen dem bürgerlich-rechtlichen

---

211 Diese ist eine schuldrechtliche Lizenz des Gebrauchs des Namens zur Firmenbildung, Köhler, FS Fikentscher, 494, 512; vgl. zur Namenslizenz unten § 4 C IV.

212 Canaris, GRUR 1989, 711, 715 m.w.N.; ders., § 10, Rdn. 36; BGHZ 122, 71, 75 – Decker.

213 Im Ergebnis ebenso Köhler, FS Fikentscher, 494, 498; Ahrens, S. 157; vgl. Forkel, FS Paulick, 101, 111 ff. m.w.N. und Götting, S. 122 ff. ausführlich zum Verhältnis des bürgerlich rechtlichen Namens und der Firma insbesondere bei einer Weiterveräußerung einer Firma; vgl. zur gebundenen (konstitutiven) Übertragung unten § 6 G II.

214 Vgl. z.B. Schack, Rdn. 306 ff., 529 ff. zur Verfügung durch Abspaltung einzelner Nutzungsrechte; Fromm/Nordemann-Hertin, § 29, Rdn. 1.

Zwangsnamen, dem ursprünglichen Anwendungsbereich des § 12 BGB, und der Firma ist das Merkmal der Freiwilligkeit der „Namensbenutzung". Der bürgerlich-rechtliche Zwangsname identifiziert den Träger unmittelbar in seinen persönlichen, sozialen und gesellschaftlichen Beziehungen und ist damit als Persönlichkeitsrecht einzuordnen.[215] Die Firma i.S. von § 5 Abs. 2, 2. Alt. MarkenG ist damit nicht mit dem bürgerlich-rechtlichen Zwangsnamen, sondern mit dem bürgerlich-rechtlichen Pseudonym vergleichbar. Beide sind frei wählbar (vgl. für die Firma §§ 18, 19 HGB) und werden damit freiwillig benutzt. Entsprechend den Geschäftsabzeichen i.S. von § 5 Abs. 2 S. 2 MarkenG entsteht der Schutz des Pseudonyms nach Meinung des BGH ebenfalls erst bei Verkehrsgeltung des Pseudonyms.[216] Diese Vergleichbarkeit bedeutet aber nicht zwangsläufig, dass das Pseudonym und die Firma dieselbe Rechtsnatur besitzen. Ein Pseudonym weist direkt auf eine bestimmte natürliche Person hin und ist deswegen entsprechend der h.M. als Persönlichkeitsrecht einzuordnen.[217] Ob eine Firma ebenfalls auf eine bestimmte natürliche Person hinweist, ist dagegen zweifelhaft.

Die Rechtsnatur der Firma ist in der Praxis vor allem im konkursrechtlichen bzw. insolvenzrechtlichen Zusammenhang relevant geworden. Es ist dabei im Wesentlichen unstreitig, dass das Unternehmen inklusive der Firma als Vermögen des Gemeinschuldners i.S. von §§ 35, 36 InsO in die Insolvenzmasse fällt.[218] Fraglich ist allerdings, ob der Konkurs- bzw. Insolvenzverwalter ohne Zustimmung des Gemeinschuldners zur Veräußerung der Firma befugt ist oder dieser wegen des persönlichkeitsrechtlichen Charakters der Firma nur mit Zustimmung des namensgebenden Gemeinschuldners das Unternehmen inklusive der Firma verkaufen darf. Zur Verdeutlichung sei das folgende Beispiel angeführt: Darf bei einer fiktiven Insolvenz der „Hipp GmbH & Co Vertriebs KG" die Veräußerung des Unternehmens mit dieser Firma von der Zustimmung der natürlichen Person „Claus Hipp" abhängig gemacht werden, weil dieser durch die Veräußerung in seinem Persönlichkeitsrecht betroffen ist? Oder darf der Insolvenzverwalter das Unternehmen inklusive der Firma auch gegen den Widerspruch der natürlichen Person „Claus Hipp" verwerten (vgl. § 80 InsO)? Die

[215] H.M.: BGH GRUR 1960, 490, 493 – Vogeler; Götting, S. 81; Krüger-Nieland, FS Fischer, 339, 346.

[216] BGH GRUR 2003, 897 – maxem.de; dies ist str.: ebenso Koos, GRUR 2004, 808, 810; ausführlich zum Schutz des Pseudonyms Staudinger-Weick/Habermann, § 12, Rdn. 19 ff. m.w.N., vgl. auch Olshausen, S. 41.

[217] BGH GRUR 1959, 430, 431 – Caterina Valente; Koos, GRUR 2004, 808, 810; Götting, S. 104, der darauf hinweist, dass wegen der Verzichtbarkeit eines Pseudonyms nicht zwingend auf die Unübertragbarkeit geschlossen werden könne.

[218] Z.B. Steinbeck, NZG 1999, 133; ausführlich hierzu Berkemeier, S. 16 ff. m.w.N. zur KO. Die Rechtslage ist unter Geltung der InsO gleich geblieben. Dass das Unternehmen als Ganzes in die Insolvenzmasse fällt, ergibt sich mittelbar auch aus §§ 160, 162 InsO.

Beantwortung dieser Frage hängt insbesondere von der Rechtsnatur des Firmenrechts ab.

Zur Frage der Rechtsnatur der Firma (des Namens im geschäftlichen Verkehr) werden im Wesentlichen die vier folgenden Auffassungen vertreten.[219]

I. Firma (Name im geschäftlichen Verkehr) als reines Persönlichkeitsrecht

Teilweise wird die Firma als reines Namensrecht[220] und damit als Persönlichkeitsrecht angesehen.[221] Zur Begründung für die Annahme eines reinen Persönlichkeitsrechts führte das RG an, dass die Firma wegen der Regelung des § 23 HGB, nach der eine Veräußerung der Firma ohne Geschäftsbetrieb unzulässig ist, keinen selbstständig verwertbaren Vermögenswert habe. Eine Differenzierung zwischen Personen- und Sachfirmen erfolgte durch das RG nicht. Diese Rechtsprechung hat der BGH zunächst fortgeführt.[222] Mittlerweile hat der BGH diese Meinung aber ausdrücklich aufgegeben und ausgeführt, dass bei einer Firma erhebliche vermögensrechtliche Interessen im Spiel seien, die die ideellen Interessen überwiegen und völlig verdrängen könnten.[223] Entgegen der Auffassung von *Müller*[224] hat der BGH in der angegebenen Entscheidung aber nicht jeder Firma, also auch einer Personenfirma eines Einzelkaufmanns, die Rechtsnatur als Persönlichkeitsrecht aberkannt. Der BGH hat nur für die Firma einer GmbH, die aus dem bürgerlichen Namen eines Gesellschafters gebildet wurde, ein Persönlichkeitsrecht abgelehnt. Maßgebend für den BGH war, dass die Zurverfügungstellung des Namens zur Firmenbildung in diesem Fall freiwillig war. Im Übrigen hat der BGH nur ausgeführt, dass alle Firmen, d.h. auch Personenfirmen, zur Konkursmasse (Insolvenzmasse) gehören. Er hat die Veräußerungsbefugnis ohne Zustimmung des Gemeinschuldners für Personenfirmen eines Einzelkaufmanns offen gelassen. Wenn die Auffassung allerdings auf das nach dem HRefG geltende Firmenführungsrecht angewendet wird, ist davon auszugehen, dass der BGH bei keiner Firma von einem reinen Persönlichkeitsrecht ausgeht. Ob der BGH aber die Firma nun für alle Fallgestaltungen als ein reines Immaterialgut einordnet, kann nicht sicher prognostiziert werden.

---

[219] Vgl. zur geschichtlichen Entwicklung des Rechtscharakters des Namensrechts bzw. Firmenrechts im 19. Jahrhunderts, Götting, S. 75 ff.

[220] RGZ 9, 104, 105; „Die Firma ist also Name, Personenname, nicht Geschäftsbezeichnung"; RGZ 58, 166, 169; ebenso Olshausen, S. 106 f.

[221] BGH NJW 1960, 1008, 1010; ähnlich OLG Nürnberg BB 1966, 1121.

[222] BGH GRUR 1960, 490, 493 – Vogeler; ähnlich BGH GRUR 1959, 490, 491 – Heynemann: „personenrechtlicher Einschlag".

[223] BGH NJW 1983, 755, 756; BGH NJW 2000, 2195, 2198 – Marlene Dietrich; ebenso Krüger-Nieland, FS Fischer, 339, 346.

[224] Müller, S. 27.

Das OLG Nürnberg[225] hat im Jahr 1965 für eine Unternehmensbezeichnung zwar den wirtschaftlichen Wert der Bezeichnung erkannt, aber ausgeführt, die Bezeichnung sei in erster Linie ein Name. Genauso betont *Heinrich*[226] auch in der heutigen Zeit noch, dass die Frage des Vermögenswertes die Rechtsnatur des Namensrechtes und damit auch des Firmenrechtes nicht verändern könne. Das Namensrecht sei damit als Persönlichkeitsrecht anzusehen. Das persönlichkeitsrechtliche Element betont ebenfalls *Bussmann*[227], der im Ergebnis ebenfalls von einem reinen Persönlichkeitsrecht ausgeht. Er begründet dies damit, dass bei der Firma der Firmeninhaber dem Publikum jeweils unter diesem Namen bekannt sei. Deswegen überwiege das persönlichkeitsrechtliche Element bei der Firma. Diese Wertung müsse auch für die aus einer Firma gebildeten Firmenschlagworte gelten.

Bei der Annahme, dass das Firmenrecht ein reines Persönlichkeitsrecht ist, ist der Insolvenzverwalter zur Veräußerung der Firma ohne Zustimmung des Namensgebers nicht berechtigt. Bei einem Persönlichkeitsrecht bestehen die oben geschilderten Bedenken gegen die Lizenzierbarkeit. Eine solche Lizenzierung könnte als unzulässige Teilübertragung des Firmenrechts gewertet werden.

II. Firma (Name im geschäftlichen Verkehr) als reines Immaterialgüterrecht

Die Firma bzw. der Name im geschäftlichen Verkehr wird teilweise unabhängig von der Frage, ob in die Firma ein Familienname aufgenommen wird, als reines Immaterialgüterrecht eingeordnet. Nach *Bleutge* und *Weick/Habermann*[228] kennzeichnet die Firma ausschließlich den objektivierten Unternehmenskern ohne ideelle Beziehung zum Unternehmer. Die verbleibenden persönlichkeitsbezogenen Elemente unterschieden sich so von dem allgemeinen Persönlichkeitsrecht, dass diese vollständig im Immaterialgütercharakter aufgingen. Ähnlich argumentiert auch *Karsten Schmidt*[229]. Zwar stehe dem Namensträger ursprünglich ein Persönlichkeitsrecht zu. Stelle er seinen Namen aber dem Unternehmen zur Verfügung, so stehe dieser Name und damit das Persönlichkeitsrecht (ausschließlich) dem Unternehmen zur Verfügung. Nicht ganz eindeutig ist aller-

[225] OLG Nürnberg BB 1966, 1121.

[226] Soergel-Heinrich, § 12, Rdn. 22.

[227] Bussmann, GRUR 1950, 93, 96.

[228] Bleutge S. 138; Staudinger-Weick/Habermann, § 12, Rdn. 41 unter Berufung auf diese ferner Erman-Westermann, § 12, Rdn. 2; ohne Begründung ebenso MünchKomm-Schwerdtner, § 12, Rdn. 131; ähnlich auch Forkel, FS Paulick, 101, 103 „im Verkehrsleben ist die Firma sogar in erster Linie eine Bezeichnung des Unternehmens"; vgl. aber auch ders., S. 108, wo Forkel von einer Doppelnatur ausgeht; ähnlich Götting, S. 121.

[229] Karsten Schmidt, § 12 I 3 a; ähnlich Hubmann/Götting, S. 337; Uhlenbrock, ZIP 2000, 401 ff.; Fezer, ZHR 161 (1997), 52, 55; Troller, S. 64; vgl. aber auch ders., S. 90, dort in Richtung eines Rechts mit Doppelnatur.

dings, ob *Schmidt* diese Konstruktion auch für nicht rechtsfähige Unternehmen, wie Einzelfirmen, verwenden möchte. Hierfür spricht, dass nach seiner Ansicht[230] auch der Inhaber einer Einzelfirma, der seiner Firma seinen bürgerlichen Namen zur Verfügung stellt, damit rechnen müsse, dass dieser Name (mit dem nicht rechtsfähigen Unternehmen) in fremde Hände übergehe. Andererseits möchte er bei Personengesellschaften danach differenzieren, ob der Namensträger der Firmenfortführung mit seinem persönlichen Namen dauerhaft, also auch für die Zeit nach seiner Zugehörigkeit zugestimmt hat. Nach *Heinrichs*[231] ist die Firma als reines Immaterialgüterrecht einzuordnen, da es nach dem HRefG keinen Zwang zur Führung einer Personenfirma mehr gebe.
Wenn die Firma als reines Immaterialgüterrecht eingeordnet wird, bestehen wegen der Rechtsnatur der Firma keine Bedenken gegen die Lizenzierbarkeit, und der Insolvenzverwalter ist zur Veräußerung der Firma ohne Zustimmung des Namensgebers berechtigt.

III. Firma (Name im geschäftlichen Verkehr) als Recht mit Doppelnatur, Persönlichkeitsrecht und Immaterialgüterrecht

Die Rechtsnatur der Firma wird nach der wohl (noch) h.M. als Doppelnatur aufgefasst, d.h. nicht nur als Persönlichkeitsrecht wie das Namenrecht, sondern auch als Immaterialgüterrecht.[232]
Krüger-Nieland[233] bejaht dies unter Hinweis darauf, dass durch die Aufnahme des Familiennamens in die Unternehmensbezeichnung eine Verknüpfung dieses Teils mit dem verselbstständigten wirtschaftlichen Tätigkeitsbereich stattfinde. Dies bewirke eine gewisse Trennung vom Träger des Familiennamens. Gleichzeitig dürfe aus der Einordnung als Immaterialgüterrecht aber nicht der Schluss gezogen werden, dass die persönlichkeitsrechtlichen Interessen stets unbeachtlich seien. Wenn die persönlichkeitsrechtlichen Interessen überwiegen würden, könnten diese für die Rechtsanwendung den Ausschlag geben. Als Beispiel führt sie an, dass der Konkursverwalter, d.h. jetzt der Insolvenzverwalter, die Firma eines Einzelkaufmannes[234] nur mit Einwilligung des Gemeinschuldners übertragen könne. Bei einer GmbH fehle ein entsprechend enger Bezug, so dass eine

[230] Karsten Schmidt, § 12 I 3 c.
[231] Palandt-Heinrichs, § 12, Rdn. 15; in diese Richtung auch Götting, S. 121 f.; ähnlich schon GroßKomm-Teplitzky, Vor § 16 UWG, Rdn. 6 in der Zeit vor dem HRefG.
[232] Baumbach/Hopt-Hopt, § 17 Rdn. 5; Canaris, § 10, Rdn. 7; ders., GRUR 1989, 711, 714; MünchKommHGB-Bokelmann, § 17 Rdn. 11; Hubmann, S. 282 ff.; Forkel, FS Paulick, 101, 108; Strohm, FS Ulmer, 333, 339; teilweise differenzierend Knaak, FS GRUR, 971, 976; nicht eindeutig Troller, S. 90 in Richtung eines Rechts mit Doppelnatur und S. 64 als Immaterialgüterrecht.
[233] Krüger-Nieland, FS Fischer, 339, 347 ff.
[234] Diese Firma enthielt nach der damaligen Rechtslage (gem. §§ 18 ff. HGB a.F.) in jedem Fall den Personennamen des Kaufmannes.

Einwilligung nicht erforderlich sei. Nach ihrer Auffassung ist bei den Unternehmenskennzeichen daher immer zu prüfen, ob die Unternehmenskennzeichen einen persönlichkeitsrechtlichen Einschlag haben.
Von den Vertretern dieser Auffassung, der sog. Unausweichlichkeitstheorie, wurde die unterschiedliche Behandlung der Firma einer juristischen Person und einer Personenfirma mit den unterschiedlichen Voraussetzungen der Firmenbildung begründet. Auch der BGH argumentiert zumindest auf der Grundlage dieser Theorie.[235] Aus der Rechtsnatur folge, dass der Gesellschaftername Bestandteil der Firma der Gesellschaft und damit ein eigenes Recht werde. Der Bestand der Gesellschaft und damit auch ihr Recht an der Firma sei grundsätzlich nicht vom Bestand der Gesellschafter abhängig. Es gebe auch keinen Zwang, dass ein Gesellschaftername Bestandteil der Firma einer juristischen Person sei.[236] Diese Begründung der Differenzierung ist nach dem HRefG allerdings nicht mehr tragfähig, da es auch für eine Einzelfirma keinen Zwang mehr gibt, den bürgerlich-rechtlichen Namen zu benutzen.
Hubmann[237] begründet die Annahme einer Doppelnatur des Firmenrechtes insbesondere mit § 22 HGB. Hiernach könne die Firma übertragen werden (dies spreche für die Annahme eines Immaterialgüterrechtes), allerdings nur mit Einwilligung des Firmeninhabers (dies spreche für ein Persönlichkeitsrecht). *Hubmann* betrachtet das Firmenrecht ähnlich wie das Urheberrecht. Auch dort gebe es persönlichkeitsrechtliche Befugnisse, die in jedem Fall beim Urheber verblieben.
Auf Grundlage dieser Meinung können wegen der Rechtsnatur der Firma Bedenken gegen die Lizenzierbarkeit begründet werden, wenn der persönlichkeitsrechtliche Teil betroffen ist. Hierfür spricht, dass zumindest nach der alten Fassung des HGB davon ausgegangen wurde, dass der Insolvenzverwalter zur Veräußerung der Firma ohne Zustimmung des Namensgebers nicht berechtigt war.

IV. Firma (Name im geschäftlichen Verkehr) als dualistisches Recht

Teilweise wird eine Aufspaltung des Firmenrechts in ein Persönlichkeits- und ein Immaterialgüterrecht vorgenommen.[238] Diese Auffassung hat *Klippel* begründet. Sie differenziert die Rechtsnatur des Namens und der Firma nach deren Funktionen. Sofern der Name benutzt werde, um eine bestimmte, einma-

235 BGH NJW 1983, 755, 756; BGH NJW 2000, 2195, 2198.
236 Soergel-Heinrich, § 12, Rdn. 25; so wohl jetzt auch der BGH, wenn die Entscheidungsgründe in BGH NJW 1983, 755, 756 auf das HGB n.F. angewendet werden.
237 Hubmann, S. 283; in diese Richtung auch Berkemeier, S. 23, die auf die Übertragungsmöglichkeit der Firma abstellt, gleichzeitig aber betont, dem Gemeinschuldner könne die Befugnis zuerkannt werden, die Verwertung in der Zwangsvollstreckung von seiner Einwilligung abhängig zu machen.
238 Klippel, S. 502 ff.

lige und unverwechselbare Person hinter dem Namen zu kennzeichnen, sei das Namenspersönlichkeitsrecht betroffen. Jeder habe ein Interesse daran, dass sein Name nicht bestritten und nicht unbefugt gebraucht werde. Werde der Name aber nicht zur Kennzeichnung der dahinter stehenden Person gebraucht, sondern um eine Verwechslungsgefahr auszuschließen, sei das Namensrecht ein Immaterialgut. Nach *Klippel* gibt es dieses Interesse zur Beseitigung der Verwechslungsgefahr nur im geschäftlichen Verkehr, da nur in diesem Fall der Name der natürlichen Person individualisierend benutzt wird. Aus diesem dualistischen Charakter zieht *Klippel* die Schlussfolgerung, dass das Namenspersönlichkeitsrecht in jedem Fall bei der hinter dem Namen stehenden Person verbleibt. Sofern aber der Name im geschäftlichen Verkehr gebraucht werde, z.B. als Firma, entstehe ein Immaterialgüterrecht, das auch getrennt vom Namenspersönlichkeitsrecht übertragen werden könne. Das Namenspersönlichkeitsrecht habe aber weiter Auswirkungen auf das Immaterialgüterrecht. So könne eine Personenfirma nur mit Zustimmung des Namenspersönlichkeitsrechtsinhabers übertragen werden.[239]

Im Ergebnis ist diese Meinung damit lediglich auf einer anderen dogmatischen Grundlage eine Unterspielart der Theorie der Doppelnatur des Firmenrechts. Wegen der Rechtsnatur der Firma können damit auf Grundlage dieser Meinung Bedenken gegen die Lizenzierbarkeit begründet werden, wenn der persönlichkeitsrechtliche Teil betroffen ist.

V. Eigene Stellungnahme

Bei der Frage der Rechtsnatur der Firma (des Namens im geschäftlichen Verkehr) ist davon auszugehen, dass jeder das Recht hat, unter seinem eigenen Namen im geschäftlichen Verkehr tätig zu werden. Dieses Recht entspringt nicht formalen Firmierungspflichten oder gewerbepolizeilichen Erwägungen gem. §§ 15 a und b GewO, sondern aus dem verfassungsrechtlich geschützten allgemeinen Persönlichkeitsrecht gem. Art. 2 Abs. 1 GG,[240] eventuell i.V. mit dem Schutz der Berufsfreiheit gem. Art. 12 GG. Dieses Recht ist unabhängig davon, ob es eine firmenrechtliche Pflicht zur Führung des bürgerlichen Namens in der Firma gib, oder ob es Namensführungspflichten nach der GewO gibt. Dieses Recht zur wirtschaftlichen Selbstbestimmung, d.h. zum Auftreten unter dem eigenen Namen, korrespondiert aber auch mit der Pflicht, die wirtschaftli-

---

[239] Klippel, S. 503, FN 120.

[240] St. Rspr. BGH GRUR 1998, 391, 393 – Dr St… Nachf m.w.N.; ebenso Canaris, GRUR 1989, 711, 716; Goldmann, § 17, Rdn. 47; Götting, S. 88; BVerfGE 78, 38, 49, zum Persönlichkeitsrecht und bürgerlichen Namen; allgemein zum Persönlichkeitsrecht: BVerfGE 50, 290, 366; BVerfGE 65, 196, 210.

chen Folgen der Tätigkeit zu tragen. Damit darf dieses Recht nicht über Gebühr eingeschränkt werden, es gilt aber auch nicht schrankenlos.[241]
Ausgehend von diesem verfassungsrechtlichen Rahmen ist zunächst fraglich, ob die Firma wegen § 17 HGB ein Persönlichkeitsrecht ist. Gem. § 17 HGB kennzeichnet die Firma primär den Unternehmensträger und nicht das Unternehmen.[242] Deswegen ist die These von *Bleutge* und *Weick/Habermann* nicht zutreffend, dass die Firma primär den Unternehmenskern kennzeichnet. Diese These widerspricht dem eindeutigen Wortlaut von § 17 HGB. Aus § 17 HGB kann nicht zwingend abgeleitet werden, dass durch die Firma auch das Persönlichkeitsrecht des Unternehmensträgers betroffen ist. Aus § 17 HGB folgt nur, dass die Firma den Unternehmensträger, d.h. „die Haftungsmasse", für die verselbstständigte und versachlichte wirtschaftliche Tätigkeit des Unternehmensträgers bezeichnet. Dies wird u.a. dadurch deutlich, dass die Firma im Prozess die Partei kennzeichnet. Damit ist die Firma keine Personenbezeichnung im engeren Sinn.[243] Andererseits ist die Auffassung von *Bussmann*, nach der der Verkehr den Unternehmer unter der Firma kennt, von der tatsächlichen Praxis überholt worden. Es ist davon auszugehen, dass die Firma zwar im Prozess noch den Unternehmensträger identifiziert, andererseits im täglichen Leben die Firma zumindest gleichwertig faktisch auch das Unternehmen an sich bezeichnet.[244] Bei den Handelsgesellschaften weiß der Verkehr normalerweise nicht, wer genau die persönlich haftenden Gesellschafter sind. Deswegen ist im heutigen wirtschaftlichen Alltag nur bei den kleineren Unternehmen, insbesondere bei den kleineren Handwerksbetrieben, davon auszugehen, dass der natürliche Unternehmensträger dem Verkehr bekannt ist.[245] Sofern ihr Unternehmen nach Art und Umfang einen in kaufmännischer Weise eingerichteten Geschäftsbetrieb nicht erfordert und diese keine eingetragene Firma haben, haben sie gem. § 1 Abs. 2 HGB kein Handelsgewerbe. Sie führen ggf. subjektsbezogene Geschäftsbezeichnungen gem. §§ 15 a, b GewO. Entgegen der Ansicht von *Canaris*[246] kann aber allein aus der Kennzeichnung des Unternehmensträgers eine persönlichkeitsrechtliche Komponente nicht abgeleitet werden. Denn dann müsste eine persönlichkeitsrechtliche Komponente auch für juristische Personen angenommen werden. Bei einer juristischen Person steht hinter der Firma aber keine natürliche Person, der persönliches Vertrauen entgegen gebracht wird, sondern

[241] Aus Art. 2 Abs. 1 GG „verfassungsmäßige Ordnung" ergibt sich ein einfacher Gesetzesvorbehalt. In Art. 12 Abs. 1 S. 2 GG ist ein solcher ausdrücklich normiert. Vgl. zu den Einzelheiten: Maunz/Dürig-Di Fabio, Art. 2 Abs. 1, Rdn. 37 ff.; Maunz/Dürig-Scholz, Art. 12, Rdn. 295 ff.
[242] Vgl. oben § 1 A I 2.
[243] Staudinger-Weick/Habermann, § 12, Rdn. 54; ähnlich Götting, S. 124.
[244] Vgl. oben § 1 A I 2; wie hier z.B. Götting, S. 121.
[245] Im Ergebnis ebenso Müller, S. 29 FN 46; ähnlich Hubmann, S. 282; Troller, S. 61.
[246] Canaris, § 10, Rdn. 7.

eine rechtlich verselbstständigte Vermögensmasse. Damit kann allein aus § 17 HGB nicht auf die Rechtsnatur der Firma geschlossen werden. Aus § 17 HGB ergibt sich in letzter Konsequenz nur die eindeutige Bezeichnung der Haftungsmasse, d.h. des Unternehmensträgers.

Gegen die Auffassung, dass die Firma und der Name im geschäftlichen Verkehr ausschließlich reine Persönlichkeitsrechte sind, spricht entscheidend, dass die Firma gem. §§ 22, 23 HGB übertragbar ist. Dies gilt auch für Firmen, die ausschließlich aus einem Personennamen bestehen. Die Gegenansicht ist mittlerweile überholt.[247] Wenn man eine Übertragbarkeit ablehnen würde, könnte auch die Priorität nicht auf den Erwerber übergehen. Der Verlust der Priorität ist vom Erwerber sicher nicht gewollt. Durch die Möglichkeit der Übertragung wird deutlich, dass der Firma auch eine vermögensrechtliche Bedeutung zukommt. Deswegen kann entgegen der Ansicht des RG aus § 23 HGB nicht der Schluss gezogen werden, dass die Firma keinen selbstständig verwertbaren Vermögenswert habe. Sonst hätte unter Geltung des § 8 Abs. 1 S. 2 WZG a.F., der die Bindung des Warenzeichens an das Unternehmen vorsah, auch dem Warenzeichen kein Vermögenswert zugebilligt werden können. Es ist evident, dass ein Warenzeichen auch unter Geltung des alten WZG und erst recht unter Geltung des MarkenG einen erheblichen wirtschaftlichen Wert haben kann. Durch die grundsätzliche Übertragbarkeit wird die Firma so verkehrsfähig, dass es nicht gerechtfertigt ist, sie ausschließlich als Persönlichkeitsrecht einzuordnen.

Für die Einordnung des Firmenrechts als Immaterialgüterrecht spricht der Anspruch gegen eine unzulässige Firmierung gem. § 37 Abs. 2 HGB. Der hierdurch gewährte Schutz ist nicht auf den Schutz der Persönlichkeit des Kaufmanns ausgerichtet, sondern auf den Schutz der Allgemeinheit an einer ordnungsgemäßen Firmierung. Durch § 37 Abs. 2 werden die Interessen der Konkurrenten an einer ordnungsgemäßen Firmierung abgesichert. Wenn die Firma als reines Persönlichkeitsrecht aufgefasst würde, würde dieses Recht durch § 37 Abs. 2 HGB beeinträchtigt. § 37 Abs. 2 HGB dient dem Schutz des öffentlichen registerrechtlichen Interesses. Eine Einschränkung eines Persönlichkeitsrechts aus einem registerrechtlichen Interesse wäre sehr untypisch.

Auch § 15 MarkenG hat als Zielrichtung nicht den Schutz des Inhabers einer Unternehmenskennzeichnung vor einer etwaigen Persönlichkeitsverletzung. Diese Anspruchsgrundlage soll vielmehr dem Schutz der wirtschaftlichen Interessen des Unternehmers dienen. Dies ergibt sich zunächst daraus, dass § 15 MarkenG ein Handeln im geschäftlichen Verkehr voraussetzt. Ferner kann gem. § 15 MarkenG nicht nur Beseitigung und Unterlassung gefordert werden. Diese isolierten Rechtsfolgen würden ggf. eine Parallele zu § 12 BGB nahe legen, der der Absicherung des Persönlichkeitsrechts dient. Über Beseitigung und Unter-

---

[247] Vgl. Forkel, FS Paulick, 101 ff.; Strohm, FS Ulmer, 333, 336 jeweils m.w.N. auch zur überholten Gegenansicht.

lassung hinaus gewährt § 15 Abs. 4 MarkenG auch einen Schadensersatzanspruch. Die klassische Sanktion des Persönlichkeitsschutzes ist aber nicht Schadensersatz, sondern die Abwehr der Verletzung und die Beseitigung der Folgen.[248] Die analoge Anwendung des § 12 BGB - auch wenn die markenrechtlichen Vorschriften nach der h.M. leges speciales sind - auf alle Unternehmenskennzeichen[249] rechtfertigt auch nicht die Einordnung dieser Kennzeichen als Persönlichkeitsrechte. In seinem unmittelbaren Anwendungsbereich, dem bürgerlich-rechtlichen Namen, ist § 12 BGB sicher eine Ausprägung des Schutzes des Persönlichkeitsrechts. Dies gilt aber nicht in jedem Fall auch für Kennzeichen, die nur durch die analoge Anwendung des § 12 BGB geschützt sind. Ganz allgemein gilt, dass sich die Rechtsnatur von Kennzeichen nicht aus den Anspruchsgrundlagen ergibt, die bei einer Verletzung in Betracht kommen, sondern aus den im Einzelfall konkret betroffenen Interessen.[250]

Fraglich bleibt aber, ob die Firma als reines Immaterialgüterrecht oder als „Mischrecht", d.h. als Recht mit Doppelnatur oder als dualistisches Recht, einzuordnen ist. Bei der Rechtsnatur der Firma könnte hierbei wegen eines unterschiedlichen persönlichen Bezuges zwischen einer Sachfirma und einer Personenfirma zu differenzieren sein. Denn bei einer Sachfirma ist kein Bezug über den Namen zu einer hinter der Firma stehenden natürlichen Person möglich, mit Ausnahme der wirtschaftlichen Haftung für die Tätigkeit der Firma. Diese wirtschaftliche Haftung reicht aber, wie dargelegt, für einen persönlichkeitsrechtlichen Einschlag nicht aus.
Bei einer Sachfirma kann im Ergebnis kein persönlichkeitsrechtlicher Bezug festgestellt werden. Ein solcher kann auch nicht über den Umweg des Urheberrechts entwickelt werden. Bei einer kreativen Firmenneuschöpfung könnte über das Urheberrecht ein Persönlichkeitsrecht des Urhebers in der Form des Urheberpersönlichkeitsrechts angenommen werden. Voraussetzung für das Urheberrecht ist aber das Erreichen der Schöpfungshöhe (Gestaltungshöhe).[251] Die erforderliche Schöpfungshöhe bei dem „Erfinden" einer reinen Sachfirma wird aber regelmäßig nicht erreicht.[252] Eventuell könnte Urheberrechtsschutz über die sog. „kleine" Münze" bejaht werden. Hiergegen spricht aber, dass Firmen normalerweise relativ kurz sind und wenige Worte normalerweise nicht urheberrechtsfähig sind.[253] Unabhängig von dem Entstehen des Urheberrechtsschutzes würde

[248] Peifer, GRUR 2002, 495, 497; a.a.O., 495 zur Entwicklung des Schutzes von kommerziellen Interessen durch den BGH entgegen § 253 BGB a.F.
[249] Vgl. § 1 C VI.
[250] Knaak, FS GRUR, 971, 977.
[251] Ausführlich hierzu z.B. Schack, Rdn. 260 ff.; Wandtke/Bullinger-Bullinger, § 2, Rdn. 22 ff; Schricker-Loewenheim, § 2, Rdn. 23 ff.
[252] Im Ergebnis ebenso Müller, S. 30 f.
[253] Wandtke/Bullinger-Bullinger, § 2, Rdn. 64 ff. für Titel.

das Urheberpersönlichkeitsrecht durch eine Lizenzierung oder Übertragung der Firma im Regelfall nicht betroffen. Denn das Urheberpersönlichkeitsrecht schützt im Wesentlichen das Veröffentlichungsrecht, das Recht auf Anerkennung der Urheberschaft, das Recht der Bestimmung der Urheberbezeichnung sowie den Integritätsschutz.[254] Diese Rechte werden bei einer Lizenzierung oder Übertragung nicht berührt und verbleiben beim Schöpfer des Firmennamens. Beim Integritätsschutz ist zudem zu berücksichtigen, dass dieser nicht absolut gewährt wird, sondern eine Interessenabwägung voraussetzt.[255] Ein persönlichkeitsrechtlicher Einschlag kann damit auch nicht über den Umweg des Urheberrechts an der Firmennamensschöpfung hergeleitet werden.
Auch aus dem einer juristischen Person nach h.M. zustehenden Persönlichkeitsrecht[256] kann kein Persönlichkeitsrecht im Hinblick auf die Sachfirma begründet werden. Der Gedankengang, dass der juristischen Person ein Persönlichkeitsrecht zusteht, dass die Sachfirma der Name der juristischen Person ist und dass deswegen die Sachfirma vom Persönlichkeitsrecht der juristischen Person umfasst ist, ist ein unzulässiger Induktionsschluss. Denn für ein Persönlichkeitsrecht muss ein persönlichkeitsrechtliches Band zwischen der Sachfirma und der juristischen Person festgestellt werden. Hierfür ist allein die Tatsache, dass der juristischen Person ein Persönlichkeitsrecht zusteht, nicht ausreichend. Allein aus der Namenseigenschaft der Sachfirma kann auch kein Persönlichkeitsrecht abgeleitet werden. Denn Voraussetzung für die Anerkennung des Persönlichkeitsrechts für den bürgerlich-rechtlichen Namen ist, dass die dahinter stehende unverwechselbare Person gekennzeichnet wird. Diese Kennzeichnung einer natürlichen Person erfolgt bei der Sachfirma aber gerade nicht.[257] Deswegen kann kein persönlichkeitsrechtliches Band zwischen der Sachfirma und dem Unternehmen festgestellt werden.
Weitere Anknüpfungspunkte, die für die Annahme von Persönlichkeitsrechten an Sachfirmen sprechen, sind nicht ersichtlich. Damit ist die Sachfirma als reines Immaterialgüterrecht einzuordnen. Deswegen kann die Sachfirma auch nicht als dualistisches Recht oder als Recht mit einer Doppelnatur eingeordnet werden.

Bei einer Personenfirma könnten ausgehend von dem Namensrecht des Namensgebers persönlichkeitsrechtliche Bezüge festgestellt werden. Diese namensrechtlichen Bezüge bezeichnet *Klippel* als Namenspersönlichkeitsrecht. Im Folgenden wird auch diese Terminologie verwendet. Gegen die Annahme

254 Schack, Rdn. 318 ff.; Schricker-Dietz, Vor §§ 12 ff., Rdn. 9.
255 Schack, Rdn. 340 ff.; Fromm/Nordemann-Nordemann/Vinck, § 2, Rdn. 26.
256 BGH GRUR 1986, 759 – BMW; kritisch gegen ein Persönlichkeitsrecht von Unternehmen z.B. Ahrens, S. 249, nach dem das Recht am Unternehmen ausreichend ist und ein Rückgriff auf die Konstruktion eines Persönlichkeitsrechts nicht erforderlich ist.
257 Ähnlich Ahrens, S. 251.

eines Immaterialgüterrechtes spricht aber nicht, dass noch persönliche Einschläge festzustellen sind. Die persönlichkeitsrechtlichen Einschläge müssen sich bei der Annahme eines Immaterialgüterrechtes wirtschaftlich nur so verselbstständigt haben, dass ein wirtschaftliches Interesse an der Verwertung überwiegt, d.h. dass sie verkehrsfähig sind.[258] Die grundsätzliche Verkehrsfähigkeit der Firma gem. § 23 HGB spricht damit für die Annahme eines reinen Immaterialgüterrechts.

Bei einer Personenfirma könnte aber ein erhebliches persönlichkeitsrechtliches Band aus der Zurverfügungstellung des bürgerlich-rechtlichen Namens zur Firmenbildung stammen. Nach dem HRefG ist die Verwendung des bürgerlichen Namens für die Firmenbildung vollständig freiwillig, vgl. §§ 18, 19 HGB n.F. Dies gilt sowohl für den Einzelkaufmann, wie auch für Handelsgesellschaften bzw. juristische Personen. Deswegen darf zwischen diesen Fallgestaltungen nicht unterschieden werden. Da die Zurverfügungstellung des Namens zur Firmenbildung freiwillig ist, ist die Nutzung des Namens zur Firmenbildung eine Nutzung des mit dem Namen verbundenen wirtschaftlichen Wertes. Deswegen spricht die Zurverfügungstellung des bürgerlichen Namens nicht für die Annahme eines persönlichkeitsrechtlichen Bandes zwischen der Firma und dem bürgerlich-rechtlichen Namensträger. Durch die vollständige Freiwilligkeit der Zurverfügungstellung des bürgerlichen Namens tritt auch die Identifizierung der einmaligen und unverwechselbaren Person in den Hintergrund.[259]

Für die wirtschaftliche Verselbstständigung des Firmenrechtes spricht der wirtschaftliche Wert der Firma und das damit korrespondierende wirtschaftliche Bedürfnis an der Nutzung dieses wirtschaftlichen Wertes. Der teilweise erhebliche wirtschaftliche Wert ist gem. § 266 Abs. 2 A I Nr. 2 HGB zu bilanzieren.[260] Damit kann dieser Wert auch zur Kalkulationsgrundlage für die Erteilung von Krediten an das Unternehmen werden. Die Annahme eines erheblichen persönlichkeitsrechtlichen Einschlages würde damit die Gläubiger des Unternehmens (des Unternehmensträgers) benachteiligen, da diesen ein wesentlicher wirtschaftlicher Wert als Zugriffsmasse für ihre Forderungen entzogen würde, der ggf. Kalkulationsgrundlage für die Erteilung der Kredite war. Im Fall der fiktiven Insolvenz der Firma „Hipp GmbH & Co Vertriebs KG“ könnte bei Annahme eines reinen Persönlichkeitsrechts vom Insolvenzverwalter zwar das Unternehmen als Ganzes verkauft werden, aber nur ohne die Firma. Denn für den Verkauf auch der Firma müsste die natürliche Person „Claus Hipp“ zustim-

---

258 Klippel, S. 497; ähnlich MünchKommHGB-Bokelmann, § 22, Rdn. 51 ff.

259 Ähnlich auch für das Urheberrecht z.B. Peifer, GRUR 2002, 495, 499, der die freiwillige „Entäußerung in die Welt“ des Werkes eines Urhebers als Zeichen der vollständigen Lösung von der Persönlichkeit wertet; dagegen betont Forkel, GRUR 1988, 491, 496, dass der verwertungsrechtliche und der persönlichkeitsrechtliche Aspekt beim Urheberrecht aufs Engste miteinander verbunden sind.

260 Ausführlich zur Bilanzierung des Firmenwertes: Küppers, DB 1986, 1635 ff.

men. Sofern diese Zustimmung der natürlichen Person auf Grund ihres Persönlichkeitsrechtes erforderlich ist, hat der Insolvenzverwalter auch keinen Anspruch auf Erteilung dieser Zustimmung. Diese Schmälerung der Insolvenzmasse um den Firmenwert, den Goodwill, obwohl dieser zu bilanzieren ist und im Fall von „Hipp" einen erheblichen wirtschaftlichen Wert ausmacht, kann den Gläubigern nicht zugemutet werden. Dies gilt vor allem deshalb, weil der Name „Hipp" freiwillig zur Firmenbildung zur Verfügung gestellt wurde und damit der bürgerliche Name „in den geschäftlichen Verkehr hineingegeben wurde".[261] Hier wird erneut deutlich, dass § 17 HGB den Unternehmensträger nicht in seinem gesamten Lebensbereich kennzeichnet, sondern nur in seinem abgegrenzten geschäftlichen Bereich. Wegen der Freiwilligkeit der Firmenbildung reduziert sich die Bedeutung des § 17 HGB auf die eindeutige Kenntlichmachung „der Haftungsmasse" (des Unternehmensträgers).
Ein persönlichkeitsrechtliches Band zwischen einer Firma und den hinter der Firma stehenden natürlichen Personen kann damit weder bei einer Personen- noch bei einer Sachfirma festgestellt werden. Die Firma ist als Immaterialgüterrecht einzuordnen.

Diese Einordnung entspricht der Grundlage der Auffassung von *Klippel*. Entgegen seiner Annahme schlägt aber wegen der Selbstständigkeit der Kennzeichen Firma und Name das bestehende Namenspersönlichkeitsrecht nicht auf das Immaterialgüterrecht Firma durch. Die Ansicht von *Klippel* unterscheidet sich von der Theorie der Doppelnatur des Namens- bzw. Firmenrechts nur in dem dogmatischen Fundament.[262] Die These von *Klippel*, dass der Name ein dualistisches Recht ist, hat bei einer Übertragung des bürgerlichen Namens an sich seine Berechtigung. Bei der Übertragung einer Firma gibt es hierfür mangels eines ausreichenden persönlichkeitsrechtlichen Bezuges aber kein Bedürfnis. Hierfür spricht auch, dass die folgende Parallele zum Urheberrecht nicht tragfähig ist. Beim Urheberrecht verbleibt beim Urheber in jedem Fall sein Urheberpersönlichkeitsrecht. Auf die Firma angewendet, würde entsprechend der Meinung von *Klippel* immer ein Namenspersönlichkeitsrecht beim bürgerlichen Namensgeber verbleiben. Nicht bestritten wird, dass dem Namensgeber ein Namenspersönlichkeitsrecht weiter zusteht. Ein solches Namenspersönlichkeitsrecht besteht nur nicht im Verhältnis zur Firma, sondern bleibt beim ursprünglichen bürgerlich-rechtlichen Namen bestehen. Denn bei der Firma entsteht, wie oben dargelegt, ein vollständig eigenes Kennzeichen, das im Bestand nicht vom bürgerlichen Namen abhängt. *Klippel* ist nur insoweit Recht zu geben, dass allein das Entstehen des Kennzeichens Firma keine Auswirkungen auf die Na-

[261] Kritisch zur Unausweichlichkeitstheorie z.B. Götting, S. 125 m.w.N.
[262] Ähnlich Forkel, GRUR 1988, 491, 499 FN 85.

mensbefugnisse und den Anspruch des bürgerlich-rechtlichen Namensgebers gem. § 12 BGB hat.[263]
Es gilt hinsichtlich des Anspruches des bürgerlich-rechtlichen Namensträgers gegen den Firmengebrauch aber zumindest Folgendes: Durch die Zurverfügungstellung des bürgerlichen Namens für die Firmenbildung willigt der Namensinhaber, ggf. konkludent,[264] in den Gebrauch ein. Damit wird der bürgerliche Name befugt gebraucht und ein Anspruch gem. § 12 BGB ist ausgeschlossen. Bei einer Weiterveräußerung der Firma wird dieser Duldungsanspruch wirksam an den Erwerber abgetreten. Hierin liegt keine Inhaltsänderung des Duldungsanspruchs und damit kein Verstoß gegen § 399 1. Alt. BGB.[265] Sofern die Einwilligung nur schuldrechtlich wirkt, entstehen bei der neuen Firma durch die Überlassung keine abgeleiteten Kennzeichenrechte.[266] Ggf. entsteht aber durch die Benutzung ein eigenes Recht mit einer eigenen Priorität.[267] Ob es eine absolute Gebrauchsbefugnis hinsichtlich des Firmenrechts gibt, die sich gegen das Namensrecht des ursprünglichen Namensträgers durchsetzt, ist streitig und im Ergebnis genauso zu entscheiden, wie die Frage, ob eine Lizenz einen absoluten Charakter haben kann.[268]

Gegen die Einordnung der Firma als Immaterialgut spricht auch nicht die Erwägung von *Forkel*[269], dass keine rechtsgültige Verfügung über ein Namensrecht möglich sei, die einzelne Seiten der Person vollständig erfasse. Eine Ausnahme macht *Forkel* nur für beschränkte Objektivierungen, die eine teilweise Lösung oder Lockerung von der Person bewirken. Als Beispiele führt er an, das Erscheinungsbild, das Lebensbild, das Charakterbild, sonstige persönliche Daten, Geheimnisse der Person sowie das geschriebene und das gesprochene Wort. Bei einer Verfügung über eine Firma wird aber nicht eine einzelne Seite einer Person vollständig erfasst. Denn die Firma ist nicht nur eine beschränkte Objektivierung des Persönlichkeitsrechts, sondern sogar ein vollständig selbstständiges Zeichen. Diese Selbstständigkeit geht noch über die Vorausübertragung von Urheberrechten hinaus, die der Gesetzgeber in § 40 Abs. 3 UrhG anerkannt hat.

---

[263] Canaris, § 10, Rdn. 35; a.A. Götting, S. 123.
[264] Z.B. BGH GRUR 1991, 780, 781 – Transatlantische.
[265] Vgl. BGH NJW-RR 1994, 558; ein Verstoß gegen § 399 1. Alt. BGB käme dagegen in Betracht, wenn die Unterlassungsansprüche abgetreten werden sollen, vgl. BGH GRUR 1993, 151, 152 – Universitätsemblem; Parmetier/Steer, GRUR 2003, 196, 199.
[266] BGH GRUR 1993, 151, 152 – Universitätsemblem; vgl. auch OLG Zweibrücken, GRUR 1978, 546 ff. – Zirkusname S; Parmetier/Steer, GRUR 2003, 196, 199.
[267] Vgl. unten § 6 G I 2.
[268] Vgl. zu den Begriffen absolut und dinglich unten § 4 B; vgl. zur absoluten Natur der Lizenz § 6; zum Verhältnis des eigenständigen Firmenrechts und dem eigenständigen Namensrecht und den Konsequenzen für einen Anspruch des ursprünglichen Namensinhabers gegen die Firmenbenutzung gem. § 12 BGB: Köhler, FS Fikentscher, 494, 500 und 506 ff.
[269] Forkel, GRUR 1988, 491, 499.

Überspitzt formuliert: Wer seinen Namen freiwillig für die Firmenbildung zur Verfügung stellt, muss die Folgen tragen, d.h., er kann die Veräußerung dieser Firma in der Insolvenz nicht verhindern. Er hat das ihm an seinem Namen zustehende Persönlichkeitsrecht durch die Zurverfügungstellung zur Firmenbildung freigegeben. Aus dem Namen ist damit in der Form der Firma ein Immaterialgut geworden.[270]

Gegen die Einordnung des Firmenrechts als Immaterialgüterrecht spricht auch nicht das Recht der natürlichen Person, unter seinem Namen wirtschaftlich tätig zu werden. Dieses Recht ist nicht schrankenlos, wie die Irreführungsgrenzen nach dem UWG zeigen, z.B. §§ 3, 5 UWG. Es wird ferner nach dem Recht der Gleichnamigen grundsätzlich von dem Prioritätsjüngeren die Aufnahme eines unterscheidungskräftigen Zusatzes verlangt, wobei nur ausnahmsweise eine umfassende Interessenabwägung eine andere Bewertung gebieten kann.[271] In diesen Fällen kann die natürliche Person verfassungsrechtlich unbedenklich[272] mit ihrem Namen nur mit einem unterscheidungskräftigen Zusatz jederzeit eine neue Firma gründen. Bei einer Firmenübertragung ist es genauso. Der ursprüngliche Namensinhaber kann unter seinem Namen nur mit einem unterscheidungskräftigen Zusatz weiter tätig werden. Seine wirtschaftliche Betätigungsfreiheit wird nicht ungebührlich eingeschränkt.

Gegen die Auffassung, dass die Firma ein reines Immaterialgüterrecht ist, spricht ferner nicht § 22 HGB. Gem. § 22 HGB darf die Personenfirma bei einem Erwerb unter Lebenden oder von Todes wegen von dem Erwerber weitergeführt werden, wenn der Firmeninhaber hierin einwilligt. Diese Einwilligungspflicht führt nicht zur Annahme eines persönlichkeitsrechtlichen Bandes zwischen dem Namensträger und der Firma. Denn diese Regelung präzisiert bei einem Rechtsgeschäft unter Lebenden nur die Privatautonomie, d.h., eine Übertragung des Immaterialgüterrechtes Firma muss bewusst erfolgen. „Ausdrücklich" bedeutet in diesem Zusammenhang nur zweifelsfrei,[273] so dass § 22 HGB in letzter Konsequenz nur eine Auslegungsregel dahingehend ist, dass bei einem Verkauf des Handelsgewerbes nicht in jedem Fall die Firma mitverkauft wird.[274] Die Auslegungsregel gem. § 22 HGB steht damit im Gegensatz zur Auslegungsregel in § 27 Abs. 2 MarkenG. Hiernach geht die Marke bei einem Rechtsüber-

---

270 Ähnlich Forkel, FS Paulick, 101, 110.

271 Vgl. hierzu z.B. Goldmann, § 17; Götting, S. 95; Hefermehl, FS Hueck, 519, 530 ff.

272 Ausführlich zu den verfassungsrechtlichen Grundlagen des Gleichnamigenrechtes Scholz, GRUR 1996, 679, 681 ff.; im Ergebnis noch weitergehend Steinbeck, NZG 1999, 133, 137, die es als ausreichend erachtet, dass der Gemeinschuldner eine Sach- oder Phantasiefirma aufbauen könne.

273 Ebenso MünchKommHGB-Bokelmann, § 22, Rdn. 41; Baumbach/Hopt-Hopt § 22, Rdn. 9; Köhler, FS Fikentscher, 494, 500; Canaris, § 10, Rdn. 32.

274 MünchKommHGB-Bokelmann, § 22, Rdn. 42; Canaris, § 10, Rdn. 32; Forkel, FS Paulick, 101, 102.

gang des Unternehmens im Zweifel mit über. Allein aus der unterschiedlichen Ausgestaltung der Auslegungsregeln in § 22 HGB und in § 27 Abs. 2 MarkenG kann aber kein persönlichkeitsrechtlicher Charakter der Firma hergeleitet werden. Denn es handelt sich „nur" um Auslegungsregeln der abgegebenen Willenserklärungen bei dem Verkauf von Unternehmen und nicht um eine inhaltliche Bestimmung der Rechte.[275]

Nur *Heinrich*[276] nimmt in jüngerer Zeit noch an, dass bei einer Firmenübertragung keine echte Rechtsübertragung stattfinde. Er begründet diese Auffassung damit, dass die Firma keinen eigenständigen Wert habe. Diese Begründung ist aber im Hinblick auf die Übertragungsmöglichkeiten und die Bilanzierungspflicht des Firmenwertes nicht vertretbar. Deswegen ist mit der h.M. davon auszugehen, dass der schuldrechtliche Verkaufsvertrag in Form einer Übertragung des Firmenrechtes vollzogen wird (Einwilligung gem. § 22 HGB und die Willenserklärung des Erwerbers, §§ 413, 398 ff. BGB). Sofern die Einwilligung gem. § 22 HGB aber als ein Teil des Verfügungsgeschäfts gem. §§ 413, 398 ff. BGB gesehen wird, ist dieser Teil als Vollzugsakt frei von persönlichkeitsrechtlichen Elementen. Auch beim Erwerb von Todes wegen ist § 22 HGB ein Ausdruck der Freiwilligkeit der Zurverfügungstellung des bürgerlichen Namens für die Firma.[277] Der Firmeninhaber ist gem. §§ 18, 19 HGB frei, seinen Namen zur Firmenbildung zu benutzen, und er ist gem. § 22 HGB frei, diesen auch seinen Erben zur Verfügung zu stellen. Sofern der Erblasser nicht in die Firmenfortführung einwilligt, liegt damit ein durch den Tod des Namensgebers auflösend bedingtes Immaterialgut vor.[278] Dies deckt sich mit der Regelung des § 24 Abs. 2 HGB. Gem. § 24 Abs. 2 HGB darf beim Ausscheiden des namensgebenden Gesellschafters die Firma nur mit der ausdrücklichen Einwilligung des Gesellschafters oder Erben fortgeführt werden. Von der h.M. wird § 24 Abs. 2 HGB im Gegensatz zu § 22 HGB allerdings teleologisch dahingehend reduziert, dass er auf juristische Personen nicht anwendbar ist. Begründet wurde diese teleologische Reduktion u.a. mit der Unfreiwilligkeit der Namenshergabe für die Firmenführung, da bei Einzelkaufleuten und Handelsgesellschaften im Gegensatz zu den juristischen Personen nach altem Recht wenigstens ein persönlich haftender Gesellschafter seinen Namen für die Firmenbildung zur Verfügung stellen musste. Nur bei einer Unfreiwilligkeit der Namenshergabe bestehe ein

---

[275] Hierzu Ingerl/Rohnke, § 27, Rdn. 19 ff.; Fezer, MarkenR, § 27, Rdn. 29.

[276] Soergel-Heinrich, § 12, Rdn. 197; ähnlich RGZ 9, 104, 106; RGZ 107, 31, 33; wie hier aber BGH NJW 1994, 2025, 2026.

[277] Dies gilt, wenn insoweit angenommen wird, dass § 22 HGB den Vonselbsterwerb gem. § 1922 BGB einschränkt. Dies ist streitig: Dagegen Baumbach/Hopt-Hopt, § 22, Rdn. 8; Canaris, § 10, Rdn. 24; wohl auch Karsten Schmidt, § 12 I 3 b.

[278] Es ist ganz h.M., dass eine solche auflösende Bedingung möglich ist z.B. Baumbach/Hopt-Hopt, § 22, Rdn. 11; Köhler, FS Fikentscher, 494, 503.

Bedürfnis für die Anwendung von § 24 Abs. 2 HGB.[279] Streitig ist deswegen, ob § 24 Abs. 2 HGB nach dem HRefG noch einen weiteren Anwendungsbereich hat und wie die teleologische Reduktion des § 24 Abs. 2 HGB seitdem zu begründen ist.[280] Diese Frage kann im vorliegenden Zusammenhang aber offen bleiben, da § 24 Abs. 2 HGB ebenfalls eine Auslegungsregel ist, wonach die ursprüngliche Erlaubnis zur Namensführung nicht endgültig ist.[281] Nach der wohl h.M.[282] ist die Einwilligung gem. § 24 Abs. 2 HGB ein einseitiger Gestattungsvertrag. Aber auch nach der h.M. ist § 24 Abs. 2 HGB damit nur der Ausdruck der Privatautonomie, d.h., die Übertragung des Immaterialgüterrechts Firma muss bewusst erfolgen.

Die §§ 22 und 24 HGB begründen damit keinen persönlichkeitsrechtlichen Einschlag des Firmenrechts. Dieses ist vielmehr als reines Immaterialgut einzuordnen.

Nach der hier vertretenen Auffassung besitzt der Insolvenzverwalter damit die Befugnis, das Unternehmen inklusive der Firma ohne Einwilligung des bürgerlich-rechtlichen Namensgebers zu verkaufen.[283] Durch diese Annahme kommt es auch nicht zu einer wesentlichen Irreführung des Verkehrs. Bei den großen Firmen weiß der Verkehr regelmäßig nichts über den hinter der Firma stehenden Unternehmensträger und ob der Unternehmensträger überhaupt eine natürliche Person ist. Bei kleinen Firmen, bei dem die Firma auch für den Verkehr auf den Unternehmensträger hinweist, weiß der maßgebliche Verkehr regelmäßig schnell, dass das Unternehmen insolvent ist und daher verkauft wird. Ferner steht es dem bürgerlich-rechtlichen Namensträger frei, diese Veräußerung zu kommunizieren.[284] Dann rechnen die Geschäftspartner der Firma die neuen Geschäfte nicht mehr dem Unternehmensträger zu. Verbleibende Irrtumsfälle müssen dem unternehmerischen Risiko des Namensgebers (bzw. des Erwerbers) zugeordnet werden.

Bei Kleingewerbetreibenden gem. § 1 Abs. 2 HGB, d.h. Gewerbetreibenden, deren Gewerbebetrieb nach Art und Umfang keinen in kaufmännischer Weise

---

279 Steinbeck, NZG 1999, 133, 135 m.w.N.

280 hierzu Baumbach/Hopt-Hopt, § 24, Rdn. 11 und ausführlich Felsner, NJW 1998, 3255 ff.

281 Canaris, § 10, Rdn. 44; vgl. zur Frage, ob im Gesellschaftsvertrag insolvenzfest die Zustimmung im Vorfeld mittels eines sog. gesellschaftsvertraglichen Vorbehalts verweigert werden kann, Steinbeck, NZG 1999, 133, 139; Parmentier/Steer, GRUR 2003, 196, 201; vgl. auch OLG Saarbrücken NJWE-WettbR 1999, 284, 286 - H & K m.w.N.

282 BayObLG NJW 1998, 1158, 1159; MünchKommHGB-Bokelmann, § 24, Rdn. 11; Baumbach/Hopt-Hopt, § 24, Rdn.11.

283 Wie hier z.B. Uhlenbruck, ZIP 2000, 401, 403; Steinbeck, NZG 1999, 133, 139; Götting, S. 124 jeweils auch zu Altfällen in der Zeit vor dem HRefG.

284 Götting, S. 124.

eingerichteten Geschäftsbetrieb erfordert, ist im Regelfall auch keine andere Bewertung vorzunehmen. Sofern diese Gewerbetreibenden im Handelsregister eingetragen sind und zur Firmenbildung ihren bürgerlichen Namen verwendet haben, haben sie dies auch freiwillig getan. Es verbleibt bei der Einordnung der Firma als reines Immaterialgut. Sofern sie keine Firma verwenden, sondern unter ihrem bürgerlichen Namen Geschäfte betreiben, verbleibt es bei dem Charakter ihres Namens als Persönlichkeitsrecht.[285] In der Terminologie von *Klippel* wird in diesen Fällen die natürliche, einmalige und unverwechselbare Person hinter dem Namen gekennzeichnet. In diesen Fällen kommt eine Lizenzierung des Namens aber wirtschaftlich nicht in Betracht, weil ein so kleines Unternehmen naturgemäß einen nur geringen wirtschaftlichen Wert darstellt. Bei einem geringen wirtschaftlichen Wert des Unternehmens ist der mit dem Namen verbundene Goodwill sehr begrenzt. Ferner hat der Namensinhaber wegen des Persönlichkeitsrechts normalerweise auch kein Interesse an der entsprechenden Lizenzierung. Da der Goodwill im Wesentlichen mit der Person und nicht mit dem Kennzeichen verbunden ist, ist auch das Interesse eines Lizenznehmers nur schwer vorstellbar. Deswegen wird diese Fallkonstellation aus der weiteren Untersuchung ausgeschlossen.[286]

B. Rechtsnatur der besonderen Geschäftsbezeichnungen und Geschäftsabzeichen

Die besonderen objektsbezogenen Geschäftsbezeichnungen i.S. von § 5 Abs. 2 S. 1, 3. Alt. MarkenG und Geschäftsabzeichen i.S. von § 5 Abs. 2 S. 2 MarkenG können damit erst recht keinen persönlichkeitsrechtlichen Charakter haben.[287] Diese Zeichen haben einen weit weniger starken personalen Bezug als die Zeichen Firma und Name. Die Zeichen Firma und Name weisen im Wesentlichen auf den Unternehmensträger hin, die besonderen objektbezogenen Geschäftsbezeichnungen und die Geschäftsabzeichen bezeichnen dagegen das Unternehmen.[288] Deswegen sind letztere Zeichen erst recht als reine Immaterialgüter aufzufassen.

Die Auffassung, dass objektsbezogene Geschäftsbezeichnungen auch Persönlichkeitsrechte sind, wurde damit gerechtfertigt, dass sich der Anwendungsbereich des § 12 BGB auf alle Unternehmenskennzeichen nur wegen des Schutzes der Persönlichkeit des Unternehmers ausdehne. Das Persönlichkeitsrecht erstrecke sich auch auf die Anerkennung und Achtung der persönlichen Leis-

---

[285] Ähnlich Canaris, § 10, Rdn. 7 unter dem zu weit gehenden Hinweis (vgl. o.) auf den Unternehmensträger.

[286] Vgl. zu Namenslizenzen bzw. Character Merchandising unten § 4 C IV.

[287] Klippel, S. 541; Götting, S. 81; im Ergebnis ebenfalls, Ingerl/Rohnke, § 15, Rdn. 6; Baumbach/Hopt-Hopt, § 17, Rdn. 8.

[288] Vgl. § 1 A I 3, II.

tung.[289] Diese Auffassung ist überholt und wird, soweit ersichtlich, nicht mehr vertreten. Die Grundlage dieser Meinung beruhte u.a. auf der These, dass § 12 BGB einen umfassenden Ehrenschutz gewähre. § 12 BGB gewährt aber Identitätsschutz und nicht einen allgemeinen Ehrenschutz.[290] In den Fällen einer Ehrverletzung unter Nennung des Namens ist die Namensnennung nicht eine Beeinträchtigung des Namensrechts, sondern nur das Mittel des Eingriffs.[291] Wie oben bereits erwähnt, kann die Ausweitung des Namensschutzes auf Kennzeichen außerhalb des ursprünglichen Anwendungsbereichs des § 12 BGB auch nicht zu einer Bestimmung des Charakters der geschützten Kennzeichen führen. Es wäre viel eher zu fragen, ob die Ausdehnung des Anwendungsbereich gerechtfertigt ist.[292]

Ferner wurde eine Parallele zum WZG gezogen. Hiernach waren Warenzeichen nicht übertragbar, § 8 Abs. 1 S. 2 WZG a.F. Vor diesem Hintergrund wurde das Warenzeichen vom RG noch als Persönlichkeitsrecht eingeordnet.[293] Nach dem MarkenG kann die Marke, auch wenn sie aus einem Personennamen besteht, ohne Geschäftsbetrieb erworben (§ 7 MarkenG) und übertragen oder vererbt werden, § 27 Abs. 1 MarkenG. Wegen dieser Verselbstständigung wird die Marke auch nicht mehr als Persönlichkeitsrecht aufgefasst.[294] Deswegen ist diese Parallele zur Begründung der Annahme eines Persönlichkeitsrechts bei objektsbezogenen Geschäftsbezeichnungen i.S. von § 5 Abs. 2 S. 1, 3. Alt. und S. 2 MarkenG nicht mehr tragfähig. Die Marke identifiziert auch nicht den bürgerlich-rechtlichen Namensträger, sondern eine Ware als solche. Deswegen kann in dem „Hipp-Beispiel“ die Marke „Hipp“ übertragen werden, ohne dass eine persönlichkeitsrechtliche Relevanz festgestellt werden könnte.[295] Die Interessenlage bei der Bildung einer Marke aus einem bürgerlichen Namen entspricht der Interessenlage bei der Bildung einer besonderen Geschäftsbezeichnung aus einem bürgerlichen Namen. In beiden Fällen haben die Marke und die besondere Geschäftsbezeichnung den Charakter eines Immaterialgüter-

---

[289] Hefermehl, FS Hueck, 519, 524 f., der aus der Namensfunktion von Etablissementbezeichnungen die Unübertragbarkeit folgert; ähnlich OLG Nürnberg BB 1966, 1121.

[290] Ganz h.M. BGH NJW-RR 1991, 934, 936 – Johanniter; BGH NJW 1991, 1532; vgl. hierzu auch Götting, S. 84; a.A. wohl nur Sack, WRP 1984, 521, 530 f., der den Anwendungsbereich des § 12 BGB auf den nicht zeichenmäßigen Gebrauch ausdehnt.

[291] Götting, S. 97.

[292] Kritisch z.B. Fezer, GRUR 1976, 312, 313.

[293] RGZ 69, 401, 403 – Nietsche-Briefe; RGZ 108, 8, 9 – Sacharin; RGZ 113, 413, 414 – Der Tod und der Tor; a.A. auch schon für die damalige Rechtslage Götting, S. 109 m.w.N.

[294] BGH GRUR 2000, 709, 713 – Marlene Dietrich; Ingerl/Rohnke, § 14, Rdn. 9; zur Frage der Marke in der Insolvenz: Steinbeck, NZG 1999, 133, 139 ff.; ausführlich zur geschichtlichen Entwicklung der Warenzeichen im 19. und 20. Jahrhundert von rein nominativen Warenzeichen hin zu dem jetzt gültigen MarkenG: Götting, S. 113 ff.

[295] Ebenso Götting, S. 117.

rechtes.[296] Für Zeichen i.S. von § 5 Abs. 2 S. 2 MarkenG gilt grundsätzlich dasselbe. Da für diese Zeichen aber die fehlende Namensfunktion Voraussetzung ist, ist ein Fall eines Zeichens i.S. von § 5 Abs. 2 S. 2 MarkenG unter Verwendung eines bürgerlichen Namens nur schwer vorstellbar. Auch hinsichtlich des „Umweges" über das Urheberrecht gilt das Gleiche wie bei der Firma. Die erforderliche Schöpfungshöhe wird nur schwerlich anzunehmen sein.

Für die subjektsbezogenen Geschäftsbezeichnungen gilt im Ergebnis dasselbe wie bei der Firma. Sofern diese Pflicht die Kleingewerbetreibenden gem. §§ 15 a und b GewO trifft, ist dies eine gewerbepolizeiliche Pflicht zur Kennzeichnung des Unternehmensträgers. Diese Pflicht entspricht damit der Bezeichnung des Unternehmensträgers der Firma in § 17 HGB. Diese Pflicht aus den §§ 15 a und b GewO ist damit kein Persönlichkeitsrecht. Sofern solche subjektsbezogenen Geschäftsbezeichnungen entgegen der wohl h.M. anerkannt werden,[297] ergibt sich aber aus der tatsächlichen Nutzung des Namens ein persönlichkeitsrechtlicher Bezug, da die hinter dem Namen stehende unverwechselbare natürliche Person bezeichnet wird.[298] In einem Spezialfall ging das Österreichische Patentamt[299] sogar darüber hinaus und nahm an, dass die umstrittene Etablissementbezeichnung nicht mehr auf eine lebende natürliche Person, sondern auf eine verstorbene Person hinweist, den österreichischen Feldmarschall Joseph Wenzel Graf Radetzky (Radetzkymarsch). Die Entscheidung des Österreichischen Patentamtes kann aber als Spezialfall vernachlässigt werden. Dies bedeutet, dass bei subjektsbezogenen besonderen Geschäftsbezeichnungen i.S. von § 5 Abs. 2 S. 1, 3. Alt. MarkenG von einem Persönlichkeitsrecht auszugehen ist. Denn die subjektsbezogenen Unternehmenskennzeichen treffen als „die Firma des kleinen Mannes" mit der Nutzung des Namens der Kleingewerbetreibenden zusammen. Diese Nutzung des Namens als subjektsbezogene besondere Geschäftsbezeichnung stellt aber keinen wesentlichen wirtschaftlichen Wert dar, so dass eine Lizenzierung praktisch nicht relevant ist. Denn es handelt sich im Regelfall um Kleingewerbetreibende i.S. von § 1 Abs. 2 HGB. Deswegen werden auch die subjektsbezogenen Geschäftsbezeichnungen in der weiteren Untersuchung nicht weiter erörtert. Wenn im Folgenden der Begriff der besonderen Geschäftsbe-

---

296 Ebenso BGH GRUR 1990, 601, 603 – Benner, unter Aufgabe des Begründungsansatzes in BGH GRUR 1960, 490, 494 – Vogeler; in dieser Entscheidung wurde von der Sachlage bei einer Personenfirma auf die Konstellation bei einer Marke, die aus einem bürgerlichen Namen gebildet wurde, zurückgeschlossen.

297 Vgl. § 1 A I 3.

298 Ähnlich Canaris, § 10, Rdn. 7 unter dem zu weit gehenden Hinweis auf den Unternehmensträger; ähnlich auch OLG Nürnberg BB 1966, 1121 allerdings unter der verfehlten Ableitung aus der Namensfunktion.

299 Österreichisches Patentamt, Österreichisches Patentblatt 2003, 114, 127 – Radetzky.

zeichnungen verwendet wird, sind hiermit ausschließlich objektsbezogene besondere Geschäftsbezeichnungen gemeint.

C. Zusammenfassung

Mit Ausnahme des Namens und der subjektsbezogenen besonderen Geschäftsbezeichnungen i.S. von § 5 Abs. 2 S. 1, 3. Alt. MarkenG haben sämtliche Zeichen i.S. von § 5 Abs. 2 MarkenG die Rechtsnatur eines reinen Immaterialgüterrechts. Da bei einem Namen und einer subjektsbezogenen besonderen Geschäftsbezeichnung in der Praxis keine Lizenzierung erfolgt, werden diese Kennzeichen im Folgenden nicht weiter problematisiert.[300] Bei einer Sachfirma gibt es in keiner Fallgestaltung persönlichkeitsrechtliche Bezüge. Bei einer Personenfirma gibt es diese, da durch die Firma der hinter dieser stehende bürgerlich-rechtliche Namensgeber gekennzeichnet wird. Diese persönlichkeitsrechtlichen Bezüge treten aber hinter die erheblichen vermögensrechtlichen Interessen, insbesondere die der Gläubiger des Unternehmens, zurück. Hierfür spricht vor allem, dass die Wahl der Firma nach dem HRefG für den Kaufmann vollständig frei ist und er seinen Namen zur Firmenbildung damit bewusst kapitalisiert. Ex maiore ad minus gilt diese Einordnung erst recht für die objektsbezogenen Geschäftsbezeichnungen und Geschäftsabzeichen. Diese weisen keinen persönlichkeitsrechtlichen Bezug auf.

[300] Vgl. zu Namenslizenzen / Character Merchandising unten § 4 C IV.

§ 4 Rechtsnatur der Lizenz und Abgrenzung von verwandten Erscheinungsformen

Entsprechend der obigen Definition[301] sind bei dem Begriff „Lizenz" zwei Fallgestaltungen zu unterscheiden. In der ersten Fallgestaltung verzichtet der Lizenzgeber nur auf seine Verbietungsrechte wegen seines Kennzeichenrechts, sog. negative Lizenz. In der zweiten Fallgestaltung erhält der Lizenznehmer darüber hinaus noch ein positives Benutzungsrecht an dem geschützten Recht, vorliegend also an der Firma, den besonderen Geschäftsbezeichnungen bzw. Geschäftsabzeichen, sog. positive Lizenz. Offen bleiben soll hier die Frage, ob eine Lizenz an nicht geschützten Rechten, wie z.B. Know-how, Betriebsgeheimnissen etc., möglich ist. Es spricht aber auf der Grundlage der hier vertretenen Definition viel dafür, diese Fälle nicht unter dem Begriff der Lizenz zu erörtern. Denn der Lizenznehmer benötigt nicht ein positives Nutzungsrecht des Lizenzgebers, sondern eine tatsächliche Information von diesem. Nutzungsverträge über nicht geschützte Rechte können aber wegen der teilweise vergleichbaren Interessenlage als unechte Lizenzverträge bezeichnet werden.[302] Ferner wird teilweise auch die Zwangslizenz gem. § 24 PatG und § 20 GebrMG im Zusammenhang mit Lizenzen erörtert. Die Zwangslizenzen entstehen kraft eines gerichtlichen Hoheitsaktes und sind in der Praxis Ausnahmefälle.[303] Für Firmen, besondere Geschäftsbezeichnungen und Geschäftsabzeichen sind die §§ 24 PatG und 20 GebrMG nicht anwendbar. Ein Bedürfnis für Zwangslizenzen besteht in diesem Bereich auch nicht, so dass auch eine analoge Anwendung ausscheidet. Im Übrigen werden die Zwangslizenzen teilweise schon aus dem Begriff der Lizenz ausgeschieden.[304] Deswegen werden die Zwangslizenzen vorliegend nicht weiter erörtert. Ebenso werden Zwangslizenzen auf kartellrechtlicher Grundlage nicht erörtert. Ferner wird für die folgende Untersuchung der Fall ausgeschieden, dass die Unternehmenskennzeichen, die lizenziert werden sollen, noch nicht existieren. Bei Erfindungen, bei denen das Patent bzw. Gebrauchsmuster noch nicht eingetragen ist und nicht sicher feststeht, ob ein Patent / Gebrauchsmuster gewährt werden wird, ist eine Lizenzierung von hoher praktischer Bedeutung.[305] Diese Fallgestaltung spielt bei der Lizenzierung von Unternehmenskennzeichen aber keine Rolle. Unternehmenskennzeichen i.S. von § 5 Abs. 2 MarkenG werden nur lizenziert, wenn sie schon existieren und mit ihnen ein entsprechender Goodwill verbunden ist oder zumindest der Aufbau eines solchen Goodwills sicher absehbar ist.

---

301 Vgl. oben § 1 B.

302 Vgl. zum Know-how-Vertrag Stumpf/Groß, Rdn. 18; Knap, GRURInt 1973, 226, 229.

303 Nachweise der Rspr. z.B. bei Mes, § 24 PatG, Rdn. 1; Benkard-Rogge, § 24, Rdn. 11 ff.

304 Weinmann, S. 42; a.A. Kraßer, S. 865.

305 Vgl. z.B. Stumpf/Groß, Rdn. 17; zu Lizenzen an löschbaren Warenzeichen vgl. Schricker, GRUR 1980, 650 ff.

A. Positives Benutzungsrecht als Kennzeichen der Lizenz

Fraglich ist zunächst, ob eine positive Lizenz rechtlich überhaupt möglich ist. Dies setzt voraus, dass die Unternehmenskennzeichen i.S. von § 5 Abs. 2 MarkenG dem Kennzeicheninhaber ein positives Benutzungsrecht gewähren und sich die Rechtsstellung des Kennzeicheninhabers nicht in einem rein negativen Verbietungsrecht erschöpft.[306] Denn nur in diesem Fall kann der Lizenzgeber dem Lizenznehmer ein entsprechendes Benutzungsrecht verschaffen.

Teilweise wird vertreten, bei sämtlichen Immaterialgüterrechten sei die positive Seite nichts anderes als das Spiegelbild des negativen Ausschließlichkeitsrechts. Begründet wird dies u.a. damit, dass es auf der Grundlage der Gewerbe- und Wettbewerbsfreiheit der Einräumung von positiven Benutzungsrechten nicht bedürfe. Die freie Benutzung von Rechten sei die Regel, die Beschränkung die Ausnahme.[307] Gegen diese Meinung spricht aber, dass dem Patentinhaber in § 9 Abs. 1 PatG ausdrücklich ein positives Benutzungsrecht gewährt wird. Diese Regelung entspricht § 38 Abs. 1 GeschmMG für das Geschmacksmuster und § 11 Abs. 1 GebrMG für das Gebrauchsmuster. Es spricht nichts dafür, diesen Regeln lediglich eine rein deklaratorische Bedeutung zuzubilligen. Hierdurch wird vielmehr das Patent, das Geschmacksmuster bzw. das Gebrauchsmuster als subjektives Recht dem jeweiligen Inhaber zugeordnet. Die Benutzung ist damit nicht bloß eine Ausübung der Gewerbefreiheit oder Wettbewerbsfreiheit, sondern auch eine positive Ausübung der geschützten Rechte.[308] Die Rechtslage bei § 9 Abs. 1 PatG, § 38 Abs. 1 GeschmMG und § 11 Abs. 1 GebrMG entspricht damit § 903 BGB. Diese Vorschrift gewährt dem Eigentümer ebenfalls ein positives Benutzungsrecht. Dieses Recht wird als Befugnis verstanden, dass der Eigentümer sein Eigentum übertragen, belasten, aufgeben oder von Todes wegen darüber verfügen kann. Ferner kann der Eigentümer, vorbehaltlich der Rechte Dritter, mit seinem Eigentum verfahren, wie er will.[309] Zwar ist im MarkenG ein Benutzungsrecht nicht so eindeutig geregelt wie in § 9 Abs. 1 PatG, § 38 Abs. 1 GeschmMG, § 11 Abs. 1 GebrMG und § 903 BGB. Für Marken und für Unternehmenskennzeichen wird in § 14 Abs. 1 MarkenG bzw. in § 15 Abs. 1 MarkenG den Inhabern dieser Kennzeichen aber ein ausschließliches Recht gewährt. Damit entsprechen diese Paragrafen § 903 BGB

---

[306] Krieger, FS Rowedder, 229, 241 für Marken; Ahrens, S. 324 für Persönlichkeitsrechte. Dies gilt aber auch entsprechend für Unternehmenskennzeichen.

[307] Schanda, GRURInt 1994, 275, 279 unter Berufung auf Kraßer, GRURInt 1983, 537, 544; Goldmann, § 12 allerdings unter Verengung auf die Frage, ob durch § 15 Abs. 1 MarkenG auch Fälle der Leugnung der Berechtigung zur Führung des Unternehmenskennzeichens erfasst sein sollen.

[308] Vgl. zum Patentrecht z.B. Busse-Keukenschrijver, § 9, Rdn. 12 ff.; Benkard-Bruchhausen, § 9, Rdn. 5 ff.; Lehmann/Schönfeld, GRUR 1994, 481, 485; zur Marke, Krieger, FS Rowedder, 229, 230; wie hier Weinmann, S. 561; Forkel, ZHR 153 (1989), 511, 521.

[309] Palandt-Bassenge, § 903, Rdn. 5; Staudinger-Seiler, § 903, Rdn. 10.

nur mit dem Unterschied, dass das positive Benutzungsrecht nicht ausdrücklich erwähnt wird. Aus dem Rechtscharakter als ausschließliches / absolutes Recht kann aber abgeleitet werden, dass den Markeninhabern und Inhabern von Unternehmenskennzeichen ein positives Benutzungsrecht zusteht. Dies bedeutet, dass der Kennzeicheninhaber über die Kennzeichen verfügen kann, d.h., er kann diese übertragen, belasten, aufgeben etc. Es ist nicht ersichtlich, warum den Unternehmenskennzeichen der positive Charakter abgesprochen werden soll, nur weil die negative Komponente in § 15 Abs. 2 bis 6 MarkenG ausdrücklicher geregelt ist als die positive Komponente in § 15 Abs. 1 MarkenG.
Damit kann der Zeicheninhaber mit seinem Kennzeichen, vorbehaltlich der Rechte Dritter,[310] verfahren, wie er will.[311] Die Parallele zu § 903 BGB macht aber auch deutlich, dass es kein schrankenloses Benutzungsrecht gibt. Die Annahme eines positiven Benutzungsrechts der Unternehmenskennzeichen bedeutet damit nicht, dass dieses Recht schrankenlos ist und sich z.B. gegen prioritätsältere Rechte durchsetzt.[312] Wenn die Bedeutung der Unternehmenskennzeichen dagegen auf die reine Verbotskomponente beschränkt wird, ist eine Übertragung des mit einem Kennzeichen verbundenen Goodwill rechtstechnisch nicht erfassbar, sondern nur ein Reflex der Übertragung der Verbietungsrechte.[313] Für den Kennzeicheninhaber bedeutet das positive Benutzungsrecht an den Kennzeichen i.S. von § 5 Abs. 2 MarkenG, dass er dieses Benutzungsrecht anderen nach allgemeinen Grundsätzen einräumen kann.
Die Einräumung eines positiven Benutzungsrechts sagt aber noch nichts über die Rechtsnatur dieser Rechtseinräumung, der Lizenz, aus.[314] Die einzuräumende Benutzungsbefugnis kann nur im Verhältnis zum Lizenzgeber oder gegenüber jedermann wirken.

---

[310] Krieger, FS Rowedder, 229, 231; Engels, S. IV-90; diesen Gesichtspunkt verkennt Völp, GRUR 1983, 45, 50.

[311] Auch für Unternehmenskennzeichen Hubmann/Götting, S. 63; Lehmann/Schönfeld, GRUR 1994, 481, 485; Engels, S. IV-90.

[312] Krieger, FS Rowedder, 229, 231; dies verkennt Völp GRUR 1983, 45, 50; vgl. zur Verknüpfung von positivem und negativem Recht: Engel, S. IV-90 ff.; Fezer, MarkenR, § 4, Rdn. 17 u. § 14, Rdn. 12, der davon ausgeht, dass das negative Verbietungsrecht weiter reicht als das positive Benutzungsrecht. Das negative Verbietungsrecht erstrecke sich auch auf den Ähnlichkeitsbereich, in dem es kein positives Benutzungsrecht gebe. Henn, Rdn. 41 ff. unter Darstellung der geschichtlichen Entwicklung. Offen gelassen v.Schultz-Schweyer, § 14, Rdn. 4; zweifelnd Ingerl/Rohnke, § 14, Rdn. 7 ff. u. § 15, Rdn. 5; a.A. Schanda, GRURInt 1994, 275, 279, allerdings auch unter Hinweis auf die Verfügungsbefugnis.

[313] Ebenso Lehmann/Schönfeld, GRUR 1994, 481, 486; ausführlich hierzu für Marken Schluep, S. 219 ff.; Nachweise zu den Auffassung in Österreich, Frankreich und Italien bei Fehrenbacher, JR 2001, 309, 310; im Ergebnis wie hier Weinmann, S. 552, FN 2396.

[314] Hierauf weist Schanda, GRURInt 1994, 275, 280 zutreffend hin.

Der Unterschied zwischen der negativen und positiven Lizenz hat nicht nur dogmatische, sondern auch wichtige praktische Folgen. In der ersten Fallgestaltung, der negativen Lizenz, geht es ausschließlich um ein Unterlassen bzw. einen Verzicht. Wenn darüber hinaus der Lizenzgeber als Hauptleistungspflicht dem Lizenznehmer ein positives Benutzungsrecht einräumen muss, muss der Lizenzgeber grundsätzlich alles tun, um dem Lizenznehmer die Benutzung des Lizenzgegenstandes zu ermöglichen.[315] Der Lizenzgeber ist z.B. zur Aufrechterhaltung des Lizenzgegenstandes verpflichtet,[316] d.h. der Lizenzgeber darf die lizenzierten Kennzeichen nicht aufgeben. Mit den Pflichten des Lizenzgebers zur Einräumung der Benutzungsbefugnis korrespondieren die entsprechenden Rechte des Lizenznehmers gegen den Lizenzgeber (und ggf. Pflichten des Lizenznehmers z.B. zur Nutzung des Kennzeichens).[317] Dagegen schließen sich an eine reine Unterlassungsverpflichtung keine weiteren Verpflichtungen an. Dieser Vertrag wird durchs „Nichtstun“ ohne eine weitere Handlung erfüllt. Wenn eine negative Lizenz als Lizenz eingeordnet wird, gelten die entsprechenden Vorschriften auch für die negative Lizenz. In der Praxis wird dies vor allem bei der Frage relevant, ob die §§ 15 PatG und 30 MarkenG für negative Lizenzen an Patenten und Marken angewendet werden können. Wenn diese Frage bejaht wird, bedeutet dies u.a., dass gem. § 15 Abs. 3 PatG und § 30 Abs. 5 MarkenG Sukzessionsschutz gewährt wird, d.h., ein Rechtsübergang oder die Erteilung einer weiteren Lizenz berührt die vorher erteilte negative Lizenz nicht.[318] Ferner hat die Frage der positiven Benutzungsbefugnis auch folgende prozessuale Bedeutung. Wenn der Lizenznehmer keine eigene Rechtsstellung erhält, kann er die lizenzierten Rechte nur als fremde Rechte geltend machen. Prozessual liegt in diesem Fall eine gewillkürte Prozessstandschaft vor. Für die Wirksamkeit einer solchen gewillkürten Prozessstandschaft ist u.a. ein eigenes Interesse erforderlich.[319] Dieses eigene Interesse des Lizenznehmers ergibt sich unproblematisch aus seiner positiven Benutzungsbefugnis.[320] Bei einer negativen Lizenz muss das eigene Interesse dagegen festgestellt werden.

Neben diese praktischen Auswirkungen treten folgende dogmatische Auswirkungen. Eine Lizenz inklusive Benutzungsbefugnis beinhaltet grundsätzlich zwei Teilakte, die schuldrechtliche Verpflichtung, das betreffende Recht dem

---

[315] Bartenbach, S. 140; Haedicke, S. 255; Henn, Rdn. 321 ff.; Fehrenbacher, JR 2001, 309, 311; v-Schultz-Brandi-Dohrn, § 30, Rdn. 1.

[316] Weinmann, S. 42; Haedicke, S. 255; Bartenbach, S. 140; Kraßer, S. 964.

[317] Vgl. auch z.B. Stumpf/Groß, Rdn. 16; Bartenbach/Gennen, Rdn. 81; Herbst, S. 6; Busse-Keukenschrijver, § 15, Rdn. 49; vgl. auch Knap, GRURInt 1973, 226, 229; Gleiss, S. 63 ff. zu Ausübungspflichten des Lizenznehmers (bei Patentlizenzen).

[318] Für die Anwendung des § 15 PatG auch auf negative Lizenzen Bartenbach, S. 64 ff.

[319] Zöller-Volkommer, Vor § 50, Rdn. 44.

[320] BGH GRUR 1964, 372, 373 – Maja; ausführlich hierzu Ullmann, FS v. Gamm, 315, 317 vor allem zu den Fragen einer Warenzeichenlizenz.

Vertragspartner einzuräumen und die tatsächliche Einräumung der Benutzungsbefugnis.[321] Ob die Einräumung eine Verfügung (im sachenrechtlichen Sinn) ist, soll an dieser Stelle noch offen bleiben. Der Verpflichtungsvertrag wird im Folgenden als Lizenz im weiteren Sinne definiert, während für die tatsächliche Nutzungseinräumung der Begriff „Lizenz im engeren Sinn" verwendet wird.[322] Diese Terminologie wird in dieser Arbeit entgegen der früher vom RG verwendeten Terminologie verwandt. Das RG[323] hat in einem Urteil unter einer Lizenz im engeren Sinn eine negative Lizenz verstanden, ohne dass es diese Lizenz von einer Lizenz im weiteren Sinn abgegrenzt hat. Unter anderem deswegen hat sich diese Terminologie nicht durchgesetzt.
Teilweise wird eine Lizenz im Wesentlichen als negativ aufgefasst. Der Verzicht auf das Verbotsrecht sei die rechtstechnische Erklärung dafür, wie die Gebrauchsüberlassung rechtlich zustande komme und erzwingbar sei.[324] Der Gedanke, die Einräumung von positiven Nutzungsrechten sei nicht erzwingbar und deswegen habe eine Lizenz im Wesentlichen negativen Charakter, geht aber fehl. Entscheidend ist der Inhalt der Hauptleistungspflicht des Lizenzvertrages im weiteren Sinn. Auch wenn diese Pflicht in der Einräumung einer positiven Benutzungsbefugnis besteht, kann die Erfüllung, der Lizenzvertrag im engeren Sinn, nach der ZPO im Wege der Zwangsvollstreckung erzwungen werden. Zumindest wenn der Lizenzvertrag im engeren Sinn als schuldrechtliche Erlaubnis der Benutzung des lizenzierten Rechtes aufgefasst wird, bestehen gegen die Wirksamkeit der Vereinbarung und die Erfüllungsmöglichkeit keine Bedenken.[325] Da eine Erfüllung möglich ist, geht es je nach Annahme der Rechtsnatur des Lizenzvertrages im engeren Sinn um eine vertretbare oder unvertretbare Handlung des Lizenzgebers, die gem. §§ 887 oder 888 ZPO vollstreckt werden kann, bzw. um die Abgabe einer Willenserklärung, deren Abgabe gem. § 894 ZPO bei Rechtskraft des Urteils als abgegeben gilt. Da es sich, wie oben in § 3 dargelegt, bei den Zeichen i.S. von § 5 Abs. 2 MarkenG um reine Immaterialgüter handelt, stehen dieser Vollstreckung auch nicht die Wertungen der § 888 Abs. 3 und § 894 Abs. 2 ZPO entgegen. Aus diesen wird teilweise[326] der allgemeine Rechtsgedanke entnommen, dass im höchstpersönlichen Bereich eine

---

[321] Lüdecke/Fischer, S. 33; Fezer, WRP 2004, 793, 796.
[322] Diese Terminologie stammt von Lichtenstein, NJW 1965, 1839; übernommen durch Bartenbach/Gennen, Rdn. 39; im Ergebnis nur eine terminologische Abweichung bei Weinmann, S. 4, der von einem Lizenzbegründungsvertrag und der Einräumung der Lizenz spricht; ebenfalls eine terminologische Abweichung z.B. bei Völp, GRUR 1983, 45, 50, der von dem Lizenzvertrag und der Lizenz ausgeht; ähnlich Ingerl/Rohnke, § 30, Rdn. 9 und Fezer, WRP 2004, 793, 794, die zwischen Kausal- und Verfügungsgeschäft differenzieren.
[323] RGZ 57, 38.
[324] Z.B. Troller, S. 824 ff. für eine (schweizerische) Patentlizenz.
[325] Forkel, S. 81; Wyss, S. 53 ff.
[326] Dasch, S. 68; ähnlich Ahrens, S. 360.

Zwangsvollstreckung nicht betrieben werden kann. Diese Wertungen sind auf die Unternehmenskennzeichen i.S. von § 5 Abs. 2 MarkenG unmittelbar nicht anwendbar. Gegen die Annahme eines allgemeinen Rechtsgedankens spricht vor allem, dass es sich bei § 888 Abs. 3 und § 894 Abs. 2 ZPO um enge Ausnahmevorschriften handelt und bei einer willentlichen Kommerzialisierung von Persönlichkeitsrechten auch die Zwangsvollstreckung möglich sein muss.[327]

Zwischen der Lizenz im engeren und weiteren Sinn kann dogmatisch auch unterschieden werden, wenn, wie in der Praxis üblich, beide Lizenzen in einem einheitlichen Vertragstext geregelt werden.[328] Die Unterscheidung zwischen der Lizenz im engeren und weiteren Sinn ist auch deswegen wichtig, da es möglich ist, sowohl den Lizenzvertrag im weiteren Sinn als auch den Lizenzvertrag im engeren Sinn zu verletzen. Die Verletzung der unterschiedlichen Verträge zieht auch unterschiedliche Rechtsfolgen nach sich. Bei einer Verletzung des Lizenzvertrages im weiteren Sinn, z.B. wegen Nichtzahlung der Lizenzgebühr oder einer Verletzung einer Aufklärungspflicht, stehen dem Lizenzgeber die Zahlungsansprüche aus dem Lizenzvertrag im weiteren Sinn oder Schadensersatzansprüche gem. §§ 280 ff. BGB zu.[329] Spiegelbildlich kann dem Lizenznehmer ein Schadensersatzanspruch gegen den Lizenzgeber zustehen, wenn dieser den Lizenzvertrag im weiteren Sinn verletzt, insbesondere wenn er der Pflicht zur Einräumung der positiven Benutzungsbefugnis nicht nachkommt. Verletzt der Lizenznehmer den Lizenzvertrag im engeren Sinn z.B. dadurch, dass er das lizenzierte Kennzeichen entgegen einer territorialen Beschränkung nutzt, kann diese unzulässige Nutzung auch eine Kennzeichenverletzung sein.[330] Diese Auffassung entspricht der Regelung des Gesetzgebers in § 15 Abs. 2 S. 2 PatG und § 22 Abs. 2 S. 2 GebrMG. Hiernach kann der Lizenzgeber das Recht aus dem Patent auch gegen den Lizenznehmer geltend machen, wenn der Lizenznehmer gegen eine Beschränkung der Lizenz nach § 15 Abs. 2 S. 1 PatG verstößt. Aus § 15 Abs. 2 PatG ergibt sich damit, dass der Lizenznehmer in diesen Fällen nicht nur eine Verletzung des Lizenzvertrages im weiteren Sinn begeht, sondern darüber hinaus auch eine Patentverletzung. Das Gleiche gilt im Markenrecht. Gem. § 30 Abs. 2 MarkenG kann der Lizenzgeber gegen den Lizenznehmer markenrechtliche Ansprüche geltend machen, wenn dieser gegen bestimmte Bestimmungen des Lizenzvertrages verstößt z.B. gegen eine territoriale Beschränkung § 30 Abs. 2 Nr. 4 MarkenG. Eine ähnliche Regelung findet sich auch in § 31 Abs. 2 Nr. 4 GeschmMG für das Geschmacksmuster. Dies ergibt

[327] Ausführlich hierzu: Götting, S. 161.

[328] Forkel, S. 56; Hasselblatt-Strasser, § 38, Rdn. 1; Benkard-Ullmann, § 15, Rdn. 49; Bartenbach/Gennen, Rdn. 39 ff.; Schricker, GRUR 1980, 650; Lichtenstein, NJW 1965, 1839.

[329] Ingerl/Rohnke, § 30, Rdn. 62; Fezer, MarkenR, § 30, Rdn. 26.

[330] Lichtenstein, NJW 1965, 1839, 1843; Fezer, MarkenR, § 30, Rdn. 26; Kraßer, S. 960; Hubmann/Götting, § 22, Rdn. 7.

sich auch ohne ausdrückliche Regelung auch für Unternehmenskennzeichen i.S. von § 5 Abs. 2 MarkenG, sofern – wie hier – zwischen dem Lizenzvertrag im engeren und weiteren Sinn unterschieden wird.
Im Folgenden wird der Begriff „Lizenz" i.S. einer positiven Lizenz verwendet,[331] d.h. der Lizenzgeber verpflichtet sich, dem Lizenznehmer ein positives Benutzungsrecht zu verschaffen (Verpflichtungsvertrag) und erfüllt diese Verpflichtung in einem - zumindest gedanklich trennbaren - weiteren Akt. In diesem Sinn werden auch Lizenzen im Markenrecht, § 30 MarkenG, sowie in dem insoweit identischen § 31 GeschmMG[332] und auch im Patentrecht, gestützt auf § 15 PatG[333] und § 21 GebrMG, verstanden.[334] § 30 MarkenG, § 31 GeschmMG und § 15 PatG definieren allerdings den Begriff der Lizenz nicht, sondern setzen ihn jeweils voraus.[335] Für die Einordnung der Lizenz als positives Benutzungsrecht spricht auch § 23 Abs. 1 PatG, in dem die sog. Lizenzbereitschaft, d.h. die Gestattung der „Benutzung der Erfindung", geregelt ist. Aber auch bei der Einräumung einer Benutzungsbefugnis ist noch nicht entschieden, ob diese nur relativ im Verhältnis zum Lizenzgeber wirkt oder absolut im Verhältnis zu allen.

Dieses Begriffsverständnis der Lizenz führt aber nicht dazu, dass Verträge mit einer reinen Verpflichtung zum Unterlassen dogmatisch nicht begründbar wären.[336] Gem. § 241 BGB kann die Leistung eines Schuldverhältnisses in einem Tun oder in einem Unterlassen bestehen.[337] Die Hauptleistungspflicht auf ein

[331] Wie hier schon RGZ 155, 306, 313 – Funkverband; Munk, S. 18 ff.; mittlerweile ganz h.M. z.B. Busse-Keukenschrijver, § 15, Rdn. 49; Mes, § 15, Rdn. 24; Weinmann, S. 587; Lüdecke, NJW 1966, 815; Kraßer/Schmid, GRUR 1982, 324, 328; Forkel, NJW 1983, 1764; ders., S. 79; Lüdecke/Fischer, S. 358; Goldmann, § 9, Rdn. 11; Knap, GRURInt 1973, 226, 228; Herbst, S. 38 ff.

[332] Vgl. hierzu z.B. Fezer, MarkenR, § 30, Rdn. 6; Ingerl/Rohnke, § 30, Rdn. 27; Ströbele/Hacker-Hacker, § 30, Rdn. 8; nicht ganz eindeutig Bühling, GRUR 1998, 196.

[333] Vgl. z.B. Benkard-Ullmann, § 15, Rdn. 34; Busse-Keukenschrijver, § 15, Rdn. 49; Bartenbach/Gennen, Rdn. 80; Stumpf/Groß, Rdn. 15, vgl. auch Bartenbach, S. 25 ff., die auch eine negative Lizenz als Lizenz auffasst.

[334] Allgemein zu dieser Frage m.w.N. Stumpf/Groß, Rdn. 15; Forkel, ZHR 153 (1989), 511, 521; anders die frühere Rspr. zu Firmenlizenzen z.B. BGH GRUR 1970, 528, 531 – Migrol, allerdings davon ausgehend, dass die Einräumung einer Benutzungsbefugnis unzulässig ist; dagegen BGH GRUR 1994, 652, 653 – Virion; BGH GRUR 1993, 574, 576 – Decker; nach diesen beiden Entscheidungen ist die Einräumung einer Benutzungsbefugnis möglich.

[335] Mes, § 15, Rdn. 21; Bartenbach, S. 26; Ingerl/Rohnke, § 30, Rdn. 8.

[336] Herbst, S. 25; Kraßer/Schmidt, GRURInt 1982, 324, 328 FN 43; Schanda, GRURInt 1994, 275, 280; ausführlich zum Problem einer negativen Lizenz als Patentlizenz: Bartenbach, insbesondere S. 59 ff.; Henn, Rdn. 53 ff.

[337] Vgl. zum Problem Unterlassung als Leistung vgl. Staudinger-Schmidt, § 241, Rdn. 87 ff.

reines Unterlassen zu reduzieren, dürfte aber im Normalfall nicht dem Interesse der Parteien entsprechen.[338]
Denn bei einer Firmenlizenz erhält der Lizenznehmer bei einer reinen Unterlassungsverpflichtung keine gesicherte Rechtsposition. Ohne eine gegenüber jedermann wirkende Benutzungsbefugnis wirkt eine Lizenz nur ausschließlich in dem Verhältnis der Vertragspartner zueinander. Dadurch wird aber z.B. der Anspruch gem. § 37 Abs. 2 HGB auf Unterlassung des unzulässigen Firmengebrauchs nicht ausgeschlossen. Denn für das Vorgehen gegen einen solchen Firmengebrauch gem. § 37 Abs. 2 HGB ist nach h.M. nicht die Verletzung von absoluten Rechten, wie z.B. von Kennzeichenrechten, erforderlich. Ausreichend ist vielmehr eine Verletzung von wirtschaftlichen Interessen.[339] Deswegen geht die Auffassung des OLG Saarbrücken zumindest sprachlich zu weit. Das OLG Saarbrücken will bei einer Einwilligung in die Nutzung einer Firma den Anspruch aus § 37 Abs. 2 HGB insgesamt ausschließen.[340] Eine Einwilligung zieht bei § 37 Abs. 2 HGB aber nur den Verlust des persönlichen Klageanspruchs nach sich. Die für einen Anspruch gem. § 37 Abs. 2 HGB ausreichenden wirtschaftlichen Interessen können auch bei nicht konkurrierenden Kennzeicheninhabern bestehen. Diese Argumentation gilt allerdings nur für Firmenlizenzen und nicht für Lizenzen an den übrigen Kennzeichen i.S. von § 5 Abs. 2 MarkenG.
Es entspricht aber auch bei allen Kennzeichen i.S. von § 5 Abs. 2 MarkenG den regelmäßigen Interessen der Parteien, auch nebenvertragliche Pflichten zur Absicherung der Hauptpflicht zu begründen. Liegt die Hauptpflicht in der Einräumung einer Nutzungsbefugnis, muss der Lizenzgeber im Rahmen der Billigkeit alles tun, um dem Lizenznehmer die Nutzung zu erlauben. Ferner trifft den Lizenzgeber auch die Verpflichtung, keine eigenen Ansprüche geltend zu machen. Dies gilt unabhängig von der Frage, ob sich der Lizenznehmer gegen diese Ansprüche verteidigen könnte. Liegt die Hauptpflicht in dem reinen Unterlassen und unterlässt der Lizenzgeber die Geltendmachung eigener Ansprüche, bleibt für die Ausweitung seiner Handlungspflichten grundsätzlich kein Raum.[341] Etwas anderes gilt ggf. in Ausnahmefällen bei der Umgehung der Unterlassungsverpflichtung. Der Kennzeicheninhaber könnte z.B. einen Dritten nach § 185 BGB ermächtigen, seine Rechte gegen den Lizenznehmer im Wege der Prozessstandschaft durchzusetzen. Solche Umgehungen können aber auch unter die Verletzung der Hauptpflicht subsumiert werden.

---

[338] Etwas weitergehend Müller, S. 62, der die Frage, ob eine negative oder eine positive Lizenz vorliegt von Fall zu Fall nach der Interessenlage entscheiden will, allerdings ohne konkrete Kriterien zu nennen.
[339] Vgl. o. § 1 C III.
[340] OLG Saarbrücken NJW-WettbR 1999, 282, 287 – H & K, wie hier z.B. GroßKomm-Teplitzky, § 16 UWG, Rdn. 475; MünchKommHGB-Lieb/Krebs, § 37, Rdn. 51 ff.
[341] Z.B. Herbst, S. 6; Benkard-Ullmann, § 15, Rdn. 94.

Für die Markenlizenz sieht dies insbesondere *Engels*[342] anders. Nach ihm können Gewährleistungsrechte auch an eine negative Lizenz geknüpft werden. Er begründet dies damit, dass die Gewährleistungsrechte auf einem Versprechen des Lizenzgebers beruhen. Mit diesem Ansatz, dass auch eine negative Lizenz auf einem Versprechen des Lizenzgebers beruht, hat er Recht. Wenn aber über das reine Unterlassen hinaus z.B. Gewährleistungsrechte vereinbart werden, werden auch Benutzungsbefugnisse vereinbart. Bei einer reinen Pflicht zum Unterlassen ist eine Schlechtleistung zumindest der Hauptleistungspflicht nicht denkbar. Die Hauptleistungspflicht Unterlassen wird entweder erfüllt oder nicht. Sofern Gewährleistungsrechte vereinbart werden, ist damit nicht mehr von einer negativen Lizenz auszugehen, sondern von einer positiven Lizenz mit einer entsprechenden Nutzungsbefugnis. Dies gilt allerdings nur, wenn es sich tatsächlich um Gewährleistungsrechte handelt und nicht um eine Absicherung der Erfüllung der Hauptleistungspflicht Unterlassen z.B. durch eine Vertragsstrafenvereinbarung oder durch die Vereinbarung von Nebenpflichten.[343]
Das Unterlassen als Hauptpflicht beschränkt sich damit auf die Fallgestaltung, dass die Parteien ausdrücklich, trotz der Erwähnung des Begriffs Lizenz, das reine Unterlassen regeln.[344] Hierfür spricht auch, dass die meisten Lizenznehmer auf die Frage, ob sie mit einer Lizenz ein eigenes Nutzungsrecht oder nur eine (bedingte) Sicherheit vor Inanspruchnahme erwerben wollen, sich für die erste Antwort entscheiden.[345] Dieser (einseitige) Horizont des Lizenznehmers ist für den Lizenzgeber offensichtlich und deswegen bei der Auslegung der abgeschlossenen Verträge zu beachten.

Teilweise wird eine Einteilung der Lizenzverträge in positive und negative gänzlich abgelehnt.[346] Begründet wird dies damit, dass eine positive Lizenz auch einen negativen Charakter habe. Sofern dies in dem Sinn interpretiert wird, dass nur eine positive Lizenz eine „echte“ Lizenz ist, entspricht dies der hier vertretenen Auffassung.[347] Sofern damit behauptet werden soll, dass eine negative Konstruktion eines reinen Unterlassens nicht möglich ist, widerspricht dies, wie soeben dargelegt, § 241 BGB, nach dem eine Leistung in einem Tun oder einem Unterlassen liegen kann.

---

[342] Engels, S. IV-84.
[343] Etwas weiter Bartenbach, S. 158 ff., die aber auf S. 20, die positive Lizenz als Regelfall betrachtet und jede Einräumung von subjektiven Rechten als positive Lizenz auffasst.
[344] Kraßer/Schmid, GRURInt 1982, 324, 328; Lichtenstein, NJW 1965, 1839, 1840; einschränkend Bartenbach, S. 158 ff.
[345] so schon RGZ 57, 38, 40; ebenso Lüdecke, NJW 1966, 815, 816; Weinmann, S. 586; Herbst, S. 25; Kraßer, S. 954.
[346] Knap, GRURInt 1973, 226; ähnlich Krüger/Kamlah, WRP 2004, 1464, 1467 ff.; wohl auch Troller, S. 824 ff.
[347] Insoweit nicht eindeutig Knap, GRURInt 1973, 226.

Wenn der Begriff der „Lizenz“, wie hier vertreten, i.S. einer positiven Lizenz verstanden wird, sagt dies aber noch nichts über die Rechtsnatur des Lizenzvertrages im engeren oder im weiteren Sinn aus. Schon vor und um 1900 wurde die Bezeichnung „positive Natur der Lizenz“ zwar als Begriff benutzt, um Sukzessions- und Klageschutz für den Lizenznehmer zu begründen.[348] Es ist aber mittlerweile anerkannt, dass aus der reinen Begrifflichkeit „positive Natur der Lizenz“ keine Rückschlüsse auf die Rechtsnatur der Lizenz gezogen werden können.[349] Auch der Begriff der Rechtsnatur wird im Zusammenhang mit Lizenzen allerdings nicht einheitlich verwendet.[350] Im Folgenden wird der Begriff der Rechtsnatur i.S. der Zuordnung des Lizenzvertrages zu einem bestimmten Vertragstypus inklusive der daraus zu ziehenden Folgerungen verstanden. Die reine Begrifflichkeit „Lizenz“ führt aber nicht dazu, die Lizenz einem bestimmten Vertragstypus zuzuordnen. Denn der Begriff der Lizenz an Firmen, besonderen Geschäftsbezeichnungen und Geschäftsabzeichen ist weder im MarkenG ausdrücklich geregelt noch gibt es einen BGB-Vertrag „Lizenz“. Die Erwähnung in der bilanzrechtlichen Vorschrift § 266 Abs. 2 A I Nr. 1 HGB und in §§ 17, 18 GWB a.F. ist im Hinblick auf die Rechtsnatur der Lizenz auch nicht aussagekräftig.

B. Arten der Lizenz

Üblicherweise werden zwei Arten von (positiven) Lizenzen unterschieden, die ausschließliche und die einfache Lizenz. Gesetzlich geregelt sind diese Begriffe nicht. In § 15 Abs. 2 S. 1 PatG, § 31 Abs. 1 S. 2 GeschmMG und § 30 Abs. 1 MarkenG wird zwar jeweils zwischen ausschließlichen und nicht ausschließlichen Lizenzen unterschieden. Diese Begriffe werden aber nicht definiert, sondern vorausgesetzt. Im UrhG wird in § 31 Abs. 2 unter dem Begriff Nutzungsbefugnis die einfache Lizenz geregelt. Hiernach berechtigt das einfache Nutzungsrecht den Inhaber, das Werk auf die erlaubte Art zu nutzen, ohne dass eine Nutzung durch andere ausgeschlossen ist. Entsprechend dem einfachen urheberrechtlichen Benutzungsrecht erlaubt die einfache Lizenz dem Lizenznehmer die Benutzung des lizenzierten Gutes. Dies gilt zumindest, wenn die einfache Lizenz nicht i.S. der oben aus dem Begriff der Lizenz ausgeschiedenen negativen Lizenz aufgefasst wird. Der Lizenzgeber ist aber nicht an der eigenen Nutzung oder an der Vergabe von weiteren Lizenzen gehindert. Bei der ausschließlichen Lizenz hat der Lizenznehmer dagegen ein Benutzungsrecht, der Lizenzgeber darf das Zeichen nicht mehr selbst nutzen und auch keine weiteren einfachen oder ausschließlichen Lizenzen erteilen. Zwischen der einfachen und der ausschließlichen Lizenz steht die sog. alleinige Lizenz. Bei dieser handelt es

[348] Munk, S. 18 ff., 110 ff. u. 165 ff.; Kohler, S. 160, Nr. 127 ff.
[349] Z.B. Weinmann, S. 589.
[350] Hilty, S. 107; Bartenbach, S. 11.

sich um eine ausschließliche Lizenz mit der Maßgabe, dass der Lizenzgeber zur weiteren eigenen Nutzung berechtigt bleibt.[351] Die ausschließliche Lizenz wird damit nicht wegen ihrer ausschließlichen / absoluten Wirkung als ausschließliche Lizenz bezeichnet, sondern als Gegensatz zur einfachen Lizenz. Mit dem Begriff der ausschließlichen Lizenz ist damit keine Aussage im Hinblick auf die ausschließliche Wirkung der Lizenz verbunden.[352]

Wyss[353] weist hierbei zutreffend darauf hin, dass Ausschließlichkeit und Absolutheit keine identischen Begriffe sind. Denn ein absolutes Recht ist in seiner Ausschließlichkeit absolut. Es gibt aber auch eine nur relative Ausschließlichkeit. So wirkt z.B. das einem Miteigentümer übertragene ausschließliche Verkaufsrecht nur im Verhältnis zu den anderen Miteigentümern und nicht absolut, während das Miteigentum den Charakter eines absoluten Rechtes behält. Ferner sind die Begriffe der Dinglichkeit und der Ausschließlichkeit nicht synonym.[354] Ein dingliches Wegerecht gem. § 1018 BGB hat eine dingliche Wirkung, führt aber nicht dazu, dass der Wegeberechtigte andere von der Nutzung ausschließen darf. Deswegen ist *Schanda*[355] zuzustimmen, wenn er ausführt, dass dem Begriff der ausschließlichen Lizenz keine Aussage im Hinblick auf die ausschließliche Wirkung entnommen werden kann. Das Gleiche gilt für die alleinige Lizenz, bei der der Lizenzgeber sich nur verpflichtet, keine weiteren Benutzungsrechte einzuräumen, aber zur eigenen Nutzung weiter befugt ist.[356]

Häufig wird auch entsprechend dem Begriffspaar einfache und ausschließliche Lizenz das Begriffspaar schuldrechtliche und dingliche Lizenz verwendet.[357] Die Begriffe schuldrechtlich und dinglich beschreiben aber Rechtswirkungen, insbesondere bei Fragen des Sukzessionschutzes, der Prozessführungsbefugnis etc. Der Begriff der Dinglichkeit ist damit ein „Rechtsfolgenbegriff".[358] Die Frage der Dinglichkeit ist auch keine Frage des Verpflichtungsgeschäfts (Lizenz im weiteren Sinn), sondern eine des Verfügungsgeschäftes (Lizenz im engeren Sinn).[359]

---

[351] Vgl. zu dieser Einteilung z.B. Ingerl/Rohnke, § 30, Rdn. 12; v. Schultz-Brandi-Dohrn, § 30, Rdn. 2 ff.; Ströbele/Hacker-Hacker, § 30, Rdn. 13 ff.; Busse-Keukenschrijver, § 15, Rdn. 55; Weinmann, S. 5 f.; Gitter, S. 380 ff.
[352] Schanda, GRURInt 1994, 275, 282; Hilty, S. 138.
[353] Wyss, S. 48 ff.; ähnlich Schanda, GRURInt 1994, 275, 282.
[354] Vgl. z.B. Völp, GRUR 1983, 45, 48.
[355] Schanda, GRURInt 1994, 275, 282.
[356] Forkel, NJW 1983, 1764, 1765.
[357] Z.B. Fezer, MarkenR, § 30, Rdn. 6 ff., der aber auch in Rdn. 1 die Begriffe einfache und ausschließliche Lizenz verwendet; Gitter, S. 382; Troller, S. 828.
[358] Engels, S. IV-98.
[359] Schricker, GRUR 1980, 650.

Ferner weist insbesondere *Hilty*[360] darauf hin, dass das Begriffspaar schuldrechtliche und dingliche Wirkung ungenau ist. Mit der schuldrechtlichen Wirkung ist gemeint, dass die Wirkung nur zwischen den Parteien eintritt. Synonym zum Begriff schuldrechtliche Wirkung wird deswegen der Begriff der relativen Wirkung verwendet. Als Gegensatz hierzu bietet sich der Begriff der absoluten Wirkung an, d.h., die Wirkung tritt gegenüber jedermann ein. Mit dem Begriff der Absolutheit ist der Begriff der Dinglichkeit nicht in jedem Fall deckungsgleich. Der Begriff der Dinglichkeit bezieht sich zumindest von seinem ursprünglichen Anwendungsbereich und dem Wortstamm her auf Rechtsbeziehungen an körperlichen Sachen, die gegenüber jedermann eine Wirkung entfalten. Ob der Begriff der Dinglichkeit auch auf andere Rechtsbeziehungen ausgedehnt werden kann, ist zumindest zweifelhaft, auch wenn der Begriff der Dinglichkeit häufig in diese Richtung verwendet wird.[361] Die Verwendung des Begriffs der Dinglichkeit ist nur möglich, wenn er von § 90 BGB gelöst wird.[362] Hierzu besteht aber keine Notwendigkeit, da der Begriff der Absolutheit zur Verfügung steht, der insoweit eindeutig ist. Absolute Rechte enthalten in jedem Fall die dinglichen Rechte, aber dingliche Rechte erfassen nicht notwendigerweise alle absoluten Rechte.[363]

Bedenken gegen den Begriff der Absolutheit äußert allerdings *Wyss*.[364] Er weist darauf hin, dass mit dem Begriff der Absolutheit die Beziehungen des Lizenznehmers zum Immaterialgut nicht erklärt werden könnten. Dieser Rückschluss ist aber nicht zwingend, da durch den Begriff der Absolutheit keine Beziehung des Lizenznehmers zum Lizenzgut ausgeschlossen wird. Ferner bietet *Wyss* keine alternative Begrifflichkeit an, die geeigneter ist. Wie er selbst ausführt, gibt es gegen die Verwendung des Begriffs der Dinglichkeit erhebliche systematische Bedenken.

Kritisch gegenüber dem Begriff der Absolutheit sind auch *Hubmann/Götting* eingestellt.[365] Diese führen gegen die Verwendung des Begriffs der Absolutheit an, dass es dingliche Rechte gebe, die keine Abwehrbefugnisse gegen Störer gewährten. Mit dem Begriff der Absolutheit sei aber immer ein ausschließliches Herrschaftsrecht gemeint, dass Verbotsrechte einschließe. Diese Bedenken von

---

[360] Hilty, S. 109; ebenso im Ergebnis Kraßer, GRURInt 1983, 537, 538; Weinmann, S. 285; ähnlich Herbst, S. 41.

[361] Z.B. Plaß, GRUR 2002, 1029, 1033; Kraßer, GRURInt 1973, 230, 235; Fehrenbacher, JR 2001, 309, 310.

[362] So z.B. Forkel, GRUR 1988, 491, 493 „gegenständlich" in FN 23; ebenso Canaris, FS Flume, 371, 375 der zwischen Sachenrechten und dinglichen Rechten unterscheiden möchte und das Pfandrecht an einer Forderung nicht als Sachenrecht, aber als dingliches Recht einordnet.

[363] Hilty, S. 109; im Ergebnis auch MünchKomm-Rinne, Einl. zu §§ 854 ff., Rdn. 10; Schanda, GRURInt 1994, 275, 277 f.

[364] Wyss, S. 21.

[365] Hubmann/Götting, S. 201; ähnlich Schanda, GRUR Int 1994, 275, 281.

Hubmann/Götting führen nicht weiter. Bei dem Begriff der Dinglichkeit ist von seinem ursprünglichen Anwendungsbereich im Sachenrecht auszugehen. Im Sachenrecht ist nicht zweifelhaft, dass den dinglichen Sachenrechten immer auch Verbotsrechte zur Seite stehen. Dies ergibt sich z.B. aus den Regeln des Eigentümer-Besitzer-Verhältnisses, §§ 985 ff. BGB und dem quasinegatorischen Unterlassungsanspruch gem. § 1004 BGB. Ferner ergibt sich dies auch aus dem Anspruch gem. § 823 Abs. 1 BGB „sonstiges Recht", der allerdings keine sachenrechtliche Anspruchsgrundlage ist.[366] Warum dies bei einer Ausdehnung der Verwendung der Begrifflichkeit in ein anderes Rechtsgebiet anders sein soll, bleibt bei *Hubmann/Götting* offen.
Gegen die Verwendung des Begriffs der „Dinglichkeit" anstatt des Begriffs der „Absolutheit" spricht aber, dass mit der Verwendung des Begriffs „Dinglichkeit" die Geltung der sachenrechtlichen Grundsätze wie z.B. des numerus clausus, des Bestimmtheitsgrundsatzes etc. zumindest terminologisch vorgegeben ist. Ob und in welchem Umfang diese Grundsätze gelten, muss aber überprüft werden.[367] Deswegen sollte auch nicht der Begriff des geistigen Eigentums verwendet werden, sondern der des Immaterialgutes.[368] Ungenau ist auch der Begriff der „Quasidinglichkeit".[369] Durch den Wortteil „quasi" wird nur zum Ausdruck gebracht, dass eine Einschränkung im Hinblick auf die Dinglichkeit vorgenommen wird. Worin diese Einschränkung besteht, bleibt aber offen. Diese Einschränkung kann sich darauf beziehen, dass die Dinglichkeit eigentlich körperlichen Gegenständen vorbehalten ist. Sie kann sich aber auch darauf beziehen, dass der absolute Charakter eingeschränkt wird.[370]
Vorliegend wird bei den Arten der Lizenzen nach einfachen und ausschließlichen Lizenzen unterschieden, hinsichtlich der Wirkung nach relativen und absoluten.[371]

---

[366] Vgl. Larenz AT, S. 228 nach dem dingliche Rechte immer absolut sind.
[367] Vgl. hierzu unten § 6 G III; ebenso Weinmann, S. 285.
[368] Ausführlich hierzu z.B. Forkel, JuS 1988, 869, 871 m.w.N; vgl. Wiegand, AcP 190 (1990), 112, 116 zu der geschichtlichen Entwicklung des Begriffs des Eigentums unter Berücksichtigung des Gemeinen Rechts in dem auch Rechte eigentumsfähig waren.
[369] Diesen Begriff verwendet z.B. Kohler, Handbuch, S. 510.
[370] Ebenso Weinmann, S. 311, Wyss, S. 23.
[371] Wie hier Weinmann, S. 285 und Ingerl/Rohnke, § 30, Rdn. 8, die die Unterscheidung zwischen schuldrechtlich und dinglich als verwirrend bezeichnen; Schulte-Beckhausen, Rdn. 28 ff.; nicht ganz eindeutig Benkard-Ullmann, § 15, Rdn. 53, der die Begriffe absolut und dinglich nebeneinander verwendet; zu den Begriffen „dingliches Recht" und „absolutes Recht" im Sachenrecht des BGB vgl. z.B. Staudinger-Seiler, Einl. zum SachenR, Rdn. 17 ff. u. Rdn. 37 ff.

C. Abgrenzung der Lizenz zu verwandten Erscheinungsformen

Verwandt mit Lizenzen an Unternehmenskennzeichen i.S. von § 5 Abs. 2 MarkenG sind vor allem die folgenden Erscheinungsformen.

I. Markenlizenz

Am nächsten zu den Lizenzen an Unternehmenskennzeichen i.S. von § 5 Abs. 2 MarkenG steht die Markenlizenz gem. § 30 MarkenG. Beide Kennzeichen, Marken und Unternehmenskennzeichen, sind im MarkenG geregelt. Sowohl Marke als auch Unternehmenskennzeichen haben wegen ihrer Herkunftsfunktion einen ähnlichen Anwendungsbereich.[372] Ferner erfolgt häufig eine Lizenzierung sowohl der Marke als auch eines Unternehmenskennzeichens, insbesondere einer Firma. In der amtlichen Begründung zu § 27 MarkenG, der die Übertragung der Marke regelt, heißt es aber, dass das neue MarkenG von einer Regelung der Übertragung von geschäftlichen Bezeichnungen i.S. des § 5 MarkenG absieht. Das geltende Recht solle nicht verändert werden.[373] Bei der Lizenzierung von Unternehmenskennzeichen i.S. von § 5 MarkenG ist § 30 MarkenG damit nicht direkt anwendbar.

Die Rechtsnatur der Lizenzen an Unternehmenskennzeichen i.S. von § 5 Abs. 2 MarkenG und an Marken sind weitgehend identisch. Auch bei Markenlizenzen sind der Verpflichtungsvertrag, die Lizenz im weiteren Sinn, und der Erfüllungsvertrag, die Lizenz im engeren Sinn, zu unterscheiden. In dem Verpflichtungsvertrag verpflichtet sich der Lizenzgeber dem Lizenznehmer ein positives Benutzungsrecht an einer durch Eintragung, Benutzung oder notorischen Bekanntheit begründeten Marke einzuräumen, § 30 Abs. 1, § 4 Nrn. 1 bis 3 MarkenG. Dies ist der Regelfall der positiven Lizenz. Daneben ist auch eine negative Lizenz möglich, die lediglich als schuldrechtlicher Verzicht auf das Verbotsrecht wirkt.[374] Ebenso wie bei den Lizenzen an Unternehmenskennzeichen ist eine solche rein negative Lizenz die Ausnahme und kann nur angenommen werden, wenn es für eine solche Lizenz Anhaltspunkte in den Vereinbarungen der Parteien gibt. Im Zweifel ist auch bei Marken von einer positiven Lizenz auszugehen.

In dem Erfüllungsvertrag erfüllt der Lizenzgeber die Verpflichtung aus dem Lizenzvertrag im engeren Sinn. Nach der früher h.M. war eine absolut wirkende Marken- bzw. Warenzeichenlizenz nicht möglich.[375] Die Rechtslage entsprach damit der jetzt noch h.M. bei den Unternehmenskennzeichen. Begründet wurde

---

[372] Vgl. oben § 1 A IV.

[373] BT-Drucks. 12/6581 v. 14.1.1994, S. 84; ausführlich Starck, WRP 1994, 698, 700.

[374] v. Schultz-Brandi-Dohrn, § 30, Rdn. 1.

[375] BGHZ 1, 241, 246 – Piek Fein; BGHZ 44, 372, 375 – Meßmer Tee II; Fezer, MarkenR, § 30, Rdn. 10 m.w.N. auch zur damaligen a.A.; ebenso war die Rechtslage bei Patenten, vgl. BGHZ 83, 251 ff. – Verankerungsteil.

diese Auffassung vor allem mit § 8 Abs. 1 S. 2 WZG a.F., der eine Trennung des Warenzeichens vom Betrieb untersagte. Nach Einführung des MarkenG geht die h.M. von einer absoluten Wirkung[376] oder zumindest von einer teilweisen absoluten Wirkung[377] der Markenlizenz aus. Diese Lizenz kann allerdings nicht, auch nicht fakultativ wie gem. § 29 Abs. 2 MarkenG, ins Register eingetragen werden. Die Grenze der Zulässigkeit einer Markenlizenz ist erreicht, wenn es zu einer Täuschung der Abnehmer über die Herkunft und Güte der Produkte kommt[378] oder wenn durch die Führung der fremden Marke als eigene Unternehmenskennzeichnung der Eindruck einer nicht bestehenden Unternehmenskontinuität erweckt wird.[379] Bei solchen Täuschungen kann der Markenlizenzvertrag gem. § 134 BGB i.V. mit den Regeln des UWG bzw. § 138 BGB nichtig sein.[380]

II. Abgrenzungsvereinbarung

Bei einer Abgrenzungsvereinbarung wird das Kennzeichen nicht in dem hier interessierenden Sinn inklusive eines positiven Nutzungsrechtes lizenziert. Im Unterschied zu Lizenzverträgen stehen sich bei Abgrenzungsvereinbarungen zwei Parteien gegenüber, die jeweils schon eigene Kennzeichenrechte haben, diese noch begründen wollen oder die um die Inhaberschaft an einem Kennzeichen streiten. Es leitet also gerade nicht eine Partei ihre Rechte von der anderen ab. Beide Parteien berühmen sich vielmehr eigener Rechte.[381] Häufig bestehen bei den in der Praxis am häufigsten vorkommenden markenrechtlichen Abgrenzungsvereinbarungen auch nur im Bereich von bestimmten Waren und Dienstleistungen Überschneidungen. Dies hat zur Folge, dass nicht sicher eingeschätzt werden kann, ob eine Verwechslungsgefahr und damit Unterlassungsansprüche bestehen oder nicht. Damit aber nicht die wirtschaftlichen Investitionen in das eventuell prioritätsjüngere und verwechslungsfähige Zeichen ins Leere laufen, wird versucht, auf dem Verhandlungsweg die Begründung eines rechtssicheren Zustandes herbeizuführen. Beide Parteien schließen einen Vertrag, der u.a. eine dauerhafte Duldungs- und Nichtangriffsverpflichtung enthält. Dies entspricht der oben aus dem Begriff der „Lizenz" ausgeschiedenen Fallgestaltung der negativen Lizenz, d.h. der Unterlassungsverpflichtung ohne Einräumung einer

---

[376] v. Schultz-Brandi-Dohrn, § 30, Rdn. 15; Fezer, § 30, Rdn. 8.

[377] Plaß, GRUR 2002, 1029, 1032; a.A. Ströbele/Hacker-Hacker, § 30, Rdn. 36.

[378] BGHZ 1, 241, 246 – Piek Fein; BGHZ 44, 372, 377 – Meßmer Tee II; Müller, S. 15, Fezer, MarkenR, § 30, Rdn. 53; Ströbele/Hacker-Hacker, § 30, Rdn. 96.

[379] BGHZ 10, 196, 201 – DUN.

[380] Vgl. zu den wettbewerbsrechtlichen Grenzen von Lizenzen an Unternehmenskennzeichen unten § 8 B. Diese Grenzen gelten bei Marken entsprechend.

[381] BGH GRUR 1986, 325 ff. – Peters; Ingerl/Rohnke, § 31, Rdn. 97; Fezer, MarkenR, § 15, Rdn. 90 mit Verweis auf § 14, Rdn. 453 ff.

Benutzungsbefugnis.[382] Die dauerhafte Duldungs- und Nichtangriffsverpflichtung führt zu einer Verbindung beider Vertragsparteien in einem Dauerschuldverhältnis. Dies führt wiederum dazu, dass die allgemeinen Regeln der Dauerschuldverhältnisse auf Abgrenzungsvereinbarungen angewendet werden können, insbesondere können Abgrenzungsvereinbarungen gem. § 314 BGB aus wichtigem Grund gekündigt werden.[383] Es ist aber keine Partei daran gehindert, ihr Recht aufzugeben und normalerweise auch nicht, dies an Dritte zu übertragen. Hintergrund ist, dass Gegenstand der Abgrenzungsvereinbarung ein Unterlassen ist. Umstritten ist, ob und ggf. wie bei (markenrechtlichen) Abgrenzungsvereinbarungen Sukzessionsschutz sicherzustellen ist.[384]
Auch im Bereich von Unternehmenskennzeichen sind solche Abgrenzungsvereinbarungen denkbar und auch bei entsprechenden widerstreitenden konkurrierenden Kennzeichen sinnvoll. Aus der Wirkungsweise der Abgrenzungsvereinbarung ergibt sich aber, dass hierdurch das Hauptinteresse einer Lizenz im hier verstandenen Sinn, die Einräumung eines positiven Benutzungsrechts, nicht erfüllt werden kann. Es handelt sich damit im Verhältnis zu einer Lizenz an Unternehmenskennzeichen i.S. von § 5 MarkenG um eine kumulative und nicht um eine alternative Erscheinungsform.

III. Überlassung von Persönlichkeitsrechten zur Ausübung

Auch bei Unternehmenskennzeichen könnte folgende im Vergleich zur Lizenz alternative Konstruktionsmöglichkeit gangbar sein.
Bei Persönlichkeitsrechten wird diskutiert, ob diese, anstatt sie an Dritte zu übertragen, einem Dritten zur Ausübung überlassen werden können.[385] Eine echte Nutzungsrechtseinräumung entsprechend einer Lizenz im hier verstandenen Sinn liegt hierbei nicht vor. Auf der materiellen Ebene liegt in dieser Ausübungsermächtigung eine verfügungsähnliche Ermächtigung i.S. von § 185 BGB. Prozessrechtlich liegt hierin eine gewillkürte Prozessstandschaft. Voraussetzung für eine gewillkürte Prozessstandschaft ist dabei nach h.M. ein schutz-

[382] Krüger/Kamlah, WRP 2004, 1465, 1467; vgl. auch BGH GRUR 2001, 54, 55 f. – Subway/Subwear, in dieser Entscheidung geht der BGH davon aus, dass eine Markenlizenz im Ähnlichkeitsbereich nicht erteilt werden kann.

[383] OLG Hamm, GRUR 1991, 699, 700 – Grohe; Krüger/Kamlah, WRP 2004, 1465, 1466; Ingerl/Rohnke, § 31, Rdn 97.

[384] Für Sukzessionsschutz im Markenrecht z.B. Ingerl/Rohnke, § 27, Rdn. 15, § 30, Rdn. 97; Krüger/Kamlah, WRP 2004, 1465, 1467; dagegen für dieselbe Konstellation im Patentrecht Bartenbach/Gennen, Rdn. 85; Benkard/Ullmann, § 15, Rdn. 61; ablehnend für Unternehmenskennzeichen: GroßKomm-Teplitzky, § 16 UWG, Rdn. 193; vgl. auch BGH GRUR 1981, 591, 592 – Gigi-Modelle.

[385] In diesem Sinn z.B. BGH GRUR 1968, 552, 554 – Mephisto, für den Fall der Ausübung nach dem Tod; offen gelassen für die höchstpersönlichen Rechte, aber implizit bejahend BGH GRUR 1971, 35, 37 – Maske in Blau; auch Anmerkung hierzu Ulmer, GRUR 1971, 40, 42.

würdiges Eigeninteresse des Klägers. Zudem dürfen die schutzwürdigen Belange des Prozessgegners nicht beeinträchtigt werden. Ferner muss der Rechtsinhaber den Prozessstandschafter ermächtigt haben. Diese Ermächtigung kann nur erfolgen, wenn die Prozessführungsbefugnis (nicht notwendigerweise auch der Forderung[386]) übertragbar ist. Die Prozessstandschaft muss ferner offen gelegt werden.[387]
Ob eine solche Konstruktion überhaupt möglich ist, ist umstritten.[388] Zweifelhaft ist hierbei, ob die materiellrechtliche Ermächtigung möglich ist. Sofern von der Unübertragbarkeit des Persönlichkeitsrechts ausgegangen wird, könnte die Ermächtigung im Fall der Unübertragbarkeit gem. § 399 1. Alt. BGB unwirksam sein.[389] Bei den aus den Persönlichkeitsrechten resultierenden Schadensersatz- bzw. Unterlassungsansprüchen ist wie folgt zu differenzieren: Bei einer Ermächtigung zur Ausübung erfolgt bei einem Schadensersatzanspruch keine Inhaltsänderung i.S. von § 399 1. Alt. BGB. Bei diesem Anspruch ist lediglich das Vermögen des Persönlichkeitsrechtsinhabers betroffen. Dagegen stehen die Unterlassungsansprüche in einer direkten Beziehung zum Persönlichkeitsrecht, so dass eine Anwendung von § 399 1. Alt. BGB geboten erscheint.[390] Diesen Bedenken soll nicht weiter nachgegangen werden, da es sich bei den Unternehmenskennzeichen nicht um Persönlichkeitsrechte handelt.[391] Deswegen bestehen die Bedenken wegen § 399 1. Alt. BGB nicht. Ferner wird bei einer Unzulässigkeit der materiellen Ermächtigung der prozessuale Teil von der Unzulässigkeit nicht in jedem Fall erfasst. Für die Wirksamkeit des prozessualen Teil kommt es nicht auf die Übertragbarkeit, d.h. die Abtretbarkeit der Forderung, an. Entscheidend ist, ob die prozessrechtliche Stellung übertragen werden kann. Von einer Übertragbarkeit geht die h.M. auch bei höchstpersönlichen Rechten

---

386 OLG Hamm NJW-RR 1992, 22, 23.

387 Vgl. zu den Voraussetzungen der gewillkürten Prozessstandschaft z.B. Zöller-Vollkommer, Vor § 50, Rdn. 42 ff.; zur Zulässigkeit der gewillkürten Prozessstandschaft bei firmenrechtlichen Ansprüchen BGH NJW-RR 1995, 358, 360 – Nicoline.

388 Im Ergebnis bejahend Schack, Rdn. 562 ff.; verneinend für höchstpersönliche Rechte: Wandtke/Bullinger-Bullinger, Vor §§ 12 ff., Rdn. 5; BGH GRUR 1983, 379, 383 – Geldmafiosi einerseits, andererseits aber BGH NJW-RR 1987, 231, 232 – Nena, in dieser Entscheidung wird von einer Generalermächtigung in Bezug auf die wirtschaftliche Verwertung von Bildern ausgegangen.

389 Schack, Rdn. 564; a.A. Götting, S. 164 allerdings mit der Einschränkung, dass eine bestimmte bzw. bestimmbare Ermächtigung vorliegen muss und eine Generalermächtigung unzulässig ist. Zulässig hält eine solche Konstruktion Ahrens, S. 340.

390 BGH GRUR 2001, 1158, 1160 – Dorf Münsterland; vgl. hierzu Staudinger-Busche, § 399, Rdn. 8 allgemeiner für den Gebrauch einer Sache und Rdn. 29 ff. m.w.N. für die streitige Abtretbarkeit von absoluten Rechten und Rdn. 39 zu Unterlassungsansprüchen; ebenso MünchKomm-Roth, § 399, Rdn. 21; a.A. Ahrens, S. 340; vgl. auch Stumpf/Groß, Rdn. 423.

391 Vgl. oben § 3.

aus.[392] Diese Konstruktion hat zur Folge, dass der Persönlichkeitsrechtsinhaber weiterhin Rechtsinhaber bleibt und selber klagen kann. Im Unterschied zu einem Lizenznehmer erhält der Ermächtigte aber keine eigenständige Rechtsposition und zwar unabhängig von der Frage, ob der materiellrechtliche Teil gem. § 185 BGB wirksam ist oder nicht. Dies führt u.a. zu folgenden wichtigen praktischen Konsequenzen. Der Ermächtigte kann nicht aus einer eigenen Rechtsposition gegen Dritte vorgehen. Bei einem abweichenden Willen zwischen dem Ermächtigenden und dem Ermächtigten ist im Verhältnis zu Dritten ausschließlich auf den Willen des Ermächtigten abzustellen.[393] Da der Ermächtigte keine eigene Rechtsposition erhält, kann an diese Ermächtigung auch im Regelfall keine weitere Nebenpflicht, wie z.B. die Pflicht zur Aufrechterhaltung des Rechtes, geknüpft werden. Ferner kann nach Auffassung des BGH die Prozessstandschaft bis zur Klageerhebung frei widerrufen werden und nimmt nicht an einer vertraglichen Bindung teil.[394]
Insgesamt hat eine solche Konstruktion im Verhältnis zur Lizenz keine Vorteile. Die mit dieser Konstruktion erzielten Rechtswirkungen und sogar darüber hinausgehende können auch mit einer Lizenz erzielt werden. Deswegen macht diese Konstruktion eine Lizenz nicht entbehrlich.

IV. Namenslizenzen

Verwandt mit den Lizenzen an Marken und an Unternehmenskennzeichen sind die Namenslizenzen. Der Bereich der Namenslizenzen überschneidet sich in einem Teilbereich mit den schon erörterten Fallgestaltungen, wenn bürgerlichrechtliche Namensinhaber ihren Namen zur Firmen- oder Markenbildung zur Verfügung stellen. Darüber hinaus gibt es den ebenfalls schon angesprochenen Bereich des Merchandisings, in dem Prominente ihren Namen zur Verfügung stellen, um die Attraktivität der Waren zu erhöhen.
Ausgehend von der oben dargestellten Rechtsnatur des Namens als Persönlichkeitsrecht[395] ist eine dingliche Vollübertragung des Namens nicht denkbar.[396] Durch eine solche Vollübertragung würde die natürliche Person auf einen we-

---

[392] OLG Hamm NJW-RR 1992, 22, 23; Ullmann, FS v. Gamm, 315, 317 f.; Schack, Rdn. 562 ff; vgl. zu den Problemen im Zusammenhang mit einer Prozessstandschaft unten § 6 G I 2.
[393] Ulmer, Anm. zu BGH GRUR 1971, 35 ff., S. 42.
[394] Str. BGH NJW-RR 1986, 158; ebenso OLG München, NJW-RR 1997, 1266 – 1860 München; Zöller-Vollkommer, Vor § 50, Rdn. 45 m.w.N. auch zur Gegenansicht.
[395] Vgl. oben § 3.
[396] BGH NJW 1968, 1773, 1774 – Mephisto; BGHZ 119, 237, 240 – Universitätsemblem; Erman-Westermann, § 12, Rdn. 30; MünchKomm-Schwerdtner, § 12, Rdn. 128; Staudinger-Weick/Habermann, § 12, Rdn. 54; allgemein: Krüger-Nieland, FS Fischer, 339, 346; a.A. z.B. Forkel, GRUR 1988, 491 ff.; Ahrens, S. 92 ff., insbesondere auch zu der Frage, ob die Menschenwürde (Art. 1 GG) die Verwertung von Persönlichkeitsrechten verbietet. Diese Frage verneint Ahrens im Ergebnis.

sentlichen Teil ihres Persönlichkeitsrechts, die Individualisierung und die Identifizierung, verzichten.[397] Wenn der bürgerlich-rechtliche Namensinhaber seinen Namen einem Dritten zur Firmenbildung zur Verfügung stellt, gilt das oben[398] Dargestellte. Durch diese Zurverfügungstellung wird der Anspruch gem. § 12 BGB im Verhältnis zur Firma ausgeschlossen. Bei der Weiterveräußerung der Firma wird der Duldungsanspruch ohne Verstoß gegen § 399 1. Alt. BGB wirksam abgetreten.

Rechtlich unproblematisch ist auch das Zurverfügungstellen eines bürgerlich-rechtlichen Namens zur Markenbildung.[399] Es entsteht in diesem Fall bei dem Dritten die entsprechende Marke. Das DPMA überprüft die Berechtigung zur Markenbildung nicht. Eine Irreführung gem. § 8 Abs. 2 Nr. 4 MarkenG liegt regelmäßig nicht vor.[400] Entsprechend der Rechtslage bei der Firma wird auch bei der Marke durch die Zurverfügungsstellung des Namens der Anspruch des Namensinhabers gem. § 12 BGB ausgeschlossen. Bei einer Weiterveräußerung der Marke wird der Duldungsanspruch ohne Verstoß gegen § 399 1. Alt. BGB mitabgetreten. Vollständig unproblematisch ist der Fall, wenn der bürgerlich-rechtliche Namensinhaber selbst eine Marke mit seinem Namen begründet und diese anschließend weiterveräußert. Gem. § 27 MarkenG ist diese Konstellation zulässig. Persönlichkeitsrechte sind nicht betroffen, da die Marke nach nun einhelliger Auffassung ein Immaterialgüterrecht ist.[401] Gem. § 27 MarkenG kann die Marke ohne den dazugehörenden Geschäftsbetrieb wirksam übertragen werden. Der Vollzug der Übertragung richtet sich dabei, da § 27 Abs. 1 MarkenG insofern keine Vorgaben macht, nach den §§ 413, 398 ff. BGB.[402] Der Markenerwerber erhält die Marke mit der ursprünglichen Priorität. An dieser Marke kann der Markeninhaber gem. § 30 MarkenG schuldrechtlich oder absolut wirkende Lizenzen erteilen.

Auch wenn keine mit dem Namen identische Marke eingetragen wurde, könnte ein Prominenter erlauben, seinen Namen zur Werbung zu benutzen. Eine Markenanmeldung unterbleibt häufig u.a. wegen der mit einer Markenanmeldung verbundenen Kosten und der Beschränkung des Markenschutzes auf bestimmte Warenklassen. Gründe für das Merchandising sind u.a., dass hierbei von der

---

[397] Götting, S. 143.

[398] Vgl. oben § 3 A V; BGHZ 32, 103, 111.

[399] Vgl. hierzu auch BGHZ 44, 375 – Meßmer Tee II.

[400] Ingerl/Rohnke, § 8, Rdn. 296; Fezer, MarkenR, § 8, Rdn. 330 ff.; Ströbele/Hacker-Ströbele, § 8, Rdn. 595 jeweils m.w.N.

[401] A.A. noch RGZ 74, 309, 311 – Graf Zeppelin, in dieser Entscheidung ging das RG von einer engen Verbindung von Persönlichkeit und Warenzeichen aus: „Einem feinfühlenden Menschen widerstrebt es, wenn sein Name überhaupt mit gewissen Waren in Verbindung gebracht wird.“

[402] Ingerl/Rohnke, § 27, Rdn. 6; Fezer, MarkenR, § 27, Rdn. 14; v.Schultz-Brandi-Dohrn, § 27, Rdn. 1.

Popularität des Prominenten profitiert wird. Ferner kann zusätzlich ggf. das positive Image von dem Prominenten auf das Produkt transferiert werden.[403] Der Verkehr geht beim Merchandising aber nicht davon aus, dass der Prominente die Gewähr für die Qualität der Produkte übernehmen wolle.[404] Die Möglichkeit der Einräumung von solchen Lizenzen wird allgemein bejaht.[405] Die Terminologie ist allerdings nicht ganz eindeutig. Hier wird der Begriff des Character Merchandisings verwendet.[406] Eine solche Namenslizenz kann aber nach h.M. keine absolute, sondern nur eine schuldrechtliche Wirkung haben. Insofern ist die Rechtslage ähnlich wie bei der Einwilligung bei dem Recht am eigenen Bild gem. §§ 22 ff. KUG.[407] Solche (Namens-)Lizenzen sind, ebenso wie Markenlizenzen, unzulässig, sofern es zu einer Täuschung des Verkehrs kommt, § 5 UWG. Beim Merchandising mit anderen Kennzeichenmitteln, z.B. Marken, gibt es das Risiko, dass die Kennzeichenkraft als Hinweis auf einen bestimmten Hersteller verloren gehen kann.[408] Da der Name von einem Geschäftsbetrieb wirtschaftlich unabhängig ist, tritt dieses Risiko beim Character Merchandising nur bedingt auf. Sofern der Name aber für viele unterschiedliche Produkte eingesetzt wird, kann es schwieriger sein, von der Popularität zu profitieren bzw. dass positive Image des Prominenten auf das Produkt zu transferieren.

V. Mantelkauf/Sicherungsübereignung

Der sog. Mantelkauf steht zwar nicht in seiner rechtlichen Konstruktion, aber wirtschaftlich nahe an Lizenzen an Unternehmenskennzeichen i.S. von § 5 Abs. 2 MarkenG. Ein Mantelkauf liegt vor, wenn sämtliche Anteile an einer Kapitalgesellschaft, die ihren Betrieb eingestellt hat, zu dem Zweck erworben werden, damit diese Gesellschaft einschließlich der Firma Trägerin für ein

---

403 Schertz, Rdn. 21 ff.; vgl. die Sachverhalte BGH GRUR 1960, 144 – Bambi; BGH GRUR 1963, 485 – Micky-Maus-Orangen; BGH GRUR 1981, 277 – Biene Maja; OLG Hamburg GRUR 1988, 549 – Cats; BGH GRUR 1989, 666 – Heinz Erhardt; BGH GRUR 1993, 692 – Guldenburg.

404 BGH GRUR 2004, 594, 596 – Ferrari-Pferd m.w.N.

405 BGH NJW 2002, 2093 – Vossius & Partner; BGH GRUR 1981, 846 ff. – Rennsportgemeinschaft; OLG Zweibrücken GRUR 1978, 546 ff. – Zirkusname S; Palandt-Heinrichs, § 12, Rdn. 17; Staudinger-Weick/Habermann, § 12, Rdn. 43 ff.; MünchKomm-Schwerdtner, § 12, Rdn. 126 ff.; Erman-Westermann, § 12, Rdn. 30; Götting, S. 142 ff.; Klippel, S. 527 ff.; a.A. Forkel, GRUR 1988, 491 ff., der auch eine absolute Wirkung für möglich hält.

406 Vgl. zum Begriff Schertz, Rdn. 4 ff.; vgl. auch Ruijsenaars, GRURInt 1994, 309 der diese Fallkonstellation als „personality merchandising" bezeichnet.

407 Vgl. BGH GRUR 1987, 128 – Nena; Dasch, S. 36 ff. zur Rechtsnatur der Einwilligung gem. § 22 S. 1 KUG.

408 v.Schultz-Brandi-Dohrn, § 30, Rdn. 12.

wirtschaftlich anderes Unternehmen wird.[409] Beim Mantelkauf steht damit nicht die Übertragung der Firma auf Zeit im Vordergrund, sondern die endgültige Übertragung. Dieser Mantelkauf verläuft ebenso wie die Lizenz zweigliedrig. Es wird ein Kaufvertrag über Rechte gem. § 453 i.V.m. § 433 BGB abgeschlossen. Die Hauptleistungspflicht ist die Übertragung der Geschäftsanteile inklusive des Firmenrechts. Die Übertragung erfolgt gem. §§ 413, 398 ff BGB.[410]
Der Mantelkauf ist damit eine interessante Möglichkeit, eine prägnante Firma vollständig zu erwerben. Bei einem nicht (mehr) werbenden Unternehmen ist der mit der Firma verbundene Goodwill aber sehr gering. Im Vordergrund steht bei einem Mantelkauf deshalb auch der Versuch, die persönliche Haftung im Eintragungsverfahren einer GmbH bzw. AG auszuschließen bzw. das Aufbringen des gesetzlich vorgesehenen Mindestkapitals zu umgehen. Der BGH hat aber in zwei Entscheidungen ausgeführt, dass auf den Mantelkauf die gründungsrechtlichen Vorschriften analog anzuwenden sind. Deswegen ist der Mantelkauf zur Ausscheidung der persönlichen Haftung bzw. zur Umgehung der Aufbringungsvorschriften des gesetzlich vorgeschriebenen Mindestkapitals (nicht mehr) in jedem Fall Erfolg versprechend.[411] Bei einem Mantelkauf stellt sich ferner das Problem der Haftung des Erwerbers für die Altschulden gem. § 25 Abs. 1 HGB, auch wenn diese Haftung durch eine abweichende Vereinbarung mit dem Verkäufer und der Eintragung ins Handelsregister und Bekanntmachung gem. § 25 Abs. 2 HGB ausgeschlossen werden kann.
Die Übertragung / Mantelkauf ist damit insgesamt kein Ersatz für eine Lizenzierung. Zwar gibt es nach allgemeiner Ansicht keine Schwierigkeiten im Hinblick auf das Verbot gem. § 23 HGB.[412] Der Verkäufer verliert aber bei einem Mantelkauf seine sämtlichen Nutzungsbefugnisse. Konstruktionen wie eine einfache Lizenz oder eine ausschließliche territoriale Lizenz sind nicht möglich. Ferner ist bei Unternehmenskennzeichen i.S. von § 5 Abs. 2 MarkenG ein Mantelkauf ausschließlich bei der Firma möglich. Bei den anderen Kennzeichen i.S. von § 5 Abs. 2 MarkenG ist eine solche Konstruktion nicht denkbar, da es solche „Kennzeichenmäntel“ bei diesen Kennzeichen nicht gibt.

Ein Ersatz für die Lizenzierung bietet auch nicht eine Konstruktion ähnlich der Sicherungsübereignung, d.h. eine Vollübertragung der Kennzeichen i.S. von § 5 Abs. 2 MarkenG, verbunden mit der Verpflichtung, nach Ablauf einer verein-

---

[409] Allgemein zum Mantelkauf: Karsten Schmidt, § 12 II 1 c; MünchKommHGB-Bokelmann, § 22, Rdn. 9 ff.

[410] MünchKommHGB-Bokelmann, § 22, Rdn. 41; Karsten Schmidt, § 12 II 1 c; Fehrenbacher, JR 2001, 309, 310; Canaris, § 10, Rdn. 30; Götting, S. 118 ff.

[411] Hierzu BGH NJW 2003, 892; BGH NJW 2003, 3198 sowie ausführlich und kritisch zur aktuellen Rechtsprechung Schmidt, NJW 2004, 1345 ff.

[412] Vgl. z.B. Köhler, DStR 1996, 510, 511; einschränkend nur Beater, GRUR 2000, 119, 125, der einen Mantelkauf als Veräußerung i.S. von § 23 HGB auffasst.

barten Frist oder dem Eintritt eines bestimmten Ereignisses die Kennzeichen zurückzuübertragen.
Bei einer Firma steht einer solchen Praxis § 23 HGB entgegen, nach der die Firma nicht ohne Geschäftsbetrieb übertragen werden kann.[413] Ferner führt eine Sicherungsübereignung auch dazu, dass der „Lizenzgeber“ das Zeichen ohne eine entsprechende Abrede nicht mehr selbst nutzen darf. Damit der Lizenzgeber das Zeichen weiter nutzen darf, müsste wiederum eine Nutzungsbefugnis eingeräumt werden, d.h., es müsste eine Lizenz vereinbart werden. Durch eine solche Konstruktion würde eine Lizenz damit nicht überflüssig werden.
Ferner birgt diese Vorgehensweise für den „Verkäufer“ erhebliche Risiken. Er muss die Rückübertragung ggf. gerichtlich und in der Zwangsvollstreckung durchsetzen. Im Fall von Streitigkeiten kann er die Beschädigung des Zeichens, z.B. eine Rufschädigung durch den „Käufer“, nicht so leicht verhindern. Der „Käufer“ ist in diesem Fall Rechteinhaber. Die Erfolgsaussichten, Schädigungen gerichtlich im Wege des einstweiligen Rechtsschutzes auszuschalten, sind deutlich geringer als im Fall einer Lizenzierung, bei der das Recht bei dem Lizenzgeber verbleibt. Ferner stellen sich in diesem Fall auch die Fragen der Insolvenzfestigkeit der Rückerwerbsoption des Verkäufers. Für den Fall des „normalen“ Sicherungseigentums ist der Sicherungsgeber dadurch gesichert, dass er nach der h.M. ein Aussonderungsrecht gem. § 47 InsO im Fall der Insolvenz des Sicherungsnehmers erhält. Das Sicherungseigentum wird damit einem besitzlosen Pfandrecht gleichgestellt.[414] Ob dieser Weg bei der „Sicherungsübereignung“ von Kennzeichen ebenfalls gangbar ist, ist zumindest fraglich. In der hier interessierenden Konstellation der Lizenzierung einer Firma, eines besonderen Geschäftsabzeichens oder eines Geschäftabzeichens kommt er nicht in Betracht. Es soll nicht nur ein besitzloses Pfandrecht begründet werden, sondern der Lizenznehmer soll zur Nutzung befugt sein.
Insgesamt kann eine Lizenzierung deswegen nicht durch einen Mantelkauf, der nur bei einer Firma anwendbar wäre, oder durch eine Konstruktion ähnlich einer Sicherungsübereignung ersetzt werden.

VI. Zusammenfassung

Die verwandten Erscheinungsformen, insbesondere die Markenlizenzen, Abgrenzungsvereinbarungen und Namenslizenzen, spielen teilweise eine erhebliche praktische Rolle. Marken- und Namenslizenzen betreffen andere Kennzeichen und folgen teilweise anderen Regeln. Durch Abgrenzungsvereinbarungen und durch die Überlassung von Persönlichkeitsrechten zur Ausübung kann das wirtschaftliche Bedürfnis an einer Lizenz an Unternehmenskennzeichen nicht

[413] Zum rechtlichen Rahmen einer Sicherungsübereignung von Unternehmenskennzeichen Starck, WRP 1994, 698, 701; vgl. unten zur Auslegung von § 23 HGB § 6 G III 4.
[414] MünchKommInsO-Ganter, § 47, Rdn. 53.

befriedigt werden. Diese Konstruktionsmöglichkeiten gewähren dem „Lizenznehmer“ keine positive Nutzungsbefugnis an den jeweiligen Unternehmenskennzeichen i.S. von § 5 Abs. 2 MarkenG. Ebenfalls untauglich zur Befriedigung des wirtschaftlichen Bedürfnisses ist ein Mantelkauf bzw. eine Sicherungsübereignung. Der Mantelkauf führt zu einer vollständigen Übertragung der Firma, aber nicht zu einer zeitweiligen Nutzungsrechtseinräumung. Ferner ist der bei einem Mantelkauf erworbene Goodwill regelmäßig sehr gering. Eine bedingte Übereignung ohne Geschäftsbetrieb verstößt gegen § 23 HGB. Im Übrigen müsste, wenn das Kennzeichen von dem Sicherungsgeber auch genutzt werden soll, diesem wiederum ein Nutzungsrecht eingeräumt werden.

§ 5 Rechtsnatur der Lizenz im weiteren Sinn

Unabhängig von dem konkreten Vertragstypus ist ein Lizenzvertrag im weiteren Sinn normalerweise ein gegenseitiger zivilrechtlicher Vertrag. Durch diesen verpflichtet sich der Lizenzgeber, dem Lizenznehmer Nutzungsbefugnisse einzuräumen und der Lizenznehmer verpflichtet sich, eine Gegenleistung zu erbringen. Die Gegenleistung besteht im Normalfall in der Zahlung der Lizenzgebühr, sie kann aber auch darin bestehen, dass der Lizenznehmer seinerseits dem Lizenzgeber Rechte einräumt. Die Entgeltlichkeit ist aber kein konstitutives Merkmal eines Lizenzvertrages. Für Lizenzverträge gelten damit die allgemeinen zivilrechtlichen Regeln,[415] insbesondere die Grundsätze der Vertragsfreiheit, aber auch die Regeln zur Nichtigkeit der Verträge z.B. §§ 134, 138 BGB und der Anfechtbarkeit §§ 119, 123 BGB.[416] Neben dem unmittelbaren Inhalt der Lizenzvereinbarung, der Einräumung einer Nutzungsbefugnis im Normalfall gegen Zahlung einer Lizenzgebühr, werden in der Praxis häufig weitere Vereinbarungen getroffen. Gerade bei Lizenzen an Firmen, besonderen Geschäftsbezeichnungen und Geschäftsabzeichen wird die Lizenzierung typischerweise innerhalb eines Konzerns oder zumindest einer engen wirtschaftlichen und rechtlichen Verflechtung vorgenommen. In diesen Fällen werden häufig weitere Regelungen, insbesondere auch gesellschaftsrechtlicher Art, getroffen. Lizenzverträge über Unternehmenskennzeichen i.S. von § 5 Abs. 2 MarkenG sind damit typischerweise gemischte Verträge.[417]

Die Rechtsnatur des Lizenzvertrages im weiteren Sinn ist vor allem für die Frage entscheidend, welche Regelungen anwendbar sind, wenn der Lizenzvertrag Lücken aufweist. Die schriftliche und unterschriebene vertragliche Vereinbarung hat zwar die tatsächliche Vermutung der Vollständigkeit und Richtigkeit für sich.[418] Dies führt aber nicht dazu, dass Lücken deswegen ausgeschlossen sind. Gem. § 157 BGB ist der Vertrag im Fall einer Lücke so auszulegen, wie es Treu und Glauben mit Rücksicht auf die Verkehrssitte erfordern. Hierbei darf sich die Auslegung nicht in Widerspruch zu dem im Vertrag zum Ausdruck gekommenen Willen der Parteien setzen.[419] Wenn eine Vertragslücke besteht, für die eine (dispositive) gesetzliche Vorschrift zur Verfügung steht, ist grund-

[415] Fezer, MarkenR, § 30, Rdn. 37; Kraßer/Schmid, GRURInt 1982, 324, 327; Bartenbach, S. 241; Fehrenbacher, JR 2001, 309, 312.

[416] Vgl. Fehrenbacher, JR 2001, 309, 313 zum anwendbaren Recht bei internationalen Lizenzverträgen.

[417] Weinmann, S. 26; Troller, S. 822; Knap, GRURInt 1973, 226; Metzlaff-Skaupy, § 4, Rdn. 8 f.; vgl. zum Lizenzvertrag als Gesellschaftsvertrag unten § 5 F.

[418] BGH GRUR 2001, 1164, 1165 – buendgens; Ingerl/Rohnke, § 30, Rdn. 33.

[419] Erman-Armbrüster, § 157, Rdn. 15 ff.; Benkard-Ullmann, § 15, Rdn. 68.

sätzlich diese anzuwenden.[420] Dies gilt zumindest, wenn sich eine Abweichung von dem (ergänzend geltenden) dispositiven Gesetz nicht aus dem Vertrag ergibt.[421] Der Vertragscharakter hat damit entscheidenden Einfluss auf die Vertragsauslegung.[422]

A. (Analoge) Anwendung des § 30 MarkenG

Eine Lizenz im weiteren Sinn an Firmen, besonderen Geschäftsbezeichnungen und Geschäftsabzeichen könnte nach § 30 MarkenG beurteilt werden. Wie bereits bei der Abgrenzung der Lizenzen an Unternehmenskennzeichen zu Markenlizenzen dargestellt, regelt § 30 MarkenG nur eingetragene Marken, Marken durch Benutzung oder notorisch bekannte Marken. In der amtlichen Begründung zu § 27 MarkenG, der die Übertragung der Marke regelt, heißt es, dass das neue MarkenG von einer Regelung der Übertragung von geschäftlichen Bezeichnungen i.S. des § 5 MarkenG absieht. Das geltende Recht solle nicht verändert werden. In Betracht kommt damit nur eine analoge Anwendung.[423] § 30 MarkenG stellt zwar einige (lückenhafte) Regeln zu Markenlizenzen auf.[424] Eine umfassende Regelung im Hinblick auf einen eigenständigen Vertragstypus kann aus § 30 MarkenG aber nicht abgeleitet werden. Die Lückenfüllung erfolgt auch im unmittelbaren Anwendungsbereich des § 30 MarkenG durch einen BGB-Vertragstypus oder durch die Annahme eines Vertrages sui generis. Aus § 30 MarkenG kann damit nicht auf die Rechtsnatur von Lizenzverträgen im weiteren Sinn an Firmen und besonderen Geschäftsabzeichen geschlossen werden. Die Frage des grundsätzlichen Vertragstypus für Lizenzen an Firmen, besonderen Geschäftsbezeichnungen und Geschäftsabzeichen ist aber vorrangig zu entscheiden, da erst auf dieser allgemeinen Grundlage entschieden werden kann, ob § 30 MarkenG bzw. einzelne Absätze von § 30 MarkenG analog auf Lizenzen von Unternehmenskennzeichen i.S. von § 5 Abs. 2 MarkenG angewendet werden können.

B. Lizenzvertrag als Mietvertrag

Fraglich ist, ob ein Lizenzvertrag im weiteren Sinn, insbesondere an Firmen, besonderen Geschäftsbezeichnungen und Geschäftsabzeichen, als Mietvertrag

---

420 BGH NJW 1998, 450, 451 – Tagessaldo; Erman-Armbrüster, § 157, Rdn. 19; Staudinger-Roth, § 157, Rdn. 22 f., im Ergebnis ebenso Hoeren, Rdn. 62 ff.

421 Erman-Armbrüster, § 157, Rdn. 19.

422 Die Einzelheiten sind allerdings im Einzelnen sehr umstritten: vgl. Erman-Armbrüster, § 157, Rdn. 15 ff.; Staudinger-Roth, § 157, Rdn. 11 ff.; MünchKomm-Mayer-Maly/Busche, § 157, Rdn. 25 ff. jeweils m.w.N; für das Patentrecht z.B. Kraßer, S. 963.

423 BT-Drucks. 12/6581 v. 14.1.1994, S. 84; ausführlich Starck, WRP 1994, 698, 700.

424 Statt aller z.B. Ingerl/Rohnke, § 30, Rdn. 27.

klassifiziert werden kann. Das RG hat in seiner Entscheidung vom 17.12.1886[425] offen gelassen, ob es sich bei einer Lizenz um einen unbenannten Vertrag oder um einen Vertrag handelt, der nach einer Analogie zur Miete beurteilt werden kann.[426]

Für die Beurteilung eines Lizenzvertrages als Mietvertrag spricht, dass es sich bei beiden Verträgen um schuldrechtliche Verträge handelt, in dem eine Benutzungsbefugnis einräumt wird. Unterschiede ergeben sich im Hinblick auf den Vertragsinhalt, an dem die Benutzungsbefugnis eingeräumt wird. Ein Mietvertrag gem. § 535 BGB bezieht sich auf die Einräumung einer Benutzungsbefugnis an Sachen i.S. von § 90 BGB. Sachen i.S. von § 90 BGB sind aber ausschließlich körperliche Gegenstände und keine Rechte.[427] Die Kennzeichen(-rechte) Firma, besondere Geschäftsbezeichnung und Geschäftsabzeichen sind aber keine körperlichen Gegenstände. Körperliche Gegenstände dieser Kennzeichen sind nur deren Ausprägungen, etwa das Firmenschild, das Gaststättenschild, die einheitliche Kleidung der Mitarbeiter eines Unternehmens etc. Diese Ausprägungen sind aber nicht Gegenstand des Lizenzvertrages. Denn aus dem Lizenzvertrag folgt nur das Recht, Gegenstände mit dem lizenzierten Kennzeichen zu versehen. Durch das Nutzungsrecht an dem lizenzierten Kennzeichen bezieht sich der Lizenzvertrag nicht auf einen körperlichen Gegenstand. Wegen des fehlenden Bezuges zu einem körperlichen Gegenstand ergeben sich auch Schwierigkeiten im Hinblick auf die an einen Mietvertrag anknüpfende besitzrechtliche Konstellation. Eine Übertragung des Sachbesitzes wie bei einem Mietvertrag findet bei einem Lizenzvertrag nicht statt. Diese ist auch nicht erforderlich, da bei einem Lizenzvertrag der erlaubte Gebrauch nicht in einem Gebrauch einer körperlichen Sache, sondern in der Nutzung des lizenzierten unkörperlichen Rechts liegt.[428] Ein Mietvertrag führt aber dazu, dass der Mieter unmittelbarer Besitzer ist, der Vermieter bleibt mittelbarer Besitzer, vgl. § 868 BGB. Ein solches Verständnis von einem gestuften Besitz an Kennzeichenrechten ist schwer vorstellbar, zumal auf Grund der besitzrechtlichen Position eines Mieters als unmittelbarem Besitzer nur diesem und nicht dem Vermieter als mittelbarem Besitzer das Selbsthilferecht gem. § 859 BGB zusteht.[429] Diese Konstellation ist bei einer einfachen Lizenz nicht gewollt. Bei dieser Lizenz behält der Lizenzgeber eigene Nutzungsbefugnisse. Diese Nutzungsbefugnisse möchte der Lizenzgeber auch verteidigen können. Auch bei

[425] RGZ 17, 53, 54, allerdings noch vor In-Kraft-Treten des BGB.

[426] Anders Henn, Rdn. 91; er interpretiert diese Entscheidung so, dass das RG den Lizenzvertrag als Mietvertrag beurteilt habe.

[427] Henn, Rdn. 92; Müller, S. 89; Hoeren, Rdn. 36; Gleiss, S. 40; Baur/Stürner, § 3, Rdn. 2.

[428] Gleiss, S. 41 f.; vgl. BGH JuS 2005, 70, 71 verneinend zur Frage, inwieweit die körperliche Zugriffsmöglichkeit des Mieters auf die Mietsache konstitutives Merkmal eines Mietvertrages ist. Dies ändert aber nichts daran, dass die Mietsache eine körperliche Sache sein muss.

[429] Palandt-Bassenge, § 859, Rdn. 1; Erman-Lorenz, § 859, Rdn. 1.

einer ausschließlichen Lizenz ist diese besitzrechtliche Konstruktion unabhängig von der fehlenden Körperlichkeit nicht durchführbar. Der Lizenzgeber behält bei dieser Lizenz keine eigenen Nutzungsbefugnisse. Wenn die besitzrechtliche Konstruktion der Miete anwendbar wäre, würde der Lizenzgeber mittelbarer Besitzer mit den damit zusammenhängenden Rechten bleiben. Diese auch an der Körperlichkeit der Mietsache hängenden sachenrechtlichen bzw. besitzrechtlichen Folgen müssten bei einer analogen Anwendung der mietvertraglichen Regeln ausgeschlossen bleiben.
Auch die weiteren Regeln des Mietvertragsrechts passen nicht zur der Interessenlage beim Lizenzvertrag. Anknüpfend an die bei einem Lizenzvertrag nicht vorliegende besitzrechtliche Konstellation, sind jedenfalls auch die Vorschriften über das Vermieterpfandrecht gem. §§ 562 ff. BGB nicht anwendbar. Gleiches gilt für die sozialpolitisch motivierten Vorschriften über den Wechsel der Vertragsparteien gem. §§ 563 ff. BGB mit Ausnahme eventuell von § 566 BGB. Aus § 566 BGB (bzw. § 571 BGB a.F.) analog wurde teilweise auch bei Lizenzverträgen der Sukzessionsschutz, d.h. der Schutz des Lizenznehmers im Fall der Veräußerung, hergeleitet.[430] Die analoge Anwendung des § 566 BGB würde dazu führen, dass bei einer Veräußerung des lizenzierten Gutes nicht nur der neue Eigentümer an den Lizenzvertrag gebunden ist, sondern auch der Lizenznehmer.[431] Ob Sukzessionsschutz in dieser Form möglich und interessengemäß ist, wird ausführlich unten erörtert.[432]
Auch das Gewährleistungsrecht des Mietvertrages kann nicht oder nur mit erheblichen Einschränkungen analog auf Lizenzverträge angewendet werden. Interessengemäß erscheint noch die ursprüngliche Garantiehaftung des Vermieters für anfängliche Mängel unabhängig vom Verschulden gem. § 536 BGB unter der Voraussetzung, dass ein Mangel mit dem rechtlichen Bestand des Kennzeichens gleichgesetzt wird. Die weiteren Gewährleistungsrechte wie Mietminderung gem. § 536 BGB, Schadens- und Aufwendungsersatzanspruch des Mieters wegen eines Mangels gem. § 536 a BGB und Abnutzung der Mietsache durch vertragsmäßigen Gebrauch gem. § 538 BGB, passen aber nicht.
Insgesamt ist damit eine analoge Anwendung der mietvertraglichen Vorschriften als dogmatische Grundlage für einen Lizenzvertrag im weiteren Sinn ungeeig-

[430] So z.B. Lüdecke, NJW 1966, 815, 817; Hederich, S. 42; jeweils zu § 571 BGB a.F. Dagegen zutreffend Benkard-Ullmann, § 15, Rdn. 64; Kraßer, GRURInt 1973, 230, 234; BGHZ 83, 251, 257 – Verankerungsteil, unter Hinweis darauf, dass § 571 BGB a.F. an die Veränderung einer Besitzlage anknüpfe, die offensichtlich sein müsse. Dies sei bei Lizenzen nicht der Fall, da diese z.B. nicht in Registern eingetragen werden müssten. In Betracht kommt evtl. die Anknüpfung an die tatsächliche Nutzung, vgl. ausführlich hierzu unten § 6 G I 1 b ee.
[431] Völp, GRUR 1983, 45; dies verkennt Fehrenbacher, JR 2001, 309, 311, wenn er ausführt, § 15 Abs. 3 PatG, § 30 Abs. 5 MarkenG würden § 571 BGB a.F. entsprechen.
[432] Vgl. unten § 6 G I 1 b ee.

net.[433] Soweit ersichtlich, wird eine solche analoge Anwendung in der Rechtsprechung oder Literatur auch nicht vertreten. In Betracht kommt dagegen eventuell die analoge Anwendung von einzelnen Vorschriften, insbesondere von § 566 BGB.

C. Lizenzvertrag als Leihvertrag

Auch der Leihvertrag ist keine geeignete dogmatische Grundlage für Lizenzverträge im weiteren Sinn. Leihverträge gem. §§ 598 ff. BGB beziehen sich genau wie Mietverträge auf körperliche Sachen i.S. von § 90 BGB und nicht auf Rechte. Bei einer unentgeltlichen Überlassung von Rechten zur Ausübung ist Pachtrecht gem. §§ 581 ff BGB anzuwenden, und nur soweit es um die Unentgeltlichkeit geht, sind die §§ 598 ff. BGB anzuwenden.[434] Der einzige Unterschied zwischen Miete und Leihe ist damit nur das Merkmal der Unentgeltlichkeit der Leihe.[435] Die Entgeltlichkeit ist zwar kein konstitutives Merkmal eines Lizenzvertrages;[436] so kann z.B. die Benutzung eines Kennzeichens auch ohne Gegenleistung des Lizenznehmers gestattet werden, damit es bekannter wird. Aber allein die Unentgeltlichkeit von bestimmten Vertragsgestaltungsmöglichkeiten rechtfertigt nicht die analoge Anwendung der Vorschriften über den Leihvertrag. Dies gilt auch für die Anwendung von Vorschriften über die Leihe bei einer unentgeltlichen Rechtspacht. Nicht interessengemäß ist insbesondere die Ausgestaltung der Gewährleistungsvorschriften. Der Lizenzgeber würde gem. § 599 BGB nur für Vorsatz und grobe Fahrlässigkeit haften. Gem. § 600 BGB setzt die Haftung für einen Mangel im Rechte oder für einen Fehler der verliehenen Sache ein arglistiges Verschweigen voraus. Bei Lizenzen im geschäftlichen Verkehr ist eine solche haftungsrechtliche Privilegierung nicht interessengemäß. So hat der BGH in anderem Zusammenhang bei der Frage des Haftungsmaßstabes eines rechtserheblichen Gefälligkeitsverhältnisses Folgendes ausgeführt: Besteht eine gewisse geschäftliche Verbundenheit der Parteien, muss von dem Leistenden die Wahrung der im Verkehr erforderlichen Sorgfalt verlangt werden.[437] Der BGH hat in diesem Fall trotz der Unentgeltlichkeit und ohne eine besonders enge Geschäftsbeziehung als Haftungsmaßstab § 276 BGB angewendet, d.h. den Schuldner für jede Fahrlässigkeit und Vorsatz haften lassen. Dem ist auch für Lizenzen zuzustimmen. Eine Abweichung hiervon ist gerade bei Lizenzen an Unternehmenskennzeichen i.S. von § 5 Abs. 2 MarkenG

[433] Ebenso Gitter, S. 397; Bartenbach/Gennen, Rdn. 32; Stumpf/Groß, Rdn. 21; Wang, S. 28; Gleiss, S. 43; Fehrenbacher, JR 2001, 309, 312.

[434] Palandt-Putzo, § 598, Rdn. 3.

[435] Palandt-Putzo, Einf. v. § 598, Rdn. 3; Erman-Graf von Westphalen, Vor § 598, Rdn. 8 u. § 598, Rdn. 5; Staudinger-Reuter, Vorb. zu §§ 598 ff., Rdn. 1.

[436] Weinmann, S. 4 FN 15; Bartenbach/Bartenbach, MDR 2003, 1270, 1273.

[437] BGHZ 21, 102, 110; vgl. hierzu auch Staudinger-Reuter, Vorb. zu §§ 598 ff., Rdn. 11 ff.

nicht interessengemäß, da bei diesen Lizenzverträgen beide Parteien wirtschaftlich sehr stark von einander abhängen. Beide Parteien sind über den guten Ruf, der mit den Kennzeichen verknüpft ist, unmittelbar miteinander verbunden. Lizenzverträge im weiteren Sinn sind damit keine Leihverträge i.S. von §§ 598 ff. BGB. Auch eine analoge Anwendung dieser Vorschriften kommt nicht in Betracht.

D. Lizenzvertrag als Rechtspacht

Fraglich ist, ob ein Lizenzvertrag im weiteren Sinn an Firmen, besonderen Geschäftsbezeichnungen oder Geschäftsabzeichen als Rechtspacht gem. § 581 BGB aufgefasst werden kann oder zumindest die Regeln der Rechtspacht analog angewendet werden können.[438] Für die Anwendung der Regeln der Rechtspacht spricht, dass ein Pachtvertrag im Gegensatz zur Miete über einen Gegenstand und nicht über Sachen i.S. von § 90 BGB geschlossen wird. U.a. aus § 584 BGB ergibt sich, dass unter einen Gegenstand i.S. von § 581 BGB auch Rechte fallen. Für die Anwendung der §§ 581 ff. BGB spricht auch, dass bei der Lizenz wie bei der Rechtspacht eine Gebrauchsüberlassung eingeräumt werden soll. Das Hauptrecht soll aber bei dem Lizenzgeber verbleiben. Für die Anwendung der Regeln über die Rechtspacht spricht ferner, dass dem Pächter der Genuss der Früchte zusteht. Angewendet auf die Lizenzierung einer Firma, einer besonderen Geschäftsbezeichnung oder eines Geschäftsabzeichens bedeutet dies, dass dem Lizenznehmer die Früchte des lizenzierten Kennzeichens zustehen. Gem. § 99 Abs. 2 BGB ist unter Rechtsfrüchten der Ertrag zu verstehen, den das Recht seiner Bestimmung gemäß gewährt. Diese Fruchtziehung ist regelmäßig zumindest mit der Interessenlage bei Lizenzverträgen über die Kennzeichen i.S. von § 5 Abs. 2 MarkenG vergleichbar. Der Lizenznehmer darf die Firma, die besondere Geschäftsbezeichnung oder das Geschäftsabzeichen verwenden und die Vorteile aus der Verwendung ziehen, d.h., er steigert durch die Verwendung der Kennzeichen die Bekanntheit des Zeichens und auch seine eigene Bekanntheit. Ob es sich bei der Steigerung der Bekanntheit um eine Fruchtziehung i.S. von § 99 Abs. 2 BGB handelt oder um die Ziehung von Nutzungen i.S. von § 100 BGB, kann hierbei dahingestellt bleiben. Denn der Pächter ist auch zur Ziehung

---

[438] So z.B. zumindest für die einfache (patentrechtliche) Lizenz: MünchKomm-Harke, § 581, Rdn. 27; Staudinger-Emmerich, Vorb. zu § 581, Rdn. 82 ff.; Stumpf/Groß, Rdn. 23; Lutz, GRUR 1976, 331, 334; die Nähe zu § 581 betont auch Ingerl/Rohnke, § 30, Rdn. 27, 33; ähnlich Benkard-Ullmann, § 15, Rdn. 49; ähnlich die Entscheidungen des RG zu nicht ausschließlichen Lizenzen im Bereich der Stempelsteuer RGZ 90, 162, 164; RGZ 122, 70, 73 f.; RGZ 137, 358, 359; in Richtung eines Pachtvertrages auch BGH GRUR 1959, 125, 129 – Pansana.

der Nutzungen i.S. von § 100 BGB befugt.[439] Im Ergebnis dürfte es sich aber nicht um eine Fruchtziehung i.S. von § 99 BGB, sondern um einen Gebrauchsvorteil und damit um eine Nutzung i.S. von § 100 BGB handeln.
Die direkte (und die analoge) Anwendung der Vorschriften über die Rechtspacht scheitert aber an folgenden Überlegungen. Teilweise wird gegen die Anwendung der Rechtspachtvorschriften angeführt, dass bei einer Pacht eines Gegenstandes dieser Gegenstand nicht gleichzeitig weiteren Personen verpachtet werden könne.[440] Dies ist auf der Ebene der Lizenz im weiteren Sinn insofern nicht richtig, als dass nach schuldrechtlichen Grundsätzen eine Sache beliebig oft auch gleichzeitig verpachtet werden kann. Die Erfüllung kann aber bei einem verpachteten Gegenstand grundsätzlich nur einmal erfolgen.[441] Dagegen kann bei einer einfachen Lizenz weiteren Personen eine Lizenz erteilt werden. Gleiches gilt für eine z.B. territorial beschränkte ausschließliche Lizenz. In diesem Fall kann der Lizenzgeber für das Territorium außerhalb der Beschränkung weitere Lizenzen erteilen. Die Erfüllung der weiteren Lizenzverträge im weiteren Sinn wäre dem Lizenzgeber bei einer Übertragung der Rechtspachtregeln unmöglich. Auch wenn der Lizenzvertrag im weiteren Sinn sauber von dem Lizenzvertrag im engeren Sinn abgegrenzt werden muss, können schuldrechtliche Regelungen nicht (analog) angewendet werden, bei denen die Erfüllung des schuldrechtlichen Vertrages auf sehr große Schwierigkeiten stößt. Diese Schwierigkeiten treten nicht nur bei der einfachen und der beschränkten ausschließlichen Lizenz auf, sondern auch bei der alleinigen Lizenz, bei der der Lizenzgeber weiter zur eigenen Nutzung berechtigt bleibt.[442] Diese parallele Nutzungsbefugnis von Lizenzgeber und Lizenznehmer kann mit den Regeln der Rechtspacht nicht erklärt werden.
Unterschiede ergeben sich zwischen Rechtspacht und Lizenz auch deswegen, weil ein Lizenzvertrag ein gewagtes Geschäft ist. Bei einem Lizenzvertrag kann der Lizenznehmer den wirtschaftlichen Nutzen des lizenzierten Rechtes im Vorhinein nicht genau abschätzen. Ferner kann der Lizenzgeber die Fähigkeiten des Lizenznehmers im Hinblick auf das lizenzierte Recht nicht sicher prognostizieren.[443] Bei der Lizenzierung von Firmen, besonderen Geschäftsbezeichnungen und Geschäftsabzeichen steht der genaue Schutzumfang bei Abschluss des Vertrages nicht fest. Dies gilt für den nicht sicher vorhersehbaren geschützten Ver-

---

[439] Palandt-Putzo, § 581, Rdn. 3; vgl. zur Abgrenzung von Früchten gem. § 99 BGB und Nutzungen gem. § 100 BGB z.B. Baur/Stürner, § 3, Rdn. 20 ff.
[440] Bartenbach/Gennen, Rdn. 31; Stumpf/Groß, Rdn. 23.
[441] A.A. Müller, S. 96.
[442] Im Ergebnis ebenso Müller, S. 91; Bartenbach/Gennen, Rdn. 31; Fehrenbacher, JR 2001, 309, 312; die Bedenken teilen auch Stumpf/Groß, Rdn. 23 auch wenn diese die analoge Anwendung der Regeln über den Pachtvertrag befürworten.
[443] BGH GRUR 1961, 27, 29 – Holzbauträger; Bartenbach/Gennen, Rdn. 31; Gitter, S. 397; Busse-Keukenschrijver, § 15, Rdn. 54; Nirk, GRUR 1970, 329, 330.

wechslungsbereich. Im Hinblick auf die Variablen „Wechselwirkung zwischen Kennzeichnungskraft, Ähnlichkeit und Branchennähe“[444] kann in vielen Fällen nicht prognostiziert werden, wie die Gerichte den konkreten Fall entscheiden. Ferner kann der Schutzumfang auch während der Lizenzzeit Einschränkungen erfahren, z.B. kann die Kennzeichnungskraft durch das (widerspruchlose) Heranrücken eines fremden Kennzeichens geschwächt werden, da der Verkehr durch dieses Heranrücken zur sorgfältigeren Unterscheidung der Kennzeichen veranlasst wird.[445]

Neben diesen rechtlichen Risiken gibt es auch betriebswirtschaftliche Risiken. Bei Kennzeichen kann häufig nicht genau eingeschätzt werden, ob das Kennzeichen den erwünschten Erfolg bei der Zielgruppe hat oder es eher wenig beachtet wird. Dagegen kann bei einer Rechtspacht im Vorhinein meistens relativ genau eingeschätzt werden, in welchem Umfang wirtschaftliche Früchte gezogen werden können.

Probleme entstehen auch in vielen Fällen im Hinblick auf die Rückgabepflicht des Pächters nach Ablauf der Pachtzeit, wenn durch die Benutzung der Kennzeichen bei dem Lizenznehmer ein eigenes Kennzeichen entsteht. Eine Rückgabepflicht ist in diesen Fällen nicht möglich. In Betracht käme nur eine Verpflichtung, das eigene Kennzeichen aufzugeben. Ferner können bei einer Lizenz von Firmen, besonderen Geschäftsbezeichnungen und Geschäftsabzeichen diese nicht zurückübertragen werden, wenn sie während der Laufzeit des Lizenzvertrages erlöschen, z.B. weil die Geschäftsabzeichen ihre Verkehrsgeltung verlieren. Wird, wie dies häufig bei Franchiseverträgen der Fall ist, zusätzlich auch noch Erfahrungswissen zur Verfügung gestellt, kann dieses Wissen auch nicht mehr zurückgeleitet werden. Das Wissen verbleibt beim Lizenznehmer.[446] Ohne besondere Regelung führt die Anwendung der Rechtspachtbestimmungen auch dazu, dass der durch den Lizenznehmer erwirtschaftete und mit dem lizenzierten Zeichen zusammenhängende Goodwill dem Lizenzgeber zusteht und zwar ohne Pflicht des Lizenzgebers, dem Lizenznehmer für den Wertzuwachs einen Ausgleich zu leisten.[447]

---

[444] Vgl. oben § 1 A C I.

[445] Kur, GRURInt 1990, 1, 11; Ingerl/Rohnke, § 14, Rdn. 397 ff.; z.B. BGH GRUR 2002, 626, 628 – IMS; grundlegend BGH GRUR 1967, 246, 248 – Vitapur.

[446] Ebenso Bartenbach/Gennen, Rdn. 31. Sofern trotz fehlender Übergabe der Pachtsache von einem Pachtvertrag ausgegangen wird, vgl. BGH JuS 2005, 70, 71, erfolgt die Rückgabe dadurch, dass der Gebrauch der Sache endgültig beendet wird. Eine solche endgültige Beendigung des Wissensgebrauchs ist bei einer Lizenz aber nicht möglich.

[447] BGH GRUR 1986, 681, 682 – Goodwill bei Pachtgeschäften; vgl. zur analogen Anwendung des § 89 b HGB auf Markenlizenzverträge Emde, WRP 2003, 468 ff.; allgemein zur Anwendung von § 89 b HGB beim Franchising Metzlaff-Rauser, § 16, Rdn. 218 ff.

Gleiss[448] führt gegen die Anwendung der Regeln über die Rechtspacht zudem an, dass die Ausgestaltungsmöglichkeiten so unterschiedlich seien, dass das Pachtrecht für die Lizenzverträge zu starr sei. Hierbei ist zu berücksichtigen, dass es Lizenzverträge in so unterschiedlichen Bereichen wie dem Kennzeichenrecht, dem Patentrecht und letztlich auch dem Urheberrecht gibt, auch wenn sie im Urheberrecht normalerweise nicht als Lizenzverträge bezeichnet werden. In §§ 15, 31 UrhG werden die Begriffe Nutzungs- und Verwertungsbefugnis verwendet. *Gleiss* ist deswegen zumindest insoweit Recht zu geben, dass mit der Anwendung der Rechtspachtregeln eine in der Praxis allerdings selten vorkommende unentgeltliche Lizenz nicht erklärt werden kann. Bei der Rechtspacht gibt es kein Pendant zur Leihe als unentgeltliche Miete. Im Rahmen der Anwendung der Rechtspachtvorschriften müssten die Vorschriften über die Leihe analog angewendet werden und diese wiederum hinsichtlich der Gewährleistung modifiziert werden.[449] Diese Konstruktion ist zwar dogmatisch denkbar,[450] aber letztendlich keine (analoge) Anwendung der Rechtspachtvorschriften. Es wird vielmehr aus verschiedenen Vertragstypen ein neuer Vertragstypus konstruiert.
Häufig findet sich ferner der Einwand, mit den Regeln über den Pachtvertrag seien auch die absoluten Wirkungen z.B. der Sukzessionsschutz von Patentlizenzen und Markenlizenzen gem. § 15 Abs. 3 PatG und § 30 Abs. 5 MarkenG nicht zu erklären.[451] Diese Frage der absoluten Wirkung trifft aber nach der hier vertretenen Auffassung den Bereich der Lizenz im engeren Sinn, das Verfügungsgeschäft. Erst in diesem Zusammenhang können ggf. einzelne Vorschriften der Rechtspacht bzw. über den Verweis in § 581 Abs. 2 BGB mietvertragliche Vorschriften analog angewendet werden. Aus den ggf. vorliegenden absoluten Wirkungen ergibt sich damit für die Rechtsnatur des Lizenzvertrages im weiteren Sinn nichts. Insgesamt ist es aber nicht gerechtfertigt, Lizenzverträge im weiteren Sinn (analog) den Regeln für die Rechtspacht zu unterwerfen.

E. Lizenzvertrag als Rechtskauf

Die Regeln über den Rechtskauf gem. § 453 i.V. mit § 433 BGB könnten für Lizenzen an Firmen, besonderen Geschäftsbezeichnungen und Geschäftsabzeichen Anwendung finden.[452] Aus § 453 BGB ergibt sich, dass ein Kaufvertrag

---

[448] Gleiss, S. 46.
[449] Vgl. oben § 5 C.
[450] In diese Richtung z.B. Henn, Rdn. 116.
[451] Z.B. Müller, S. 92, unter Berufung auf Stumpf/Groß, Rdn. 23.
[452] So teilweise das RG für ausschließliche patentrechtliche Lizenzen allerdings in stempelsteuerrechtlichem Zusammenhang: RGZ 31, 295 ff.; RGZ 34, 302, 303; RGZ 76, 235; sowie RGZ 155, 306, 308 – Funkverband, einen kaufvertraglichen Charakter betont auch Henn, Rdn. 87.

auch Rechte betreffen kann. Diese müssen nur übertragbar sein.[453] Sowohl Firmen als auch besondere Geschäftsbezeichnungen und diesen gleichgestellte Geschäftsabzeichen sind übertragbar, so dass das Kaufrecht grundsätzlich anwendbar sein könnte. Gegen die Anwendung spricht aber, dass bei einem Verkauf, richtiger beim dinglichen Vollzug des Kaufes, eine endgültige Übertragung des jeweiligen Rechtes stattfindet.[454] Die Parteien eines Lizenzvertrages wollen aber regelmäßig keine endgültige Übertragung des Rechtes, sondern es sollen dem Lizenznehmer (ausschließlich) Nutzungsbefugnisse eingeräumt werden.[455] Bei der Anwendung von Kaufregeln kann insbesondere eine einfache Lizenz nicht erklärt werden. Wenn der Vollzug des Kaufvertrages eine endgültige Übertragung des Rechtes nach sich zieht, verbleibt bei dem Lizenzgeber kein (Teil-)recht mehr, das er an weitere Lizenznehmer übertragen kann. Aber auch bei einer ausschließlichen Lizenz verbleibt zumindest das Vollrecht bei dem Lizenzgeber. Es bedarf z.B. bei Ablauf der Lizenzzeit keiner Rückübertragung des Rechtes. Deswegen hat der BGH[456] auch ausdrücklich die Anwendung von kaufvertraglichen Regeln auf Lizenzverträge abgelehnt.
Damit können die kaufvertraglichen Vorschriften des BGB nicht auf Lizenzen an Firmen, an besonderen Geschäftsbezeichnungen und an Geschäftsabzeichen angewendet werden.[457]

F. Lizenzvertrag als Gesellschaftsvertrag

Ein Lizenzvertrag im weiteren Sinn über Firmen, besondere Geschäftsbezeichnungen bzw. Geschäftsabzeichen könnte als Gesellschaftsvertrag aufgefasst werden.[458]
Voraussetzung hierfür ist gem. § 705 BGB „die Erreichung eines gemeinsamen Zwecks". Diese Erreichung eines gemeinsamen Zwecks ist aber für einen Lizenzvertrag als solchen nicht typisch. Es handelt sich bei einem Lizenzvertrag regelmäßig um einen gegenseitigen Austauschvertrag, bei dem Nutzungsbefugnisse gegen Zahlung der Lizenzgebühr eingeräumt werden. Ein gemeinsamer Zweck kann auch nicht darin gesehen werden, dass z.B. ein bestimmter Prozentsatz vom Umsatz unter Verwendung des Kennzeichens in Form einer Umsatz- oder einer in der Praxis selteneren Gewinnlizenz an den Lizenzgeber abgeführt

---

453 Palandt-Putzo, § 453, Rdn. 3; zur Einordnung von unkörperlichen Gegenständen / Rechten als Sachkauf vgl. Haedicke, S. 55 ff.; Hoeren, Rdn. 70 ff.
454 Vgl. auch oben die Abgrenzung zur Sicherungsübereignung und Mantelkauf § 4 C V.
455 Gitter, S. 396.
456 BGH NJW 1982, 2861, 2863 – Hartmetallkopfbohrer.
457 Ganz h.M.: z.B. Benkard-Ulmann, § 15, Rdn. 49; Bartenbach/Gennen, Rdn. 29; Stumpf-Groß, Rdn. 20; BGH NJW 1989, 456, 457 – Präsentbücher; Wang, S. 27; Gleiss, S. 50; Fehrenbacher, JR 2001, 309, 312; a.A. wohl nur Nirk, GRUR 1970, 329, 330 FN 3.
458 In diese Richtung z.B. RGZ 155, 306 ff. für Patente; diese Möglichkeit sieht auch Gitter, S. 397.

werden muss. Durch eine solche Regelung wird lediglich das Austauschverhältnis besonders geregelt.[459] Dies entspricht insoweit dem kaufrechtlichen Bezugsvertrag, bei dem im Voraus noch keine bestimmte Menge festgelegt worden ist, sondern nur die Abrufkonditionen. Hier bestimmt sich die Gegenleistung auch erst nach Faktoren, die nach dem Vertragsabschluss eintreten. Allein aus der Tatsache, dass Lizenzverträge regelmäßig über einen längeren Zeitraum geschlossen werden und deswegen beide Parteien verstärkte Treuebindungen treffen, kann kein gemeinsamer Zweck abgeleitet werden.[460]

Schwierigkeiten entstehen ferner im Hinblick auf den Haftungsmaßstab im Gesellschaftsrecht. Gem. § 708 BGB haften die Gesellschafter nur für diejenige Sorgfalt, welche sie in eigenen Angelegenheiten anzuwenden pflegen. Dies führt im Zusammenspiel mit § 277 BGB dazu, dass eine Haftung für leichte Fahrlässigkeit ausgeschlossen wird. Bei der Einräumung von Nutzungsbefugnissen an Kennzeichen ist diese Haftungsverteilung grundsätzlich nicht im Interesse der Vertragsparteien. Insoweit kann auf die obigen Ausführungen zur Leihe verwiesen werden, vgl. § 5 C.

Ebenfalls passen die Vorschriften zur Geschäftsführung und Vertretung sowie über das Gesellschaftsvermögen (insbesondere die §§ 709 bis 715, 718 bis 722, 725, 730 bis 735 und 738 bis 740 BGB) nicht zu Lizenzverträgen im weiteren Sinn. In Bezug auf das lizenzierte Kennzeichen ist ein gemeinschaftliches gesamthänderisch verbundenes Vermögen nicht vorhanden und auch nicht gewollt. Eine Geschäftsführung und Vertretung des Lizenznehmers durch den Lizenzgeber oder umgekehrt entspricht nicht den Interessen der Vertragsparteien.[461] Nicht interessengemäß wäre auch die anteilige Verlusttragung des Lizenznehmers gemeinsam mit dem Lizenzgeber gem. § 722 BGB.[462]

Fraglich ist jedoch, ob nicht ein Gesellschaftsvertrag angenommen werden kann, wenn die Lizenzierung an Firmen, besonderen Geschäftsbezeichnungen und Geschäftsabzeichen, wie es in der Praxis häufig vorkommt, im Rahmen eines Konzerns erfolgt. In diesen Fällen haben die beteiligten Unternehmen regelmäßig ein wechselseitiges Interesse daran, die Bekanntheit des lizenzierten Zeichens zu steigern, da dadurch der wirtschaftliche Wert des Zeichens wächst. Da die beteiligten Unternehmen aber jeweils eine eigene Rechtspersönlichkeit haben,[463] vertreten sie auch ihre eigenen Interessen. Die Steigerung des wirtschaft-

---

[459] Henn, Rdn. 104; Bartenbach, S. 87.

[460] Benkard-Ullmann, § 15, Rdn. 49; Bartenbach/Gennen, Rdn. 33; Stumpf/Groß, Rdn. 22; Busse-Keukenschrijver, § 15, Rdn. 58; im Ergebnis auch BGH GRUR 1959, 616, 617 – Metallabsatz.

[461] Ebenso Henn, Rdn. 108.

[462] Hederich, S. 43.

[463] Dies betont der BGH in st. Rspr. z.B. BGH WM 1994, 1804, 1805 – Nicoline; BGH GRUR 1992, 106, 107 – Barbarossa, auch für Fälle, in denen zwischen Konzernmutter und Konzerntochter ein Treuhandverhältnis besteht.

lichen Wertes erfolgt damit im eigenen Interesse. Dies gilt insbesondere, wenn für die Lizenzierung eine Gegenleistung z.B. in Form von Geldzahlungen vereinbart wurde. Richtig ist allerdings, dass bei einem Konzern die jeweiligen Unternehmen einen Gesellschaftsvertrag mit der Konzernmutter abgeschlossen haben und insgesamt einen gemeinsamen Zweck verfolgen. Diese Gesamtregelung sagt aber nichts über die Rechtsnatur der isolierten Lizenzregelung aus. Mit der Einräumung einer Benutzungsbefugnis an einen Vertragspartner ist, wie dargelegt, keine Vereinbarung eines gemeinsamen Zwecks verbunden. Dies gilt auch, wenn die Lizenzregelung im Rahmen des Gesellschaftsvertrages geregelt wird. Es handelt sich in diesen Fällen um einen gemischten Vertrag, d.h., der abgeschlossene Gesellschaftsvertrag hat lizenzvertragliche Elemente, aber der Lizenzvertrag hat keine gesellschaftsvertraglichen Elemente.[464]
Gegen die Annahme eines Gesellschaftsvertrages spricht auch, dass bei einem Lizenzvertrag, vorbehaltlich nachwirkender Treuepflichten z.B. Schweigepflichten, mit dem endgültigen Austausch der Leistungen der Vertrag beendet sein soll. Wenn die Benutzungsbefugnis erlischt und die Lizenzgebühren bezahlt sind, endet der Lizenzvertrag. Dagegen endet ein Gesellschaftsvertrag ohne Kündigung nicht mit Beendigung des Austausches der Leistungen, sondern erst mit Erreichen des gemeinsamen Zwecks, § 726 BGB.[465] Sofern der Lizenzvertrag dem Gesellschaftsrecht unterstellt wird, hat dies auch bei der Eröffnung des Insolvenzverfahrens über einen Gesellschafter gem. § 728 Abs. 2 S. 1 BGB die Auflösung der Gesellschaft zur Folge. Diese zwingende Auflösung des Vertrages dürfte nicht interessengemäß sein. Interessengemäßer ist vielmehr die Einräumung eines beiderseitigen Kündigungsrechts. Auf welchen Paragrafen das Kündigungsrecht gestützt werden kann, soll an dieser Stelle offen bleiben. In Betracht kommt eine analoge Anwendung der §§ 103 ff. InsO, insbesondere der §§ 109, 110 InsO.[466]
Der Lizenzvertrag im weiteren Sinn kann damit nicht als Gesellschaftsvertrag aufgefasst werden. Davon unabhängig ist allerdings die Frage, ob eine Vereinbarung eines über die Lizenzierung hinausgehenden weiteren Zwecks derart unlösbar mit dieser verbunden ist, dass eine isolierte Beurteilung des Lizenzvertrages nicht möglich ist, § 139 BGB. Diese Fallkonstellationen liegen den so genannten gesellschaftsähnlichen Lizenzverträgen zu Grunde.[467] Aber auch bei diesen gesellschaftsähnlichen Lizenzverträgen ist der Lizenzierungsteil kein Gesellschaftsvertrag.

---

[464] Knap, GRUR 1973, 226; im Ergebnis ebenso Müller, S. 93, Stumpf/Groß, Rdn. 22; Bartenbach/Gennen, Rdn. 33 f.; Troller, S. 823.
[465] Ebenso Gleiss, S. 52.
[466] Ausführlich hierzu Smid/Lieder, DZWIR 2005, 7, 14.
[467] Vgl. hierzu für den patentrechtlichen Bereich: Stumpf/Groß, Rdn. 459 ff.; Benkard-Ullmann, § 15, Rdn. 120 ff. jeweils mit Nachweisen zur Rechtsprechung.

G. Lizenzvertrag als Nießbrauch

Ein Lizenzvertrag im weiteren Sinn könnte auch ein Nießbrauch gem. §§ 1030 ff. BGB sein. So erörtert insbesondere *Müller*[468] die Frage, ob ein Lizenzvertrag ein Nießbrauchvertrag sein kann. Er differenziert allerdings nicht zwischen einem Lizenzvertrag im engeren und weiteren Sinn. Nach der hier vertretenen Auffassung kann ein Lizenzvertrag im weiteren Sinn nicht als Nießbrauch eingeordnet werden. Denn der Nießbrauch i.S. der §§ 1030 ff. BGB betrifft den Vollzug eines Verpflichtungsvertrages.[469] Der Nießbrauch i.S. der §§ 1030 ff. BGB ist damit, wenn überhaupt, auf den Lizenzvertrag im engeren Sinn anzuwenden. Die Annahme eines so genannten schuldrechtlichen Nießbrauchs,[470] d.h. eines Nutzungsrechts auf rein schuldrechtlicher Grundlage, entspricht hinsichtlich der Hauptleistungspflicht, der Einräumung einer Nutzungsbefugnis, der Lizenz im hier vertretenen Sinn. Da diese schuldrechtliche Nutzungsbefugnis im Gesetz aber nicht geregelt ist, handelt es sich letztendlich beim schuldrechtlichen Nießbrauch um einen Vertrag sui generis. Mit diesem wird versucht, die dinglichen Auswirkungen des Nießbrauchs schuldrechtlich nachzubilden.

H. Lizenzvertrag als Vertrag sui generis

Da nach der hier vertretenen Auffassung kein BGB-Vertragstypus eine taugliche Grundlage für den Lizenzvertrag im weiteren Sinn ist, ist dieser mit der h.M. als ein Vertrag sui generis aufzufassen, § 311 Abs. 1 BGB.[471] Diese Auffassung stimmt mit der h.M. hinsichtlich der Rechtsnatur von Lizenzen im Kennzeichenrecht[472] und im Patentrecht[473] überein.
Im Ergebnis stimmt auch *Henn*[474] dieser Auffassung zu. Er betont allerdings, dass es sich seiner Meinung nach um einen gemischten Vertrag handelt, auf den aus den verschiedensten Vertragstypen Regelungen zur Anwendung kommen. Dies ist letztendlich aber nur ein terminologischer Unterschied. Die Hauptbe-

---

[468] Müller, S. 93 f.
[469] Staudinger-Frank, Vorb. zu §§ 1030 ff., Rdn. 42 ff.
[470] Zum schuldrechtlichen Nießbrauchs, Staudinger-Frank, Vorb. zu §§ 1030 ff., Rdn. 19.
[471] BGH GRUR 1970, 547, 548 ff. – Kleinfilter; BGH GRUR 1979, 768, 769 – Mineralfilter; Busse-Keukenschrijver, § 15, Rdn. 53; Müller, S. 96; Gleiss, S. 54; Bartenbach/Gennen, Rdn. 27 u. 35; Gitter, S. 398; dies ist auch die h.M. in der Schweiz vgl. Weinmann, S. 10 ff.
[472] v.Schulze-Brandi-Dohrn, § 30, Rdn. 1; Fezer, MarkenR, § 30, Rdn. 1; Schricker, GRUR 1980, 650, 658; Schulte-Beckhausen, Rdn. 26; ebenso wohl Köhler, DStR 1996, 510, 513 nach dem die Rechtsnatur nicht abschließend geklärt ist.
[473] Henn, S. 69; Benkard-Ullmann, § 15, Rdn. 49; nicht ganz eindeutig Stumpf/Groß, S. 45, die zwar wohl von einem Vertrag sui generis ausgehen, aber die Pachtvorschriften grundsätzlich analog anwenden wollen; im Ergebnis auch Troller, S. 822.
[474] Henn, Rdn. 120.

denken von *Henn* gegen die Annahme eines Vertrages sui generis bestehen darin, dass seiner Meinung nach ein Lizenzvertrag kein in sich geschlossener Vertragstypus ist. Dieser Aussage ist im Hinblick auf die verschiedenen tatsächlichen Gegebenheiten bei den Lizenzen zuzustimmen. Es kann nicht für alle Fallkonstellationen z.B. im Kennzeichenrecht, im Patentrecht etc. ein einheitliches Normengerüst zur Verfügung gestellt werden. Wegen der grundsätzlichen Nähe zur Rechtspacht ist es aber gerechtfertigt, diese Vorschriften vorrangig daraufhin zu überprüfen, ob diese analog herangezogen werden können. Die für eine Analogie erforderliche planwidrige Regelungslücke liegt vor, da kein BGB-Vertragstypus für die Lizenz zur Verfügung steht. Es ist aber in jedem Fall genau zu prüfen, ob eine Analogie im Einzelfall tragfähig, d.h. insbesondere, ob eine vergleichbare Interessenlage vorliegt. Eine Gesamtanalogie ist aber aus den oben angeführten Gründen nicht gerechtfertigt.
Rechtsphilosophische Bedenken in die Richtung von *Henn* finden sich auch bei *Hoeren*[475]. Nach ihm können die Parteien gem. § 305 BGB a.F. (jetzt § 311 BGB) zwar im Rahmen der Privatautonomie vereinbaren, was sie wollen. Es fehle ihnen aber die Rechtsmacht, die Rechtsnatur des von ihnen geschlossenen Vertrages selbst zu bestimmen. Diesen Bedenken ist zuzustimmen, sie können aber auf die Rechtsnatur von Lizenzverträgen nicht übertragen werden. Die Parteien vereinbaren in diesen Fällen keine Rechtsnatur des Vertrages, der von dem gesetzlichen Regelfall ihrer getroffenen Vereinbarung abweicht, z.B. die Vereinbarung von Werkvertragsregeln, obwohl der Sache nach ein Kaufvertrag vorliegt. Nach der hier vertretenen Auffassung gibt es einen solchen gesetzlichen Vertragstypus gerade nicht. Die Inhalte der abgeschlossenen Verträge müssen so ausgelegt werden, dass die Auslegung den Interessen der Vertragsparteien am besten gerecht wird. Deswegen ist, sofern dies im Einzelfall möglich ist, eine Analogie zu konkreten Normen von vorhandenen Vertragstypen zu ziehen.
Gegen die Annahme eines Vertrages sui generis wird eingewendet, hierdurch werde der Lizenzvertrag nicht nur zu einem wirtschaftlich, sondern auch zu einem rechtlich gewagten Geschäft.[476] Dieser Einwand ist grundsätzlich gerechtfertigt, führt aber nicht zu einer Lösung des Problems. Denn dieser Einwand beschreibt das tatsächliche Problem, dass ein Vertrag sui generis per definitionem nicht kodifiziert ist und deswegen ein erhöhtes Maß an Rechtsunsicherheit nach sich zieht. Nach der hier vertretenen Auffassung gibt es aber keinen passenden BGB-Vertragstypus der, wenn auch nur analog, im Wesentlichen auf Lizenzverträge im weiteren Sinn angewendet werden kann. Es obliegt damit der Rechtsprechung und Lehre die Maßstäbe für den Lizenzvertrag als Vertrag sui

---

[475] Hoeren, Rdn. 62 ff.
[476] Kraßer/Schmid, GRURInt 1982, 324, 328, ähnliche Bedenken bei Benkard-Ulmmann, § 15, Rdn. 49; Stumpf/Groß, S. 43; Wang, S. 29.

generis herauszuarbeiten. Soweit vorgeschlagen wird, grundsätzlich von der Rechtspacht auszugehen und bei Bedarf von diesen Regeln abzuweichen,[477] bringt dieses Vorgehen keinen Vorteil im Hinblick auf die Rechtssicherheit. Es ist in diesem Fall ebenso wenig vorauszusehen, welche Regeln Anwendung finden und welche nicht. Die Rechtsunsicherheit kann in diesem Fall ebenfalls nur durch die Ausarbeitung der Maßstäbe durch die Rechtsprechung und Literatur erfolgen. Wegen der vielen möglichen Fallgestaltungen bei Lizenzverträgen z.B. im Kennzeichen- und Patentrecht bietet die Annahme eines Vertrages sui generis ferner den Vorteil, dass flexible auf die Interessenlagen der Vertragsparteien ausgerichtete Lösungen möglich sind. Die Annahme eines Vertrages sui generis führt aber nicht dazu, dass einzelne für die jeweilige Vertragssituation passende Regeln, insbesondere aus dem Pachtrecht, nicht angewendet werden könnten. Insbesondere das Pachtrecht ist wegen seiner Nähe zum Lizenzvertrag häufig analog anwendbar.
Es steht aber kein Vertragstypus zur Verfügung, der zur Auslegung von Lizenzverträgen, insbesondere auch bei der ergänzenden Vertragsauslegung, regelmäßig herangezogen werden kann.[478] Eine erforderliche ergänzende Vertragsauslegung kann damit nur anhand des durch Rechtsprechung und Lehre konkretisierten bzw. zu konkretisierenden Vertrages sui generis erfolgen.[479]

Als Vertrag sui generis handelt es sich bei einem Lizenzvertrag im weiteren Sinn normalerweise um einen schuldrechtlichen Austauschvertrag, bei dem der Verpflichtung zur Einräumung von Nutzungsbefugnissen eine Gegenleistung gegenübersteht. Aus dieser Hauptleistungspflicht ergibt sich die Haftung des Lizenzgebers dafür, dass das zu lizenzierende Recht – vorliegend die Firma, die besondere Geschäftsbezeichnung und das Geschäftsabzeichen – besteht und nicht mit Rechten Dritter belastet ist.[480] Sofern dem Lizenzgeber das lizenzierte Zeichen nicht gehört, ist die Leistung für den Lizenznehmer damit subjektiv unmöglich. Der Vertrag ist aber wirksam, und der Lizenzgeber haftet zumindest verschuldensabhängig gem. § 311 a Abs. 2 BGB auf Schadensersatz bzw. Aufwendungsersatz. Das Gleiche gilt bei einer anfänglichen objektiven Unmöglichkeit, d.h., wenn das Zeichen überhaupt nicht existiert.[481] In den Lizenzverträgen findet sich aber regelmäßig der Passus, dass der Lizenzgeber „allein verfügungsberechtigter Inhaber“ des Schutzrechtes ist. Dieser Passus ist im Sinn einer

---

[477] Benkard-Ullmann, § 15, Rdn. 49; Stumpf/Groß, S. 43; Fehrenbacher, JR 2001, 309, 312.
[478] Weinmann, S. 27.
[479] Die Einordnung des Lizenzvertrags als Vertrag sui generis entspricht auch der herrschenden internationalen Auffassung. Nachweise z.B. bei Henn, Rdn. 121 ff.
[480] Bartenbach/Bartenbach, MDR 2003, 1270, 1273; Nirk, GRUR 1970, 329; Haedicke, GRUR 2004, 123, 126.
[481] Im Gegensatz zur alten Rechtslage nach der solche Verträge bei anfänglicher objektiver Unmöglichkeit gem. § 306 BGB a.F nichtig waren. Ausführlich hierzu Haedicke, S. 266.

Garantie gem. § 276 Abs. 1 S. 1 BGB auszulegen.[482] Ein Verschulden des Lizenzgebers ist im Übrigen in Form der Fahrlässigkeit bei einer Belastung mit Rechten Dritter stets zu bejahen, da diese Belastung für ihn erkennbar ist.[483] Mit dieser Pflicht zur Einräumung der (lastenfreien) Benutzungsbefugnis korrespondiert die Pflicht des Lizenzgebers, das lizenzierte Recht während der Laufzeit des Vertrages aufrechtzuerhalten.[484]

I. Lizenzvertrag als Dauerschuldverhältnis

Der Lizenzvertrag im weiteren Sinn ist ferner als Dauerschuldverhältnis aufzufassen.[485] Der Begriff des Dauerschuldverhältnisses ist durch die Schuldrechtsreform in das BGB aufgenommen worden, vgl. § 308 Nr. 3 und § 309 Nrn. 1, 9, § 313 Abs. 3 und § 314 BGB. Bei einem Dauerschuldverhältnis kommt dem Zeitmoment eine entscheidende Bedeutung in dem Sinn zu, dass die zu erbringende Gesamtleistung entscheidend von der Länge der Zeit abhängt, während der die Leistungen erbracht werden sollen.[486] Die genaue weitere Begriffsbeschreibung von Dauerschuldverhältnissen macht dabei erhebliche Mühe.[487] Gesetzlich geregelte Dauerschuldverhältnisse sind dabei etwa Miete, Pacht, Leihe, Verwahrung und Gesellschaft.[488] Dadurch, dass die Gesamtleistung entscheidend von der Länge der Zeit abhängt, unterscheidet sich das Dauerschuldverhältnis von (echten) Sukzessivlieferungsverhältnissen, bei denen der Umfang der Leistung nicht von der Zeit abhängt. Denn bei diesen ist von vornherein der Gesamtumfang der Liefermenge bestimmt. Diese ist lediglich in Teilleistungen zu unterschiedlichen Fälligkeitsterminen zu bewirken. Dagegen ist bei sog. unechten Sukzessivlieferungsverhältnissen die zu liefernde Menge nicht von vornherein vereinbart, sondern richtet sich nach dem Bedarf des Abnehmers. Diese unechten Sukzessivlieferungsverträge werden, da der Umfang der Leistungspflicht von der Vertragslänge abhängt, als Dauerschuldverhältnisse

---

482 Bartenbach/Bartenbach, MDR 2003, 1270, 1273; ebenso BGH GRUR 1979, 768, 769 – Kleinfilter; Nirk, GRUR 1970 329, 333 jeweils zu Patenten und für die Zeit vor der Schuldrechtsreform.

483 Haedicke, GRUR 2004, 123, 125.

484 Weinmann, S. 42; Ingerl/Rohnke, § 30, Rdn. 45.

485 Ganz h.M. Papenberg/Geissler, § 1, Rdn. 49; Bartenbach/Gennen, Rdn. 54; Busse-Keukenschrijver, § 15, Rdn. 57; Gleiss, S. 38 ff.; Benkrad-Ullmann, § 15, Rdn. 95; Ingerl/Rohnke, § 30, Rdn. 49; Schulte-Beckhausen, Rdn. 27; Fezer, WRP 2004, 793, 796; Nirk, GRUR 1970, 329, 330; Bartenbach/Bartenbach, MDR 2003, 1270, 1273; Haedicke, GRUR 2004, 123, 125; Emde, WRP 2003, 468, 469.

486 MünchKomm-Kramer, Einl. zu §§ 241 ff., Rdn. 96 f.; Staudinger-Schmidt, Einl. zu §§ 241 ff., Rdn. 354; Haedicke, S. 248 ff.

487 Nachweise zu den verschiedenen Beschreibungsversuchen bei MünchKomm-Kramer, Einl. zu §§ 241 ff., Rdn. 96 f.; Staudinger-Schmidt, Einl. zu §§ 241 ff., Rdn. 352.

488 Statt aller Haedicke, S. 249; Müller, S. 86.

aufgefasst.[489] Bei Lizenzverträgen über Firmen, besondere Geschäftsbezeichnungen und Geschäftsabzeichen hat die Lizenzzeit eine entscheidende Bedeutung für den gesamten Vertrag. Sofern ein Lizenzvertrag im weiteren Sinn als Verpflichtung zur Gewährung von positiven Benutzungsbefugnissen verstanden wird, hängt der Umfang der Leistungspflicht, die Einräumung der Benutzungsbefugnisse mit den diversen daran anknüpfenden Nebenpflichten, unmittelbar vom Lizenzzeitraum ab.[490] Diese Verträge sind damit als Dauerschuldverhältnisse zu qualifizieren.

Dagegen will insbesondere *Müller*[491] Lizenzverträge nicht in jedem Fall als Dauerschuldverhältnisse auffassen. Er begründet dies damit, dass Fallkonstellationen denkbar seien, in denen der Leistungsumfang von vornherein beschränkt sei. Als Beispiel führt er an, dass ein Hemdenhersteller berechtigt sein soll, 10.000 Hemden mit dem Firmenschlagwort zu versehen. Im Ergebnis möchte *Müller* dieses Beispiel damit parallel zu den echten Sukzessivlieferungsverträgen werten. Dieses Beispiel trifft aber den Kern der Lizenz nach der hier vertretenen Auffassung nicht. Dieser Kern liegt in der Einräumung einer Benutzungsbefugnis inklusive der daran anknüpfenden dauerhaften Nebenpflichten. So beschränkt *Müller* die Befugnisse des Hemdenherstellers der Nutzung des Firmenschlagwortes auf die Anbringung dieses Schlagwortes auf 10.000 Hemden. Die Nutzung des Firmenschlagwortes kann aber nicht auf die Anbringung auf 10.000 Hemden beschränkt werden. Der Vertrag ist aber – unabhängig von der ggf. einschlägigen (markenrechtlichen) Erschöpfung, gem. § 24 MarkenG – in aller Regel dahingehend auszulegen, dass der Hersteller während der Herstellungszeit berechtigt ist, das Firmenschlagwort zur Werbung zu verwenden. Er darf das Firmenschlagwort in jedem Fall auch bei Anschreiben an Kunden etc. verwenden. Damit wird die Nutzungsbefugnis an dem Firmenschlagwort über die Erlaubnis zum Anbringen auf Hemden hinaus ausgedehnt. In dem Hemdenbeispiel wird damit letztendlich nur die Lizenzzeit nicht in Wochen, Monaten etc. bestimmt, sondern durch eine Obergrenze an hergestellten Produkten. Ferner können den Lizenznehmer Abrechnungspflichten treffen, wenn z.B. eine Umsatzlizenz vereinbart ist.[492] Selbst wenn der Lizenznehmer nicht zur Abrechnung verpflichtet sein sollte, ist der Lizenzgeber zur Aufrechterhaltung des Zeichens während der Lizenzzeit verpflichtet.[493]

Die Einordnung der Lizenzverträge über Firmen, besondere Geschäftsbezeichnungen und Geschäftsabzeichen als Dauerschuldverhältnis führt dazu, dass die

---

[489] Haedicke, S. 250; Palandt-Heinrichs, Überbl. v. § 311, Rdn. 28; Staudinger-Beckmann, Vorb. zu §§ 433 ff., Rdn. 98 ff.

[490] Haedicke, S. 255.

[491] Müller, S. 86 ff.

[492] Ausführlich zu den Abrechnungspflichten z.B. Stumpf/Groß, Rdn. 136 ff.; Benkard-Ullmann, § 15, Rdn. 84 ff.

[493] Weinmann, S. 42; Haedicke, S. 255; Bartenbach, S. 140.

allgemeinen Regeln über die Dauerschuldverhältnisse anzuwenden sind, vor allem die Regelung des § 314 Abs. 1 S. 1 BGB. Hiernach kann jeder Vertragsteil aus wichtigem Grund ohne Einhaltung einer Kündigungsfrist kündigen.[494] § 314 Abs. 2 BGB schreibt bei einer verhaltensbedingten Kündigung aus wichtigen Grund vor, dass vor der Kündigung eine Abmahnung erfolgen muss, es sei denn, dass das Vertrauensverhältnis ohne eine Möglichkeit der Nachbesserung erschüttert ist.[495] Die Kündigung muss gem. § 314 Abs. 3 BGB in einer angemessenen Frist erfolgen. Die Angemessenheit der Frist bestimmt sich nach den Umständen des Vertrages. Die Zweiwochenfrist des § 626 Abs. 2 BGB kann nicht entsprechend angewendet werden, da es sich bei dieser starren Frist um eine Sonderregelung für Dienstverträge handelt.[496] Nahe liegend ist es, sich bei der Bemessung der Angemessenheit der Frist an vergleichbaren Verträgen zu orientieren. In Betracht kommt vor allem die von der Rechtsprechung noch als angemessen betrachtete Zweimonatsfrist bei Patentlizenzen und bei einem Eigenhändlervertrag.[497]
Da es sich bei dem Lizenzvertrag im weiteren Sinn um ein Dauerschuldverhältnis handelt, werden die Regeln über den Wegfall der Geschäftsgrundlage gem. § 313 BGB in § 313 Abs. 3 S. 2 BGB modifiziert. Das Rücktrittsrecht ist ausgeschlossen, und an die Stelle tritt ein Kündigungsrecht. Ohne eine besondere vertragliche Vereinbarung ist es auch nicht möglich, den Lizenzvertrag rückwirkend aufzulösen. Dies gilt nach h.M. sogar bei einer Anfechtung, die sonst gem. § 142 Abs. 1 BGB ex tunc wirkt.[498] Gem. Art. 229 § 5 S. 2 EGBGB ist das neue Schuldrecht auch auf die vor dem 1.1.2003 begründeten Lizenzverträge anzuwenden.

II. Keine Verfügungsbeschränkung, § 137 BGB

Da die Lizenz im weiteren Sinn ein schuldrechtlicher Vertrag (sui generis) ist, steht die vertragliche Verpflichtung des Lizenzgebers, keine weiteren Lizenzen zu erteilen, der Wirksamkeit einer späteren Lizenz im engeren Sinn nicht entgegen, § 137 BGB. Eine Verpflichtung im Lizenzvertrag im weiteren Sinn, keine weiteren Lizenzen zu erteilen, ist schuldrechtlich wirksam, auch wenn es einem

---

494 Busse-Keukenschrijver, § 15, Rdn. 93; Ingerl/Rohnke, § 30, Rdn. 55; v. Schultz- Brandi-Dohrn, § 30, Rdn. 33; zu den Gewährleistungsfragen nach dem neuen Schuldrecht: Haedicke, GRUR 2004, 123 ff.; Busse-Keukenschrijver, § 15, Rdn. 89 ff; Kraßer, S. 961 ff.

495 BGH GRUR 1992, 112, 114 – pulp-wash noch zum alten Schuldrecht; Ingerl/Rohnke, § 30, Rdn. 55.

496 BGHZ 133, 331, 335, Palandt-Heinrichs, § 314, Rdn. 10 m.w.N.

497 Im Patentrecht: OLG Karlsruhe, GRUR 1992, 162, 164 – Schleifvorrichtung; für den Eigenhändlervertrag BGH NJW 1994, 722, 723.

498 Papenberg/Geissler, § 1, Rdn. 52; Benkard-Ullmann, § 15, Rdn. 95; Schulte-Beckhausen, Rdn. 27; einschränkend Haedicke, S. 253 ff. m.w.N.; ders., GRUR 2004, 123, 126 nach dem teilweise auch ex tunc abzuwickeln sein soll.

(einfachen) Lizenznehmer wirtschaftlich nur selten gelingen wird, eine solche Vereinbarung mit dem Lizenzgeber zu treffen.[499] Wenn dies aber gelingt, führt ein Verstoß gegen diese schuldrechtliche Verpflichtung wegen Verletzung des Lizenzvertrages im weiteren Sinn zu Schadensersatzansprüchen gem. §§ 280 ff. BGB.[500] Wenn in dem Lizenzvertrag im engeren Sinn eine absolut wirkende Verfügung gesehen wird, verstößt diese Verfügung nicht gegen § 137 BGB. Wegen des Verfügungscharakters fehlt dem Lizenzgeber in diesem Fall für weitere Verfügungen, die der ersten Verfügung entgegenstehen, die Verfügungsmacht.[501] Einordnung des Lizenzvertrages im weiteren Sinn als schuldrechtlichen Vertrag ist aber weder ein absoluter noch ein relativer Charakter des Lizenzvertrages im engeren Sinn vorgegeben.[502]

I. Zusammenfassung

Beim Lizenzvertrag im weiteren Sinn an Firmen, besonderen Geschäftsbezeichnungen und Geschäftsabzeichen handelt es sich um einen Vertrag sui generis. § 30 MarkenG ist nach dem Wortlaut und der amtlichen Begründung nicht anwendbar. Ferner bietet § 30 MarkenG auch keine in sich geschlossene Regelung. Die BGB-Vertragstypen Miete, Leihe, Rechtspacht, Rechtskauf, Gesellschaftsvertrag sowie Nießbrauch können nicht auf diese Verträge angewendet werden. Am ähnlichsten ist die Rechtspacht, weswegen zunächst zu prüfen ist, ob diese Regelungen analog angewendet werden können.

Der Lizenzgeber ist aus dem Lizenzvertrag im weiteren Sinn verpflichtet, dem Lizenznehmer eine positive Benutzungsbefugnis an dem lizenzierten Kennzeichen einzuräumen. Aus dieser Hauptleistungspflicht ergibt sich die Haftung des Lizenzgebers dafür, dass das lizenzierte Recht besteht und nicht mit Rechten Dritter belastet ist. Sofern dem Lizenzgeber das lizenzierte Zeichen nicht gehört, ist der Vertrag wirksam, und der Lizenzgeber haftet verschuldensabhängig gem. § 311 a Abs. 2 BGB auf Schadensersatz bzw. Aufwendungsersatz. Das Gleiche gilt bei einer anfänglichen objektiven Unmöglichkeit, d.h., wenn das Zeichen überhaupt nicht existierte.

Der Lizenzvertrag im weiteren Sinn ist ein gegenseitiger Vertrag, der als Dauerschuldverhältnis ausgestaltet ist. Wegen dieses Charakters treffen die Vertragspartner, insbesondere auch den Lizenzgeber, besondere Treuepflichten. Der Lizenzgeber muss alles tun, um das lizenzierte Kennzeichen aufrechtzuerhalten.

---

[499] Völp, GRUR 1983, 45.

[500] BGH GRUR 1984, 447, 448 – Multibeton; Busse-Keukenschrijver, § 15, Rdn. 52; Münchkomm-Mayer-Maly/Armbrüster, § 137, Rdn. 1 ff.; Forkel, S. 81; Köhler, FS Fikentscher, 494, 505; vgl. auch unten § 6 G I 1 b zu den diskutierten Konstruktionsmöglichkeiten, um auch bei einer schuldrechtlichen Lizenz Sukzessionsschutz zu gewähren, insbesondere über § 399 2. Alt. BGB, § 404 BGB und § 566 BGB.

[501] Vgl. zum Verfügungscharakter der Lizenz im engeren Sinn unten § 6 G.

[502] Knap, GRURInt 1973, 226, 227.

Eine Verpflichtung im Lizenzvertrag im weiteren Sinn, nicht weiter über das lizenzierte Recht zu verfügen, hat gem. § 137 BGB rein schuldrechtliche Wirkung. Ein Verstoß gegen diese Verpflichtung zieht nur Schadensersatzansprüche nach sich, hindert den Lizenzgeber aber nicht an weiteren Lizenzerteilungen.

§ 6 Rechtsnatur der Lizenz im engeren Sinn

Nach der hier vertretenen Auffassung verpflichtet sich der Lizenzgeber, dem Lizenznehmer eine positive Benutzungsbefugnis einzuräumen. Fraglich ist, welche Rechtsnatur der Vollzugsakt, die Lizenz im engeren Sinn hat. Entscheidend ist, ob es sich bei der Lizenz im engeren Sinn um eine Verfügung über das Mutterrecht handelt, d.h., ob die Lizenz absolute Wirkung haben kann oder ob die Lizenz im engeren Sinn immer lediglich schuldrechtlich ausgestaltet ist.[503] Auszugehen ist dabei davon, dass die Parteien nach mittlerweile allgemeiner Meinung[504] eine rein schuldrechtlich, d.h. relativ wirkende Lizenz an Zeichen i.S. von § 5 Abs. 2 MarkenG vereinbaren können. Fraglich ist aber, ob eine absolute Wirkung einer Lizenz im engeren Sinn von den Parteien erzielt werden kann. Wenn diese Frage bejaht wird, ist fraglich, in welchem Fall die Parteien einer Lizenz im engeren Sinn eine absolute Wirkung beimessen und wann sie dieser nur eine relative Wirkung zubilligen wollen.

Die Annahme der Möglichkeit einer absoluten Wirkung hat vor allem Auswirkungen auf die Frage, ob der Lizenznehmer auch ohne Zustimmung des Lizenzgebers gegen Dritte vorgehen darf, bzw. wie er sich gegen die Inanspruchnahme durch einen Dritten verteidigen kann und ob er auch ohne Zustimmung des Lizenzgebers Unterlizenzen vergeben darf.[505] Sofern eine absolute Wirkung der Lizenz im engeren Sinn von den Parteien bewirkt werden kann, fehlt dem Lizenzgeber die Verfügungsmacht zur Einräumung weiterer Lizenzen, die das dem ersten Lizenznehmer eingeräumte Recht beeinträchtigen können. Der Lizenznehmer hat Sukzessionsschutz, es sei denn, es wird die Möglichkeit eines gutgläubigen Erwerbs angenommen. Die absolut wirkende Lizenz wäre ein die Veräußerung hinderndes Recht i.S. von § 771 ZPO. Ferner liegt es nahe, dem Lizenznehmer ein Aussonderungsrecht (analog) § 47 InsO oder ein Absonderungsrecht (analog) § 49 InsO zu gewähren und so eine Insolvenzfestigkeit der Lizenz im engeren Sinn herbeizuführen.[506] Dies gilt zumindest, wenn die Lizenz im engeren Sinn abstrakt von der Lizenz im weiteren Sinn ist und eine evtl. Kündigung des Lizenzvertrages im weiteren Sinn den Lizenzvertrag im engeren

---

[503] Zu den Begriffen absolut, dinglich, relativ, schuldrechtlich und ausschließlich oben § 4 A.

[504] Karsten Schmidt, § 12 I; Goldmann, § 9, Rdn. 17; Müller, S. 23; Wyss, S. 18.

[505] Bühling, GRUR 1998, 196; Kraßer, GRURInt 1973, 230, 233; Schanda, GRURInt 1994, 275.

[506] MünchKommInsO-Ganter, § 47, Rdn. 339; vgl. zur Insolvenzfestigkeit von urheberrechtlichen Lizenzen, Smid/Lieder, DZWIR 2005, 7, 15 ff.; Fezer, WRP 2004, 793, 801 ff. zur Insolvenzfestigkeit von Markenlizenzen über die analoge Anwendung von § 108 InsO und gem. § 49 InsO analog vgl. S. 804 ff.; a.A. Wente/Härle, GRUR 1988, 103, 104, die nur § 103 InsO anwenden wollen.

Sinn nicht erfasst.[507] Die Frage der Rechtsnatur hat ferner Auswirkungen auf das internationale Privatrecht.
Aus der Natur des Lizenzvertrages im weiteren Sinn können keine Schlüsse hinsichtlich der Natur des Lizenzvertrages im engeren Sinn gezogen werden. Der schuldrechtliche Verpflichtungsvertrag hat keine Auswirkung auf die Rechtsnatur der Erfüllung dieses Vertrages.[508] Dies ergibt sich u.a. aus folgender Vergleichsüberlegung: Der schuldrechtliche Kaufvertrag bewirkt nicht, dass die gem. § 433 Abs. 1 S. 1 BGB geschuldete Eigentumsverschaffung auch schuldrechtlicher Natur ist. Die Eigentumsverschaffung erfolgt vielmehr durch eine sachenrechtliche Verfügung, bei beweglichen Sachen gem. §§ 929 ff. BGB, bei Grundstücken gem. §§ 873, 925 BGB. Andererseits ist der Umkehrschluss aber auch nicht zwingend, dass das schuldrechtliche Verpflichtungsgeschäft in jedem Fall der Vorbereitung einer sachenrechtlichen Verfügung dient. So folgt z.B. dem schuldrechtlichen Dienstvertrag gem. § 611 BGB keine sachenrechtliche Verfügung nach. Denn der Dienstvertrag wird durch die tatsächliche Zurverfügungstellung der Arbeitskraft erfüllt.
Die Frage der Rechtsnatur der Lizenz im engeren Sinn muss für beide Fallkonstellationen, der einfachen Lizenz und der ausschließlichen Lizenz, beantwortet werden.

A. Einwilligung / schuldrechtliche Benutzungsbefugnis

Unerheblich von der konkreten rechtlichen Einordnung des Lizenzvertrages im engeren Sinn hat der Lizenzvertrag im weiteren Sinn auf der „Erfüllungsebene" zumindest folgende Auswirkung. In dem Lizenzvertrag im weiteren Sinn liegt die Einwilligung des Lizenzgebers in die Benutzung des lizenzierten Zeichens durch den Lizenznehmer. Eine solche Einwilligung kann nach allgemeiner Meinung zu einer schuldrechtlich wirkenden Benutzungserlaubnis führen.[509]
Eine solche Einwilligung des Lizenzgebers bewirkt bei sämtlichen oben dargestellten Anspruchgrundlagen (§ 15 Abs. 2 MarkenG, § 12 BGB, § 37 Abs. 2 HGB, § 823 Abs. 1 i.V. mit § 1004 BGB), dass die Benutzung des Zeichens durch den Lizenznehmer im Verhältnis zum Lizenzgeber nicht rechtswidrig ist.[510] Im Rahmen von § 15 Abs. 2 MarkenG, § 12 BGB und § 823 BGB i.V. mit § 1004 BGB kann sich auch kein anderer auf die angebliche Kennzeichenverletzung berufen, da Voraussetzung für diese Anspruchsgrundlagen die Verletzung

[507] Vgl. zur Verknüpfung vom Lizenzvertrag im weiteren und engeren Sinn unten § 7.
[508] Weinmann, S. 22.
[509] Vgl. z.B. Karsten Schmidt, § 12 I; Goldmann, § 9, Rdn. 17; Müller, S. 23; Wyss, S. 18.
[510] Ebenso Weinmann S. 41 f.; Köhler, FS Fikentscher, 494, 500; Canaris, § 10, Rdn. 36, jeweils für die Einwilligung in die Firmenbildung bei einem Verkauf einer Firma; Götting, S. 146 für die Einwilligung in die Namensbenutzung; Forkel, S. 81; Schanda, GRURInt 1994, 275; Schluep, S. 187 jeweils für Marken; Troller, S. 824 für eine schweizerische Patentlizenz.

absoluter Rechte ist. Die absoluten Kennzeichenrechte stehen aber im Regelfall nur dem Lizenzgeber zu. Vor einer Inanspruchnahme durch den Lizenzgeber ist der Lizenznehmer auf Grund der Einwilligung geschützt. Dies gilt aber, wie schon erwähnt, nicht für Ansprüche gem. § 37 Abs. 2 HGB. Denn § 37 Abs. 2 HGB setzt nicht die Verletzung von absoluten Rechten voraus, sondern nur eine unmittelbare Verletzung von Interessen wirtschaftlicher Art.[511] Sofern eine registerrechtlich unzulässige Firma lizenziert wird, wird der Anspruch Dritter gem. § 37 Abs. 2 HGB durch die Einwilligung des ursprünglichen Kennzeicheninhabers nicht vollständig ausgeschlossen. Denn in ihren wirtschaftlichen Interessen betroffene Dritte können gem. § 37 Abs. 2 HGB trotz der Einwilligung des Lizenzgebers gegen den Lizenznehmer vorgehen. Hier zeigt sich, dass § 37 Abs. 2 HGB keine kennzeichenrechtliche Anspruchsgrundlage ist, sondern im öffentlichen Interesse besteht. Eine Einwilligung seitens des Lizenzgebers ist nur möglich, wenn er Inhaber des Zeichens ist. Sonst geht seine Einwilligung ins Leere. Der Lizenzvertrag im weiteren Sinn ist zwar wirksam. Der Lizenznehmer erhält aber keine schuldrechtlich wirkende Benutzungserlaubnis, sondern einen Anspruch gem. § 311 a Abs. 2 BGB auf Schadensersatz bzw. i.V. mit § 284 BGB auf Aufwendungsersatz.

Offen bleiben soll an dieser Stelle die im Einzelnen umstrittene Frage, ob die Einwilligung rechtlich von der Lizenz im weiteren Sinn zu trennen ist, so dass das Trennungsprinzip und eventuell auch das Abstraktionsprinzip anzuwenden ist.[512] Denn vorliegend geht es nicht um die Frage, ob eine Einwilligung auch getrennt von der Lizenz im weiteren Sinn erteilt werden kann, sondern darum, ob aus der Lizenz im weiteren Sinn regelmäßig eine entsprechende Einwilligung „herausgelesen" werden kann. Dies ist der Fall, da die Annahme, dass einerseits der Lizenzgeber zur Einräumung einer Nutzungsbefugnis verpflichtet ist, er andererseits aber hierzu keine Einwilligung erteilt, perplex wäre.

Mit der vorliegend vertretenen Auffassung wird auch nicht, wie *Lichtenstein*[513] bei seiner Abgrenzung zwischen der Lizenz im engeren und weiteren Sinn vorgeworfen wird, Ursache und Wirkung vertauscht.[514] *Lichtenstein* hat ausgeführt,[515] dass der Benutzer des lizenzierten Gutes kraft der Gestattung nicht

---

[511] BGHZ 53, 65, 70 – Dr. S & Co; MünchKommHGB-Lieb/Krebs, § 37, Rdn. 46; Baumbach/Hopt-Hopt, § 37, Rdn. 11; Staudinger-Weick/Habermann, § 12, Rdn. 227.

[512] Vgl. zum Trennungs- und Abstraktionsprinzip unten § 7: In diese Richtung z.B. BGH GRUR 1975, 561, 564 – Nacktaufnahmen; ausführlich Götting, S. 158; auch zur Rechtsnatur der Einwilligung; Dasch, S. 38 ff., insbesondere auch zur Frage, ob die Einwilligung als Rechtsgeschäft bzw. als rechtsgeschäftsähnlich zu qualifizieren ist; vgl. auch Ahrens, S. 321 ff., der auf S. 310 ferner darauf hin weist, dass auch der Begriff der Einwilligung als Verfügung oder als verfügungsähnliches Rechtsgeschäft aufgefasst werden kann.

[513] Lichtenstein, NJW 1965, 1839 ff.

[514] In diesem Sinn Bartenbach/Gennen, Rdn. 39; Lüdecke, NJW 1966, 815, 816.

[515] Lichtenstein, NJW 1965, 1839 ff.

rechtswidrig handele und deswegen Inhaber einer Lizenz sei. Dies wird vorliegend nicht vertreten. Die fehlende Rechtswidrigkeit ist nicht der Grund für die Annahme einer schuldrechtlich wirkenden Lizenz. Vielmehr liegt in dem wirksamen Lizenzvertrag im weiteren Sinn eine Einwilligung mit der Folge, dass der Lizenznehmer nicht rechtswidrig handelt. Denn durch die Einwilligung räumt der Lizenzgeber dem Lizenznehmer eine schuldrechtliche Lizenz ein. Der Lizenznehmer erhält durch den Lizenzvertrag im weiteren Sinn über die Einwilligung eine schuldrechtliche Benutzungsbefugnis an den lizenzierten Unternehmenskennzeichen i.S. von § 5 Abs. 2 MarkenG. Diese Einwilligung / Benutzungsbefugnis bietet bei den Kennzeichen des § 5 Abs. 2 MarkenG fast vollständigen Schutz gegen die Inanspruchnahme durch Dritte. Dies gilt zumindest, wenn die Frage des Sukzessionsschutzes ausgeklammert wird. Etwas anderes gilt aber für Lizenzen an Firmen, weil die im Verhältnis zum Lizenzgeber wirkende schuldrechtliche Benutzungsbefugnis nicht den Anspruch Dritter gem. § 37 Abs. 2 HGB ausschließt.
Durch diese rein schuldrechtliche Konstruktion ist der Lizenzgeber aber nicht an einer Übertragung seines Rechtes oder der Einräumung einer ausschließlichen Lizenz an einen Konkurrenten gehindert, § 137 BGB. Der Lizenzgeber behält seine Verfügungsmacht.[516] Deswegen stellt sich die Frage, ob bei einer einfachen und / oder einer ausschließlichen Lizenz der Lizenznehmer nicht nur eine schuldrechtliche Benutzungsbefugnis erhält, sondern darüber hinaus ein weiteres, absolut wirkendes Recht. Dem Lizenznehmer würden über Schadensersatzansprüche gegen den Lizenzgeber hinaus eigene gegenüber Dritten wirkende Rechte und die damit zusammen hängenden Ansprüche zustehen.

B. Analoge Anwendung von § 30 MarkenG

Eine absolute Wirkung einer Lizenz im engeren Sinn an Firmen, besonderen Geschäftsbezeichnungen und Geschäftsabzeichen kann nicht über eine analoge Anwendung des § 30 MarkenG hergestellt werden. Es gilt insoweit dasselbe wie beim Lizenzvertrag im weiteren Sinn.
§ 30 MarkenG regelt nur eingetragene Marken, Marken durch Benutzung oder notorisch bekannte Marken. In der amtlichen Begründung zu § 27 MarkenG, der die Übertragung der Marke regelt, heißt es, dass das neue MarkenG von einer Regelung der Übertragung von geschäftlichen Bezeichnungen i.S. des § 5 MarkenG absieht. Das geltende Recht solle nicht verändert werden.[517] In Betracht kommt deswegen allenfalls eine analoge Anwendung des § 30 MarkenG auf Lizenzen von Unternehmenskennzeichen i.S. von § 5 Abs. 2 MarkenG. § 30

[516] Vgl. zur Frage, ob die Rechtsstellung auf Grund der Einwilligung weiter übertragen werden kann, Ahrens, S. 329 ff.
[517] BT-Drucks. 12/6581 v. 14.1.1994, S. 84; ausführlich Starck, WRP 1994, 698, 700.

MarkenG stellt aber nur einige (lückenhafte) Regeln zu Markenlizenzen auf.[518] Eine umfassende Regelung kann aus § 30 MarkenG aber auch für den Lizenzvertrag im engeren Sinne nicht abgeleitet werden. Die Frage der Rechtsnatur des Lizenzvertrages im engeren Sinn ist auch vorrangig vor einer eventuellen (Teil-) Analogie von § 30 MarkenG zu entscheiden, da erst auf dieser allgemeinen Grundlage entschieden werden kann, ob § 30 MarkenG bzw. einzelne Absätze von § 30 MarkenG analog auf Lizenzen von Unternehmenskennzeichen i.S. von § 5 Abs. 2 MarkenG angewendet werden können.

C. Erlass gem. § 397 BGB

Die Lizenz im engeren Sinn könnte als Erlassvertrag i.S. von § 397 BGB aufgefasst werden. Ein Erlassvertrag ist ebenso wie ein Lizenzvertrag ein gegenseitiger Vertrag. Durch einen Erlassvertrag geht die Forderung insgesamt durch eine Verfügung unter. Aus der Natur der Verfügung resultiert, dass Voraussetzung für einen Erlass das Bestehen der Forderung ist.[519] Streitig ist hierbei, ob ein Verzicht auf eine zukünftige Forderung in jedem Fall möglich ist[520] oder ob dies nur möglich ist, sofern die Forderung zumindest bedingt oder befristet entstanden bzw. dem Rechtsgrund nach angelegt ist. Nach der zweiten Auffassung kann eine nicht bereits angelegte künftige Forderung nicht erlassen werden, da der Erlass dazu führen würde, dass das Recht nicht entstehen würde.[521]
Für die vorliegende Frage ist dieser Meinungsstreit aber unerheblich. Nach der hier vertretenen Auffassung besteht die Hauptleistungspflicht des Lizenzgebers aus dem Lizenzvertrag im weiteren Sinn in der Verpflichtung, eine positive Benutzungsbefugnis einzuräumen. Eine solche positive Benutzungsbefugnis kann ein Erlass gem. § 397 BGB nicht bewirken. Möglich ist, dass der Lizenzgeber dem Lizenznehmer einen bereits entstandenen Anspruch auf Unterlassung oder Schadensersatz erlässt, z.B. wenn der Lizenznehmer in der Vergangenheit ein Kennzeichen unberechtigt benutzt hat. Nach dem dargestellten Meinungsstreit ist offen, ob der Lizenzgeber darüber hinaus auch noch zukünftig entstehende Schadensersatz- bzw. Unterlassungsansprüche erlassen kann. Da aber in dem Lizenzvertrag im weiteren Sinn, wie dargestellt, in jedem Fall eine Einwilligung und damit auch eine schuldrechtlich wirkende Benutzungsbefugnis liegt,

---

518 Statt aller z.B. Ingerl/Rohnke, § 30, Rdn 27.

519 Staudinger-Rieble, § 397, Rdn. 27.

520 BGHZ 40, 326, 331; Ahrens, S. 333; Staudinger-Rieble, § 397, Rdn. 27; MünchKomm-Roth, § 398, Rdn. 79.

521 Palandt-Heinrichs, § 397, Rdn. 2; Lichtenstein, NJW 1965, 1839, 1840; RGZ 124, 325, 326 f.; RGZ 148, 257, 262; Dasch, S. 29 unter Hinweis darauf, dass sonst Probleme im Hinblick auf den Spezialitätsgrundsatz entstehen würden, der bei Verfügungen in jedem Fall einzuhalten sei.

entsteht ein solcher Schadensersatz- bzw. Unterlassungsanspruch nicht.[522] Ferner erhält Der Lizenznehmer durch den Erlassvertrag keine positiven Rechte. Ein Bedürfnis für einen in die Zukunft gerichteten Erlassvertrag besteht also nicht. Dies gilt für alle dargestellten Anspruchsgrundlagen mit Ausnahme des § 37 Abs. 2 HGB. Diesen im öffentlichen Interesse bestehenden Anspruch kann der Lizenzgeber aber auch nicht erlassen.

D. Verzicht

Es gibt zwei mögliche Arten des Verzichts, die als Konstruktionsmöglichkeiten in Betracht kommen. Möglich ist einerseits ein immaterialgüterrechtlicher Verzicht, durch den auf das Immaterialgut eingewirkt wird. Möglich ist auch ein schuldrechtlicher Verzicht, der unabhängig von den immaterialgüterrechtlichen Regeln auf der Basis des BGB erklärt wird.

I. Immaterialgüterrechtlicher Verzicht

Die Lizenz könnte als immaterialgüterrechtlicher Verzicht aufzufassen sein.[523] Gem. § 20 Abs. 1 Nr. 1 PatG kann der Patentinhaber durch schriftliche Verzichtserklärung gegenüber dem DPMA für die Zukunft auf sein Patent verzichten. Eine ähnliche Regelung findet sich hinsichtlich einer eingetragenen Marke in § 48 MarkenG sowie in § 36 Abs. 1 Nr. 2 GeschmMG für Geschmacksmuster. Diese Verzichtsmöglichkeiten kommen für die Unternehmenskennzeichen des § 5 Abs. 2 MarkenG aber nicht in Betracht. Diese Unternehmenskennzeichen werden mit Ausnahme der Firma in keinem Register geführt. Die Registereintragung einer Firma ist für diese aber auch nicht konstitutiv. Spiegelbildlich zur Eintragung der Firma ist die Löschung der Firma auf Antrag des Firmeninhabers im Handelsregister auch nur deklaratorisch und nicht konstitutiv.[524] Da ein entsprechendes Register fehlt, kann die Lizenz im engeren Sinn an Unternehmenskennzeichen i.S. von § 5 Abs. 2 MarkenG schon deswegen nicht als ein immaterialgüterrechtlicher Verzicht aufgefasst werden. Ein solcher setzt bei den anderen Immaterialgütern, wie z.B. beim Patent, bei der Marke oder beim Geschmacksmuster jeweils eine Erklärung gegenüber dem jeweiligen Register voraus. *Völp*[525] versucht diesem Einwand dadurch zu begegnen, dass nach seiner Meinung in § 20 Abs. 1 Nr. 1 PatG nur der uneingeschränkte Verzicht auf das Patent oder einzelne Patentansprüche für die Zukunft geregelt ist. Ein teilweiser

---

[522] Lichtenstein, NJW 1965, 1839, 1840; Ahrens, S. 334 vgl. auch S. 335 zu der Frage, ob durch einen Erlassvertrag entgegen § 276 Abs. 3 BGB die Haftung für vorsätzliches Handeln ausgeschlossen wird. Die Frage ist zu verneinen, da bei einem Erlassvertrag schon in der Zukunft kein Rechtsverhältnis entsteht, bei dem der Haftungsmaßstab eine Rolle spielt.
[523] Dies schlägt insbesondere Völp, GRUR 1983, 45, 48 ff. vor.
[524] Baumbach/Hopt-Hopt, § 17, Rdn. 16, 23; MünchKommHGB-Bokelmann, § 17, Rdn. 13.
[525] Völp, GRUR 1983, 45, 48.

Verzicht auf das Patent im Wege einer einfachen Lizenz sei auch ohne Erklärung gegenüber dem Patentamt denkbar. Dieser Gedanke könnte auch auf § 48 MarkenG und § 36 Abs. 1 Nr. 2 GeschmMG übertragen werden. Es ist aber nicht möglich, einen immaterialgüterrechtlichen Verzicht unabhängig von § 20 Abs. 1 Nr. 1 PatG, § 48 MarkenG und § 36 Abs. 1 Nr. 2 GeschmMG zu konstruieren. Hierfür finden sich keinerlei Anknüpfungspunkte im Gesetz. Deswegen ist davon auszugehen, dass die Regeln über den immaterialgüterrechtlichen Verzicht durch Erklärung gegenüber dem jeweiligen Register abschließend sind. Möglich wäre damit nur ein vom immaterialgüterrechtlichen Verzicht unabhängiger schuldrechtlicher Verzicht.[526]
Der immaterialgüterrechtliche Verzicht wäre damit endgültig, so dass das Recht insgesamt erlöschen würde. Ein Erlöschen des Rechts insgesamt ist bei einer Lizenz aber gerade nicht gewollt. Der Lizenzgeber will seine bestehende Schutzrechtsposition nicht mit Wirkung gegen jedermann einschränken und schon gar nicht aufgeben.[527] Gegen die Konstruktion als einen immaterialgüterrechtlichen Verzicht spricht auch, dass ein solcher zeitlich nicht beschränkbar ist.[528] Ferner würde ein solcher Verzicht den Verlust der im Kennzeichenrecht sehr wichtigen Priorität nach sich ziehen. Schließlich wird einem Immaterialgut bei einem Verzicht auf sämtliche Abwehrbefugnisse seine Rechtsnatur genommen, da die Abwehransprüche das Immaterialgut als Ausschließlichkeitsrecht ganz wesentlich konstituieren. Würde sich der Lizenzgeber seines Verbotsrechts, wenn auch nur gegenüber dem Lizenznehmer, entäußern, würde eine dem deutschen Rechtssystem unbekannte Figur entstehen.[529] Es würde nur eine absolut wirkende Immaterialguthülle verbleiben, bei der die absolute Wirkung wegen des fehlenden Inhalts ins Leere laufen würde. Im Übrigen würde bei einer Konstruktion des Lizenzvertrages im engeren Sinn als immaterialgüterrechtlicher Verzicht der Lizenzvertrag im weiteren Sinn auch nicht erfüllt. Der Lizenznehmer würde nicht die positive Benutzungserlaubnis erhalten.
Eine Lizenz ist damit nicht als immaterialgüterrechtlicher Verzicht aufzufassen.

II. Schuldrechtlicher Verzicht

Im Unterschied zum Erlassvertrag handelt es sich bei dem schuldrechtlichen Verzicht nicht um einen Vertrag, sondern um eine einseitige, empfangsbedürftige Willenserklärung. Dieser einseitige, schuldrechtliche Verzicht ist im BGB nicht geregelt. Deswegen kann einseitig nicht auf eine Forderung verzichtet

---

[526] Vgl. zu diesem unten § 6 D II; hierauf weist auch Brandi-Dohrn, GRUR 1983, 146, 148.
[527] Ebenso Bartenbach, S. 91; Weinmann, S. 587.
[528] Weinmann, S. 588; Forkel, S. 80 m.w.N.
[529] Forkel, S. 80; Kohler, Handbuch, S. 509; a.A. Völp, GRUR 1983, 45, 48, der die Konsequenz, dass „nach Erteilung zahlreicher einfacher Lizenzen nur noch ein kümmerlicher Rest seines Patents verbleibt", ausdrücklich akzeptiert.

werden.[530] Möglich ist im BGB allein der einseitige Verzicht auf Einreden, Gestaltungsrechte oder im Sachenrecht, vgl. §§ 875, 928, 959, 1064, 1255 BGB.[531] Ein Verzicht auf Einreden und Gestaltungsrechte ist offensichtlich beim Lizenzvertrag im engeren Sinn nicht gewollt. Wenn es um den Verzicht auf sachenrechtliche bzw. immaterialgüterrechtliche Positionen geht, bestehen bei dem Verzicht dieselben Bedenken wie beim Erlassvertrag. In dem Verzicht auf eine Rechtsposition mit den daraus folgenden Abwehransprüchen liegt nicht die Einräumung von positiven Benutzungsbefugnissen. Dies hat zur Folge, dass der Lizenzvertrag im weiteren Sinn nicht erfüllt würde. Der Lizenzvertrag im engeren Sinn ist damit auch kein schuldrechtlicher Verzicht.[532]

E. Pactum de non petendo

Der Lizenzvertrag im engeren Sinn kann damit erst recht kein pactum de non petendo, eine Verpflichtung, die Forderung nicht geltend zu machen, sein. Das pactum de non petendo wirkt damit letztendlich ähnlich wie eine oben aus dem Begriff der Lizenz ausgeschiedene negative Lizenz.[533] Das pactum de non petendo begründet keine Benutzungsbefugnisse. Es hat darüber hinaus im Gegensatz zum Erlass oder Verzicht keine materiellen Folgen. Die Wirkung des pactum de non petendo beschränkt sich vielmehr ausschließlich auf die prozessuale Seite. Es stellt einen antizipierten prozessualen Verzicht analog § 306 ZPO dar.[534] Der „Lizenznehmer" erhält damit lediglich eine prozessuale Einrede. Die Rechtswirkung würde damit sogar noch hinter dem Lizenzvertrag im weiteren Sinn zurückbleiben. Dieser beseitigt wegen der darin liegenden Erlaubnis die Rechtswidrigkeit der Handlung des Lizenznehmers, dagegen zieht das pactum de non petendo diese Rechtswirkung nicht nach sich. Bei der Lizenz soll aber nach der Willensrichtung der Parteien gerade eine rechtmäßige Nutzung des Lizenznehmers vorliegen. Ein Sukzessionsschutz kann bei Annahme eines pactum de non petendo dogmatisch kaum erklärt werden. Ferner könnte ggf. der Lizenzgeber versuchen, die ihm materiellrechtlich zustehenden Schadensersatzansprüche gegen anderweitige Ansprüche des Lizenznehmers aufzurechnen. Dies wäre bei einer rein prozessualen Wirkung des pactum de non petendo wirksam und würde nur ggf. Schadensersatzansprüche auslösen, wenn dem Lizenznehmer nicht über § 242 BGB unter dem Gesichtspunkt der dolo-agit-Einrede geholfen wird.

---

530 BGH NJW 1987, 3203; Palandt-Heinrichs, § 397, Rdn. 1; Erman-Wagner, § 397, Rdn. 1.

531 Palandt-Heinrichs, § 397, Rdn. 1; Erman-Wagner, § 397, Rdn. 1.

532 Zu der Möglichkeit einer solchen Konstruktion z.B. BGH GRUR 1956, 542, 543 – Anhängerkupplung.

533 Ebenso Weinmann, S. 585; Hilty, S. 11 FN 38; Henn, Rdn. 40.

534 Lichtenstein, NJW 1965, 1839, 1840; Bartenbach, S. 92; Ahrens, S. 337; Palandt-Heinrichs, § 397, Rdn. 3; Erman-Wagner, § 397, Rdn. 2.

Durch ein pactum de non petendo kann allerdings das wirtschaftliche Bedürfnis, das hinter einer Lizenz steht, zumindest auch teilweise erfüllt werden.[535] Der „Lizenznehmer" kann weitgehend risikolos die Kennzeichen nutzen. Ansprüchen gem. § 37 Abs. 2 HGB ist er aber weiter ausgesetzt.[536] Hinsichtlich der Wirksamkeit eines pactum de non petendo bei Unternehmenskennzeichen i.S. von § 5 Abs. 2 MarkenG bestehen keine Bedenken.[537] Das nach der hier vertretenen Auffassung entscheidende Kriterium, die Einräumung von Benutzungsbefugnissen, wird aber nicht erfüllt.

F. Nießbrauch

Die absolute Wirkung der Lizenz im engeren Sinn könnte durch die direkte oder analoge Anwendung der Nießbrauchsregeln erzielt werden.[538] Hierfür spricht, dass gem. § 1068 Abs. 1 BGB Gegenstand des Nießbrauchs auch ein Recht sein kann mit der Einschränkung in § 1069 Abs. 2 BGB, dass das Recht übertragbar sein muss. Bedenken gegen die Übertragbarkeit der Unternehmenskennzeichen i.S. von § 5 Abs. 2 MarkenG können sich nur aus ihrer Rechtsnatur ergeben. Sofern diese Kennzeichen als Persönlichkeitsrechte aufgefasst werden, sind sie nach wohl h.M. nicht übertragbar. Nach der hier vertretenen Auffassung[539] handelt es sich bei allen Kennzeichen i.S. von § 5 Abs. 2 MarkenG um Immaterialgüter, bis auf die aus der Untersuchung ausgeschiedenen Kennzeichen „Name" und „subjektsbezogene Geschäftsbezeichnung". Somit spricht § 1069 Abs. 2 BGB nicht gegen die Annahme eines Nießbrauches.
Die Annahme eines Nießbrauches würde zu folgenden Konsequenzen führen. Gem. § 1030 BGB wäre der Nießbraucher / Lizenznehmer berechtigt, die Nutzungen der Sache i.S. von § 100 BGB zu ziehen. Die Ziehung der Gebrauchsvorteile, d.h. die Steigerung der eigenen Bekanntheit durch Nutzung der lizenzierten Unternehmenskennzeichen, entspricht der Interessenlage des Lizenznehmers. Insoweit entspricht der Nießbrauch einer Rechtspacht.[540]
Schwierigkeiten entstehen aber bei sachlich, räumlich oder zeitlich beschränkten ausschließlichen Lizenzen. Gem. § 1030 Abs. 1 BGB ist die Nutzungsbefugnis grundsätzlich unbeschränkt, sie kann aber gem. § 1030 Abs. 2 BGB unter Ausschluss einzelner Nutzungsarten erteilt werden. Ob eine Beschränkung einer

---

535 Z.B. Forkel, S. 79; Dasch, S. 30, unter Hinweis darauf, dass ein solches pactum de non petendo regelmäßig nicht dem Willen der Parteien entspricht.
536 Vgl. oben § 6 A.
537 Zur Verwirkung von Ansprüchen vgl. z.B. BGH GRUR 1988, 776, 778 – PPC.
538 In diese Richtung Lichtenstein, NJW 1965, 1839, 1841; so vor allem Henn, Rdn. 98 zumindest für ausschließliche Lizenzen mit konkreten Überlegungen der Ausdehnung auch auf einfache Lizenzen.
539 Vgl. § 3.
540 Vgl. oben § 5 D.

Lizenz in sachlicher, räumlicher oder zeitlicher Sicht eine Beschränkung der Nutzungsart i.S. von § 1030 Abs. 2 BGB ist,[541] ist zweifelhaft. Denn bei einer solchen Beschränkung wird gegen den Grundsatz verstoßen, dass das durch den Nießbrauch eingeräumte Nutzungsrecht umfassend und nur beschränkbar ist.[542] Bei den beschränkten Lizenzen soll aber gerade kein umfassendes, nur teilweise beschränktes Nutzungsrecht entstehen, sondern ein von vorhinein auf bestimmte Nutzungsarten beschränktes Nutzungsrecht. Der Unterschied wird vor allem bei der Frage deutlich, ob dem Lizenznehmer Nutzungsbefugnisse eingeräumt werden sollen, an die die Parteien bei Abschluss des Vertrages nicht gedacht haben. Bei der Annahme eines Nießbrauches wäre der Lizenznehmer hierzu berechtigt, da ihm grundsätzlich ein umfassendes Nutzungsrecht eingeräumt wäre. Dies ist bei beschränkten Lizenzen aber regelmäßig nicht beabsichtigt.[543] Die Parteien wollen in diesen Fällen nur bestimmte, eng begrenzte Nutzungsbefugnisse vereinbaren. Eine solche beschränkte Nutzungsbefugnis entspricht damit eher einer Dienstbarkeit gem. §§ 1018 ff. BGB, die aber nur bei Grundstücken anwendbar ist und insofern nicht als Grundlage für eine Lizenz in Betracht kommt.

Gegen die Anwendung der Nießbrauchsregeln spricht ferner Folgendes. Der Lizenznehmer wäre gem. § 1041 BGB i.V. mit § 1036 Abs. 2 BGB eventuell auch gem. § 1047 BGB dazu verpflichtet, für die Erhaltung der lizenzierten Rechte in seinem wirtschaftlichen Bestand zu sorgen. Dies würde bedeuten, dass der Lizenznehmer bei registrierten Rechten, z.B. Patent, Marke etc., zur Zahlung der Jahresgebühren verpflichtet wäre. Es erscheint zwar vertretbar, die Zahlung der Jahresgebühren dem Nießbraucher / Lizenznehmer aufzuerlegen. Die Zahlung von Jahresgebühren obliegt aber grundsätzlich dem Schutzrechtsinhaber, da die Nichtzahlung der Jahresgebühren zu einem Erlöschen des Schutzrechtes führt.[544] Auch wenn die Zahlung der Jahresgebühren vereinbart wird, muss der Lizenzgeber die tatsächliche Zahlung kontrollieren, da er sonst eventuell sein lizenziertes Recht verlieren würde. Eine Zahlung von Jahresgebühren ist bei Unternehmenskennzeichen i.S. von § 5 Abs. 2 MarkenG aber nicht erforderlich, so dass dieser Frage nicht weiter nachgegangen werden soll. Bei den Unternehmenskennzeichen i.S. von § 5 Abs. 2 MarkenG hängt die Aufrechterhaltung der

---

541 So Henn, Rdn. 99; wohl auch Müller, S. 76.

542 Lüdecke, NJW 1966, 815 insbesondere FN 7.

543 Im Einzelnen sind die genauen Grenzen der Beschränkungsmöglichkeiten der Nutzungsarten beim Nießbrauch umstritten. Kommentiert werden diese Grenzen im Wesentlichen im Zusammenhang mit der Abgrenzung von Dienstbarkeit und Nießbrauch, vgl. MünchKomm-Pohlmann, § 1030, Rdn. 57 ff., vor allem Rdn. 64 ff.; Staudinger-Frank, § 1030, Rdn. 49 ff., vor allem Rdn. 54 ff.; Baur/Stürner, § 32, Rdn. 12.

544 Wie hier Stumpf/Groß, Rdn. 201, 271 m.w.N.; im Patentrecht ist dies für die einfache Lizenz unstreitig. Für die ausschließliche Lizenz vertritt die h.M. die Auffassung, dass der Lizenznehmer zur Zahlung der Jahresgebühren verpflichtet ist, vgl. Lüdecke/Fischer C 85, S. 258 ff.; vgl. auch z.B. OLG Karlsruhe GRUR 2005, 68, nach dem eine Patentpfändung nicht zur Zahlung der Jahresgebühr verpflichtet.

Kennzeichen von der tatsächlichen Benutzung ab. Gem. § 1041 BGB wäre damit der Lizenznehmer zur Aufrechterhaltung verpflichtet. Dies bedeutet, dass den Lizenznehmer die Pflicht zur Nutzung der Kennzeichen treffen würde, im Fall der Geschäftsabzeichen auch in dem Umfang, dass die Verkehrsgeltung gewahrt bleibt. Eine solche zielgerichtete Benutzungspflicht entspricht aber nicht dem regelmäßigen Interesse der Parteien.[545] Dies wird insbesondere bei einer einfachen Lizenz deutlich, bei der der Lizenznehmer kein ausschließliches Nutzungsrecht erhält. Dem Lizenznehmer die Verpflichtung zur Erhaltung des lizenzierten Gutes aufzuerlegen, ist nicht sachgerecht. Sofern solche Pflichten angenommen würden, könnten diese auch nicht von den Parteien mit absoluter Wirkung abgeändert werden. Denn beim Nießbrauch ist nach h.M. nur eine anderweitige schuldrechtliche Vereinbarung möglich, die nicht gegenüber Rechtsnachfolgern des Lizenznehmers oder des Lizenzgebers wirkt.[546] Sofern die Lizenz dem Nießbrauch unterstellt werden, wären die Ausgestaltungsmöglichkeiten der Lizenz nach der h.M. beschränkt.
Nicht interessengemäß ist auch die Verpflichtung des Nießbrauchers zur Sicherheitsleistung gem. §§ 1051 ff. BGB, wenn er durch sein Verhalten „die Besorgnis einer erheblichen Verletzung der Rechte des Eigentümers begründet." Schwierigkeiten tauchen insbesondere in den Fällen auf, in denen gem. § 1052 Abs. 1 S. 1 BGB nach rechtskräftiger Verurteilung des Nießbrauchers zur Sicherheitsleistung, die Ausübung des Nießbrauchs auf einen vom Gericht zu bestellenden Verwalter übertragen wird. Eine solche tatsächliche Ausübung der Nutzungsbefugnisse an Unternehmenskennzeichen i.S. von § 5 Abs. 2 MarkenG durch einen Verwalter ist kaum vorstellbar. Dieser müsste die Kennzeichen i.S. von § 5 Abs. 2 S. 1 MarkenG tatsächlich benutzen. Bei Geschäftsabzeichen müsste der Verwalter ihre Verkehrsgeltung erhalten. Bei einer nicht ausreichenden Benutzung würde sich der Lizenznehmer schadensersatzpflichtig machen. Andererseits würde der Lizenzgeber das Risiko des Kennzeichenverlustes durch nicht ausreichende Nutzung eingehen. Insbesondere bei der einfachen Lizenz ist dies nicht interessengemäß.
Bei einer Beeinträchtigung der Rechte des Lizenznehmers wäre dieser zudem gem. § 1065 BGB auf die Vorschriften des Eigentümer-Besitzer-Verhältnisses verwiesen. Auf die Ansprüche aus §§ 985 ff. BGB wird in § 1065 BGB verwiesen, weil zum Inhalt des Nießbrauchs der Besitz an der Sache gehört. Aus demselben Grund wird in § 1227 BGB beim Pfandgläubiger und in § 11 Abs. 1 ErbbaurechtsVO beim Erbbaurechtsberechtigten auf die §§ 985 ff. BGB verwiesen.[547] Einen dinglichen Besitz an den Kennzeichen i.S. von § 5 Abs. 2 MarkenG gibt es aber nicht. Anknüpfend an die fehlende Besitzlage passt auch

---

545 Im Ergebnis ebenso: Bartenbach/Gennen, Rdn. 32; Henn, Rdn. 102.

546 Staudinger-Frank, Vorb. zu §§ 1030 ff., Rdn. 13 m.w.N. auch zur Gegenansicht; MünchKomm-Pohlmann, Vor § 1030, Rdn. 21 f.

547 Baur/Stürner, § 11, Rdn. 11; MünchKomm-Pohlmann, § 1065, Rdn. 1.

der Herausgabeanspruch gem. § 1065 i.V. mit § 985 BGB nicht. Ein Besitz des Kennzeichens durch einen unbefugten Dritten ist nicht vorstellbar. Sofern es um eine unbefugte Nutzung des Kennzeichens geht, stehen die kennzeichenrechtlichen Anspruchsgrundlagen und § 37 Abs. 2 HGB zur Verfügung, so dass es eines entsprechenden Rückgriffs auf die §§ 987 ff. BGB nicht bedarf. Insgesamt passt der Verweis gem. § 1065 BGB auf das Eigentümer-Besitzer-Verhältnis damit nicht.[548]

Hinsichtlich der Rückgabepflicht des Nießbrauchers nach Beendigung des Nießbrauchs gem. § 1055 BGB gilt dasselbe wie bei der Rückgabepflicht nach Ablauf der Pachtzeit. Bei einer Lizenz von Firmen, besonderen Geschäftsbezeichnungen und Geschäftsabzeichen, die während der Laufzeit des Lizenzvertrages erlöschen, z.B. weil die Geschäftsabzeichen ihre Verkehrsgeltung verlieren, können diese nicht zurückgegeben werden. Wird, wie dies häufig bei Franchiseverträgen der Fall ist, zusätzlich auch noch Erfahrungswissen zur Verfügung gestellt, kann dieses Wissen auch nicht mehr zurückgeleitet werden. Das Wissen verbleibt beim Lizenznehmer.[549]

Zweifelhaft ist auch die Anwendung der §§ 1059, 1059 a ff., 1061 BGB. Hiernach ist der Nießbrauch nicht übertragbar, § 1059 S. 1 BGB, allerdings mit einer Ausnahme bei juristischen Personen § 1059 a BGB. Nur die Ausübung kann einem Dritten übertragen werden, § 1059 S. 2 BGB. Ferner ist der Nießbrauch nicht vererbbar (§ 1061 BGB) und nur bedingt pfändbar, §§ 1059 a ff. BGB. Nach *Henn*[550] kommt in diesen Paragrafen der persönliche Charakter des Nießbrauchs zum Ausdruck. Diesen persönlichen Charakter sieht er als Hauptgrund für die Anwendung des Nießbrauchs auf einfache Lizenzen an. Die Anwendung dieser Paragrafen führen im Ergebnis zu einer Herabsetzung der Verkehrsfähigkeit der Lizenz. Diese Herabsetzung der Verkehrsfähigkeit kann bei Unternehmenskennzeichen i.S. von § 5 Abs. 2 MarkenG hingenommen werden. Der Lizenzgeber hat bei den Unternehmenskennzeichen i.S. von § 5 Abs. 2 MarkenG regelmäßig ein Interesse daran, dass der Lizenznehmer die lizenzierten Kennzeichen nicht ohne sein Einverständnis weiter übertragen kann.[551] Problematisch ist aber, dass bei einer Veräußerung des Unternehmens die Lizenz, vorbehaltlich der Sonderregeln gem. § 1059 a BGB für die Übertragbarkeit eines Nießbrauchs einer juristischen Person, automatisch untergehen würde.[552] Die Investitionen in die lizenzierten Kennzeichen und der damit verbundene Goodwill würde damit wirtschaftlich vernichtet werden. Von §§ 1059 ff. BGB kann auch nicht wirk-

---

[548] Ebenso Bartenbach/Gennen, Rdn. 32; Henn, Rdn. 102.

[549] Ebenso Bartenbach/Gennen, Rdn. 31, allerdings im Rahmen von Pachtverträgen. Die Sachlage ist insoweit identisch.

[550] Henn, Rdn. 100.

[551] Ferner verstoßen solche Unterlizenzen gegen § 399 1. Alt. BGB, vgl. unten § 6 G I 5.

[552] Ebenso Engels, S. III-61 für Marken.

sam abgewichen werden, da sie zwingendes Recht sind.[553] Die Bedenken gegen die Anwendung der Nießbrauchvorschriften wegen der Regelungen in §§ 1059 ff. BGB sind im Rahmen der Unternehmenskennzeichen i.S. des § 5 Abs. 2 MarkenG zwar nicht zwingend. Denn bei Lizenzen dieser Kennzeichen sind in der Praxis ausschließlich juristische Personen beteiligt, und es besteht bei den Unternehmenskennzeichen wegen des Hinweises auf das Unternehmen bzw. auf den Unternehmensträger ein besonderes Interesse des Lizenzgebers an der Kontrolle seiner Zeichen. Diese Besonderheit gilt aber nicht für Lizenzen z.B. im Patent- oder Markenrecht.[554] Die Lizenzen von Unternehmenskennzeichen i.S. des § 5 Abs. 2 MarkenG auf ein dogmatisch anderes Fundament zu stellen als Lizenzen im Patent- oder Markenrecht kann aber nur die ultima ratio sein, da sonst die Rechtssicherheit und Rechtsklarheit leiden würden. Die Bedenken gegen die Anwendung von Nießbrauchsvorschriften wegen der Unübertragbarkeit und Unvererbbarkeit des Nießbrauchs beanspruchen deswegen mittelbar auch Gültigkeit bei Lizenzen von Unternehmenskennzeichen i.S. von § 5 Abs. 2 MarkenG.[555] Ferner würde durch die Geltung des § 1059 S. 2 BGB die Erteilung von Unterlizenzen ausgeschlossen, da diese eine Übertragung der Nutzungsbefugnisse und nicht nur eine reine Ausübungsermächtigung voraussetzen.[556] Die grundsätzliche Möglichkeit der Einräumung von Unterlizenzen ist aber, wenn dies der Lizenzgeber erlaubt, unstreitig.[557] Ein Grund für einen Ausschluss von Unterlizenzen, wenn der Lizenzgeber hiermit einverstanden ist, ist nicht ersichtlich.

Müller[558] wendet gegen die Anwendung der Nießbrauchsregeln ferner ein, dass hierdurch Schwierigkeiten auf Grund des sachenrechtlichen Spezialitätsgrundsatzes auftreten würden. Ein Nießbrauch könne an einem Recht nicht mehrfach erteilt werden. Aus § 1060 BGB ergibt sich aber, dass auch mehrere konkurrierende Nießbrauchsrechte begründet werden können. Aus dem sachenrechtlichen Spezialitätsgrundsatz kann damit kein weiteres Argument gegen die Anwendung der Nießbrauchsregeln gewonnen werden. *Henn*[559] betont hierzu zu Recht, dass die Rechte bei einer Hypothek, Grundschuld, Rentenschuld, Reallast oder der Mitgliedschaft an einer Gesellschaft nur einmal genutzt werden können. Im

---

553 MünchKomm-Pohlmann, Vor § 1030, Rdn. 19; Müller, S. 94, Staudinger-Frank, § 1059 Rdn. 2; § 1061, Rdn. 1; Baur/Stürner, § 32, Rdn. 17 ff.; nicht ganz eindeutig aber wohl weitergehend hinsichtlich der Abdingbarkeit, Wieling, § 14 I 1 d bb.

554 Vgl. Benkard-Ullmann, § 15, Rdn. 58, danach sind im Patentrecht ausschließliche Lizenzen ohne ausdrückliche Genehmigung übertragbar, einfache Lizenzen dagegen nur bei einer ausdrücklichen Genehmigung; ähnlich Fezer, MarkenR, § 30, Rdn. 15 für Marken.

555 Müller, S. 77.

556 Henn, Rdn. 100; dies verkennt Kohler, Handbuch, S. 501.

557 Fezer, MarkenR, § 30, Rdn. 22; Benkard-Ullmann, § 15, Rdn. 59; Stumpf/Groß, Rdn. 233.

558 Müller, S. 94.

559 Henn, Rdn. 99; grundlegend Kohler, Handbuch, S. 511; ähnlich auch Weinmann, S. 555; kritisch aber S. 558.

Gegensatz hierzu schließe aber die Erteilung von Nutzungsrechten kraft Definition die Vergabe von weiteren Nutzungsrechten nicht aus, da diese nicht in Konkurrenz zueinander träten. Dies gilt zumindest für Nutzungsrechte an Immaterialgütern, die grundsätzlich überall genutzt werden können.
Zutreffend ist allerdings, dass § 1060 BGB in ein Spannungsverhältnis zu § 1030 BGB tritt. Denn aus § 1030 BGB ergibt sich, dass bei einem Nießbrauch grundsätzlich sämtliche Nutzungsbefugnisse auf den Nießbraucher übergehen. Möglich bleibt aber die gleichzeitige Einräumung von mehreren gleichrangigen Nießbrauchsrechten. Wenn die Nießbrauchsrechte nacheinander bestellt werden, hat das zuerst begründete Recht einen besseren Rang. Ein durch § 1060 BGB regelungsbedürftiger Konflikt tritt damit nur bei Gleichrangigkeit ein. Die für Lizenzen zur Verfügung stehende Rangregelung[560] ist das Prioritätsprinzip, das dazu führt, dass nachfolgende Lizenzen nicht mehr eingeräumt werden dürfen bzw. nachrangig sind. Insoweit entspricht das kennzeichenrechtliche Prioritätsprinzip den Rangregeln des BGB, vgl. z.B. § 879 BGB. Bei einer einfachen Lizenz ist aber zu beachten, dass die einfachen Nutzungsbefugnisse nicht miteinander kollidieren können, da sie sich nicht ausschließen. Das Gleiche gilt für die alleinige Lizenz, die die Nutzungsbefugnis des Lizenzgebers im Verhältnis zur Nutzungsbefugnis des Lizenznehmers regelt. Deswegen können bei einer Anwendung der Nießbrauchsregeln auch die einfache und alleinige Lizenz erklärt werden. Bei einer ausschließlichen Lizenz tritt dagegen das Rangverhältnis zu Tage, wenn mehre Lizenzen gleichzeitig erteilt werden. Der Lizenzgeber kann gleichzeitig mehrere territorial abgegrenzte ausschließliche Lizenzen erteilen. Bei der Anwendung der Nießbrauchsregeln müsste bei einer territorialen Überlappung der Gebiete über den Verweis in § 1060 BGB auf § 1024 BGB ein Ausgleich gesucht werden. Die ausschließlichen Lizenznehmer hätten einen Anspruch auf eine Regelung untereinander nach billigem Ermessen. Durch diese Regelung nach billigem Ermessen würde der Bestand, d.h. der Inhalt der ausschließlichen Lizenzen, betroffen. Eine solche territoriale Abgrenzung kann aber nicht nach billigem Ermessen erfolgen. Sonst führt diese Konstruktion zu einer nicht hinnehmbaren Rechtsunsicherheit, insbesondere wenn eine Vielzahl von territorial beschränkten ausschließlichen Lizenzen erteilt wird, die zusammen z.B. die gesamte Fläche Deutschlands ausmachen. Bei der Durchführung des billigen Ausgleichs müssten alle anderen territorial ausschließlichen Lizenzen einbezogen werden. Diese Einbeziehung würde zu unüberwindbaren praktischen Schwierigkeiten führen. Hier zeigt sich, dass das Nutzungsrecht an Unterneh-

[560] Vgl. zu Rangfragen im Immaterialgüterrecht Lüdecke/Fischer, C 49, S. 206. Die Rangfragen spielen vor allem in folgender Konstellation eine Rolle. Der Lizenzgeber erteilt A zunächst eine einfache Lizenz und sodann B eine ausschließliche. Sofern A Sukzessionsschutz genießt, bleibt seine Lizenz erhalten, da sie einen besseren Rang hat. Wenn die einfache Lizenz des A z.B. wegen Zeitablauf erlischt, rückt der B im Rang auf und hat eine unbeschränkte ausschließliche Lizenz, vgl. hierzu auch Forkel, S. 63 ff.

menskennzeichen i.S. von § 5 Abs. 2 MarkenG im Unterschied zum Nießbrauch nicht an einen bestimmten Gegenstand gebunden ist. Das Nutzungsrecht an den Unternehmenskennzeichen kann theoretisch überall ausgeübt werden. Dies führt dazu, dass der Ausgleich gem. §§ 1060, 1024 BGB nicht passt.
Damit kann zwar ein Nießbrauch und auch ein Pfandrecht an den übertragbaren Unternehmenskennzeichen i.S. von § 5 Abs. 2 MarkenG gewährt werden. Dieser Nießbrauch an den Unternehmenskennzeichen muss aber von einer Lizenzierung dieser Kennzeichen abgegrenzt werden, da zahlreiche Regeln des Nießbrauchs bei Lizenzen nicht anwendbar sind.[561] Der Nießbrauch ist insgesamt keine taugliche Grundlage für den Lizenzvertrag im engeren Sinn.

G. Verfügung

Fraglich ist, ob eine absolute Wirkung der Lizenz im engeren Sinn im Wege einer Verfügung konstruiert werden kann. Eine Verfügung wird im Sachenrecht in § 873 BGB definiert. § 873 BGB gilt seinem unmittelbaren Wortlaut nach nur bei Grundstücken. Eine Verfügung ist gem. § 873 BGB ein Rechtsgeschäft, durch welches das Recht oder das Rechtsverhältnis unmittelbar betroffen wird und zwar durch Veränderung, Übertragung, Belastung oder Aufhebung.[562] Folge einer wirksamen Verfügung über ein Recht ist, vorbehaltlich der Möglichkeiten des gutgläubigen Erwerbs, der zumindest teilweise Verlust der Verfügungsmacht. Der Verfügende verliert im angestrebten Ausmaß sein Recht. Diese Definition ist aber verallgemeinerungsfähig. Denn auch wenn der Begriff der Verfügung meistens mit dem Sachenrecht verbunden ist, zeigt der Erlass gem. § 397 BGB oder auch eine Abtretung einer Forderung, dass es auch Verfügungen im Schuldrecht gibt. Sofern ein Zedent eine Forderung wirksam an einen Zessionar abgetreten hat, kommt wegen des Verlustes der Verfügungsmacht beim Zedenten eine wirksame Zweitzession nicht in Betracht.[563] Diese Drittwirkung der Zession tritt nicht wegen der Dinglichkeit der Forderung ein. Eine solche liegt unstreitig nicht vor, sondern weil der Zedent die Verfügungsmacht für eine Zweitzession verloren hat. U.a. deswegen sollte der Begriff der Verfügung nicht mit der dinglichen Wirkung gleichgesetzt werden. Die Übereinstimmung im Hinblick auf die Drittwirkung rechtfertigt die Gleichsetzung der Begriffe Verfügung und Dinglichkeit nicht.[564] Es geht deswegen um die Frage, ob die Lizenz im engeren Sinn eine absolute Wirkung entfalten kann.

---

[561] Im Ergebnis ebenso Staudinger-Frank, Anh. zu §§ 1068 f., Rdn. 6 ff.; Lüdecke, NJW 1966, 815, 816; Müller, S. 94; Hoeren, Rdn. 25 für Urheberrechte; Forkel, S. 67; Engels, S. III-60; Herbst, S. 51 f.

[562] Kraßer, GRURInt 1973, 230, 232 für Immaterialgüter; allgemein zur Definition einer Verfügung z.B. Larenz/Wolf, § 23, Rdn. 36.

[563] Kraßer, GRURInt 1983, 537 f.; ders., GRURInt 1973, 230, 233.

[564] Vgl. hierzu oben § 4 A; wie hier z.B. Kraßer, GRURInt 1983, 537, 538.

Wie oben dargestellt, liegt eine rein schuldrechtliche Benutzungsbefugnis schon im Lizenzvertrag im weiteren Sinn.[565] Bei der Annahme einer absoluten Wirkung müsste über die aus dem Lizenzvertrag im weiteren Sinn resultierende schuldrechtliche Benutzungsbefugnis hinaus ein Recht an dem lizenzierten Recht übertragen oder begründet werden.[566] Diese Übertragung oder Begründung eines Rechts könnte eine Verfügung sein. Es ist fraglich, ob wirtschaftliche Gründe für die Annahme einer absoluten Wirkung der Lizenz im engeren Sinn sprechen. Wenn solche Gründe vorliegen und eine absolute Wirkung der Lizenz im engeren Sinn rechtlich konstruiert werden kann, führt dies dazu, dass im Regelfall von einer absoluten Wirkung der Lizenz im engeren Sinn ausgegangen werden muss. Denn in diesem Fall wird diese absolute Wirkung den grundsätzlichen Interessen des Lizenzgebers und des Lizenznehmers am besten gerecht. Nur wenn Anhaltspunkte dafür vorliegen, dass die Parteien nur eine schuldrechtliche inter partes wirkende Rechtsbeziehung vereinbaren wollten, könnte eine solche angenommen werden.[567]

I. Bedürfnis für eine Verfügung (absolut wirkende Lizenz)

Ob eine absolut wirkende Lizenz angenommen werden kann bzw. muss, ist anhand der unterschiedlichen Interessen des Lizenzgebers und des Lizenznehmers zu untersuchen. Hiermit wird auch nicht i.S. eines Zirkelschlusses geprüft, ob die gewünschten Rechtsfolgen für die Rechtsnatur des Lizenzvertrages zwingend sind. Ohne ein wirtschaftliches Bedürfnis für eine absolut wirkende Lizenz müsste aber nicht nach einer entsprechenden Konstruktionsmöglichkeit gesucht werden.

1. Sukzessionsschutz

Es könnte ein Bedürfnis nach Sukzessionsschutz bestehen. Denn bei Ablehnung einer absoluten Wirkung einer Lizenz würde nach allgemeinen Grundsätzen die Lizenz grundsätzlich nur eine relative Wirkung entfalten. Dies hätte zur Folge, dass aus der Lizenz selbst kein Sukzessionsschutz resultieren würde. Möglich wäre allenfalls ein Sukzessionsschutz über eine Hilfskonstruktion oder über eine analoge Anwendung von Sukzessionsschutzvorschriften.

---

[565] Vgl. oben § 6 A.

[566] Forkel, S. 81 f.; Kraßer, GRURInt 1973, 230 ff.; so im Ergebnis auch schon Kohler, Handbuch, S. 510.

[567] Ähnlich Fezer, WRP 2004, 793, 806, allerdings für Markenlizenzen.

a. Wirtschaftliches Bedürfnis für Sukzessionsschutz

Sofern der Lizenz ausschließlich eine relative Wirkung zugebilligt wird, kann dies für den Lizenznehmer teilweise existenzbedrohende[568] Wirkungen nach sich ziehen. Wie oben dargelegt,[569] wird eine Lizenz von Unternehmenskennzeichen vor allem in zwei Konstellationen relevant. Neben einer Lizenzierung in einem Konzern werden Unternehmenskennzeichen beim Franchising oder bei ähnlichen Systemen, wie bei Alleinvertretern, Inhabern ausschließlicher Handelskonzessionen und Angehörigen selektiver Vertriebssysteme, lizenziert.
Diese letztgenannten Fallkonstellationen sind dadurch gekennzeichnet, dass der Lizenznehmer bei nahezu seiner gesamten wirtschaftlichen Tätigkeit das lizenzierte Kennzeichen nutzt.[570] Sofern der Lizenzgeber dieses Kennzeichen während der Lizenzzeit weiter veräußert und die Benutzungsbefugnis des Lizenznehmers nicht an den Erwerber weitergibt, verletzt der Lizenzgeber seine Hauptleistungspflicht aus dem Lizenzvertrag im weiteren Sinn. Wenn die Lizenz im engeren Sinn aber nicht gegenüber dem Erwerber des Kennzeichens gilt, kann der Erwerber gegen den Lizenznehmer aus seinen Kennzeichenansprüchen vorgehen. Nur in Ausnahmefällen könnte dem Lizenznehmer gegen diese Inanspruchnahme wegen sittenwidriger Teilnahme des Erwerbers am Vertragsbruch des ursprünglichen Lizenzgebers gem. § 826 BGB, § 3 i.V. mit 4 Nrn. 10 und 11 UWG geholfen werden.[571] Voraussetzung für einen solchen Anspruch des Lizenznehmers gegen den Erwerber wäre, dass der Erwerber den bisherigen Lizenzgeber zum Vertragsbruch verleitet haben müsste.[572] Denn ein reines Ausnutzen eines fremden Vertragsbruchs reicht nur aus, wenn besondere weitere Umstände hinzutreten.[573] Solche besonderen Umstände oder ein Verleiten zum Vertragsbruch liegen in den wenigsten Fällen vor und sind jedenfalls schwierig nachzuweisen. Ferner besteht immer das Risiko der Weiterübertragung an einen

[568] Fezer, WRP 2004, 793, 802, allerdings im insolvenzrechtlichen Zusammenhang. Die wirtschaftlichen Folgen für den Lizenznehmer sind beim Weiterverkauf des lizenzierten Unternehmenskennzeichens und der Insolvenz des Lizenzgebers, wenn dem Insolvenzverwalter das Recht zugebilligt wird, den Lizenzvertrag zu kündigen, dieselben; Leßmann, DB 1987, 145, 148; Rosenberger, GRUR 1983, 203.

[569] § 2 C, D.

[570] Vgl. z.B. Ullmann, CR 1991, 195, 197 für das Franchising.

[571] Kraßer, GRURInt 1983, 537, 542 allerdings noch zu § 1 UWG a.F.

[572] Harte/Henning-v.Jagow, § 4 Nr. 11, Rdn. 146 ff.; zur Behinderung durch Kennzeichenverwendung Fezer-Götting, UWG, § 4-10, Rdn. 92; zum unzulässigen Verleiten zum Vertragsbruch noch zu § 1 UWG a.F. z.B. BGH GRUR 1956, 273, 275 – Drahtverschluss; BGH GRUR 1975, 555, 557 – Speiseeis; vgl. zu einem Anspruch gem. § 826 BGB Staudinger-Oechsler, § 826, Rdn. 227 ff. m.w.N.

[573] Harte/Henning-v.Jagow, § 4 Nr. 11, Rdn. 147; Rosenberger, GRUR 1983, 203, 204 geht allerdings wohl auf Grundlage einer weiteren Interpretation der §§ 826 BGB, 1 UWG a.F. davon aus, dass tatsächlich häufig ein unzulässiges Verleiten zum Vertragsbruch vorliegt; wie hier z.B. Leßmann DB 1987, 145, 152.

redlichen Dritten. Gegen den Dritten versagen aber die Ansprüche gem. § 826 BGB, § 3 i.V. mit § 4 Nrn. 10 und 11 UWG. Der Lizenznehmer steht bei einer Inanspruchnahme durch den Erwerber damit zumindest vor sehr großen wirtschaftlichen Schwierigkeiten, da ein wesentliches Absatzmittel, das lizenzierte Kennzeichen, wegfällt. Dies gilt schon dann, wenn er für die Zukunft auf Unterlassung in Anspruch genommen wird. Noch gravierender ist es, wenn er auch noch auf Auskunft und auf Schadensersatz in Anspruch genommen wird. Die einzige wirtschaftlich praktikable Möglichkeit für den Lizenznehmer kann es in diesen Fällen sein, mit dem Erwerber einen neuen Lizenzvertrag abzuschließen. Die Konditionen dürften auf Grund seiner für den Lizenzgeber erkennbaren schlechten Rechtspositionen sehr ungünstig sein.[574] Ferner besteht immer für den Lizenznehmer das Risiko, dass der Erwerber sich für keinen Lizenznehmer entscheidet, weil er etwa den Markt selbst bedienen will, oder dass der Erwerber einen anderen Lizenznehmer wählt.

Im Ergebnis wird das Hauptinteresse des Lizenznehmers, das Recht an dem lizenzierten Kennzeichen nutzen zu dürfen, durch einen Schadensersatzanspruch gegenüber dem Lizenzgeber ersetzt. Der Schadensersatzanspruch gegen den Lizenzgeber kann auf die Verletzung des Lizenzvertrages im weiteren Sinn gestützt werden, §§ 280, 281 bzw. 283 BGB. Ob der Lizenznehmer diesen Schadensersatzanspruch wirtschaftlich realisieren kann, ist häufig mehr als fraglich. Denn Unternehmenskennzeichen, die eine wesentliche absatzfördernde Wirkung haben, werden normalerweise nur in einer wirtschaftlichen Krise des Lizenzgebers verkauft. In einer wirtschaftlichen Krise mit einer sich eventuell anschließenden Insolvenz des Lizenzgebers sind die Schadensersatzsprüche wirtschaftlich weitgehend wertlos. Deswegen reichen die Schadensersatzansprüche entgegen der Auffassung von *Wyss*[575] nicht zur Absicherung der Interessen des Lizenznehmers aus. Sofern keine wirtschaftliche Krise beim Lizenzgeber vorliegt, wird dieser bei einem Verkauf der schon lizenzierten Unternehmenskennzeichen auf die Vermeidung der sonst entstehenden Schadensersatzansprüche bedacht sein. Entweder wird vereinbart, dass der Erwerber die Verpflichtungen aus dem Lizenzvertrag im weiteren Sinn übernimmt oder es wird eine Vereinbarung mit dem Lizenznehmer herbeigeführt.[576]

Es verbleibt aber das geschilderte Risiko des Lizenznehmers, dass sein Hauptinteresse, die Nutzung des Unternehmenskennzeichens, gegen seinen Willen in einen Schadensersatzanspruch umgewandelt wird. Ein Interesse des Lizenzgebers, die Schadensersatzverpflichtungen zwar in Kauf zu nehmen und das lizenzierte Kennzeichen ohne Belastung an einen Dritten zu verkaufen, ist nicht

---

[574] Müller, S. 66; Leßmann, DB 1987, 145, 148.

[575] Wyss, S. 92.

[576] Leßmann, DB 1987, 145, 148; Kraßer, GRURInt 1983, 537, 545; vgl. zur den Voraussetzungen und zur Konstruktion einer Vertragsübernahme z.B. Palandt-Grüneberg, § 398, Rdn. 38 ff m.w.N.

schutzwürdig, weil ein Vertragsbruch nicht schutzwürdig ist.[577] Der Lizenzgeber hat es in der Hand, die Lizenz von vornherein zu befristen, zu bedingen etc. und so seine Interessen an der Begrenzung der Nutzungsbefugnis des Lizenznehmers zu regeln. Hinzu kommt, dass der Lizenznehmer Schwierigkeiten bei der genauen Bezifferung seines Schadens hat. Zwar kann gem. § 287 ZPO das Gericht dem Lizenznehmer durch eine Schätzung des bei ihm entstandenen Schadens helfen. Erforderlich hierfür sind aber Anhaltspunkte für die Schadenshöhe, weil eine reine Schätzung „ins Blaue hinein" unzulässig ist.[578] Gegebenenfalls führt eine solche Schätzung gem. § 287 ZPO auch nur zum Ersatz eines Mindestschadens, da das Gericht nicht mutwillig einen höheren Schaden festsetzen darf (ne ultra petita).[579]
Bei einer Lizenzierung von Unternehmenskennzeichen in einem Konzern ist ein wirtschaftliches Bedürfnis für einen Sukzessionsschutz bei Verfügungen auf der Lizenzgeberseite kaum praktisch relevant. Wenn die lizenzierten Unternehmenskennzeichen i.S. von § 5 Abs. 2 MarkenG bewusst bei der Konzernmutter angesiedelt werden, ist eine Verfügung über diese Unternehmenskennzeichen nicht zu erwarten. Eine solche Verfügung würde der Kennzeichenphilosophie widersprechen, da durch eine solche Verfügung die Kenntlichmachung der Zusammengehörigkeit der Konzerngesellschaften zum Konzern rückgängig gemacht würde. Der mit den Kennzeichen verbundene Goodwill, der auch auf der Zusammengehörigkeit zum Konzern beruht, würde beeinträchtigt werden.
Eine Verfügung über die Unternehmenskennzeichen wird damit im Wesentlichen nur relevant, wenn ein Tochterunternehmen (Lizenznehmer) rechtlich aus dem Konzern entlassen wird und gleichzeitig das lizenzierte Unternehmenskennzeichen i.S. von § 5 Abs. 2 MarkenG von der Konzernmutter (Lizenzgeber) an einen Dritten verkauft wird. Dies kann vor allem vorkommen, wenn die Lizenz des Unternehmenskennzeichens i.S. von § 5 Abs. 2 MarkenG im Konzern in Vergessenheit geraten ist, z.B. wenn die Lizenz als Teil des Gesellschaftsvertrages geregelt ist und das Unternehmenskennzeichen identisch mit einer Marke ist und sämtliche mit der Marke identische Zeichen auf den Dritten übertragen werden.[580] *Rohnke* weist in diesem Zusammenhang darauf hin, dass kennzeichenrechtliche Fragen in der gesellschaftsrechtlichen Beratung nicht immer hinreichend beachtet werden.[581] In diesen Fällen ist für das selbstständig werdende Tochterunternehmen die Situation teilweise identisch mit der Situation beim Franchising, den selektiven Vertriebssystemen etc.

---

577 Kraßer, GRURInt 1983, 537, 545.
578 Vgl. hierzu Zöller-Greger, § 287, Rdn. 4.
579 Zöller-Greger, § 287, Rdn. 1; BGH NJW 1992, 2753, 2757 – Tchibo/Rolex II.
580 Die Entscheidungen BGH GRUR 1982, 411 ff. – Verankerungsteil und BGH GRUR 1991, 780 ff. – Transatlantische belegen, dass Lizenzverträge in der Praxis in Vergessenheit geraten.
581 Rohnke, WM 1991, 1405.

Die angeführten wirtschaftlichen Bedürfnisse für den Sukzessionsschutz beim Lizenznehmer werden relevant, wenn der Lizenzgeber seine Hauptleistungspflicht, die Nutzungseinräumung an den lizenzierten Kennzeichen, aus dem Lizenzvertrag im weiteren Sinn verletzt. Diese Pflicht verletzt der Lizenzgeber auch bei einer nachfolgenden Lizenzierung, wenn sich die nachfolgende Lizenz gegen die erste Lizenz durchsetzt. Die zweite Lizenz kann sich in folgender Konstellation gegen die erste Lizenz durchsetzen. Der Lizenzgeber räumt zunächst einem Lizenznehmer eine einfache Lizenz ein und sodann einem weiteren Lizenznehmer eine ausschließliche Lizenz. Wenn in diesem Fall der ausschließlichen Lizenz eine absolute Wirkung zugebilligt wird, einer einfachen aber nicht, kann der spätere Lizenznehmer, dem eine ausschließliche Lizenz erteilt wurde, nach allgemeinen Regeln gegen den ersten Lizenznehmer vorgehen. Der erste Lizenznehmer hat nur die Möglichkeit, beim Lizenzgeber Regress zu nehmen. Es wird also wiederum die Nutzungsbefugnis des Lizenznehmers gegen seinen Willen in einen Schadensersatzanspruch „umgewandelt". Aber auch wenn der Lizenzgeber sich vertragstreu verhält, kann im Fall seiner Insolvenz die Annahme einer absoluten Wirkung zu einer Insolvenzfestigkeit der Lizenzierung führen.[582]

Das wirtschaftliche Interesse des Lizenznehmers an einem Sukzessionsschutz einer Lizenz im engeren Sinn ist damit evident. Eine Differenzierung der Erforderlichkeit des Sukzessionsschutzes ist zwischen einer einfachen und einer ausschließlichen Lizenz im Hinblick auf die wirtschaftliche Bedeutung nicht möglich. Eine einfache territorial unbegrenzte Lizenz kann einen deutlich höheren wirtschaftlichen Wert haben als eine ausschließliche, territorial stark eingeschränkte Lizenz.[583] Entscheidend für das schutzwürdige Interesse des Lizenznehmers ist ausschließlich, inwieweit er seine wirtschaftliche Tätigkeit auf das lizenzierte Kennzeichen ausgerichtet hat.

Fraglich ist aber, ob gewichtige Interessen des Lizenzgebers oder des Erwerbers dagegen sprechen, einer Lizenz eine absolute Wirkung zuzubilligen. Ein beachtliches Interesse des Lizenzgebers, das gegen die Gewährung von Sukzessionsschutz spricht, ist nicht ersichtlich. Durch die Gewährung von Sukzessionsschutz wird nur die Verpflichtung des Lizenzgebers aus dem Lizenzvertrag im weiteren Sinn abgesichert. Aus diesem Vertrag ist der Lizenzgeber verpflichtet, dem Lizenznehmer die entsprechende Nutzungsbefugnis zu gewähren.

[582] So Kraßer, GRURInt 1983, 537, 538, nach ihm kann die Verfügung nicht von der Insolvenz des Lizenzgebers erfasst werden. Im Ergebnis ebenso Fezer, WRP 2004, 793 ff., der zusätzlich noch eine analoge Anwendung des § 108 InsO vorschlägt, um das Wahlrecht des Insolvenzverwalters (im Hinblick auf den Lizenzvertrag im weiteren Sinn) gem. § 103 InsO auszuschalten.

[583] Rosenberger, GRUR 1983, 203, 204.

An diese Pflicht schließt sich an, dass er diese Nutzungsbefugnis während der Lizenzzeit aufrechterhalten muss, d.h., bei einer Übertragung muss er dafür sorgen, dass die Nutzungsbefugnis auch im Verhältnis zu dem Erwerber bestehen bleibt. Bei dem Normalfall einer entgeltlichen Lizenz erhält der Lizenzgeber auch eine Gegenleistung. Aber auch bei einer unentgeltlichen Lizenz trifft ihn die aus dem Vertrag eingegangene Verpflichtung.

Ein beachtliches Interesse kann aber auf Seiten des Erwerbers bestehen, wenn der Lizenzgeber den Erwerber über die Existenz der Lizenz getäuscht hat. Eine Täuschung ist für den Lizenzgeber u.a. deswegen relativ leicht möglich, da es überprüfbare Publizitätsakte wie ein Register oder eine parallele Konstellation wie den sachenrechtlichen Besitz nicht gibt. Die Übertragung der Unternehmenskennzeichen erfolgt, da Sonderregeln nicht existieren, entsprechend den allgemeinen Regeln gem. §§ 413, 398 ff. BGB.[584] Da es in den §§ 398 ff. BGB gerade keine Möglichkeit eines gutgläubigen Erwerbes gibt, beurteilt der Gesetzgeber das Interesse des Erwerbers an einem lastenfreien Erwerb als nachrangig.[585] Die Einschränkung der Nutzungsmöglichkeit des erworbenen Unternehmenskennzeichens i.S. von § 5 Abs. 2 MarkenG auf Grund der bestehen bleibenden Lizenzierung trifft zudem den Erwerber normalerweise deutlich weniger stark als den Lizenznehmer. Dieser nutzt beim Franchising, bei den selektiven Vertriebssystemen etc. das lizenzierte Kennzeichen bei seiner gesamten Geschäftstätigkeit. Gerade beim Franchising hat die Annahme einer absoluten Wirkung inklusive Sukzessionsschutz für den Erwerber keine einschneidenden Wirkungen. Denn das Franchising wird normalerweise territorial auf ein Geschäftslokal, eventuell mit zusätzlichem territorial begrenztem Gebietsschutz, begrenzt.[586] Deswegen hat der Sukzessionsschutz „nur" die Auswirkung, dass der Lizenzgeber in diesem territorial begrenzten Raum das Unternehmenskennzeichen nicht nutzen kann.

Sofern dem Lizenznehmer Sukzessionsschutz zugebilligt wird, ist der Erwerber auch nicht vollständig schutzlos. Er kann Schadensersatzansprüche gegen den ursprünglichen Lizenzgeber richten. Dieser Ersatz der unbeschränkten Nutzungsbefugnis durch Schadensersatzansprüche gegen den Lizenzgeber kann dem Erwerber wegen der weniger einschneidenden Folgen eher zugemutet werden, als dem Lizenznehmer. Wirtschaftlich kann der Lizenzgeber sich an den Lizenzzahlungen des Lizenznehmers im Regelfall schadlos halten. Normalerweise liegen entgeltliche Lizenzverträge vor. Dann kann der Erwerber mit dem Lizenznehmer einen Anschlusslizenzvertrag abschließen und so Lizenzzahlungen erhalten. Er kann aber auch die Nutzung des Unternehmenskennzeichens

---

584 Staudinger-Busche, § 413, Rdn. 3, 18; Bühling, GRUR 1998, 196, 198; Kraßer, GRURInt 1973, 230, 231.

585 Staudinger-Busche, Einl. zu §§ 398 ff., Rdn. 26; Rosenberger, GRUR 1983, 203, 204.

586 Vgl. zur territorialen Begrenzung des Franchising und des Gebietsschutzes z.B. Metzlaff-Metzlaff, § 8, Rdn. 28 ff.

auf Grund des Vertrages zwischen dem ursprünglichen Lizenzgeber und dem Lizenznehmer dulden. Er kann seine Schadensersatzansprüche dadurch realisieren, dass mit einem Pfändungs- und Überweisungsbeschluss gem. §§ 829, 835 ZPO in die Lizenzzahlungen des Lizenznehmers an den Lizenzgeber vollstreckt.[587] Da er seinen Schaden im Wege der Lizenzanalogie berechnen kann und tatsächlich ein Lizenzvertrag vorliegt, hat der Erwerber auch deutlich geringere Schwierigkeiten, seinen Schaden zu berechnen. Es verbleiben die mit der Rechtsverfolgung verbundenen Mühen für den Erwerber. Die wirtschaftlichen Interessen des Erwerbers treten aber wegen der im Verhältnis wichtigeren Interessen des Lizenznehmers in den Hintergrund.[588]

Darüber hinaus kommt es ggf. bei einem unzureichenden Sukzessionsschutz zu unerwünschten negativen volkswirtschaftlichen Effekten. Bei einem mangelnden Sukzessionsschutz gehen die Investitionen des Lizenznehmers in Bezug auf den Goodwill ins Leere. Da den Investitionen, z.B. den Werbeaufwendungen, kein ausreichender Gegenwert mehr gegenüber steht, kann es zu einer Beeinträchtigung der Wirtschaftskraft des Lizenznehmers kommen. In einer wirtschaftlich schwierigen Situation kann der Lizenznehmer diese Beeinträchtigung seiner Wirtschaftskraft eventuell nicht kompensieren. Dies kann dazu führen, dass er seinen Betrieb einstellen und die bei ihm angestellten Arbeitnehmer entlassen muss. Durch das abrupte Ende des Lizenzverhältnisses kann es damit zu einem volkswirtschaftlich unerwünschten Abbau von Arbeitsplätzen kommen. Es kommt aber zumindest zu einer Schwächung der Wirtschaftskraft des Lizenznehmers, da ein Teil seines eingesetzten Kapitals vernichtet wird. Denn seinen Investitionen in den Goodwill des lizenzierten Kennzeichens steht kein Gegenwert mehr gegenüber.[589]
Für die Gewährung von Sukzessionsschutz spricht auch folgende Vergleichsüberlegung. Auch ein Besitzer einer Sache ist gegen Ansprüche des Erwerbers geschützt. Die für einen Eigentumserwerb erforderliche Übergabe wird in diesen Fällen gem. § 931 BGB durch Abtretung des Herausgabeanspruchs ersetzt. Der Besitzer kann sein Besitzrecht gem. § 986 Abs. 2 BGB auch gegenüber dem Erwerber geltend machen.[590]

---

[587] Zur Sicherung der Zwangsvollstreckung kann der Erwerber gem. § 916 ff. ZPO auch im Wege des Arrestes vorgehen. Schwierigkeiten bereitet in diesem Zusammenhang in der Praxis allerdings die Glaubhaftmachung des Arrestgrundes, § 917 ZPO. Vgl. zum Arrestgrund z.B. Zöller-Vollkommer, § 917, Rdn. 9 ff.
[588] Müller, S. 66; Forkel S. 85; Kohler, Handbuch, S. 510.
[589] Müller, S. 66 auch für Unternehmenskennzeichen; Rosenberger, GRUR 1983, 203; Völp, GRUR 1983, 45; Kohler, Handbuch, S. 510; Wyss, S. 91, jeweils für Patente.
[590] Rosenberger, GRUR 1983, 203; Mager, GRUR 1983, 51.

Die wirtschaftlichen Interessen der beteiligten Parteien erfordern damit einen ausreichenden Sukzessionsschutz. Dieser ist auch aus volkswirtschaftlicher Sicht geboten.[591]

b. Möglichkeit eines Sukzessionsschutzes ohne absolute Wirkung

Fraglich ist deswegen, ob den schutzwürdigen wirtschaftlichen Interessen des Lizenznehmers auch bei der Annahme einer rein schuldrechtlichen Wirkung der Lizenz im engeren Sinn Genüge getan werden kann. Die Parteien können kein absolut wirkendes Veräußerungsverbot im Hinblick auf die lizenzierten Kennzeichen vereinbaren, da eine solche Vereinbarung gegen § 137 BGB verstoßen würde und unwirksam wäre.
In vielen Lizenzverträgen findet sich eine folgender Klausel vergleichbare Regelung: „Der Vertrag gilt auch für und gegen die Rechtsnachfolger der Parteien". Im Ergebnis ist eine solche Klausel ein unzulässiger Vertrag zu Lasten Dritter.[592] Diese unzulässige Klausel führt aber nicht dazu, dass über § 139 BGB insgesamt die Unwirksamkeit des Vertrages abgeleitet werden kann. Aus dieser Klausel kann vertragserhaltend die Verpflichtung des Lizenzgebers abgeleitet werden, dass dieser die Nutzungsberechtigung des Lizenznehmers an den Erwerber weitergeben muss. Eine solche Verpflichtung kann zwar auch ohne eine solche ausdrückliche Klausel angenommen werden.[593] Sofern eine solche Klausel in den Vertrag aufgenommen wird, wird diese Verpflichtung des Lizenzgebers aber deklaratorisch betont. Wenn der Erwerber die Übernahme der Verpflichtung im Verhältnis zum Lizenznehmer ablehnt, ist der Lizenznehmer jedoch nicht geschützt.

aa. Sukzessionsschutz über § 399 2. Alt. BGB

Fraglich ist, ob der Sukzessionsschutz über eine vertragliche Vereinbarung zwischen dem Lizenzgeber und Lizenznehmer gem. § 399 2. Alt. BGB erzielt werden kann. Gem. § 399 2. Alt. BGB kann die Abtretung einer Forderung durch eine Vereinbarung ausgeschlossen werden, sog. pactum de non cedendo. Über § 413 BGB könnte § 399 2. Alt. BGB auch auf Unternehmenskennzeichen i.S. von § 5 Abs. 2 MarkenG angewendet werden. Lizenzgeber und Lizenznehmer könnten in diesem Fall vereinbaren, dass die lizenzierten Unternehmenskennzeichen vom Lizenzgeber nicht abgetreten werden können. Durch eine solche Ver-

---

[591] Dies verkennen Henning-Bodewig/Kur, S. 211, FN 38, wenn Sie den Sukzessionsschutz im Kennzeichenrecht für grundsätzlich nicht praxisrelevant halten.

[592] Völp, GRUR 1983, 45; Brandi-Dohrn, GRUR 1983, 145, 147; Stumpf/Groß, Rdn. 386; wohl a.A. Lüdecke/Fischer, A 27, S. 79, die eine solche Klausel anregen, allerdings um deutlich zu machen, dass es sich um eine positive Lizenz handelt.

[593] Eine solche Verpflichtung hat schon das RG, RGZ 155, 306, 313, in einem Patentrechtsfall auch für eine einfache Lizenz angenommen.

einbarung würden diese Unternehmenskennzeichen mit absoluter Wirkung unveräußerlich gestellt.[594] Nur bei einer Zustimmung des Lizenznehmers zur Übertragung könnte das Übertragungsverbot rückgängig gemacht werden.[595] § 399 2. Alt. BGB schränkt damit die Grundregel des § 137 BGB ein, dass ein dingliches Veräußerungsverbot unzulässig ist. Seine Zustimmung zur Abtretung könnte der Lizenznehmer bei der Wirksamkeit des pactum de non cedendo davon abhängig machen, dass seine bisherige Rechtsstellung im Verhältnis zum Erwerber erhalten bleibt. Eventuell könnte der Lizenznehmer sogar auf Grund seiner besseren rechtlichen Situation günstigere Vertragsbedingungen mit dem Erwerber aushandeln. Gegen die Wirksamkeit eines solchen vertraglichen Abtretungsverbots spräche auch nicht § 354 a HGB, der nur Geldforderungen betrifft.

Problematisch ist die Wirksamkeit einer solchen Vereinbarung aber deswegen, weil die Übertragung der Unternehmenskennzeichen i.S. von § 5 Abs. 2 MarkenG gem. §§ 413, 398 ff. BGB erfolgt. Gem. § 413 BGB sind die §§ 398 ff. BGB aber nur entsprechend anwendbar. Voraussetzung für die entsprechende Anwendung des § 399 2. Alt. BGB ist, dass eine vergleichbare Konstellation wie bei einer Zession gegeben ist. Gegen eine vergleichbare Konstellation sprechen zwei Bedenken. Eine Forderung wirkt nur inter partes. Die Unternehmenskennzeichen i.S. von § 5 Abs. 2 MarkenG sind aber absolute, d.h. gegenüber jedermann wirkende Rechte. Hierauf aufbauend geht § 399 2. Alt. BGB davon aus, dass es eine Vereinbarung zwischen dem Schuldner und Gläubiger einer konkreten Forderung gibt.

Deswegen hat schon das RG[596] angenommen, dass es unzulässig ist, durch Vereinbarung ein unveräußerliches Gebrauchsmuster zu schaffen. Hierauf weist auch *Däubler*[597] hin, der ausführt, dass es nach unserer Rechtsordnung unzulässig ist, durch Vereinbarung ein unveräußerliches Recht zu schaffen. Das Recht gehe davon aus, dass alle Rechte, die ein Gut in seiner Gesamtheit einem Rechtssubjekt zuordneten, kraft Gesetzes veräußerlich sein müssten. Dieser Rechtsgedanke muss auch auf den Ausschluss der Abtretbarkeit von Unternehmenskennzeichen i.S. von § 5 Abs. 2 MarkenG angewendet werden. Wie § 23

---

[594] Vgl. zur historischen Entwicklung Bülow, NJW 1993, 901. Die Rückgängigmachung der absoluten Wirkung gilt allerdings mit der Einschränkung gem. § 851 Abs. 2 ZPO. Hiernach kann in eine Forderung trotz eines vertraglichen Abtretungsverbotes gem. § 399 2. Alt. BGB vollstreckt werden, sofern die Forderung übertragbar ist.

[595] BGH NJW-RR 1991, 763, 764; Erman-Westermann, § 399, Rdn. 3; MünchKomm-Roth, § 399, Rdn. 37; dies ist allgemeine Meinung. Streitig ist nur, ob eine einseitige Zustimmung ausreicht oder eine vertragliche Aufhebung erforderlich ist.

[596] RGZ 127, 197, 205; ebenso BGHZ 56, 276, 278; MünchKomm-Roth, § 413, Rdn. 5; Däubler, NJW 1968, 1117, 1121; Brandi-Dohrn, GRUR 1983, 146, 147; Busse-Keukenschrijver, § 15, Rdn. 70 sieht eine Vereinbarung gem. § 399 2. Alt. BGB allerdings ohne Begründung als möglich an.

[597] Däubler, NJW 1968, 1117, 1121.

HGB für die Firma belegt, sind Unternehmenskennzeichen nach der Gesetzeskonstruktion übertragbar. Die Unternehmenskennzeichen als absolute Rechte dürfen nicht kraft Vereinbarung unveräußerlich gestellt werden.
Zudem hat das RG und ihm folgend die Literatur ausgeführt, es fehle bei einem absoluten Recht ein individueller Schuldner, der für einen Ausschluss der Abtretbarkeit gem. § 399 2. Alt. BGB erforderlich sei.[598] Dieser Einwand trifft auch bei Unternehmenskennzeichen i.S. von § 5 Abs. 2 MarkenG zu. Die Unternehmenskennzeichen i.S. von § 5 Abs. 2 MarkenG sind absolute Rechte, die gegenüber allen und nicht nur gegenüber einem einzelnen Schuldner wirken. Bei einem Lizenzvertrag ist nicht der Lizenznehmer der Schuldner des Lizenzgebers in Bezug auf das lizenzierte Recht, sondern nur in Bezug auf die Lizenzzahlungen. Auch der Lizenzgeber ist nicht Schuldner des Lizenznehmers in Bezug auf das lizenzierte Recht, sondern nur Schuldner des gegen ihn gerichteten Anspruchs des Lizenznehmers auf Einräumung einer positiven Benutzungsbefugnis. Dies bedeutet, dass der Inhalt des lizenzierten Rechts für die Parteien des Lizenzvertrages nicht disponibel ist. Denn eine Vereinbarung zwischen Lizenznehmer und Lizenzgeber, dass dieser das lizenzierte Recht nicht abtreten darf, würde den Bestand des Rechtes betreffen. Deswegen wäre eine solche Vereinbarung unzulässig.
Teilweise wird diese Auffassung mit dem Hinweis eingeschränkt, bei einem besonderen personenrechtlichen Einschlag müsse die Abtretbarkeit gem. §§ 413, 399 2. Alt. BGB ausgeschlossen werden können.[599] Bei den Unternehmenskennzeichen i.S. von § 5 Abs. 2 MarkenG handelt es sich aber um reine Immaterialgüter, so dass ein besonderer personenrechtlicher Einschlag nicht festgestellt werden kann.[600] Ferner ist nicht ersichtlich, warum in diesen Fällen gem. § 413 BGB eine entsprechende Anwendung des § 399 2. Alt. BGB geboten erscheint. Die gewünschte besondere Klarheit, wer Inhaber des Rechtes ist, kann durch eine Bedingung oder Befristung der Übertragung erreicht werden. Gegen die Anwendung des § 399 2. Alt. BGB auf absolute Rechte spricht auch, dass nach der Einführung des BGB im folgenden Jahr (1901) § 28 VerlG a.F. eingeführt wurde. Hiernach war das Recht des Verlegers übertragbar, es sei denn, die Übertragung war durch eine Vereinbarung zwischen dem Verfasser und dem Verleger ausgeschlossen. Diese Regelung wäre entbehrlich gewesen, wenn diese

---

[598] RGZ 127, 197, 205; Brandi-Dohrn, GRUR 1983, 146, 147; Lüdecke, GRUR 1964, 470, 471; Benkard-Ullmann, § 15, Rdn. 5; dies setzten auch voraus Staudinger-Busche, § 399, Rdn. 51; Palandt-Heinrichs, § 137, Rdn. 1; zu den gesetzlichen Hintergründen des § 137 BGB vgl. Wiegand, AcP 190 (1990), 112, 118; eine Rückgängigmachung des absoluten Charakters einer Lizenz über § 399 2. Alt. BGB in Abänderung von § 137 BGB hält Ahrens allerdings ohne weitere Erörterung für möglich, S. 417 FN 660.
[599] Staudinger-Kohler, § 137, Rdn. 21, allgemein für alle Immaterialgüterrechte; BGH GRUR 1959, 147, 149 – Bad in der Tenne, für das Urheberrecht, aber ohne weitere Begründung.
[600] Vgl. hierzu oben § 3.

Vereinbarung über § 399 2. Alt. BGB möglich gewesen wäre.[601] Diese Argumentation beansprucht weiter Gültigkeit, auch wenn § 28 VerlG a.F. mittlerweile aufgehoben wurde. Die Aufhebung des § 28 VerlG a.F. ändert nichts daran, dass § 28 VerlG a.F. ein Beleg für die Einschätzung des historischen Gesetzgebers ist, dass eine § 28 VerlG a.F. entsprechende Regelung über § 399 2. Alt. BGB nicht erzielt werden konnte.

Hinzu kommt, dass der Lizenznehmer bei den zu lizenzierenden Unternehmenskennzeichen i.S. von § 5 Abs. 2 MarkenG nicht die wirtschaftliche Macht hat, auf einer solchen Vereinbarung zu bestehen. Beim Franchising, bei selektiven Vertriebssystemen etc. ist der Lizenzgeber regelmäßig der wirtschaftlich Stärkere. Der Lizenznehmer würde bei einem pactum de non cedendo auch mehr erhalten als den ihn interessierenden Sukzessionsschutz. Er würde in die Lage versetzt, die Übertragung der Unternehmenskennzeichen insgesamt zu verhindern. Diese Einschränkung der Verwertung seiner Rechte wird ein wirtschaftlich stärkerer Lizenzgeber nicht akzeptieren, so dass die Lösung über § 399 2. Alt. BGB, auch bei einer rechtlichen Zulässigkeit, nicht praktisch relevant wäre.

bb. Sukzessionsschutz über §§ 413, 404 BGB

In Betracht kommt ein Sukzessionschutz über eine direkte oder analoge Anwendung des § 404 BGB. Insbesondere *Müller*, *Brandi-Dohrn* und *Rosenberger*[602] wollen auch bei einer nur schuldrechtlich wirkenden Lizenz dem Lizenznehmer über die (analoge) Anwendung des § 404 BGB Sukzessionsschutz gewähren. Gem. § 404 BGB soll der Lizenznehmer seine Einwendungen, die ihm gegenüber dem Lizenzgeber zustanden, insbesondere sein Nutzungsrecht, gegenüber dem Erwerber geltend machen können.
Zweifelhaft ist nach dem oben zur Anwendbarkeit des § 399 2. Alt. BGB Ausgeführten schon, ob § 404 BGB überhaupt anwendbar ist. Ebenso wie bei § 399 2. Alt. BGB könnte die Anwendbarkeit des § 404 BGB ausgeschlossen sein, wenn ein absolutes Recht übertragen wird. Voraussetzung für die Anwendung des § 404 BGB könnte wie bei § 399 2. Alt. BGB sein, dass ein Schuldner und ein Gläubiger vorliegen. Für die grundsätzliche Anwendungsmöglichkeit des § 404 BGB über § 413 BGB, im Gegensatz zu § 399 BGB, spricht aber folgender Gedankengang. Bei der Annahme eines wirksamen Veräußerungsverbotes gem. § 399 2. Alt. BGB würde entgegen dem gesetzlichen Regelfall ein unveräußerliches Recht geschaffen. Diese Auswirkung hat die Anwendbarkeit des § 404 BGB aber nicht. Hier geht es nicht um unbestimmte Rechtsbeziehungen gegenüber jedermann, sondern um die Frage, ob ein konkreter Schuldner (Lizenznehmer) sich weiter auf seine Rechte berufen kann. Es geht damit nicht

[601] Lüdecke, GRUR 1964, 470, 471 FN 12.
[602] Müller, S. 67; Brandi-Dohrn, GRUR 1983, 146, 149; Rosenberger, GRUR 1983, 203, 208.

um den absoluten Charakter des lizenzierten Kennzeichens, sondern um konkretisierte Rechte und Pflichten im Hinblick auf das lizenzierte Kennzeichen. Deswegen kann § 404 BGB grundsätzlich auch bei der Lizenzierung von absoluten Rechten angewendet werden.[603] Hierfür spricht auch, dass der BGH ebenfalls von der Anwendung des § 404 BGB im Rahmen des § 986 Abs. 2 BGB ausgeht.[604]

Auch wenn man von einer Anwendbarkeit des § 404 BGB ausgeht, ist fraglich, ob § 404 BGB auch den Sukzessionsschutz des Lizenznehmers erfasst. Gem. § 404 BGB bleiben nur die Einwendungen erhalten, „die zur Zeit der Abtretung der Forderung gegen den bisherigen Gläubiger begründet waren". § 404 BGB hat damit als Schutzzweck, dass ein Gläubigerwechsel den Inhalt einer Forderung nicht zum Nachteil des Schuldners verändern soll.[605]

Teilweise wird davon ausgegangen, dass der Lizenznehmer über die Anwendung des § 404 BGB alle seine Einwendungen im Verhältnis zum Lizenzgeber auch gegenüber dem Erwerber geltend machen kann.[606] Hierdurch wird aber gegen den eindeutigen Wortlaut und den Schutzzweck des § 404 BGB verstoßen. Bei der Abtretung von absolut wirkenden Schutzrechten werden nicht nur die aktuell bestehenden Ansprüche des Lizenzgebers gegen den Lizenznehmer an den Erwerber abgetreten, gegen die sich der Lizenznehmer gem. § 404 BGB wehren könnte. Wie insbesondere *Kraßer*[607] richtig betont, entstehen bei einem Weiterverkauf des Schutzrechtes bei dem neuen Schutzrechtsinhaber auch ohne die Abtretung allein auf Grund der Inhaberschaft des Schutzrechts eigenständige Ansprüche. Diese permanent neu entstehenden Ansprüche können von § 404 BGB nicht erfasst sein. Eine Ausdehnung des § 404 BGB auf diese Fallgestaltung verlässt den Bereich der entsprechenden Anwendung des § 413 BGB. Denn bei einer Rechtsnachfolge, die auf einer absoluten Rechtsposition und nicht auf der Abtretung einer Forderung beruht, geht es nicht um eine Verschlechterung der Rechtsstellung wegen eines Gläubigerwechsels. Ein Sukzessionsschutz über § 404 BGB mit einem Ausschluss der zukünftigen Ansprüche des Rechteinhabers würde unmittelbar die Absolutheit des Rechts betreffen. Dies ist aber nicht Sinn und Zweck des § 404 BGB und entsprechend den obigen Ausführungen zu § 399 2. Alt. BGB auch unzulässig.

§ 404 BGB erfasst damit nur abgetretene, schon entstandene Schadensersatz- und Unterlassungsansprüche oder, wenn man § 404 BGB auf das lizenzierte

---

[603] Brandi-Dohrn, GRUR 1983, 146, 149; Kraßer GRURInt 1983, 537, 542; Rosenberger, GRUR 1983, 203, 208; Müller, S. 68.

[604] BGHZ 64, 122, 125; BGH BB 1967, 1101, 1102; dem BGH folgend z.B. Leßmann, DB 1987, 145, 151; Palandt-Bassenge, § 986, Rdn. 8.

[605] Palandt-Heinrichs, § 404, Rdn. 1; Erman-Westermann, § 404, Rdn. 1; Staudinger-Busche, § 404, Rdn. 2; Weinmann, S. 527, FN 2296.

[606] Rosenberger, GRUR 1983, 203, 208; Müller, S. 67; Brandi-Dohrn, GRUR 1983, 146, 150.

[607] Kraßer, GRURInt 1983, 537, 542.

Recht selbst bezieht, nur Einwendungen des Lizenznehmers, die z.B. auf Gültigkeitsmängeln des Schutzrechts beruhen.[608] Die neu beim Erwerber entstehenden Schadensersatz- und Unterlassungsansprüche haben mit der Abtretung nichts zu tun, so dass § 404 BGB nicht anwendbar ist. Eine analoge Anwendung des § 404 BGB kann entgegen *Müller*[609] nicht allein mit der erkannten Schutzbedürftigkeit des Lizenznehmers gerechtfertigt werden. Die erkannte Schutzbedürftigkeit führt wegen der unterschiedlichen Zielrichtung des § 404 BGB und des Sukzessionsschutzes nicht zu einer für eine analoge Anwendung erforderlichen vergleichbaren Interessenlage. Ferner erbringt *Müller* auch keinen Nachweis, dass eine planwidrige Regelungslücke vorliegt. Ein Sukzessionsschutz zu Gunsten des Lizenznehmers könnte damit nicht über § 404 BGB gesucht werden, sondern allenfalls über § 986 Abs. 2 BGB. Bei der Anwendung des § 986 Abs. 2 BGB würde allerdings die schuldrechtliche Konstruktion der Lizenz verlassen.[610]
Der nach der Interessenlage der Beteiligten erforderliche Sukzessionsschutz kann damit nicht über § 404 BGB konstruiert werden. Anwendbar bleiben §§ 404 ff. BGB allerdings z.B. bei Zahlungen des Lizenznehmers an den bisherigen Lizenzgeber, wenn er von der Abtretung keine Kenntnis hatte.[611]

cc. Sukzessionsschutz über ein Vorkaufsrecht

Der Lizenznehmer könnte darauf bestehen, dass ihm bei der Lizenzvergabe ein Vorkaufsrecht gem. §§ 463 ff. BGB eingeräumt wird. Ein dingliches Vorkaufsrecht gem. §§ 1094 ff. BGB kommt dagegen nicht in Betracht, da dieses immer auf ein Grundstück bezogen ist. Der Schutz der berechtigten Interessen des Lizenznehmers durch ein vereinbartes Vorkaufsrecht scheitert aber normalerweise schon an den wirtschaftlichen Gegebenheiten. Gerade beim Franchising dürfte es für den Lizenznehmer auf Grund seiner regelmäßig im Verhältnis zum Lizenzgeber wirtschaftlich schwächeren Situation schwierig sein, ein entsprechendes Vorkaufsrecht zu vereinbaren. Selbst wenn es dem Lizenznehmer aber gelingt, ein entsprechendes Vorkaufsrecht zu vereinbaren, scheitert die Ausübung des Vorkaufrechts, zumindest beim Franchising, regelmäßig an den finanziellen Möglichkeiten des Lizenznehmers. Bei einem fiktiven Verkauf des Unternehmenskennzeichens „Apollo Optik" hat der Franchisenehmer / Lizenznehmer nur im Ausnahmefall die finanziellen Möglichkeiten, in den Kaufvertrag über das wertvolle Unternehmenskennzeichen einzutreten. Die wirtschaftliche Ausübbarkeit eines Vorkaufsrechts kann zudem in der Praxis relativ leicht ausgehebelt

[608] Kraßer, GRURInt 1983, 537, 542; Leßmann, DB 1987, 145, 151; Stumpf/Groß, Rdn. 384; Weinmann, S. 527 FN 2296.
[609] Müller, S. 68.
[610] Kraßer, GRURInt 1983, 537, 542; Müller, S. 68.
[611] Vgl. z.B. BT-Drucks. 12/6581 v. 14.1.1994, S. 87.

werden.[612] Es muss nur ein „Mondvertrag“ mit einem Dritten ausgehandelt werden, der die wirtschaftlichen Möglichkeiten des Vorkaufsberechtigten übersteigt. Bei einem „Mondvertrag“ können z.B. Nebenleistungen vereinbart werden, die der Käufer einfach erbringen kann und die beim Vorkaufsberechtigten gem. § 466 BGB mit hohen Werten kapitalisiert werden müssten.
Ferner versagt die Vereinbarung eines Vorkaufsrechtes immer dort, wo mehrere Lizenznehmer vorhanden sind, es sei denn, es werden zwischen den einzelnen Lizenznehmern komplizierte Ausübungsregeln hinsichtlich des Vorkaufsrechts und der Teilhaberechte an dem Unternehmenskennzeichen nach Ausübung des Vorkaufsrechts vereinbart. Es würde nach der Ausübung des Vorkaufsrechts durch mehrere Lizenznehmer eine Bruchteilsgemeinschaft entstehen, §§ 741 ff. BGB. Die gemeinschaftliche Verwaltung des Unternehmenskennzeichens gem. § 744 BGB wäre nur schwer vorstellbar. Auch die Aufhebung gem. §§ 749, 752, 753 BGB wäre mit Schwierigkeiten verbunden. Eine Lösung dieser hier nur angedeuteten Schwierigkeiten könnten nur vertragliche Regelungen bringen. Bei voneinander vollständig unabhängigen Lizenznehmern ist eine solche vertragliche Lösung tatsächlich aber ausgeschlossen. Im angeführten Beispiel wäre damit nur ein Lizenznehmer geschützt. Alle anderen Franchisenehmer bzw. Lizenznehmer wären nicht geschützt.[613]
Insgesamt bietet die Vereinbarung eines Vorkaufsrechts damit keine Lösung für das Bedürfnis des Lizenznehmers nach Sukzessionsschutz.

dd. Sukzessionsschutz über eine Bedingung, § 158 BGB

Das wirtschaftliche Bedürfnis des Lizenznehmers nach Sukzessionsschutz kann auch nicht durch eine bedingte Übertragung des zu lizenzierenden Unternehmenskennzeichens befriedigt werden.
In Betracht kommt eine aufschiebend bedingte Übertragung des Unternehmenskennzeichens auf den Lizenznehmer unter der Bedingung, dass der Lizenzgeber das Unternehmenskennzeichen auf einen Dritten überträgt. Diese Bedingung müsste mit einer Heimfallklausel ausgestattet werden für den Fall, dass der Lizenznehmer seinen Pflichten aus dem Lizenzvertrag nicht nachkommt. Dies zeigt, dass diese Lösung nur mit einem erheblichen Aufwand möglich wäre, der erheblichen Rechtsberatungsbedarf auf beiden Seiten nach sich zieht. Der Lizenznehmer kann, wie beim Vorkaufrecht, zudem eine solche bedingte Übertragung wirtschaftlich in den seltensten Fällen durchsetzen.[614] Der Lizenzgeber würde mit einer solchen bedingten Übertragung dem Lizenznehmer auch mehr gewähren als dessen wirtschaftliches Interesse an Sukzessionsschutz rechtfertigt. Denn der Lizenznehmer hat kein Interesse an einem bedingten Vollrecht, son-

[612] Müller, S. 66; Lüdecke, GRUR 1964, 470, 472.
[613] Ebenso Brandi-Dohrn, GRUR 1983, 146, 148 in vergleichbaren Fallgestaltungen.
[614] Rosenberger, GRUR 1983, 203, 205; Brandi-Dohrn, GRUR 1983, 146, 148.

dern nur ein Interesse an einem Sukzessionsschutz seiner Nutzungsbefugnis an dem lizenzierten Unternehmenskennzeichen. Ferner führt diese Lösung bei mehreren Lizenznehmern wiederum zu einer Bruchteilsgemeinschaft der einzelnen Lizenznehmer. Dies führt zu den beim Vorkaufsrecht angedeuteten Schwierigkeiten, vgl. §§ 744, 749, 752, 753 BGB.[615]
Wird die Übertragung oder Weiterveräußerung des Unternehmenskennzeichens zur auflösenden Bedingung des Lizenzvertrages im engeren Sinn gemacht (§ 158 Abs. 2 BGB), endet mit Eintritt der Bedingung der Lizenzvertrag. Dies ist ebenso wenig wie ein Kündigungsrecht des Lizenzgebers im Interesse des Lizenznehmers, der an einer weiteren Nutzung interessiert ist. Hierdurch könnten nur negative Folgen, wie die Lizenzzahlungen an den Lizenzgeber trotz Übertragung des Unternehmenskennzeichens, die Erfüllung von Nebenpflichten des Vertrages etc., ausgeschlossen werden. Eine solche auflösende Bedingung hat für den Lizenznehmer ferner die nachteilige Wirkung, dass der Lizenzgeber den Vertrag einfach durch ein Strohmanngeschäft beenden kann. Der Bestand des Lizenzvertrages wäre faktisch in das Belieben des Lizenzgebers gestellt. Es wäre zudem ausgesprochen fraglich, ob der Lizenznehmer ohne weitere vertragliche Regelung für die automatische Beendigung einen Schadensersatzanspruch erhält, weil diese Begrenzung dem Vertrag immanent ist.[616]

ee. Sukzessionsschutz über § 566 BGB analog

Das Bedürfnis des Lizenznehmers nach Sukzessionsschutz könnte durch eine (analoge) Anwendung des § 566 BGB n.F. (§ 571 BGB a.F.) ggf. i.V. mit § 581 BGB (Rechtspacht) befriedigt werden. Die direkte Anwendung des § 566 BGB auf Lizenzverträge kommt im Ergebnis nicht in Betracht. Denn es handelt sich, wie bereits oben dargelegt[617], bei Lizenzverträgen nicht um Miet- oder Pachtverträge, so dass, wenn überhaupt, nur eine analoge Anwendung in Betracht kommt. Aus § 566 BGB kann aber nicht der allgemeine Rechtssatz abgeleitet werden, dass sich zuvor abgeschlossene schuldrechtliche Nutzungsverträge gegen ein absolutes Recht durchsetzen. § 566 BGB ist schon nicht für alle Mietverträge anwendbar, sondern nur bei vermietetem Wohnraum (§ 566 BGB), bei Grundstücken (§ 578 Abs. 1 BGB) und bei gewerblichen Geschäftsräumen (§ 578 Abs. 2 S. 1 BGB). Der Sukzessionsschutz gem. § 566 BGB gilt damit nicht für den großen Bereich der Miete von beweglichen Gegenständen. Es handelt sich folglich bei § 566 BGB um eine Ausnahmevorschrift, bei der eine Analogie nur in Betracht kommt, wenn eine vergleichbare Interessenlage

---

615 Brandi-Dohrn, GRUR 1983, 146, 148.
616 Im Ergebnis wie hier nur für Patente, wobei die Sachlage im Ergebnis identisch ist Lüdecke, GRUR 1964, 470, 472.
617 Vgl. oben § 5 B, D.

festgestellt werden kann.[618] Bei der vergleichbaren Interessenlage ist der Charakter der Ausnahmevorschrift zu würdigen.
Die für eine Analogie dieser Ausnahmevorschrift erforderliche vergleichbare Interessenlage liegt aber nicht vor. § 566 BGB knüpft an eine offensichtliche Veränderung der Besitzlage an. Ob es eine solche offensichtliche Veränderung der Besitzlage bei einer Lizenzierung von Unternehmenskennzeichen i.S. von § 5 Abs. 2 MarkenG gibt, ist sehr zweifelhaft. Anknüpfungspunkt könnte insoweit allenfalls die tatsächliche Benutzung des lizenzierten Kennzeichens sein.[619] Selbst wenn eine der Veränderung der Besitzlage entsprechende Konstellation noch angenommen werden könnte, scheitert die analoge Anwendung des § 566 BGB zumindest daran, dass § 566 BGB dazu führen würde, dass der neue Erwerber ab dem Erwerbszeitpunkt komplett in die Rechtsstellung des Lizenzgebers einrücken würde. Dies bedeutet, dass dem Lizenznehmer nicht nur Sukzessionsschutz gewährt würde, sondern dass auch der Vertragspartner des Lizenzvertrages im weiteren Sinn ausgetauscht würde. Das vollständige Einrücken des Erwerbers in die vertragliche Beziehung zwischen dem Lizenzgeber und dem Lizenznehmer ist nicht sachgerecht. Der Erwerber müsste gem. § 566 BGB auch Nebenpflichten erfüllen, die er gar nicht oder nur kaum erfüllen könnte. Es kann nicht in jedem Fall angenommen werden, dass der Erwerber z.B. auch in die Verpflichtung eintreten möchte, mit dem Unternehmenskennzeichen mit der Summe X pro Jahr Werbung zu betreiben. *Lüdecke*[620] teilt diese Bedenken, zieht hieraus aber nur die Schlussfolgerung, dass die Analogie zu § 571 a.F. BGB (entspricht § 566 n.F. BGB) so beschränkt wird, dass der Erwerber in solche Verpflichtungen nicht einrückt, die er schlechterdings nicht erfüllen kann. In dem gebildeten Beispiel kann der Erwerber eine Werbung unter Aufwendung der Summe X ohne rechtliche Probleme erfüllen. Eine solche Verpflichtung kann den Erwerb des Unternehmenskennzeichens aber nicht nur wirtschaftlich entwerten, sondern zusätzlich noch zu einem wirtschaftlichen Verlustgeschäft machen. Eine solche Verpflichtung ist für den Erwerber auch teilweise schwierig zu ermitteln. Wenn der Erwerber das gesamte Unternehmen kauft, hat er eine realistische Chance im Due-Diligence-Verfahren die Lizenzierung zu ermitteln. Auch bei einem Due-Diligence-Verfahren bleibt aber das Risiko, dass die kennzeichenrechtliche Problematik von den häufig beteiligten Gesellschaftsrechtlern nicht hinreichend gewürdigt wird. Ferner ist der Erwerber auch bei einem Due-Diligence-Verfahren auf die Mitwirkung des Lizenzgebers angewiesen. Bei

---

[618] Müller, S. 67; Forkel, S. 86; Völp, GRUR 1983, 45, 47; für eine Analogie z.B. Hederich, S. 42; Lüdecke, GRUR 1964, 470, 473 jeweils zu § 571 BGB a.F.

[619] In diese Richtung bei Patenten Völp, GRUR 1983, 45, 46; gegen eine solche der Besitzlage entsprechende Konstellation BGHZ 83, 251, 257 – Verankerungsteil; Rosenberger, GRUR 1983, 203, 207; Leßmann, DB 1987, 145,151; Lüdecke, GRUR 1964, 470, 474; Forkel, S. 86.

[620] Lüdecke, GRUR 1964, 470, 474.

diesem kann er zwar Schadensersatzansprüche gelten machen. Das wirtschaftliche Risiko des Einrückens in den Vertrag, das über den Erhalt der Nutzungsbefugnis auf Seiten des Lizenznehmers hinausgeht, kann dem Erwerber aber nicht zugemutet werden,[621] zumal es hierfür keine Notwendigkeit gibt.
Von vertraglichen Verpflichtungen, in die der Erwerber gem. § 566 BGB eintreten würde, könnte sich der Erwerber auch nicht im Verhältnis zum Lizenznehmer befreien. Der Erwerber rückt zwar in die Lizenzgeberstellung ein, ein Rücktritt gegenüber dem Lizenznehmer scheitert aber regelmäßig daran, dass ihm kein vertragliches oder gesetzliches Rücktrittsrecht zusteht, § 346 Abs. 1 BGB. Insbesondere das Verheimlichen einer Lizenz durch den ursprünglichen Lizenzgeber ist im Verhältnis Erwerber / Lizenznehmer kein Rücktrittsgrund.

Eine vollständige Analogie zu § 566 BGB ist damit nicht sachgerecht. Ein sicherer auch für den Lizenznehmer erkennbarer Maßstab für die Reichweite der Beschränkung der Analogie zu § 566 BGB ist aber nicht ersichtlich. Ein Rückgriff auf Treu und Glauben i.S. von § 242 BGB ist kein tauglicher Maßstab, da die Ergebnisse nicht sicher prognostizierbar sind. Die Rechtssicherheit würde leiden. Eine Beschränkung der Analogie zu § 566 BGB würde ferner dazu führen, dass der Lizenzgeber trotz des Verkaufs des lizenzierten Kennzeichens noch einige Verpflichtungen zu erfüllen hat und der Erwerber die restlichen. Diese Spaltung der Schuldnerschaft führt zu praktischen Folgeproblemen, z.B. gegenüber wem und in welchem Umfang sich der Lizenznehmer auf seine Zurückbehaltungsrechte gem. §§ 273, 320 BGB berufen kann. Eine Teilanalogie zu § 566 BGB führt damit zu Rechtsunsicherheit und großem Streitpotenzial.
Das Einrücken des Erwerbers in den Vertrag mit dem Lizenznehmer hätte für diesen ggf. fatale Folgen, wenn der Erwerber ein Konkurrent des Lizenznehmers ist. Der Lizenznehmer wäre auf Grund des Vertrages eventuell zu Werbeausgaben verpflichtet, die auch dem Erwerber, seinem Konkurrenten, zugute kommen. Eine ähnliche für den Lizenznehmer unerfreuliche Situation ergibt sich, wenn in dem Lizenzvertrag die Weitergabe des vom Lizenznehmer erworbenen Know-how an den Lizenzgeber vereinbart wurde.[622] Dieses Know-how müsste der Lizenznehmer seinem Konkurrenten zur Verfügung stellen.
Insgesamt kann damit keine vergleichbare Interessenlage zwischen dem Miet- bzw. Pachtvertrag und Lizenzverträgen festgestellt werden. Das Einrücken des Erwerbers in die Rechtsposition des Lizenzgebers gem. § 566 BGB ist also kein gangbarer Weg.[623]

---

[621] Im Ergebnis wie hier Forkel, S. 87; ders., NJW 1983, 1764, 1766 f.; a.A. Lüdecke, GRUR 1964, 470, 475.
[622] Ähnlich Völp, GRUR 1983, 45, 51 für Patente.
[623] Wie hier z.B. Forkel, S. 8; Müller, S. 57; Völp, GRUR 1983, 45, 47 u. 51; Rosenberger, GRUR 1983, 203, 207; Mager, GRUR 1983, 51; Benkard-Ullmann, § 15, Rdn. 64; Kraßer, GRURInt 1973, 230, 234.

ff. Sukzessionsschutz über § 30 Abs. 5 MarkenG analog bzw. über eine Gesamtanalogie

Der Sukzessionsschutz zu Gunsten des Lizenznehmers könnte über eine Analogie zu § 30 Abs. 5 MarkenG bzw. über eine Gesamtanalogie zu § 30 Abs. 5 MarkenG, § 15 Abs. 3 PatG, § 31 Abs. 5 GeschmMG und § 33 UrhG konstruiert werden. Gem. § 30 Abs. 5 MarkenG berührt ein Rechtsübergang oder die Erteilung einer Lizenz eine vorher erteilte Markenlizenz nicht. Entsprechende Regelungen finden sich in § 31 Abs. 5 GeschmMG für das Geschmacksmuster, in § 15 Abs. 3 PatG für das Patent und in § 33 UrhG für Nutzungsrechte an urheberrechtlich geschützten Werken.

Eine direkte Anwendung des § 30 Abs. 5 MarkenG scheitert daran, dass § 30 MarkenG seinem Wortlaut nach nur eingetragene Marken, Marken durch Benutzung oder notorisch bekannte Marken regelt. Da eine Regelung hinsichtlich der Unternehmenskennzeichen i.S. von § 5 Abs. 2 MarkenG fehlt, kommt nur eine Rechtsfortbildung durch eine Analogie oder eine Gesamtanalogie zu den angegebenen Vorschriften in Betracht.[624] Gegen eine solche Rechtsfortbildung spricht, dass der Gesetzgeber die Unternehmenskennzeichen bewusst nicht dem § 30 MarkenG unterstellt hat. In der amtlichen Begründung zu § 27 MarkenG, der die Übertragung der Marke regelt, heißt es, dass das neue MarkenG von einer Regelung der Übertragung von geschäftlichen Bezeichnungen i.S. des § 5 MarkenG absieht.[625] Nach der zum Zeitpunkt des In-Kraft-Tretens des MarkenG ganz h.M. war ausschließlich eine rein schuldrechtliche Lizenz an Unternehmenskennzeichen möglich.[626] Deswegen wird teilweise eine Rechtsfortbildung abgelehnt.[627] Andererseits wird in der amtlichen Begründung aber ausgeführt: „Eine Aussage dahingehend, dass Lizenzen an geschäftlichen Bezeichnungen, die weit verbreitet sind, künftig unzulässig wären oder auch künftig ausschließlich schuldrechtlicher Natur sein müssten, ist damit nicht verbunden."[628] Der Gesetzgeber kannte damit die ganz h.M., wollte diese aber nicht dauerhaft festschreiben. Es liegt also keine bewusste Nichtregelung in dem Sinn vor, dass nichts geändert werden sollte, sondern der Gesetzgeber hat bewusst die Möglichkeit einer Rechtsfortbildung offen gelassen. Eine Rechtsfortbildung durch eine analoge Anwendung des § 30 Abs. 5 MarkenG oder eine Gesamtanalogie

---

[624] Vgl. zu diesen Begriffen Larenz/Canaris, Methodenlehre, S. 204.

[625] BT-Drucks. 12/6581 v. 14.1.1994, S. 84.

[626] Vgl. z.B. BGH GRUR 1994, 652, 653 – Virion; BGH GRUR 1970, 528, 531 – Migrol; BGH GRUR 1991, 780, 781 – Transatlantische; BGH GRUR 1993, 574, 576 – Decker; vgl. BGH GRUR 1993, 151, 152 – Universitätsemblem; OLG Zweibrücken GRUR 1978, 546, 547 – Zirkusname S jeweils für Namensrechte; vgl. auch direkt nach In-Kraft-Treten des MarkenG BGH GRUR 1997, 903, 906 – Garonor.

[627] Ingerl/Rohnke, § 30, Rdn. 5; Fezer, MarkenR, § 30, Rdn. 1; Ströbele/Hacker-Hacker, § 30, Rdn. 8; Starck, WRP 1994, 698, 700.

[628] BT-Drucks. 12/6581 v. 14.1.1994, S. 86.

ist folglich nicht ausgeschlossen, auch wenn der Gesetzgeber sich 1995 dagegen ausgesprochen hat, dass Lizenzen an Unternehmenskennzeichen von § 30 Abs. 5 MarkenG erfasst werden.[629]

Da damit die für eine Analogie erforderliche planwidrige Regelungslücke vorliegt, ist entscheidend, ob eine vergleichbare Interessenlage begründet werden kann. Eine solche wäre anzunehmen, wenn der Sukzessionsschutz selbst für schuldrechtliche Lizenzen ein ungeschriebener Grundsatz des gesamten Immaterialgüterrechts wäre. Dann wären die § 30 Abs. 5 MarkenG, § 15 Abs. 3 PatG, § 31 Abs. 5 GeschmMG und § 33 UrhG nur eine Ausprägung dieses Grundsatzes.[630] Eine Gesamtanalogie zu den angegebenen Paragrafen wäre möglich. Ein solcher Grundsatz würde aber von dem allgemeinen Grundsatz abweichen, dass schuldrechtliche Verträge nur inter partes wirken.[631] Hier ist auch zu berücksichtigen, dass der Gesetzgeber bei der Neufassung des MarkenG diesen Grundsatz eben nicht auch für Unternehmenskennzeichen i.S. von § 5 Abs. 2 MarkenG angeordnet hat, obwohl der Gesetzgeber das Problem gesehen hat.[632] Es ist damit davon auszugehen, dass es keinen solchen allgemeinen Grundsatz gibt. Der Gesetzgeber hat jeweils für Einzelfälle eine entsprechende Regelung geschaffen. Er geht damit davon aus, dass es für jeden Teilbereich einen entsprechenden Regelungsbedarf gibt. Es muss für jede einzelnen Teilbedarf geprüft werden, ob eine Analogie oder eine anderweitige Konstruktion für einen Sukzessionsschutz nach der Interessenlage nötig und rechtlich möglich ist. Eine Gesamtanalogie zu den angegebenen Paragrafen scheidet aus.

Weiterhin möglich bleibt aber eine Einzelanalogie zu § 30 Abs. 5 MarkenG, sofern eine vergleichbare Interessenlage festgestellt wird. Eine solche vergleichbare Interessenlage könnte nicht festgestellt werden, wenn § 30 Abs. 5 MarkenG eine Ausprägung des Grundsatzes der absoluten Wirkung der Markenlizenz ist. Hierfür spricht, dass diese Drittwirkung mit den normalen Wirkungen von rein schuldrechtlichen Verträgen nicht vereinbar ist. Deswegen findet sich häufig die Begründung, der absolute Charakter einer Lizenz ergebe sich aus dem Sukzessionsschutz.[633] Dagegen wird oft angeführt, dass auch § 404 und § 566 BGB in ihrem Anwendungsbereich einen gewissen Sukzessionsschutz gewährten.[634] Der teilweise Sukzessionsschutz bei relativen Rechten gem. § 404 und § 566 BGB bedeutet aber nicht im Umkehrschluss, dass § 30 Abs. 5 MarkenG auch auf schuldrechtliche Lizenzen angewendet werden kann. § 30 Abs. 5 MarkenG geht

---

[629] Traub, FS Trinkner, 431, 438; Ingerl/Rohnke, § 30, Rdn. 7.

[630] So Müller, S. 68; Kraßer, GRURInt 1973, 230, 234; ähnlich auch OLG Saarbrücken NJWE-WettbR 1999, 284, 286 – H & K; Schricker, FS v. Gamm, 289, 297; Forkel, S. 87.

[631] BGH GRUR 1982, 411, 412 – Verankerungsteil.

[632] Ähnlich allerdings für Patente Leßmann, DB 1987, 145, 151.

[633] Z.B. Forkel, NJW 1983, 1764, 1767; Fezer, WRP 2004, 793, 806 sieht den Sukzessionsschutz als Bestätigung der absoluten Wirkung.

[634] Müller, S. 69 FN 56; Henn, Rdn. 77 für § 566 BGB; Plaß, GRUR 2002, 1029, 1033.

in seinem Anwendungsbereich über § 404 und §566 BGB hinaus. Denn gem. § 30 Abs. 5 MarkenG bleibt die Lizenz, d.h. die positive Nutzungsbefugnis, erhalten. Demgegenüber erhält § 404 BGB dem Lizenznehmer nur die bereits entstandenen Einwendungen und gewährt, wie oben dargestellt, nur einen sehr eingeschränkten Sukzessionsschutz. Auch § 566 BGB zieht eine andere Rechtsfolge nach sich als § 30 Abs. 5 MarkenG. Gem. § 566 BGB rückt der Erwerber in die Rechtsstellung des Vermieters ein. Dagegen beschreitet § 30 Abs. 5 MarkenG den genau entgegengesetzten Weg. § 30 Abs. 5 MarkenG setzt bei dem Lizenznehmer an und lässt seine Rechtsstellung unberührt. Das Erhalten einer Rechtsstellung trotz einer weiteren Verfügung ist ein typisches Merkmal einer absoluten Rechtsstellung. Deswegen kann § 30 Abs. 5 MarkenG zumindest nicht auf ein ausschließlich relatives Recht angewendet werden.[635]

Diese Auslegung der zumindest teilweisen absoluten Wirkung des § 30 Abs. 5 MarkenG wird durch die h.M. zu § 33 UrhG bestätigt. § 33 UrhG ordnet ebenso wie § 30 Abs. 5 MarkenG einen Sukzessionsschutz an. Dieser Sukzessionsschutz wird von der h.M. im Urheberrecht als Beleg für den absoluten Charakter auch einer einfachen Lizenz angesehen.[636] Vergleichbar ist ferner die Rechtslage im Patentrecht im Hinblick auf den in § 15 Abs. 3 PatG angeordneten Sukzessionsschutz, der § 30 Abs. 5 MarkenG entspricht. Im Patentrecht ist die absolute Wirkung von ausschließlichen Lizenzen nahezu unstreitig.[637] Für die einfache Patentlizenz hat vor allem *Kraßer*[638] überzeugend dargelegt, dass diese zumindest dadurch einen absoluten Charakter aufweist, dass eine Verfügung vorliegt. Damit können die besonderen Sukzessionsschutzvorschriften insgesamt als Ausprägung der (teilweisen) Absolutheit der Lizenzen gewertet werden.

---

[635] Plaß, GRUR 2002, 1029, 1034; Fezer, MarkenR, § 30, Rdn. 8 f. u. 34; wohl auch v.Schultz-Brandi-Dohrn, § 30, Rdn. 17 f.; nicht eindeutig Ingerl/Rohnke, § 30, Rdn. 78; wie hier Forkel, S. 88 ff.; ders., NJW 1983, 1766 f.; im Ergebnis ebenso Leßmann, DB 1987, 145, 152; wohl auch Ullmann, FS v. Gamm, 315, 316.

[636] Schack, Rdn. 540; Schricker-Schricker, Vor §§ 28 ff., Rdn. 49 m.w.N.; a.A. Fromm/Nordemann-Hertin, §§ 31/32, Rdn. 2; Smid/Lieder, DZWIR 2005, 7, 8; Hoeren, Internetrecht, S. 126.

[637] Kraßer, S. 956; Benkard-Ullmann, § 15, Rdn. 53; Mes, § 15, Rdn. 22; Bartenbach, S. 78; hiervon geht auch der BGH in BGH GRUR 1982, 411, 412 – Verankerungsteil aus; ohne dogmatische Begründung geht dagegen Busse-Keukenschrijver, § 15, Rdn. 70 davon aus, dass das Bedürfnis für eine Verdinglichung fehlt.

[638] Kraßer, GRURInt 1983, 537, 540 ff.; ders., S. 957; im Ergebnis ebenso Forkel, NJW 1983, 1764, 1766; im Ergebnis ähnlich Weinmann, S. 526 FN; vgl. auch OLG Karlsruhe GRURInt 1987, 788, 789 f. – Offenendspinnmaschinen, einfache Lizenz mit Drittwirkung allerdings ohne besondere Begründung; a.A. die h.M.: nur schuldrechtliche Wirkung einfacher Patentlizenzen z.B. BGH GRUR 1982, 411, 412 – Verankerungsteil.

Weinmann[639] geht von demselben Ausgangspunkt aus. Er betont aber gleichzeitig, dass der Gesetzgeber auch bei einer obligatorischen Rechtsbeziehung entsprechende Verstärkungen der Rechtsposition vornehmen kann, ohne an die Dogmatik gebunden zu sein. Insoweit ist *Weinmann* zuzustimmen. Sofern der Gesetzgeber aber außerhalb der Dogmatik isoliert Verstärkungen anordnet, handelt es sich um nur in bestimmten Fällen analogiefähige Ausnahmevorschriften. Im Übrigen wäre eine solche Verstärkung der Rechtsposition des Lizenznehmers konstruktiv wiederum als eine teilweise absolute Wirkung aufzufassen, d.h. als ein Recht sui generis, das sowohl absolute als auch relative Wirkung aufweist.[640]
Für die Annahme, dass der Sukzessionsschutz eine Ausprägung des absoluten Charakters ist, spricht auch Folgendes. Wenn Sukzessionsschutz auch bei schuldrechtlichen Verträgen gilt, müsste dieser Sukzessionsschutz bei sämtlichen ähnlichen schuldrechtlichen Verträgen wie z.B. der Ausübungsermächtigung von Persönlichkeitsrechten, Abgrenzungsvereinbarungen und Namenslizenzen gewährt werden. Es wäre kaum überzeugend zu begründen, warum bei einer Lizenz ein Sukzessionsschutz gewährt wird, bei ähnlichen Konstellationen aber nicht. Damit soll allerdings nicht zum Ausdruck gebracht werden, dass in diesen Fallgestaltungen Sukzessionsschutz nicht gewährt werden kann. Es muss in diesen Fällen jeweils sorgfältig geprüft werden, ob ein Sukzessionsschutz angenommen werden kann und ob dieser mit dem Charakter des Vertrages in Einklang gebracht werden kann.
Die Anordnung des Sukzessionsschutzes in § 30 Abs. 5 MarkenG ist damit eine Ausprägung des zumindest teilweise absoluten Charakters der Lizenz. Sofern die Lizenz an Unternehmenskennzeichen i.S. von § 5 Abs. 2 MarkenG als rein schuldrechtliches Rechtsgeschäft aufgefasst wird, kann § 30 Abs. 5 MarkenG nicht analog angewendet werden. Weitere Konstruktionsmöglichkeiten des Sukzessionsschutzes sind bei der Annahme einer rein schuldrechtlichen Rechtsnatur der Lizenz im weiteren Sinn nicht ersichtlich. Das wirtschaftliche Bedürfnis des Lizenznehmers nach Sukzessionsschutz kann also bei der Annahme eines rein schuldrechtlichen Rechtsgeschäfts nicht erfüllt werden.

2. Abwehrrecht des Lizenznehmers gegenüber Dritten

Ein wirtschaftliches Bedürfnis für die absolute Wirkung von Lizenzen könnte ferner deswegen bestehen, weil sich sonst der Lizenznehmer nicht gegen die Inanspruchnahme durch Dritte verteidigen könnte. Bei einer Inanspruchnahme durch Dritte kann sich ein Kennzeicheninhaber nach allgemeinen Regeln nur mit seinen eigenen Rechten verteidigen. Ein Kennzeicheninhaber kann sich nicht

---

639 Weinmann, S. 527.

640 In diese Richtung z.B. Plaß, GRUR 2002, 1029, 1034; Ingerl/Rohnke, § 30, Rdn. 8, jeweils für Marken; vgl. zur Verdinglichung obligatorischer Rechte Canaris, FS Flume, 371 ff.

darauf berufen, es gebe noch einen anderen, von ihm vollständig unabhängigen Kennzeicheninhaber, der die relativ beste Priorität besitze.[641]
Deswegen kann sich der Lizenznehmer nach diesen allgemeinen Regeln auf seine durch die Benutzung bzw. die Verkehrsgeltung mit eigener Priorität entstandenen Kennzeichenrechte berufen. Wie oben dargestellt,[642] beginnt der Schutz der Unternehmenskennzeichen i.S. von § 5 Abs. 2 S. 1 MarkenG mit der Benutzung, der Schutz der Unternehmenskennzeichen i.S. von § 5 Abs. 2 S. 2 MarkenG mit der Verkehrsgeltung. Sofern aber ein lizenziertes Unternehmenskennzeichen vorliegt, ist fraglich, ob die Benutzung oder die Verkehrsgeltung für das Entstehen eines eigenen Kennzeichenrechts ausreicht. Die Entscheidungspraxis des BGH und der Oberlandesgerichte scheint hierzu auf den ersten Blick nicht eindeutig zu sein.
Der BGH hat in der Entscheidung *Migrol*[643] dem Lizenznehmer kein eigenes Kennzeichenrecht zugesprochen. Maßgeblich für den BGH waren die Umstände des Einzelfalls. Der Lizenzgeber, eine große schweizerische Tankstellenkette, hatte erst nachträglich die Nutzung der Firmen- und Warenzeichen durch den späteren Lizenznehmer gestattet. Das lizenzierte Kennzeichen war auch sehr bekannt. Deswegen hat der BGH ausgeführt, dass die Aufnahme der Benutzung dieses im Ausland bereits geschützten Kennzeichens ohne Gestattung als unlauter i.S. des Wettbewerbsrechts anzusehen sei. Wenn die Aufnahme der Benutzung eines Kennzeichens ohne Gestattung aber unlauter sei, könne der Lizenznehmer kein eigenes Kennzeichen erwerben.
Der BGH hat in der Entscheidung *Kyffhäuser*[644] ebenfalls das Entstehen eines eigenen Namensrechtes abgelehnt. In diesem Fall war ein Ortsverein aus dem namensgebenden Dachverband ausgeschieden. Der BGH hat die Ablehnung eigener Namensrechte darauf gestützt, dass der Verkehr sich über den Zusammenhang Dachverband / Ortsverband jederzeit im Klaren gewesen sei, so dass der Verkehr den Begriff Kyffhäuser nur als Bezeichnung des Dachverbandes aufgefasst habe. Dem Verkehr sei bewusst gewesen, dass der Ortsverband den Begriff Kyffhäuser nur kraft Gestattung gebraucht habe. *Fezer*[645] führt in seiner Anmerkung zu diesem Urteil aus, dieses Urteil bedürfe einer Klarstellung. Der Zweigverein habe gegenüber Dritten sehr wohl ein eigenes Namenrecht. Dieses stehe dem Zweigverein aber nicht im Verhältnis zum Namensinhaber zu. Eine solche Differenzierung des Entstehens eines Kennzeichens, hier eines Namens,

[641] Ingerl/Rohnke, § 15, Rdn. 13; GroßKomm-Teplitzky, § 16, Rdn. 265; OLG Düsseldorf, WRP 343, 347 – ufa.de zu § 12 BGB. Dies gilt entsprechend bei Unternehmenskennzeichen i.S. von § 5 Abs. 2 MarkenG.
[642] Vgl. oben § 1 A I 5, II.
[643] BGH GRUR 1970, 528, 530 – Migrol; vergleichbar bereits BGH GRUR 1954, 271, 273 f. – Dun-Europa.
[644] BGH GRUR 1976, 644, 646 – Kyffhäuser.
[645] Fezer, GRUR 1976, 648; ders., MarkenR, § 30, Rdn. 89.

ist nicht möglich. Das Kennzeichen entsteht entweder originär bei dem „Lizenznehmer" oder das Kennzeichen entsteht nicht. Die Auffassung von *Fezer* ist mit der absoluten Natur der Kennzeichen nicht vereinbar. Möglich ist nur, dass ein Kennzeichen beim „Lizenznehmer" entsteht, sich dieses aber wegen der schlechteren Priorität nicht gegen das Kennzeichen des „Lizenzgebers" durchsetzt.

Entgegen den Urteilen *Migrol* und *Kyffhäuser* hat das OLG Zweibrücken in der Entscheidung *Zirkusname S*[646] das Entstehen eines eigenen Kennzeichenrechts ausdrücklich anerkannt. Diesem Fall lag folgender (verkürzter) Sachverhalt zu Grunde. Auf Grund einer Gestattung einer berühmten Artistin führte der „Lizenznehmer" einen Zirkus unter dem Namen der Artistin. In der Folgezeit hat diese Artistin den Gestattungsvertrag über ihre Namensrechte widerrufen und ihren Namen einem Dritten zur Verfügung gestellt. Der Dritte ging gegen den „Lizenznehmer" vor. Das OLG hat maßgeblich darauf abgestellt, dass der Name für den Zirkus und damit für den „Lizenznehmer" eine allgemeine Geltung erworben habe. Deswegen sei ein selbstständiges Kennzeichen entstanden mit einer im Verhältnis zum Dritten besseren Priorität.

In der Entscheidung *Virion*[647] hat der BGH ebenfalls ein eigenes Kennzeichenrecht des „Lizenznehmers" angenommen. Der Sachverhalt, der der Entscheidung *Virion* zu Grunde liegt, ähnelt dem Sachverhalt der Entscheidung *Migrol*. Die schweizerische Virion AG hatte ursprünglich die Klägerin mitgegründet und war mit der Firmierung unter der Verwendung des Begriffs „Virion" einverstanden. In der Folgezeit wurde die Klägerin von der schweizerischen Virion AG selbstständig. Nach einigen Jahren wollte die schweizerische Virion AG erneut in Deutschland tätig werden und gründete eine von der Klägerin unabhängige Gesellschaft, ebenfalls unter Verwendung des Begriffs „Virion". Gegen diese neue Gesellschaft ging die Klägerin vor. Der BGH ist ohne weitere Ausführungen von einem Namensrecht der Klägerin im Hinblick auf den Begriff „Virion" ausgegangen und hat den Fall zur Aufklärung anderer Umstände an das Berufungsgericht zurückverwiesen.

Ein eigenständiges Firmenrecht hat der BGH ebenfalls in der Entscheidung *Transatlantische*[648] anerkannt. In dieser Entscheidung hatte eine Muttergesellschaft der Tochtergesellschaft die Verwendung des Begriffs „Transatlantische" erlaubt. Der BGH hat angenommen, dass beide Gesellschaften jeweils ein eigenständiges Recht an dem Begriff haben und dass deswegen jede die Bezeichnung im Verhältnis zur anderen hinnehmen muss.

Die angeführten Entscheidungen erwecken den Eindruck, widersprüchlich zu sein bzw. auf die Umstände des Einzelfalls abzustellen. Die Entscheidungen

---

646 OLG Zweibrücken GRUR 1978, 546, 547 – Zirkusname S.

647 BGH GRUR 1994, 652, 653 f. – Virion.

648 BGH GRUR 1991, 780, 781 – Transatlantische.

können aber auf folgende Grundaussagen zurückgeführt werden. Bei einem Verstoß gegen das Wettbewerbsrecht entsteht kein eigenständiges Namensführungsrecht des Lizenznehmers (*Migrol*).[649] Das Gleiche gilt, wenn der Verkehr davon ausgeht, dass das Kennzeichenmittel ausschließlich dem Lizenzgeber zusteht (*Kyffhäuser*). Der Entscheidung *Kyffhäuser* entsprechen letztendlich auch die Wertungen der Urteile des BGH *Fischl* und *Erdener Treppchen.*[650] In beiden Entscheidungen ging es um die Frage, ob die besondere Geschäftsbezeichnung einer Gaststätte dem Verpächter oder dem Pächter der Gaststätte zusteht. In der Entscheidung *Fischl* erörtert der BGH ausdrücklich die Möglichkeit des Entstehens eines eigenen Kennzeichenrechts beim Pächter, führt aber aus, dass das Kennzeichenrecht des Pächters wegen der schlechteren Priorität zumindest hinter dem des Verpächters zurückstehen müsse. In der Entscheidung *Erdener Treppchen* wurde nicht eine Gaststätte verpachtet. Vielmehr wurden nur Räume vermietet, so dass dem „Vermieter" die besondere Geschäftsbezeichnung nicht zustehen konnte. Wenn keine Ausnahmefälle vorliegen (*Migrol, Kyffhäuser*), entsteht also nach den allgemeinen Regeln ein eigenes Kennzeichen des Lizenznehmers, wenn der Verkehr davon ausgeht, dass das Kennzeichenmittel auch den Lizenznehmer kennzeichnet (*Zirkusname S, Virion, Transatlantische).*[651]

Dies bedeutet, dass nur in Ausnahmefällen beim Lizenznehmer kein eigenes Kennzeichen entsteht. Sofern der Lizenznehmer im Verhältnis zum Dritten die bessere Priorität hat, kann er sich auf der Grundlage seines eigenen Kennzeichenrechts ausreichend verteidigen.[652] Der Lizenzgeber kann diese Verteidigung des Lizenznehmers mit der eigenen Priorität des Lizenznehmers auch nicht verhindern, da das Kennzeichen vollständig unabhängig von dem lizenzierten Kennzeichen entsteht. Eine etwaig anders lautende Verpflichtung in dem Lizenzvertrag hätte gem. § 137 S. 1 BGB keine Außenwirkung. Ein Verstoß gegen diese Verpflichtung würde nur eine Vertragsverletzung darstellen.[653] Praktische Probleme treten bei einer Verteidigung mit den eigenen Kennzeichen des Lizenznehmers nur insoweit auf, als es eventuell für ihn schwierig ist, das Entstehen seines eigenen Kennzeichens zu einem bestimmten Zeitpunkt nachzuwei-

[649] Ebenso BGH GRUR 1968, 702, 704 – Hamburger Volksbank; Fezer, MarkenR, § 30, Rdn. 81; Parmentier/Steer, GRUR 2003, 196, 200.

[650] BGH GRUR 1959, 87 ff. – Fischl; BGH GRUR 1963, 430 ff. – Erdener Treppchen; ähnlich BGH GRUR 1998, 391, 392 – Dr. St... Nachf.

[651] Ebenso z.B. BGH GRUR 1997, 903, 905 – Garonor; OLG Hamburg NJW-RR 1998, 986, 989 – infas; OLG Celle, WRP 1983, 623, 624 – physio-medica; Fezer, MarkenR, § 30, Rdn. 81; Starck, WRP 1994, 698, 703; im Ergebnis auch, Ullmann, FS v. Gamm, 315, 321; Schricker, FS v. Gamm, 289, 297; Rohnke, WM 1991, 1405, 1408.

[652] Schricker, FS v. Gamm, 289, 297; Ingerl/Rohnke, Vor §§ 27-31, Rdn. 9; Fezer, MarkenR, § 15, Rdn. 89; vgl. zum Prioritätsbeginn durch Benutzungsaufnahme für eine Firma BGHZ 10, 196, 204 – DUN; für Namen BGH GRUR 1993, 151, 152 – Universitätsemblem.

[653] Ullmann, CR 1991, 193, 198 FN 31.

sen. Dies gilt vor allem für die Geschäftsabzeichen gem. § 5 Abs. 2 S. 2 MarkenG, bei denen der Lizenznehmer die Verkehrsgeltung darlegen und beweisen muss. Diese Darlegungs- und Beweisprobleme sind aber „normale" Probleme jedes Kennzeicheninhabers.

Fraglich ist allerdings, ob bei einem Lizenzvertrag von dem Grundsatz abgewichen werden kann, dass sich der Inanspruchgenommene nicht mit Rechten Dritter verteidigen kann. Hierbei wird vorausgesetzt, dass der Lizenzgeber sein Recht aufrechterhält und nicht infolge einer Benutzungseinstellung verliert.[654]

Ein entsprechendes Bedürfnis auf das Berufen der Priorität des Lizenzgebers liegt auf Seiten des Lizenznehmers vor, wenn dieser sich mit seiner eigenen Priorität nicht ausreichend verteidigen kann. Dies ist der Fall, wenn der Dritte im Verhältnis zum Lizenznehmer die ältere Priorität hat, im Verhältnis zum Lizenzgeber aber die jüngere. Ein entsprechendes wirtschaftliches Bedürfnis, dass sich der Lizenznehmer auf die Priorität des Lizenzgebers berufen kann, liegt auf der Hand. Ohne diese Möglichkeit wäre das Funktionieren von Franchisesystemen und ähnlichen Vertriebssystemen nahezu ausgeschlossen. Denn der Franchisenehmer hat keinen Anlass, sich über dritte Zeicheninhaber zu informieren, die ihm gegenüber die bessere Priorität haben, gegenüber dem Franchisegeber aber eine schlechtere. Dagegen ist der dritte Zeicheninhaber nicht schutzwürdig, da er in jedem Fall mit der Inanspruchnahme des mit der besseren Priorität ausgestatteten Franchisegebers rechnen muss.[655]

Der BGH gestattet dem Lizenznehmer das Berufen auf die Priorität. Er geht dabei von einer rein schuldrechtlich wirkenden Lizenz aus. Er wendet den Rechtsgedanken aus § 1004 Abs. 2 und § 986 Abs. 1 BGB auch im Kennzeichenrecht an und begründet so die Möglichkeit des Lizenznehmers, sich auf die Priorität des Lizenzgebers zu berufen.

Grundlegend in diesem Zusammenhang ist die Entscheidung des BGH *Hadef*[656]. In diesem Fall hatte der ursprüngliche Kennzeicheninhaber (Kläger) zunächst einem anderen (erster Lizenznehmer) gestattet, ein gleich lautendes Warenzeichen einzutragen. Dieser hatte sodann schuldrechtlich einem Dritten (dem Beklagten) erlaubt, dieses Kennzeichen zu nutzen. Der Kläger hat daraufhin den Beklagten unter Hinweis auf seine ältere Priorität auf Unterlassung in Anspruch genommen. Der BGH nahm an, dass wegen des schuldrechtlichen Charakters des Lizenzvertrages zwischen dem ersten Lizenznehmer und dem Beklagten dieser Vertrag keine Einrede gegen den Kläger gewähre. Anwendbar seien aber § 1004 Abs. 2 und § 986 Abs. 1 BGB, die einen allgemeinen Rechtsgedanken enthielten, der auch auf das Immaterialgüterrecht anzuwenden sei. Gem. § 1004 Abs. 2 und § 986 Abs. 1 BGB analog könne sich der Beklagte auf die Dul-

---

[654] Der Entscheidung OLG Celle, WRP 1983, 623, 625 – Physio-Medica lag z.B. eine solche Fallgestaltung zu Grunde.

[655] Müller, S. 62.

[656] BGH GRUR 1957, 34, 35 – Hadef.

dungspflicht des Klägers im Hinblick auf die Nutzung des Kennzeichens durch den ersten Lizenznehmer berufen. Die Klage hatte im Ergebnis dennoch Erfolg, weil der BGH davon ausging, dass der erste Lizenznehmer nicht zu einer weiteren Lizenzerteilung berechtigt gewesen sei. Nur deswegen trafen den Kläger keine Duldungspflichten.
Diese Grundsätze hat der BGH in der *Hydair*-Entscheidung[657] auch auf die Lizenzierung von Firmen ausgedehnt. Abweichend von dem Fall *Hadef* leitete der Beklagte aber nicht, vermittelt durch einen ersten Lizenznehmer, seine Rechte vom Kläger ab. Der Beklagte war vielmehr Lizenznehmer eines von dem Kläger vollständig unabhängigen Dritten, der gegenüber dem Kläger die bessere Priorität hatte. Dennoch hat der BGH dem Beklagten trotz des schuldrechtlichen Charakters des Lizenzvertrages gem. § 1004 Abs. 2 und § 986 Abs. 1 BGB die Berufung auf die Priorität des Dritten erlaubt. Maßgeblich war für den BGH, dass der Beklagte an Stelle des Dritten in dessen früherer Betriebsstätte die Kennzeichnung auch warenzeichenmäßig benutzen durfte. Das Erfordernis, dass der Beklagte an Stelle des Dritten in dessen früherer Betriebsstätte die Kennzeichnung auch warenzeichenmäßig nutzen dürfe, hat der BGH in den Entscheidungen *Decker* und *Virion*[658] aufgegeben. Der BGH hat in diesen Entscheidungen ausgeführt, dass es ausreichend sei, wenn der Lizenznehmer seine Rechte von jemandem ableite, der im Verhältnis zum Kläger die bessere Priorität habe. Der Kläger sei mit dem Eigentümer vergleichbar, der Gestattende mit dem Besitzmittler und der Lizenznehmer mit dem unmittelbaren Besitzer.

Tragfähig erscheint das Berufen auf die fremde Priorität gem. § 986 Abs. 1 BGB analog in Konstellationen, die mit dem *Hadef*-Fall vergleichbar sind. Denn § 986 Abs. 1 BGB gewährt dem unmittelbaren Besitzer in zwei Konstellationen Schutz gegen die Inanspruchnahme des Eigentümers. Entweder hat das Besitzrecht eine absolute Wirkung oder es besteht ein relatives Besitzrecht, das im Verhältnis zum Eigentümer wirkt, weil der Besitzmittler gegenüber dem Eigentümer zum Besitz und zur weiteren Besitzüberlassung berechtigt war. Im zweiten Fall ist also eine lückenlose Besitzrechtsbrücke zwischen Eigentümer und unmittelbarem Besitzer erforderlich.[659] Der *Hadef*-Fall entspricht der zweiten Alternative. Der zweite Lizenznehmer hat seine Kennzeichenrechte, vermittelt

---

657 BGH GRUR 1985, 567, 568 – Hydair.

658 BGH GRUR 1993, 574, 576 – Decker; BGH GRUR 1994, 652, 654 – Virion; bestätigt in BGH GRUR 2002, 967, 970 – Hotel Adlon; ebenso OLG Hamburg NJW-RR 1998, 986, 988 – infas; Ingerl/Rohnke, § 15, Rdn. 13; Fezer, MarkenR, § 15, Rdn. 89; Ullmann, FS v. Gamm, 315, 321; v.Schultz-Brandi-Dohrn, § 30, Rdn. 18; MünchKomm-Schwerdtner, § 12, Rdn. 135; Starck, WRP 1994, 698, 703; a.A. ohne Angabe von Gründen OLG München WRP 1987, 570, 571.

659 MünchKomm-Medicus, § 986, Rdn. 1; BGH GRUR 1993, 574, 576 – Decker; Großkomm-Teplitzky, § 16, Rdn. 264.

durch den ersten Lizenznehmer, vom Kläger hergeleitet. Hier erweist sich die vom BGH vorgenommene Analogie zu § 986 Abs. 1 BGB als tragfähig. Die Kennzeichenrechte können direkt auf den Kläger bezogen werden.
Diese Alternative liegt aber im Regelfall gerade nicht vor. In der Praxis entspricht der Regelfall eher der Konstellation, die mit den Entscheidungen *Hydair, Decker* und *Virion* vergleichbar sind. In diesen Konstellationen leitet der Inanspruchgenommene seine Rechtsstellung nicht von dem Kläger ab, sondern von einem Dritten. Es liegt nahe, diese Konstellationen unter die erste Alternative des § 986 Abs. 1 BGB zu subsumieren. Der Inanspruchgenommene könnte sich aber nur auf § 986 Abs. 1 und § 1004 Abs. 2 BGB berufen, wenn er eine absolute, d.h. auch gegenüber dem Kläger wirksame Rechtsstellung hat. Voraussetzung für diese Konstruktion ist damit, dass der Lizenzvertrag im engeren Sinn eine absolute Wirkung hat. Der BGH geht aber von einer rein schuldrechtlichen Konstruktion aus, so dass eine Subsumption unter die erste Alternative ausscheidet. Der BGH subsumiert deswegen auch die Sachverhalte der Entscheidungen *Hydair, Decker* und *Virion* unter die zweite Alternative des § 986 Abs. 1 BGB. Er führt in der *Decker*-Entscheidung aus, dass für eine Anwendung des § 986 Abs. 1 BGB ausreichend sei, dass eine Rechtsstellung „aus einer dinglichen Rechtsstellung des Mittlers, die im Verhältnis zum Anspruchssteller eine entsprechende Wirkung zeitigt“, abgeleitet wird.[660] Der Kläger sei mit dem Eigentümer vergleichbar, der Gestattende mit dem Besitzmittler und der Inanspruchgenommene mit dem unmittelbaren Besitzer.
Diese analoge Anwendung des § 986 Abs. 1 BGB ist nicht tragfähig. Denn § 986 Abs. 1 BGB geht davon aus, dass ein Gegenrecht nur gegen denjenigen geltend gemacht werden kann, von dem das Recht ausgeht. Dies bedeutet, dass die Ansprüche des Eigentümers einer Sache durch § 986 BGB im Hinblick auf den Besitz an dieser Sache eingeschränkt werden. Übertragen auf das Kennzeichenrecht bedeutet dies, dass der Kläger im Hinblick auf Ansprüche aus seinem Kennzeichenrecht wegen eines „Besitzes an seinem Kennzeichenrecht“ eingeschränkt wird. Der Inanspruchgenommene hat aber kein irgendwie geartetes, einem Besitzrecht an dem Kennzeichenrecht des Klägers vergleichbares Recht. Er hat nur ein eigenes Kennzeichenrecht (s.o.) und nach Auffassung des BGH eine schuldrechtliche Berechtigung im Verhältnis zum Dritten. Diese schuldrechtliche Berechtigung zum Dritten betrifft aber nicht das Kennzeichenrecht des Klägers, sondern das eigene Kennzeichenrecht des Dritten. Das Kennzeichenrecht des Dritten ist auch kein „Besitzrecht“ im Hinblick auf das Kennzeichen des Klägers. Es ist ein besseres, vollständig selbstständiges Kennzeichenrecht. Deswegen kann dieser Fall nicht unter § 986 Abs. 1, 2. Alt. BGB subsumiert werden.[661]

---

[660] BGH GRUR 1993, 574, 576 – Decker; ebenso Goldmann, § 9, Rdn. 23.
[661] Im Ergebnis ebenso Müller, S. 63.

Materiellrechtlich kann sich der Lizenznehmer damit nicht auf die Priorität des Lizenzgebers berufen. Fraglich ist aber, ob dem Lizenznehmer prozessrechtlich über eine gewillkürte Prozessstandschaft geholfen werden kann. Es handelt sich dabei nicht um die „klassische" Form der aktiven Prozessstandschaft auf Klägerseite. Aus dem Rechtsgedanken des § 986 Abs. 1 BGB kann aber der Schluss gezogen werden, dass ein Berufen auf Rechte Dritter in bestimmten Fällen möglich ist. Bei einer aktiven Prozessstandschaft ist allgemein anerkannt, dass es zulässig ist, einen Dritten aktiv zur Durchsetzung seiner Rechte zu ermächtigen. Der Lizenznehmer könnte damit nach allgemeinen Grundsätzen dazu ermächtigt werden, auch die Rechte des Lizenzgebers gegen den Dritten in einem Aktivprozess durchzusetzen. Sofern dies in Aktivprozessen möglich ist, könnte dies i.V. mit dem Rechtsgedanken des § 986 Abs. 1 BGB dafür sprechen, auch in Passivprozessen eine Prozessstandschaft zuzulassen. Deswegen sprechen *Ingerl/Rohnke*[662] in dieser Konstellation von einer passiven Prozessstandschaft. Dieser Begriff ist aber terminologisch falsch. Bei einer aktiven Prozessstandschaft geht es um die klageweise Geltendmachung eines Anspruches durch einen Nichtberechtigten. Bei einer passiven Prozessstandschaft geht es spiegelbildlich um das Verklagen eines nicht verpflichteten Beklagten. Deswegen ist die Zulässigkeit der passiven Prozessstandschaft umstritten.[663] Vorliegend geht es aber nicht um das Verklagen eines nicht Verpflichteten, sondern um das aktive Berufen des Beklagten auf Einwendungen Dritter. Deswegen ist es in dieser Konstellation nicht gerechtfertigt, von einer passiven Prozessstandschaft zu sprechen, sondern es liegt eine aktive Prozessstandschaft auf Beklagtenseite vor.[664]

Voraussetzung für diese Konstruktion ist zunächst, dass die allgemeinen Voraussetzungen einer gewillkürten Prozessstandschaft vorliegen. Diese sind bei einem Aktivprozess nach h.M. zunächst ein schutzwürdiges Eigeninteresse des Klägers[665], d.h. bei Passivprozessen des Beklagten. Ausreichend für ein solches schutzwürdiges Interesse ist ein wirtschaftliches Interesse.[666] Ferner dürfen die Belange des Prozessgegners nicht beeinträchtigt werden und der Rechtsinhaber muss den Prozessstandschafter ermächtigt haben. Weiterhin muss

---

662 Ingerl/Rohnke, § 15, Rdn. 13; ebenso Parmentier/Steer, GRUR 2003, 196, 199; Goldmann, § 9, Rdn. 30; wohl ähnlich BGH GRUR 1993, 574, 576 – Decker.

663 Offen gelassen BGH NJW 1983, 684, 685 in einem unterhaltsrechtlichen Fall; ablehnend Zöller-Vollkommer, Vor § 50, Rdn. 31, 43; bejahend Zwoll, S. 158 ff. m.w.N.

664 Zöller-Vollkommer, Vor § 50, Rdn. 43.

665 Deswegen ist eine Analogie zu § 185 BGB keine taugliche Begründung für die Prozessstandschaft. Denn bei einer Analogie zu § 185 BGB kann das Erfordernis eines eigenen Interesses nicht begründet werden. Vgl. Zöller-Volkommer, Vor § 50, Rdn. 42; Zwoll, S. 134 ff. m.w.N.

666 BGH WM 1994, 1805, 1807 – Nicoline; BGH GRUR 1990, 361, 362 – Kronenthaler; BGH GRUR 1978, 364, 466 – Golfrasenmäher; Ullmann, FS v. Gamm, 315; Fezer, MarkenR, § 30, Rdn. 89.

die Prozessführungsbefugnis, nicht notwendigerweise auch die Forderung,[667] übertragbar sein. Schließlich muss die Prozessstandschaft offen gelegt werden.[668]

Schwerdtner[669] geht dagegen ohne weitere Begründung davon aus, dass zumindest bei Namensrechten eine Prozessstandschaft unzulässig sei, da sonst eine unzulässige Verdinglichung vorliege. Die angebliche Verdinglichung des Namensrechts ist aber kein Argument gegen die Zulässigkeit einer gewillkürten Prozessstandschaft. Durch die Prozessstandschaft wird ein Recht gerade nicht mit absoluter Wirkung übertragen, sondern nur die Durchsetzung in eigenem Namen wird erlaubt, bzw. bei Passivprozessen wird das Recht zur Abwehr zur Verfügung gestellt. Deswegen ist es ganz h.M., dass bei der Prozessstandschaft nicht die Abtretbarkeit der zu Grunde liegenden Forderung entscheidend ist, sondern die Übertragbarkeit der prozessrechtlichen Stellung. Bedenken gegen die Übertragbarkeit der prozessrechtlichen Stellung des Lizenzgebers auf den Lizenznehmer bestehen aber zumindest bei den Unternehmenskennzeichen i.S. von § 5 Abs. 2 MarkenG nicht, da diese bis auf die aus der Untersuchung ausgeschiedenen Kennzeichen „Name" und subjektsbezogene Geschäftsbezeichnung Immaterialgüter sind.[670] Widersprüchlich ist die Auffassung von *Schwerdtner* auch deswegen, weil er das Berufen auf den Rechtsgedanken aus § 986 Abs. 1 BGB im Gegensatz zur Prozessstandschaft ohne Begründung nicht als quasi-Verdinglichung einordnet.[671] Dabei setzt § 986 Abs. 1 BGB, wie dargelegt, in den Konstellationen wie dem *Hydair*- Fall eine absolute Wirkung voraus.

Die erforderliche Ermächtigung kann für Aktivprozesse zwar auch konkludent erteilt werden. Sie kann aber nicht ohne weiteres aus dem Gestattungsvertrag herausgelesen werden. Denn Grundlage des § 30 Abs. 3 MarkenG im verwandten Markenrecht ist, dass die Schutzinteressen des Markeninhabers mit denen des Lizenznehmers abgestimmt werden müssen.[672] Der Kennzeicheninhaber kann wegen der Möglichkeit einer Widerklage bei unklarer Prioritätslage ein

---

667 BGH WM 1994, 1805, 1807 – Nicoline; OLG Hamm NJW-RR 1992, 22, 23.

668 Vgl. allgemein zu den Voraussetzungen der gewillkürten Prozessstandschaft z.B. Zöller-Vollkommer, Vor § 50, Rdn. 42 ff.; zur Zulässigkeit der gewillkürten Prozessstandschaft bei der Geltendmachung von firmenrechtlichen Kennzeichenansprüchen BGH NJW-RR 1995, 358, 360 – Nicoline.

669 MünchKomm-Schwerdtner, § 12, Rdn. 139; vgl. aber auch ders., § 12, Rdn. 129, an dieser Stelle geht er von der Zulässigkeit der Prozessstandschaft aus.

670 Vgl. ausführlich zur Frage bei höchstpersönlichen Rechten: bejahend Schack, Rdn. 562 ff.; verneinend: Wandtke/Bullinger-Bullinger, Vor §§ 12 ff., Rdn. 5; BGH GRUR 1983, 379, 383 – Geldmafiosi einerseits, andererseits aber BGH NJW-RR 1987, 231, 232 – Nena, in dieser Entscheidung geht der BGH von einer Generalermächtigung in Bezug auf die wirtschaftliche Verwertung von Bildern aus.

671 MünchKomm-Schwerdtner, § 12, Rdn. 135.

672 Ullmann, FS v. Gamm, 315, 318; Ingerl/Rohnke, § 30, Rdn. 73; Ströbele/Hacker-Hacker, § 30, Rdn. 84.

berechtigtes Interesse daran haben, dass nicht gegen Dritte vorgegangen wird. Ein solches Interesse des Lizenzgebers kann vor allem im Hinblick auf die Verwirkung der markenrechtlichen Ansprüche des Dritten gem. § 21 MarkenG bestehen. Ferner erstreckt sich nach allgemeiner Meinung die Rechtskraft eines Urteils bei einer aktiven Prozessstandschaft auch auf den Rechteinhaber.[673] Bei Aktivprozessen muss § 30 Abs. 3 MarkenG analog auf Unternehmenskennzeichen i.S. von § 5 Abs. 2 MarkenG angewendet werden.[674]

Bei Passivprozessen besteht das Risiko der Widerklage aber gerade nicht, da der Dritte schon gegen das Kennzeichen vorgeht. Ferner ist ein Bedürfnis für die Rechtskrafterstreckung bei einer Prozessstandschaft auf Beklagtenseite nicht ersichtlich. Maßgeblicher Grund für die Rechtskrafterstreckung bei Aktivprozessen ist, dass der Dritte vor Zweitprozessen geschützt werden soll. Diese Gefahr besteht bei Prozessen, in denen der Dritte der Kläger ist, gerade nicht. Da durch ein Berufen auf die Priorität des Lizenzgebers auch keine „schlafenden Hunde geweckt werden", liegt bei einer aktiven Prozessstandschaft auf der Beklagtenseite die erforderliche Ermächtigung grundsätzlich zumindest konkludent in dem Lizenzvertrag. Eine Zustimmung ist aber, wie auch § 30 Abs. 3 MarkenG für das verwandte Markenrecht zeigt, in jedem Fall erforderlich. Das eigene wirtschaftliche Interesse des Inanspruchgenommenen an der Prozessführung ist evident. Denn er hat nicht nur durch den Lizenzvertrag eine Berechtigung, das lizenzierte Unternehmenskennzeichen zu nutzen, sondern es entsteht regelmäßig ein eigenes Kennzeichenrecht.[675] Die Offenbarung der Prozessstandschaft ist der aktiven Prozessstandschaft auf Beklagtenseite immanent, da diese das Berufen auf fremde Rechte voraussetzt. Die Voraussetzungen für eine zulässige Prozessstandschaft liegen damit regelmäßig vor.

Fraglich ist, ob gegen diese Konstruktion dogmatische Bedenken sprechen. Denn normalerweise ist die Frage der Prozessstandschaft eine Frage der Zulässigkeit der Klage, der Prozessführungsbefugnis. Bei einer aktiven Prozessstandschaft auf Beklagtenseite geht es aber offensichtlich nicht um eine Frage der Zulässigkeit der Klage, sondern es geht um die Frage der Begründetheit. Der inanspruchnehmende Dritte erstrebt gegen den Lizenznehmer ein vollstreckungsfähiges Urteil, d.h. nicht nur ein Prozessurteil, das nur hinsichtlich der Kosten vollstreckungsfähig ist. Aber auch eine zulässige aktive Prozessstandschaft erschöpft sich nicht in der Zulässigkeit der Klage. Es ist allgemeine Meinung, dass sich bei einer aktiven Prozessstandschaft die Rechtskraft

---

[673] BGHZ 78, 1, 7; BGHZ 123, 132, 135; Zöller-Vollkommer, Vor § 50, Rdn. 50.

[674] Vgl. zur analogen Anwendung des § 30 Abs. 3 MarkenG unten § 6 G I 3.

[675] Zum eigenen Interesse des Prozessstandschafters z.B. BGH GRUR 2001, 344, 346 – DB Immobilienfonds: In dieser Entscheidung bejaht der BGH ein eigenes Interesse für eine Konzernmuttergesellschaft, die Anteile an Fondstochtergesellschaften vertreibt; ähnlich BGH GRUR 1995, 505, 506 – Apiserum; Ingerl/Rohnke, Vor §§ 14 - 19, Rdn. 15 m.w.N.

auch auf den Rechteinhaber erstreckt.[676] Deswegen werden bei einer aktiven Prozessstandschaft auf der Beklagtenseite nicht unzulässigerweise Fragen der Zulässigkeit mit Fragen der Begründetheit vertauscht.

Für die Zulässigkeit dieser Konstruktion spricht ferner folgender Schluss ex maiore ad minus. Wie oben dargestellt, könnte bei Vorliegen der Voraussetzungen einer gewillkürten Prozessstandschaft der Lizenzgeber den Lizenznehmer ermächtigen, für ihn einen Aktivprozess gegen einen Dritten zu führen. Diesen Aktivprozess könnte der Lizenznehmer auch im Wege der Widerklage bei seiner Inanspruchnahme durch einen Dritten führen. Insbesondere liegt die nach dem BGH erforderliche besondere Prozessvoraussetzung für jede Widerklage, der rechtliche Zusammenhang mit der Klage, vor, § 33 ZPO.[677] Denn die Klage und die Widerklage betreffen in diesen Fällen identische Zeichen. Wenn aber eine Widerklage zulässig ist, ist es aus prozessökonomischen Gründen auch möglich, dass der Lizenznehmer sich auf die Priorität des Lizenzgebers beruft.[678] Dies hat folgende kostenrechtliche Vorteile. Gem. § 45 Abs. 1 S. 1 GKG werden für die Streitwertbemessung[679] die Ansprüche einer Klage und einer Widerklage zusammengerechnet. Dies bedeutet, dass das Prozesskostenrisiko bei der Konstruktion über die Widerklage für beide Parteien steigt. Wenn dagegen dem Lizenznehmer die Befugnis eingeräumt wird, sich im Wege einer aktiven Prozessstandschaft auf der Beklagtenseite auf die Priorität des Lizenzgebers zu berufen, kommt es zu keiner Streitwerterhöhung. Es verbleibt bei dem Streitwert der Ursprungsklage. Allerdings erhält der Lizenznehmer bei einem Obsiegen auch weniger als bei einer Widerklage. Bei einer Widerklage kann er die Verpflichtung zum Unterlassen der Kennzeichennutzung des Klägers erreichen. Bei einer aktiven Prozessstandschaft auf Beklagtenseite kann er „nur" das Obsiegen im Prozess, d.h. die Klageabweisung erreichen. Dieser Nachteil wird aber dadurch ausgeglichen, dass es regelmäßig einfach ist, auf der Grundlage des ergangenen Urteils mit dem Kläger eine Unterlassungsverpflichtung bzw. eine Vereinbarung herbeizuführen.

Dieser Schluss ex maiore ad minus spricht auch dagegen, diese aktive Prozessstandschaft auf Beklagtenseite als eine unzulässige Verabsolutierung der Lizenz im engeren Sinn einzuordnen. Diese Bedenken wären nur stichhaltig, wenn eine Prozessstandschaft bei relativen Rechten unzulässig wäre. Denn Wesen einer Prozessstandschaft ist bei relativen Rechten, dass ein an der Vertragsbeziehung Unbeteiligter ermächtigt wird, Rechte aus der Vertragsbeziehung geltend zu machen. Über die Figur der Prozessstandschaft wird damit eine zumindest partielle Drittwirkung erreicht. Bei Aktivprozessen ist es unstreitig, dass

---

676 BGHZ 78, 1, 7; BGHZ 123, 132, 135; Zöller-Vollkommer, Vor § 50, Rdn. 50.

677 Vgl. zu diesem Erfordernis BGHZ 40, 185, 187; a.A. h.Lit Zöller-Vollkommer, § 33, Rdn. 1 m.w.N., die in § 33 ZPO nur einen besonderen Gerichtsstand sehen.

678 Ähnlich BGH GRUR 1993, 574, 576 – Decker; BGH GRUR 1994, 652, 654 – Virion.

679 Beim Gebührenstreitwert. Vgl. für den Zuständigkeitsstreitwert die Regelung des § 5 ZPO.

dies unter den oben dargestellten Voraussetzungen möglich ist. Es ist auf dieser Grundlage nicht nur unbedenklich, diese partielle Drittwirkung auch auf die Beklagtenseite zu verlagern. Vielmehr spricht § 986 Abs. 1 BGB dafür, dass ein Berufen auf fremde Rechte zulässig ist. § 986 Abs. 1, 2. Alt. BGB erlaubt dieses Berufen auch bei einer schuldrechtlichen Konstruktion.
Die hier vertretene Auffassung hat im Unterschied zu der wohl h.M. nur folgende Konsequenz. Die Befugnis, sich auf die Priorität des Dritten zu berufen, ist von einer tatsächlichen Ermächtigung abhängig. Schwierigkeiten treten hierbei auf, wenn der Lizenzgeber seine Ermächtigung zur aktiven Prozessstandschaft auf der Beklagtenseite widerruft. Nach Auffassung des BGH ist die Ermächtigung bis zur Klageerhebung frei widerruflich und nimmt nicht an einer vertraglichen Bindung teil.[680] Sofern der Lizenzgeber diese Ermächtigung widerruft, ist der Lizenznehmer darauf verwiesen, den Lizenzgeber auf Zustimmung zu verklagen. Anspruchsgrundlage für eine solche Zustimmung wäre der Lizenzvertrag i.V. mit § 242 BGB. Ob ein solcher Anspruch begründet ist, hängt von den Umständen des Einzelfalls und häufig von den Wertungen des zuständigen Gerichts ab. Ferner entsteht für den Lizenznehmer eine missliche Situation, wenn der Lizenzgeber direkt vor der Inanspruchnahme durch den Dritten seine Ermächtigung widerruft. Denn der Prozess auf Zustimmung zur aktiven Prozessstandschaft auf Beklagtenseite ist im Verhältnis zum Inanspruchnahmeprozess nicht vorgreiflich i.S. von § 148 ZPO. Eine Aussetzung des Prozesses kommt nicht in Betracht. Deswegen kann der Lizenznehmer in diesen Fällen seinen bestehenden Anspruch auf Zustimmung zu seiner Prozessstandschaft faktisch nicht durchsetzen. Der Lizenznehmer wird damit, einen Anspruch auf die Ermächtigung aus dem Lizenzvertrag vorausgesetzt, auf einen Schadensersatzanspruch gegen den Lizenzgeber verwiesen. Hier zeigt sich die Schwäche der schuldrechtlichen Konstruktion der Lizenz im engeren Sinn.
Ferner führt die Konstruktion der Lizenz im engeren Sinn nur als relatives Recht zu folgender praktisch wichtigen Konsequenz. Nur bei einem absoluten Charakter der Lizenz ist diese ein Einwand und nicht nur eine Einrede. Im Prozess ist eine absolut wirkende Lizenz damit auch ohne ausdrückliches Berufen hierauf zu berücksichtigen.[681] Dagegen setzt eine aktive Prozessstandschaft auf Beklagtenseite ein ausdrückliches Berufen auf die Rechte des Dritten voraus. Diese Konsequenz wird vor allem relevant, wenn es um die Schlüssigkeit der Klage geht. Ohne eine schlüssige Klage kann insbesondere kein Versäumnisurteil ergehen.
Auf dieser dogmatischen Grundlage können auch Fälle gelöst werden, die dem Sachverhalt entsprechen, welcher der Entscheidung des OLG Düsseldorf *Com-*

---

680 Str. BGH NJW-RR 1986, 158; OLG München, NJW-RR 1997, 1266 – 1860 München; Zöller-Vollkommer, Vor § 50, Rdn. 45 m.w.N. auch zur Gegenansicht.
681 Herbst, S. 26.

bit/ComIT zu Grunde liegt.[682] Bei dieser Entscheidung hatte der Lizenznehmer den Lizenzvertrag ausschließlich zu dem Zweck abgeschlossen, um sich gegen den Kläger zu verteidigen. In diesen Fällen will das OLG Düsseldorf, gestützt auf § 986 Abs. 1 S. 2 BGB, dem Lizenznehmer ein Berufen auf die Priorität des Lizenzgebers verwehren. Aus § 986 Abs. 1 S. 2 BGB sei der Schluss zu ziehen, dass nur, wenn irgendwelche Vertragsbeziehungen schon vor der Inanspruchnahme beständen, der Lizenznehmer sich auf die Priorität des Lizenzgebers berufen könne. Dies ergibt sich nach Auffassung des OLG Düsseldorf auch aus einer Parallele zur gewillkürten Prozessstandschaft, für die ein schutzwürdiges Interesse an der Verfolgung der beanstandeten Zeichenverletzung bestehen müsse. Ferner war nach Auffassung des OLG Düsseldorf ein Berufen auf die Lizenz deswegen nicht möglich, weil der Lizenznehmer sein Kennzeichenrecht nicht von dem Lizenzgeber ableitete.
Ausgehend vom hier vertretenen Standpunkt ist der Hinweis auf § 986 Abs. 1 S. 2 BGB nicht stichhaltig, da die Analogie an einer vergleichbaren Interessenlage scheitert. Der Hinweis des OLG Düsseldorf auf das Erfordernis eines schutzwürdigen Interesses des Lizenznehmers ist allerdings zutreffend. Für die Annahme eines schutzwürdigen Interesses spricht, dass beim Lizenznehmer ein eigenständiges Kennzeichen entstanden ist. Dieses Kennzeichens gewährt dem Lizenznehmer auch das erforderliche wirtschaftliche Interesse. Durch den abgeschlossenen Lizenzvertrag sind Lizenzgeber und Lizenznehmer auch grundsätzlich in einer besonderen Rechtsbeziehung miteinander verbunden.[683] Richtig ist das Urteil des OLG Düsseldorf aber deswegen, weil der Lizenznehmer sein Kennzeichenrecht nicht von dem Lizenzgeber abgeleitet hat. Nur bei einem tatsächlichen Ableiten der Rechtsstellung vom Lizenzgeber liegt ein schutzwürdiges Interesse am Berufen auf die Priorität des Lizenzgebers vor. Denn nur dann ist das eigene Kennzeichen abgeleitet vom Kennzeichen des Lizenzgebers entstanden. Deswegen ist auch nach der hier vertretenen Meinung der Abschluss eines Lizenzvertrages ausschließlich zu Prozesszwecken nicht Erfolg versprechend.

Insgesamt kann festgehalten werden, dass sich der Lizenznehmer auf die Priorität des Lizenzgebers über die Figur einer Prozessstandschaft auf der Beklagtenseite berufen kann, es sei denn der Lizenzvertrag wurde nur zu Prozesszwecken abgeschlossen oder die Ermächtigung wurde widerrufen. Deswegen besteht grundsätzlich, bis auf die dargestellten Schwächen, kein wirtschaftliches Bedürfnis für eine absolute Lizenz, um dem Lizenznehmer die für ihn erforderlichen Abwehrrechte zur Verfügung zu stellen.

---

682 OLG Düsseldorf, GRUR-RR 2001, 49 ff. – Combit/ComIT.
683 BGH GRUR 1990, 361, 362 – Kronenthaler.

3. Eigenes Klagerecht des Lizenznehmers

Neben der Abwehr der Inanspruchnahme durch Dritte könnte es ein Bedürfnis für ein eigenes Klagerecht des Lizenznehmers gegen einen das lizenzierte Kennzeichen unbefugt nutzenden Dritten geben. Dieses Bedürfnis könnte nur über eine absolute Wirkung der Lizenz befriedigt werden. Bei der Frage eines Bedürfnisses des Lizenznehmers nach einem eigenen Klagerecht ist wiederum wie folgt zu differenzieren.

Durch die Benutzung des lizenzierten Unternehmenskennzeichens entsteht im Regelfall bei dem Lizenznehmer ein eigenes Kennzeichen mit einer eigenen Priorität. Nach allgemeinen Grundsätzen kann der Lizenznehmer, gestützt auf sein eigenes Kennzeichen, gegen einen Prioritätsjüngeren vorgehen. Fraglich ist allerdings, ob § 30 Abs. 3 MarkenG analog angewendet werden muss. Gem. § 30 Abs. 3 MarkenG darf ein Markenlizenznehmer nur mit Zustimmung des Inhabers der Marke Klage wegen Verletzung der lizenzierten Marke erheben. Grund für das Zustimmungserfordernis in § 30 Abs. 3 MarkenG ist die Abstimmung der Schutzinteressen des Markeninhabers (Lizenzgebers) und des Lizenznehmers im Hinblick auf das lizenzierte Kennzeichen.[684] Es soll mit § 30 Abs. 3 MarkenG eine verstärkte Bindung zwischen dem Stammrecht und dem lizenzierten Recht verwirklicht werden. Diese verstärkte Bindung kann bei einem nach allgemeinen Grundsätzen entstehenden unabhängigen Kennzeichenrecht nicht angenommen werden. Dieses ist selbstständig. Deswegen kann in diesen Fällen mangels einer vergleichbaren Interessenlage § 30 Abs. 3 MarkenG nicht analog auf die Klagebefugnis des Lizenznehmers angewendet werden, die diesem auf Grund seines eigenen Kennzeichens zusteht.

Häufig ist das Berufen auf die eigene Priorität seitens des Lizenznehmers für die Inanspruchnahme eines Dritten aber nicht ausreichend. Der Dritte hat häufig im Verhältnis zu dem eigenen Kennzeichen des Lizenznehmers die bessere Priorität, im Verhältnis zum Lizenzgeber aber die schlechtere. In diesen Fällen ist fraglich, ob der Lizenznehmer sich auf die Priorität des Lizenzgebers berufen kann und ob § 30 Abs. 3 MarkenG analog anzuwenden ist. § 30 Abs. 3 MarkenG ist in seinem unmittelbaren Anwendungsbereich nicht nur auf schuldrechtliche, sondern auch und vor allem auf absolut wirkende Markenlizenzen anwendbar. Hierfür spricht, dass der Lizenznehmer bei einer nur schuldrechtlich wirkenden Markenlizenz keine eigene Klagebefugnis gegenüber Dritten hat.[685] Denn auch die vom BGH in den Fällen *Hadef, Hydair und Decker* analog angewendeten § 986 Abs. 1 und § 1004 Abs. 2 BGB verschaffen dem Lizenznehmer

[684] Fezer, MarkenR, § 30, Rdn. 31; Ströbele/Hacker-Hacker, § 30, Rdn. 84.

[685] BT-Drucks. 12/6581 v. 14.11.1994, S. 86; Fezer, MarkenR, § 30, Rdn. 31; Ingerl/Rohnke, § 30, Rdn. 73; Bühling, GRUR 1998, 196, 197; a.A. Ströbele/Hacker-Hacker, § 30, Rdn. 84, der § 30 Abs. 3 MarkenG als Ausprägung der gewillkürten Prozessstandschaft auffasst, hiergegen zutreffend Plaß, GRUR 2002, 1029 ff.

bei einer schuldrechtlichen Wirkung der Lizenz keine Klagebefugnis. Diese gewähren lediglich Verteidigungsrechte und keinen Anspruch gegen Dritte. § 30 Abs. 3 MarkenG beschränkt damit das dem Lizenznehmer auf Grund der Lizenz zustehende absolute Recht.[686] Dagegen geht *Plaß*[687] davon aus, dass § 30 Abs. 3 MarkenG dem Lizenznehmer erst das entsprechende Recht einräumt. Hier verwechselt *Plaß* aber Ursache und Wirkung. Sofern eine absolute Rechtsstellung vorliegt, gewährt diese ein eigenständiges Klagerecht, das nur auf Grund gesetzlicher Vorschriften eingeschränkt werden kann.
Aus der Regelung des § 30 Abs. 3 MarkenG kann damit der Schluss gezogen werden, dass der Gesetzgeber ein eigenes Klagerecht des Lizenznehmers nicht in jedem Fall für erforderlich hält. Dies entspricht auch sonst der Rechtslage. So kann sich z.B. der Mieter gegen Dritte auch nicht auf das Eigentum des Vermieters berufen, sondern nur auf sein eigenes Besitzrecht, d.h. sein eigenes Recht. Dies verkennt *Lichtenstein*[688], wenn er dem einfachen Lizenznehmer in Analogie zu § 862 BGB ein eigenes Klagerecht zubilligen will. *Lichtenstein* prüft aber keine Analogie, sondern behauptet sie lediglich. Gegen ein eigenes, vom Lizenzgeber unabhängiges Klagerecht des einfachen Lizenznehmers spricht u.a., dass der Lizenzgeber jederzeit weitere einfache Lizenzen erteilen kann. Bei einer analogen Anwendung des § 862 BGB könnte jeder einfache Lizenznehmer klagen. Dies würde aber der Wertung des § 30 Abs. 3 MarkenG widersprechen. Bei Unternehmenskennzeichen i.S. von § 5 Abs. 2 MarkenG ist eine analoge Anwendung des § 30 Abs. 3 MarkenG geboten. Die planwidrige Regelungslücke wurde schon dargelegt.[689] Auch eine vergleichbare Interessenlage zwischen der Rechtslage bei Marken und bei Unternehmenskennzeichen liegt vor. Denn bei Lizenzen an Unternehmenskennzeichen und Marken hat der Lizenzgeber jeweils ein Interesse daran, dass Aktivprozesse nur mit seiner Zustimmung geführt werden. Hierfür spricht vor allem, dass der Kennzeicheninhaber bei unklarer Prioritätslage eine Inanspruchnahme vermeiden möchte, da sonst die Gefahr einer Widerklage besteht. Auch bei einer absolut wirkenden Lizenz im engeren Sinn über Unternehmenskennzeichen i.S. von § 5 Abs. 2 MarkenG darf der Lizenznehmer nicht ohne Zustimmung des Lizenzgebers klagen. Der Lizenznehmer kann aber weiterhin die Rechte des Lizenzgebers im Wege der gewillkürten Prozessstandschaft geltend machen, sofern die Voraussetzungen der gewillkürten Prozessstandschaft, insbesondere die Ermächtigung, vorliegen. Wie oben dargestellt, kann die Ermächtigung zur Prozessführung aber nicht in jedem Fall schon in dem abgeschlossenen Lizenzvertrag gesehen werden. Ggf. muss der Lizenznehmer auf Einräumung der Ermächtigung aus dem Lizenzvertrag i.V. mit § 242 BGB klagen.

---

686 OLG München NJW-RR 1997, 1266, 1267 – 1860 München.
687 Plaß, GRUR 2002, 1029, 1032.
688 Lichtenstein, GRUR 1965, 344, 346.
689 Vgl. § 6 G I 1 b ff.

Es besteht damit kein wirtschaftliches Bedürfnis für ein eigenes Klagerecht des Lizenznehmers unter Berufung auf die Priorität des Lizenzgebers. Wegen des analog anzuwendenden § 30 Abs. 3 MarkenG führt auch die Annahme einer absoluten Wirkung der Lizenz nicht zu wesentlichen Abweichungen.

4. Eigener Schadensersatzanspruch des Lizenznehmers bei einer Kennzeichenverletzung

Für die Annahme einer absoluten Wirkung der Lizenz im engeren Sinn könnte sprechen, dass der Lizenznehmer sonst seinen Schaden nur im Verhältnis zum Lizenzgeber liquidieren kann.
Wie bereits mehrfach betont, entsteht beim Lizenznehmer regelmäßig durch die Benutzungsaufnahme bzw. die Erreichung der Verkehrsgeltung für das lizenzierte Zeichen ein eigenes absolutes Kennzeichenrecht mit eigener Priorität. Verletzungen dieses eigenen Kennzeichens kann er gegenüber Dritten nach den allgemeinen Regeln geltend machen und insoweit auch seinen eigenen Schaden bei dem Dritten liquidieren. Bei einer einfachen Lizenz wird beim Lizenznehmer nur in seltenen Fällen ein Schaden eintreten, wenn ein Dritter das lizenzierte Kennzeichen nutzt. Denn eine solche weitere Nutzung muss der Lizenznehmer auch bei einer dem Lizenzgeber jederzeit erlaubten weiteren einfachen Lizenzierung des Kennzeichens dulden.[690] Denkbar ist ein eigener Schaden des einfachen Lizenznehmers aber, wenn auf Grund der Nutzung des Kennzeichens durch einen Dritten der Ruf des Kennzeichens beschädigt wird, z.B. durch den Gebrauch für sittenwidrige Geschäfte. Ein Schaden des ausschließlichen Lizenznehmers tritt dagegen unproblematisch bereits bei einer von diesem nicht zu duldenden Nutzung des Kennzeichens durch einen Dritten ein.
Schwierigkeiten treten insbesondere auf, wenn die Priorität des Lizenznehmers im Verhältnis zum Dritten für die Inanspruchnahme nicht ausreicht. Problematisch ist die Anspruchsgrundlage für die Inanspruchnahme des Dritten. Wenn eine schuldrechtliche Lizenz angenommen wird, entsteht bei dem Lizenznehmer auf Grund der Lizenz kein absolutes Recht, so dass er nicht gestützt auf § 15 MarkenG gegen den Dritten vorgehen kann. Das Gleiche gilt für ein Vorgehen gem. § 12 BGB im außergeschäftlichen Bereich. Dem Lizenznehmer kann auch nicht über eine analoge Anwendung des § 30 Abs. 4 MarkenG geholfen werden, der bestimmt, dass der Markenlizenznehmer einer vom Markeninhaber erhobenen Verletzungsklage beitreten kann, um seinen Schaden geltend zu machen. Fraglich ist schon, ob § 30 Abs. 4 MarkenG nur für Markenlizenzen gelten soll, die mit einer absoluten Wirkung versehen sind.[691] In jedem Fall soll § 30 Abs. 4 MarkenG nach der amtlichen Begründung zu § 30 MarkenG keine Anspruchs-

[690] Allg. Meinung z.B. Lichtenstein, GRUR 1965, 344, 346.
[691] So z.B. Fezer, MarkenR, § 30, Rdn. 31; wohl auch Ströbele/Hacker-Hacker, § 30, Rdn. 90; a.A. Ingerl/Rohnke, § 30, Rdn. 76; Plaß, GRUR 2002, 1029, 1035.

grundlage sein.[692] Da § 30 Abs. 4 MarkenG nur eine prozessuale Bedeutung hat, kommt eine Anwendung nur bei absolut wirkenden Lizenzen in Betracht. Denn nur bei diesen hat der Lizenznehmer ein eigenes Klagerecht. Deswegen kann dem einfachen Lizenznehmer durch eine analoge Anwendung von § 30 Abs. 4 MarkenG nicht geholfen werden.

Der Lizenznehmer ist damit wegen seiner Schäden auf die Inanspruchnahme des Lizenzgebers angewiesen. Dies kann misslich sein, wenn beim Lizenznehmer ein eigener Schaden entsteht z.B. durch die Beschädigung des guten Rufes oder durch die missbräuchliche Verwendung der lizenzierten Kennzeichen für minderwertige Dienstleistungen. Der Lizenzgeber hat zwar einen Schadensersatzanspruch gegen den Dritten gem. § 15 MarkenG. Er kann auf dieser Grundlage aber nach allgemeinen Grundsätzen nur den bei ihm entstehenden Schaden beim Dritten liquidieren. Er kann seinen Schaden nach den gewohnheitsmäßig anerkannten drei Methoden berechnen, in Form der Lizenzanalogie, der Herausgabe des Verletzergewinns und des Ersatzes des tatsächlich eingetretenen Schadens.[693] Bei der Berechnung des Schadens im Wege der Lizenzanalogie und Herausgabe des Verletzergewinns fließt der Schaden des Lizenznehmers nicht in die Schadensberechnung ein. Aber auch bei der Berechnung des tatsächlichen Schadens beim Lizenzgeber fließt der Schaden des Lizenznehmers häufig nicht mit ein. Denn der Schaden des Lizenznehmers korrespondiert nicht zwangsläufig mit einem Anspruch des Lizenznehmers auf Schadensersatz gegen den Lizenzgeber. Der Lizenznehmer hat aus dem Lizenzvertrag, wenn überhaupt, nur einen Anspruch gegen den Lizenzgeber auf Vorgehen gegen den Dritten. Nur wenn der Lizenzgeber entgegen einer solchen Verpflichtung schuldhaft (§ 280 Abs. 1 S. 2 BGB) nicht gegen den Dritten vorgeht, hat der Lizenznehmer einen Anspruch gegen den Lizenzgeber auf Schadensersatz. Erst die Belastung mit diesem Schadensersatzanspruch kann in die Schadensberechnung mit aufgenommen werden. *Stumpf*[694] schlägt in diesem Zusammenhang vor, in den Lizenzvertrag eine Klausel aufzunehmen, nach der sich der Lizenzgeber gegenüber dem Lizenznehmer zum Schadensersatz verpflichtet, sofern er von dem Dritten Schadensersatz erhalten kann. Hierdurch könne der Schaden des Lizenznehmers zu einem eigenen Schaden des Lizenzgebers gemacht werden. Damit liegt bei einer Klage des Lizenzgebers gegen den Dritten aber noch kein Schaden vor, da dieser durch die tatsächliche Befriedigung seitens des Dritten bedingt ist.[695] Entgegen der Ansicht von *Stumpf*[696] handelt es sich dabei auch nicht nur um ein Problem der Schadenshöhe, so dass eine Schätzung gem. § 287 ZPO

---

692 BT-Drucks. 12/6581 v. 14.1.1994, S. 86; ebenso Ströbele/Hacker-Hacker, § 30, Rdn. 90.
693 Z.B. BGHZ 60, 206, 209 – Miss Petite; BGH GRUR 1962, 509, 511 – Dia-Rähmchen II; Stumpf/Groß, Rdn. 395; Wandtke, GRUR 2000, 942, 943 m.w.N.
694 Stumpf/Groß, Rdn. 412.
695 Fischer, GRUR 1980, 374, 376.
696 Stumpf/Groß, Rdn. 412.

möglich wäre. Ob ein Schadensersatzanspruch des Lizenznehmers gegen den Lizenzgeber besteht mit der Folge, dass dieser Anspruch eine Schadensposition des Lizenzgebers ist, ist ein Problem des Entstehens des Anspruchs überhaupt. Eine Hilfe über eine Schätzung gem. § 287 ZPO ist damit nicht möglich, da dadurch die Grenzen des § 287 ZPO überspannt werden.[697]
Es ist auch nicht möglich, den beim Lizenznehmer entstehenden Schaden als zufällige Schadensverlagerung i.S. der Drittschadensliquidation aufzufassen. Denn es handelt sich nicht um eine zufällige Schadensverlagerung, sondern lediglich um eine mittelbare Schädigung des Lizenznehmers, die nicht ersatzfähig ist.[698] Es handelt sich um eine mittelbare Schädigung, da bei dem Anspruchsberechtigten, dem Lizenzgeber, ein Schaden eintritt und nur ein nicht Anspruchsberechtigter, der Lizenznehmer, zusätzlich geschädigt wird.[699] Für die Anwendung der Drittschadensliquidation ist aber nicht ausreichend, dass auch bei einem Dritten ein Schaden eintritt.[700] Der Schadenseintritt bei dem Dritten muss vielmehr aus Sicht des Schädigers zufällig sein und dies soll nicht zu einer Entlastung des Schädigers führen. Eine solche zufällige Schadensverlagerung liegt nicht vor, da der Kennzeicheninhaber anspruchsberechtigt ist und auch einen Schaden hat. Bei den Kennzeichenfällen geht es sich damit nicht um eine Liquidierung von verlagerten Schäden, sondern um die Liquidierung von weiteren Schäden des Lizenznehmers. Unabhängig hiervon ist die Drittschadensliquidation in den Einzelheiten nach wie vor sehr umstritten, und nur die folgenden Fallgruppen sind weitgehend anerkannt: Vereinbarung, mittelbare Stellvertretung, obligatorische Gefahrentlastung, Verletzung von Obhutspflichten und Treuhandfälle.[701] In den Kennzeichenstreitfällen liegt keine dieser anerkannten Fallgruppen vor.
Der mittelbare Schaden tritt beim Lizenznehmer ein, weil dieser bei einer nur schuldrechtlich wirkenden Lizenz kein absolutes Recht hat. Das fehlende absolute Recht kann auch nicht über den Umweg über § 823 Abs. 1 BGB wegen der Verletzung seines eingerichteten und ausgeübten Gewerbebetriebes konstruiert

---

[697] Vgl. zu den Anwendungsmöglichkeiten und Grenzen des § 287 ZPO im gewerblichen Rechtsschutz z.B. BGH GRUR 1980, 841, 843 – Tolbutamid.

[698] Vgl. zu den Grundsätzen der Drittschadensliquidation: Staudinger-Schiemann, Vorb. zu §§ 249 ff., Rdn. 62 ff.; Palandt-Heinrichs, Vorb. v. § 249, Rdn. 108 ff.; zu nicht ersatzfähigen mittelbaren Schäden bei Dritten Palandt-Heinrichs, Vorb. v. § 249, Rdn. 109 ff.; vgl. auch z.B. BGH NZV 2003, 171, die Verletzung eines Partners einer Profieiskunstläuferin führt nicht zu einem Anspruch der Eiskunstläuferin.

[699] Benkard-Ullmann, § 15, Rdn. 57 für Patente; a.A. Fezer, MarkenR, § 30, Rdn. 32 ohne weitere Begründung.

[700] BGHZ 20, 91, 106; im Ergebnis genauso Benkard-Ullmann, § 15, Rdn. 57; a.A. Fischer, GRUR 1980, 374, 378.

[701] Fischer, GRUR 1980, 374, 377; Palandt-Heinrichs, Vorb. v. § 249, Rdn. 112 ff.; Staudinger-Schiemann, Vorb. zu §§ 249 ff., Rdn. 62 ff. m.w.N. zu den einzelnen Fallgruppen.

werden. Denn § 823 Abs. 1 BGB ist ein subsidiäres Rahmenrecht, bei dem nicht das Fehlen von absoluten Rechtsgütern ausgehebelt werden darf.[702]
Insgesamt zeigt sich hier eine weitere Schwäche der rein schuldrechtlichen Konstruktion der Lizenz im engeren Sinn. Die dargestellten schadensrechtlichen Schwierigkeiten treten allerdings vor allem bei Sonderfällen auf. So führt, wie dargelegt, die Benutzung des lizenzierten Kennzeichens durch einen Dritten bei einer einfachen Lizenz im Normalfall nicht zu einem Schaden, da der Lizenznehmer die Nutzung des Kennzeichens durch einen Dritten grundsätzlich dulden muss.[703] Deswegen führen diese Erwägungen allein nicht zur wirtschaftlichen Notwendigkeit der Annahme einer absoluten Wirkung der Lizenz. Dies gilt auch, weil der Lizenznehmer im Wege der gewillkürten Prozessstandschaft ermächtigt werden kann, eine Klage unter Berufung auf die Priorität des Lizenzgebers zu führen und so zumindest für die Zukunft eine weitere Beeinträchtigung verhindern kann. Der Lizenznehmer kann sich durch eine Marktbeobachtung und eine rechtzeitige Reaktion in Abstimmung mit dem Lizenzgeber recht gut schützen. Problematisch bleibt allerdings, dass der Lizenznehmer ggf. auf die Ermächtigung zur Prozessstandschaft klagen muss und dass der Lizenzgeber diese zurücknehmen kann.[704] Wegen dieser Schwäche der schuldrechtlich wirkenden Lizenz sprechen die schadensrechtlichen Erwägungen insgesamt für ein wirtschaftliches Bedürfnis an einer absoluten Wirkung, auch wenn diese Erwägungen allein nicht zu einer Begründung ausreichen würden.

5. Recht zur Vergabe von Unterlizenzen

Die Annahme einer absoluten Wirkung der Lizenz könnte zur Folge haben, dass der Lizenznehmer auch ohne ausdrückliche Erlaubnis des Lizenzgebers zur Vergabe von Unterlizenzen berechtigt wäre. Dagegen ist der Lizenznehmer bei einer schuldrechtlichen Wirkung der Lizenz nicht in jedem Fall berechtigt, entsprechende Unterlizenzen zu erteilen.
Berechtigte Interessen des Lizenznehmers, Unterlizenzen ohne die Zustimmung des Lizenzgebers zu erteilen, sind nicht ersichtlich. Nach der hier vertretenen Auffassung ist die Hauptleistungspflicht aus dem Lizenzvertrag im weiteren Sinn die Einräumung einer positiven Nutzungsbefugnis. Diese positive Nutzungsbefugnis wird dem Lizenznehmer durch die Lizenz im engeren Sinn gewährt. Gegenstand der Hauptleistungspflicht des Lizenzvertrages im weiteren Sinn ist aber nicht in jedem Fall, dass der Lizenznehmer befugt sein soll, Unterlizenzen zu verteilen. Die Interessenlage entspricht der Gebrauchsüberlassung bei der Miete. Dort ist gem. § 540 BGB eine Untervermietung ohne Zustim-

---

[702] BGHZ 45, 296, 307; Baumbach/Hefermehl-Köhler, § 4, Rdn. 7.8; in diese Richtung auch Palandt-Sprau, § 823, Rdn. 126 ff.
[703] Ingerl/Rohnke, § 30, Rdn. 76; v.Schultz-Brandi-Dohrn, § 30, Rdn. 32.
[704] Vgl. hierzu schon oben § 6 G I 2.

mung ausgeschlossen. Gem. § 1059 S. 1 BGB ist der Nießbrauch sogar insgesamt unübertragbar.
Eine solche Beschränkung des Lizenzvertrages ist gem. §§ 413, 399 BGB möglich. In Betracht kommt § 399 1. Alt. BGB, d.h. ein Ausschluss der Abtretbarkeit wegen der Inhaltsänderung des abgetretenen Anspruchs. Bei den Unternehmenskennzeichen i.S. von § 5 Abs. 2 MarkenG handelt es sich, wie oben dargestellt, um Immaterialgüter. Dennoch ist bei diesen Kennzeichen zu berücksichtigen, dass diese das Unternehmen bzw. den Unternehmensträger kennzeichnen. Diese Kennzeichnung bleibt auch bei einer Lizenzierung bestehen. Deswegen würde bei einer Unterlizenz ein anderes Unternehmen, ein anderer Unternehmensträger gekennzeichnet, d.h., es würde zu einer Änderung des Inhalts der erteilten Lizenz kommen.[705] Die Vergabe von Unterlizenzen ohne entsprechende Gestattung des Lizenzgebers ist damit auch ohne einen vertraglichen Ausschluss der Abtretbarkeit gem. § 399 2. Alt. BGB unzulässig. Bei einem (zusätzlichen) vertraglichen Ausschluss der Abtretbarkeit treffen die oben dargestellten Bedenken hinsichtlich § 399 2. Alt. BGB in Bezug auf die Unternehmenskennzeichen als solche nicht zu. Denn bei der Frage der Befugnis, Unterlizenzen erteilen zu dürfen, geht es nicht um den Bestand des absoluten Rechtes als solchen. Es geht um die Reichweite der Rechtseinräumung an den Lizenznehmer. Diese kann, da insoweit ein Schuldner und ein Gläubiger vorhanden sind, gem. § 399 2. Alt. BGB auch vertraglich eingeschränkt werden.[706]
Dieser Ausschluss der Abtretbarkeit über § 399 1. Alt. und 2. Alt. BGB führt dazu, dass der Unterlizenznehmer sich im Verhältnis zum Lizenzgeber nicht gem. § 986 Abs. 1 BGB auf seinen Lizenzvertrag zum Lizenznehmer berufen kann. Denn der Lizenznehmer ist zum Abschluss des entsprechenden Lizenzvertrages nicht i.S. von § 986 Abs. 1 S. 2 BGB befugt.[707]
Fraglich ist allerdings, ob dieses Unterlizenzverbot auch auf das regelmäßig mit jüngerer Priorität beim Lizenznehmer kraft Benutzung oder Verkehrsgeltung entstehende eigene Recht durchschlägt. Bei einer Lizenzierung dieses Rechts handelt es sich nicht um eine Unterlizenz im engeren Sinn, da der „Unterlizenznehmer" seine Rechte ausschließlich vom Lizenznehmer und nicht vom Lizenzgeber ableitet. Deswegen wird der „Unterlizenznehmer" in dieser Fallgestaltung als zweiter Lizenznehmer bezeichnet. Eine absolut wirkende Einschränkung der

[705] Bühling, GRUR 1998, 196, 199 für Marken unter Hinweis auf die Herkunftsfunktion der Marke; im Ergebnis ebenso Müller, S. 74; ähnlich Kraßer, S. 958 für einfache Patentlizenzen; Kraßer/Schmid, GRURInt 1982, 324, 332.
[706] Für Marken ebenso Ströbele/Hacker-Hacker, § 30, Rdn. 79; Fezer, MarkenR, § 30, Rdn. 22; v.Schultz-Brandi-Dohrn, § 30, Rdn. 30; a.A. Ingerl/Rohnke, § 30, Rdn. 14, die für ausschließliche Markenlizenzen die Befugnis zum Erteilen von Unterlizenzen einräumen; so wohl auch Kraßer, S. 959 für Patente, wie hier Benkard-Ullmann, § 15, Rdn. 59.
[707] Ähnlich allerdings in anderem Zusammenhang BGH GRUR 1957, 34, 35 – Hadef; OLG Düsseldorf GRUR 2002, 49, 52 – Combit/ComIT.

Lizenzierungsmöglichkeit durch den Lizenznehmer an einen zweiten Lizenznehmer kann der Lizenzgeber nicht erreichen. Ein vertraglicher Lizenzierungsausschluss würde gegen § 399 2. Alt. BGB verstoßen. Dem jüngeren Recht des Lizenznehmers würde durch einen Ausschluss gem. § 399 2. Alt. BGB die Funktion eines absoluten Rechts genommen. Der Lizenzvertrag im weiteren Sinn zwischen Lizenzgeber und Lizenznehmer ist aber wegen der Kennzeichnung des Unternehmens bzw. des Unternehmensträgers dahingehend auszulegen, dass sich der Lizenznehmer verpflichtet, gestützt auf sein eigenes Kennzeichenrecht, keine Lizenzen zu erteilen. Hierfür spricht auch, dass der Lizenzgeber wegen seiner besseren Priorität gegen den zweiten Lizenznehmer vorgehen könnte. Eine Verteidigung des zweiten Lizenznehmers mit dem Einwand gem. § 986 Abs. 1 S. 1 BGB scheitert daran, dass der zweite Lizenznehmer nicht mit dem Lizenzgeber verbunden ist. Denn das Zeichen des Lizenzgebers wurde mit absoluter Wirkung gem. § 399 1. Alt. BGB oder kraft vertraglicher Vereinbarung gem. § 399 2. Alt. BGB von einer weiteren Lizenzierung ausgeschlossen. Das beim Lizenznehmer entstehende eigenständige Kennzeichenrecht führt nicht zu einer dem abgeleiteten Besitz bei § 986 Abs. 1 S. 1 BGB entsprechenden Konstellation. Dies verkennt *Müller*[708], der ohne Begründung davon ausgeht, dass der Einwand des Unterlizenznehmers gem. § 986 Abs. 1 S. 1 BGB durchgreift. Die von dem Lizenznehmer abgeleitete Rechtsstellung, d.h. die Priorität des Lizenznehmers, reicht zudem zur Verteidigung gegen die Inanspruchnahme durch den Lizenzgeber nicht aus, da dessen Priorität immer die bessere ist.

6. Lizenz als absolutes Recht i.S. von § 823 Abs. 1 BGB und als Schutzgut i.S. von Art. 14 GG

Bei einem absoluten Charakter der Lizenz im engeren Sinn könnte diese als sonstiges Recht i.S. von § 823 Abs. 1 BGB eingeordnet werden. *Fehrenbacher*[709] geht davon aus, dass eine Lizenz im engeren Sinn auch ohne absoluten Charakter als sonstiges Recht i.S. von § 823 Abs. 1 BGB eingeordnet werden kann. *Fehrenbacher* verkennt aber, dass die anerkannten sonstigen Rechte des § 823 Abs. 1 BGB absolute bzw. ausschließliche Rechte sind.[710] Wie oben dargestellt, gewinnt diese Frage Relevanz, wenn der Lizenznehmer gegen einen Dritten den eigenen Schaden geltend machen möchte und die Priorität seines eigenen durch Benutzung bzw. Verkehrsgeltung entstandenen Kennzeichenrechts für eine Inanspruchnahme des Dritten nicht ausreicht. In diesen Fällen hat der Lizenznehmer nur einen Anspruch gegen den Dritten, wenn die Lizenz als

[708] Müller, S. 74, andererseits betont Müller, S. 63 f. aber den Unterschied zwischen dem eigenen Kennzeichenrecht des Lizenznehmers und dem lizenzierten Kennzeichen.
[709] Fehrenbacher, JR 2001 309, 311.
[710] Vgl. Palandt-Sprau, § 823, Rdn. 11 ff.; Canaris, FS Flume, 371, 373.

absolutes Recht i.S. von § 823 BGB eingeordnet wird.[711] Für die Einordnung einer Lizenz als absolutes Recht ist erforderlich, dass dieses Recht einen Zuweisungsgehalt hat und eine Ausschlussfunktion.[712] Die Kennzeichenrechte gewähren, wie oben dargelegt,[713] eine positive Benutzungsbefugnis. Sie haben einen Zuweisungsgehalt und auch eine entsprechende Ausschlussfunktion, § 15 MarkenG. Diesen Charakter teilt eine absolut wirkende Lizenz. Bei dieser Konstellation wird § 823 Abs. 1 BGB auch nicht durch die kennzeichenrechtlichen Ansprüche verdrängt, da diese auf die Verletzung von Kennzeichenrechte und nicht von Lizenzen abstellen. Die kennzeichenrechtlichen Ansprüche entfalten insoweit also keine Sperrwirkung. Für die abgeleiteten Ansprüche aus § 823 Abs. 1 BGB ist aber, wie oben dargestellt,[714] § 30 Abs. 3 MarkenG analog anzuwenden. Für eine Klage des Lizenznehmers gegen einen Dritten ist gem. § 30 Abs. 3 MarkenG analog eine Zustimmung des Lizenzgebers erforderlich. Dies bedeutet, dass es für eine Einordnung der Lizenz als absolutes Recht i.S. von § 823 Abs. 1 BGB kein wirtschaftliches Bedürfnis gibt. Denn der Lizenzgeber kann den Lizenznehmer zur Durchsetzung seiner Kennzeichenrechte auch im Wege der gewillkürten Prozessstandschaft ermächtigen. Diese gewillkürte Prozessstandschaft entspricht einer Klage, die der Lizenznehmer auf § 823 Abs. 1 BGB stützt, für die er aber gem. § 30 Abs. 3 MarkenG die Zustimmung des Lizenzgebers braucht.

Bei der Annahme eines absoluten Charakters der Lizenz im engeren Sinn fällt diese in jedem Fall unter die durch Art. 14 Abs. 1 GG geschützten Rechte.[715] Unter Art. 14 Abs. 1 GG fallen aber nach ständiger Rechtsprechung des BVerfG nicht nur absolute Rechte, sondern auch Nutzungsrechte, die aus einem Vertragsverhältnis resultieren.[716] Eine Lizenz an Unternehmenskennzeichen ist damit bei einem positiven Benutzungsrecht unabhängig vom absoluten Charakter der Lizenz ein schutzfähiges Recht i.S. von Art. 14 Abs. 1 GG. Der Schutzumfang der Lizenz gem. Art. 14 Abs. 1 GG hängt allerdings von dem Rechtscharakter der Lizenz im engeren Sinn ab. Der Schutzumfang ist bei einem absoluten Charakter der Lizenz weiter als bei einem relativen. Der unterschiedliche Schutzumfang gem. Art. 14 Abs. 1 GG ist jedoch eine Folge des Rechts-

---

711 Müller, S. 74; Stumpf/Groß, Rdn. 400.

712 Staudinger-Hager, § 823, Rdn. B 124; vgl. Engels, S. IV-93 für Marken.

713 Vgl. oben § 4 A.

714 Vgl. hierzu oben § 6 G I 3.

715 Plaß, GRUR 2002, 1029, 1032; in diese Richtung auch Krieger, FS Rowedder, 229, 233; Fezer, WRP 2004, 793, 803 zu Art. 14 GG und einer Markenlizenz; zum Schutz des Kennzeichenrechts durch Art. 14 GG vgl. z.B. BVerfGE 51, 193, 216 ff.; BVerfGE 78, 58, 71 ff.; BGH GRUR 2001, 43 ff. – Human-Immuninterferon ausführlich zu den Schranken des Patentschutzes und Art. 14 GG.

716 Zu einer Domain BVerfG WM 2005, 149, 150 – ad acta; BVerfGE 45, 142, 179.

charakters, ist aber keine maßgebliche Begründung für die Annahme eines entsprechenden Rechtscharakters.

7. Zwischenergebnis

Ein wirtschaftliches Bedürfnis für die Annahme einer zumindest teilweisen absoluten Wirkung besteht vor allem im Hinblick auf das Bedürfnis des Lizenznehmers nach Sukzessionsschutz. Es wurde dargelegt, dass es ein entsprechendes wirtschaftliches Bedürfnis für den Sukzessionsschutz gibt, das ohne eine absolute Wirkung nicht erzielt werden kann. Insbesondere eine analoge Anwendung des § 30 Abs. 5 MarkenG ist nicht möglich, da § 30 Abs. 5 MarkenG eine zumindest teilweise absolute Wirkung voraussetzt. Ohne ausreichenden Sukzessionsschutz läuft der Lizenznehmer Gefahr, dass sein positives Nutzungsrecht gegen seinen Willen in einen eventuell wirtschaftlich wertlosen Schadensersatzanspruch umgewandelt wird.

Der Lizenznehmer hat ferner ein Interesse daran, dass er sich bei einer Inanspruchnahme durch Dritte auf die Priorität des Lizenzgebers berufen kann. Dieses Bedürfnis kann im Wesentlichen durch eine Prozessstandschaft auf der Beklagtenseite befriedigt werden. Hierfür ist eine absolute Wirkung der Lizenz nicht zwingend erforderlich. Eine aktive Prozessstandschaft auf der Beklagtenseite hat für den Lizenznehmer den Nachteil, dass die erforderliche Ermächtigung seitens des Lizenzgebers jederzeit widerrufen werden kann.

Ein eigenes Klagerecht des Lizenznehmers ist wegen des analog anzuwendenden § 30 Abs. 3 MarkenG nicht zwingend erforderlich. Hieraus ergibt sich, dass nach Auffassung des Gesetzgebers bei einer Lizenz ein eigenes Klagerecht nicht in jedem Fall erforderlich ist. Möglich bleibt ein eigenes Klagerecht aber über eine aktive Prozessstandschaft i.V. mit § 30 Abs. 3 MarkenG.

Schwierigkeiten treten aber auf, wenn beim Lizenznehmer auf Grund einer Kennzeichenbenutzung durch einen Dritten ein Schaden entsteht. Der Lizenznehmer hat bei einer rein schuldrechtlich wirkenden Lizenz keinen Anspruch gegen den Dritten. Der Lizenzgeber kann den Schaden des Lizenznehmers bei dem Dritten auch nur liquidieren, wenn er seinen Schaden konkret berechnet. Auch bei dieser Berechnungsmethode ist aber auch nicht in jedem Fall gewährleistet, dass der Schaden des Lizenznehmers von dem Dritten zu ersetzen ist.

Wenn die Lizenz mit einer absoluten Wirkung versehen wird, kann der Lizenznehmer zwar gegen den Dritten gem. § 823 Abs. 1 BGB vorgehen. Hierfür braucht er aber analog § 30 Abs. 3 MarkenG die Zustimmung des Lizenzgebers. Auch ohne eine absolute Wirkung ist eine Lizenz im engeren Sinn von Art. 14 Abs. 1 GG geschützt.

Insbesondere das Bedürfnis des Lizenznehmers nach Sukzessionsschutz ist für den Lizenznehmer entscheidend. Deswegen muss untersucht werden, ob nicht eine zumindest teilweise absolute Wirkung der Lizenzen an Unternehmenskennzeichen i.S. von § 5 Abs. 2 MarkenG angenommen werden kann.

II. Konstruktion einer absolut wirkenden Lizenz

Fraglich ist zunächst, ob und wie die absolute Wirkung einer Lizenz an Unternehmenskennzeichen i.S. von § 5 Abs. 2 MarkenG dogmatisch konstruiert werden kann.

Wenn die Lizenz im engeren Sinn eine Verfügung über das zu lizenzierende Unternehmenskennzeichen i.S. von § 5 Abs. 2 MarkenG ist, kann sie eine quantitative oder eine qualitative Verfügung sein. Eine quantitative Verfügung i.S. der Einräumung eines Gemeinschaftsanteils gem. §§ 741 ff. BGB scheidet bei einer Lizenz im engeren Sinn aus, da der Lizenzgeber und der Lizenznehmer keine gleichartigen Befugnisse haben.[717] Bei der Annahme einer Bruchteilsgemeinschaft könnte sonst der Lizenznehmer gem. § 749 BGB sofort die Teilung verlangen. Dies ist nicht gewollt. Der Lizenzgeber will über sein Stammrecht jedenfalls nicht weiter verfügen als durch die Einräumung einer Nutzungsbefugnis für den Lizenznehmer. Diese Auslegung entspricht der Zweckübertragungslehre im Urheberrecht, vgl. § 31 Abs. 5 UrhG. Eine Lizenz im engeren Sinn ist damit eine qualitative Verfügung über das Recht als solches.[718] Eine inhaltliche Änderung oder Aufhebung der lizenzierten Kennzeichen wird durch den Lizenzvertrag im engeren Sinn nicht angestrebt. In Betracht kommt damit eine teilweise Übertragung oder eine Belastung. Eine absolut wirkende Belastung ist aber letztendlich nur eine Spezialform der Teilübertragung, weil nicht wie bei einer quantitativen Verfügung ein ideeller Teil des Ganzen übertragen wird. Es werden bei der Belastung z.B. dem Nießbrauch vielmehr besondere ausgegliederte Befugnisse unter einem besonderen Namen zusammengefasst, über die verfügt wird. Es findet damit auch bei der Belastung eine qualitative Teilung statt.[719]

Wesensmerkmal einer Verfügung ist, dass der Verfügende einen Teil seiner Verfügungsmacht verbraucht, d.h., er kann insoweit nicht mehr über das Recht verfügen. Es ist aber nicht erforderlich, dass sich die beim Übertragenden verbrauchte Verfügungsmacht beim Erwerber wiederfindet. Würde man dies annehmen, könnte man den Nießbrauch bzw. das Pfandrecht nicht als Verfügung interpretieren.[720] In diesen Fällen wird die Nutzungsbefugnis bzw. die Verwertungsbefugnis auf den Nießbraucher bzw. Pfandgläubiger übertragen, der Eigentümer kann aber weiter über sein Eigentum verfügen. Dies bedeutet, übertragen auf den Lizenzvertrag, dass durch eine qualitative Verfügung in Form einer Belastung die Verfügungsmacht des Lizenzgebers im Hinblick auf das Mutterrecht an sich nicht betroffen ist. Der Lizenzgeber kann über das Mutterrecht

---

[717] Forkel, S. 33; Weinmann, S. 556.

[718] Herbst, S. 118; Leßmann, DB 1987, 145, 152.

[719] Forkel, S. 33 f.; Kraßer, GRURInt 1973, 230, 232; ders., GRURInt 1983, 537, 539; Fezer, WRP 2004, 793, 806; Leßmann, DB 1987, 145, 149; Weinmann, S. 545.

[720] Kraßer, GRURInt 1973, 230, 232 für den Nießbrauch.

weiter verfügen, da dieses von vornherein nicht endgültig mit dem Tochterrecht belastet ist. Die Belastung des Vollrechts mit dem Tochterrecht führt dazu, dass dem Tochterrechtsinhaber Sukzessionsschutz zu gewähren ist, d.h., das Mutterrecht kann nur inklusive der Belastung mit dem Tochterrecht übertragen werden. Auch wenn die Belastung als Teilung des Vollrechts aufgefasst wird, treten mehrere nebeneinander gewährte Lizenzen nicht notwendigerweise in Konflikt. Ein solcher Konflikt tritt nur auf, wenn dem Lizenznehmer exklusive Nutzungsbefugnisse übertragen werden. Sofern keine exklusiven Nutzungsbefugnisse übertragen werden, sind mehrere absolut wirkende Lizenzen nebeneinander denkbar. Denn wie *Henn*[721] richtig betont, schließt die Erteilung von Nutzungsrechten die Erteilung von weiteren Nutzungsrechten nicht aus. Dies wird bei einem Nutzungsrecht in Form einer Dienstbarkeit in Form eines dinglichen Wegerechts deutlich. Bei dieser Verfügung erhält der Wegeberechtigte keine Ausschlussbefugnis. Dieser kann keine Dritten von der Nutzung des Weges ausschließen. Damit stehen die Nutzungsrechte im Gegensatz zu den Rechten aus einer Hypothek, Grundschuld, Rentenschuld, Reallast oder der Mitgliedschaft an einer Gesellschaft, die nur einmal genutzt werden können.
Auf dieser Basis können alle Lizenzformen nach dem Umfang der Nutzungsrechtseinräumung erklärt werden. Bei der einfachen Lizenz treten die Nutzungsrechte nur nebeneinander. Bei der ausschließlichen Lizenz geht das alleinige Nutzungsrecht auf den Lizenznehmer über. Bei dieser fehlt dem Lizenzgeber die Verfügungsmacht zur Einräumung weiterer Nutzungsbefugnisse an Dritte. Wenn dagegen die ausschließliche Lizenz z.B. territorial beschränkt ist, geht auch nur die territorial beschränkte Verfügungsmacht auf den Lizenznehmer über. Dies verkennt *Hilty*,[722] wenn er gegen die hier vertretene Konstruktion einwendet, es wäre eine absolute Rechtsstellung des Lizenzgebers und des Lizenznehmers nebeneinander nicht erklärbar.

Sofern in der Lizenz im engeren Sinn eine Verfügung gesehen wird, könnte diese dogmatisch als translative oder als konstitutive Verfügung aufgefasst werden. Bei einer translativen Rechtsübertragung geht das Recht in seinem vollen Bestand auf den Erwerber über. Der bisherige Rechtsinhaber verliert das (Teil-)Recht vollständig. Demgegenüber kommt es bei einer konstitutiven Übertragung nicht zu einer unbeschränkten, sondern zu einer beschränkten Übertragung. Es entsteht aus dem Recht ein Recht geringeren Inhalts,[723] das auf den Erwerber übergeht.

---

[721] Henn, Rdn. 99; Forkel, NJW 1983, 1764, 1766; ders., ZHR 153 (1989), 511, 521; ähnlich Völp, GRUR 1983, 45, 47.
[722] Hilty, S. 144.
[723] Vgl. zu den Begriffen der translativen und konstitutiven Übertragung Larenz AT, S. 239; Kraßer, GRURInt 1973, 230, 232; Forkel, NJW 1983, 3181, 3182.

Die Lizenz im engeren Sinn kann nicht als eine teilweise translative Übertragung aufgefasst werden. Dagegen spricht, dass dadurch das lizenzierte Kennzeichen letztendlich seiner Funktion beraubt wird. Wenn ein lizenziertes Kennzeichen dauerhaft in beliebig viele Splitter aufgeteilt werden kann und nach zeitlichem Ende des Lizenzvertrages eine Rückübertragung erfolgen muss, müsste der Lizenzgeber die Rückübertragung kontrollieren und ggf. einklagen. Wenn er dies unterlässt, verliert er dauerhaft einen Teil seines Rechts. Bei Annahme eines translativen Teilübergangs besteht damit die Gefahr, dass trotz des Ablaufs der Lizenzzeit das lizenzierte Unternehmenskennzeichen noch teilweise dem Lizenznehmer zusteht. Dieses Ergebnis würde im Widerspruch zu der Funktion des Kennzeichens, dem Hinweis auf ein bestimmtes Unternehmen bzw. auf einen bestimmten Unternehmensträger stehen.[724] Eine solche Zersplitterung würde einerseits der Funktion der Kennzeichen nicht gerecht werden und andererseits zu Schwierigkeiten im Hinblick auf die Irreführung der Verbraucher führen, die ein Kennzeichen nicht mehr bestimmten Unternehmen bzw. bestimmten Unternehmensträgern zuordnen könnten.
Gegen die Annahme einer translativen Übertragung spricht auch, dass über mehr verfügt würde als nach dem Interesse der Parteien verfügt werden muss. Denn der Lizenznehmer hat nur ein Interesse an einer absolut wirksamen Nutzungsbefugnis während der Lizenzzeit. Diese Nutzungsbefugnis während der Lizenzzeit will der Lizenzgeber auch dem Lizenznehmer einräumen. Eine translative Übertragung würde diese Nutzungsbefugnis dagegen bis zu einer Rückübertragung, eventuell über die Lizenzzeit hinaus, ausdehnen.[725]
Die Lizenz im engeren Sinn kann damit nicht als translative Übertragung aufgefasst werden.

Die Lizenz im engeren Sinn könnte aber als eine konstitutive Übertragung konstruiert werden. Als eine konstitutive Übertragung wird insbesondere der Nießbrauch aufgefasst. Wenn der Nießbrauch eine translative, d.h. endgültige Verfügung wäre, wären die Beschränkungen des Nießbrauchs schwerlich erklärbar z.B. die nur persönliche Nutzung gem. § 1030 Abs. 1 und § 1059 S. 1 BGB sowie die automatische Beendigung mit dem Tod.[726] Bei einem Nießbrauch wird nur eine Nutzungsbefugnis abgespalten. Entsprechend wird beim Pfandrecht nur die Verwertungsbefugnis abgespalten.[727] Eine konstitutive Übertragung führt zu einer Bindung des Tochterrechts an das Mutterrecht. Beim Nießbrauch oder Pfandrecht wächst das Tochterrecht ohne Rückübertragungsakt dem Mutterrecht

[724] Ebenso Forkel, S. 22.
[725] Ähnlich für den Nießbrauch Forkel, S. 35.
[726] Forkel, S. 35.
[727] Baur/Stürner, § 62, Rdn. 1; MünchKomm-Damrau, § 1204, Rdn. 1.

wieder zu, sofern das entsprechende Tochterrecht erlischt. Das Mutterrecht wird damit wieder zum unbeschränkten Vollrecht, sog. Elastizität.[728]
Für die Übertragung des Gedankenganges auf Lizenzen spricht, dass bei einer Lizenz, ebenso wie beim Nießbrauch, eine positive Nutzungsbefugnis abgespalten wird.[729] Beim Ende des Lizenzvertrages im engeren Sinn endet automatisch die Nutzungsbefugnis des Lizenznehmers. Das Mutterrecht erstarkt beim Lizenzgeber, ohne dass ein Rückübertragungsakt erforderlich ist. Da diese Konstruktion unabhängig von dem Lizenzvertrag im weiteren Sinn ist, gilt dies auch für den Fall, dass der Lizenzgeber nach Abschluss des Lizenzvertrages das Mutterrecht an einen Dritten übertragen hat. Bei Ablauf der Lizenzzeit erstarkt dass Mutterrecht auf Grund dieser Konstruktion bei dem jeweiligen Inhaber. Deswegen bejaht die h.M. das automatische Erstarken des Mutterrechts bei dem Ablauf der Lizenzzeit ohne Rückübertragung für Lizenzen im PatG, GebrMG und MarkenG.[730] Diese Konstruktion ist auch auf Lizenzen an Unternehmenskennzeichen i.S. von § 5 Abs. 2 MarkenG auszudehnen.
Folge der Annahme einer solchen konstitutiven Übertragung ist zunächst, dass das Lizenzrecht automatisch nach Ablauf der Lizenzzeit zum Lizenzgeber zurückfällt. Da das Lizenzrecht von dem Hauptrecht abgeleitet wird, erlischt es auch, wenn das Hauptrecht, das Unternehmenskennzeichen i.S. von § 5 Abs. 2 MarkenG, erlischt. Unter anderem wegen dieser Rechtsfolgen spricht *Forkel* von einer gebundenen Rechtsübertragung.[731] Ferner können sowohl der Lizenzgeber als auch der Lizenznehmer grundsätzlich aus ihrem Recht gegen die Beeinträchtigung des lizenzierten Kennzeichens vorgehen. Inwieweit der Lizenznehmer den Lizenzgeber aus der Befugnis der Nutzungsziehung abschließend verdrängt, muss auf der Grundlage des Lizenzvertrages entschieden werden. Bei einer ausschließlichen Lizenz verdrängt der Lizenznehmer den Lizenzgeber vollständig im Hinblick auf die Nutzungsziehungsbefugnis. Damit entspricht diese Konstellation einem unbeschränkten Nießbrauch, vgl. §§ 1030, 1036 BGB. Bei der alleinigen Lizenz verdrängt der Lizenznehmer den Lizenzgeber im Hinblick auf die Nutzungsbefugnis nicht. Der Lizenzgeber hat aber

---

[728] Forkel, S. 25; Herbst, S. 120; weitergehend Weinmann, S. 545, der eine Verfügungsmacht des Lizenzgebers über ein nicht so an das Mutterrecht gebundenes Recht ablehnt.
[729] Unklar Knap, GRURInt 1973, 226 ff., der auf S. 226 eine teilweise Übertragung mit dem Argument ablehnt, eine translative Übertragung sei nicht gewollt, auf S. 228 aber eine konstitutive Belastung annimmt, gleichzeitig aber ohne Begründung davon ausgeht, diese konstitutive Übertragung sei keine Übertragung.
[730] Vgl. ebenso für Etablissementbezeichnungen BGH GRUR 1959, 87, 89 – Fischl; für Marken OLG Düsseldorf GRUR 1984, 447, 448 – Multibeton; insgesamt für Lizenzen bejaht: z.B. Knap, GRURInt 1973, 226, 228; Stumpf/Groß, Rdn. 223 ff.; Leßmann, DB 1987, 145, 150, die davon ausgehen, dass auch bei der Lizenzierung einer Erfindung, das beim Lizenznehmer im Zusammenhang mit der lizenzierten Erfindung entstehende Kennzeichen automatisch auf den Lizenzgeber übergeht.
[731] Zu diesem Begriff vgl. Forkel, S. 45 ff.

keine Verfügungsmacht zur Einräumung weiterer Lizenzen mehr. Bei einer einfachen Lizenz räumt der Lizenzgeber dem Lizenznehmer nur eine Nutzungsbefugnis ein, ohne selber seine Nutzungsbefugnis und seine Verfügungsmacht zur Erteilung von weiteren Nutzungsbefugnissen zu verlieren. Hier zeigt sich erneut, dass die Einräumung von Nutzungsbefugnissen nicht die Einräumung von weiteren Nutzungsbefugnissen ausschließt.[732] Eine Konstruktion einer absolut wirkenden Lizenz ist also im Wege einer konstitutiven Rechtsübertragung möglich.

Bedenken gegen eine konstitutive Verfügung bestehen nicht aus dem Entstehen eines eigenen Unternehmenskennzeichens bei dem Lizenznehmer. Sofern der Lizenznehmer die lizenzierten Unternehmenskennzeichen i.S. von § 5 Abs. 2 MarkenG benutzt, kann mit einer eigenen (jüngeren) Priorität ein von dem lizenzierten Zeichen unabhängiges Zeichen entstehen. Selbst wenn dieses vom Tochterrecht unabhängige Recht entsteht, kann es sich aber nicht gegen das Mutterrecht durchsetzen. Sobald das lizenzierte Recht wegen Ablauf der Lizenzzeit an den Lizenzgeber zurückfällt, setzt sich das lizenzierte Mutterrecht gegen das isoliert später entstandene Recht des Lizenznehmers durch. Der Lizenzgeber kann von dem Lizenznehmer nach Ablauf der Lizenzzeit, die Unterlassung der Benutzung des selbstständig entstandenen Rechtes verlangen. Diese Ansprüche kann der Lizenzgeber nach allgemeinen Grundsätzen verwirken,[733] z.B. wenn er die Benutzung des konkurrierenden jüngeren Rechts duldet. Möglich ist auch, dass wegen der Duldung ein beiderseitiger Besitzstand entsteht, der dazu führt, dass ein Ausgleich auf der Grundlage des Gleichnamigenrechts gesucht werden muss.[734] Bei dem Gleichnamigenrecht findet ein umfassender Interessenausgleich statt. Bei dem Interessenausgleich ist zu berücksichtigen, wenn die Gestattung, das Kennzeichen zu nutzen, befristet war. Dann musste der Prioritätsjüngere mit der Geltendmachung von Ansprüchen des Lizenzgebers nach Ablauf der Lizenzzeit rechnen, so dass es im Regelfall beim Prioritätsprinzip bleibt.[735] Zudem konnten wegen der vertraglichen Bindung während des Bestehens des Lizenzvertrages Unterlassungsansprüche nicht geltend gemacht werden. Deswegen streitet zugunsten des Lizenznehmers über sein prioritätsjüngeres Kennzeichen hinaus kein weiterer Vertrauenstatbestand. Eine Verwirkung der Ansprüche des Lizenzgebers ausschließlich mit dem Argument,

[732] Henn, Rdn. 99.

[733] Zur Verwirkung von kennzeichenrechtlichen Ansprüchen vgl. z.B. BGH GRUR 1988, 776, 778 – PPC; BGH GRUR 1994, 652, 654 – Virion; OLG Hamburg GRUR-RR 2004, 175, 177 – Löwenkopf.

[734] BGH GRUR 1991, 780, 782 – Transatlantische.

[735] OLG Hamm WRP 1982, 534, 536 – Eulenspiegel; BGH GRUR 1963, 485, 488 – Micky-Maus-Orangen m. Anm. Reimer, S. 489.

dass lange ein Lizenzvertrag und damit ein prioritätsjüngeres Kennzeichen bestanden habe, ist nicht möglich.[736]
Dadurch wächst dem Lizenzgeber nach Ablauf der Lizenzzeit der vollständige mit dem Kennzeichen verbundene Goodwill zu.[737] Dem Lizenzgeber steht auch der durch die Nutzung des Lizenznehmers generierte Goodwill zu. In Betracht kommt nur ggf. ein Ausgleichsanspruch des Lizenznehmers gegen den Lizenzgeber über die analoge Anwendung des § 89 b HGB.[738] Sofern es ausnahmsweise zum Bestehenbleiben des prioritätsjüngeren Rechts auf der Grundlage des Gleichnamigenrechtes kommt, gibt es keine Abweichungen im Verhältnis zur Rechtslage, wenn vollständig unabhängig von dem Mutterrecht ein konkurrierendes Zeichen in Benutzung genommen wird.[739]

Insbesondere *Henn*[740] fasst die Lizenz im engeren Sinn dagegen als obligatorisches Recht auf. Mit dem Begriff des obligatorischen Rechts ist die relative Wirkung verbunden. Deswegen spricht gegen diese Ansicht, dass *Henn*[741] die Lizenz trotzdem als Belastung im hier verstandenen Sinn auffasst. Den Widerspruch zwischen dem von ihm angenommenen obligatorischen Charakter der Lizenz zur Auffassung, dass die Lizenz das Mutterrecht belaste, versucht er mit dem Hinweis auf den Sukzessionsschutz gem. § 566 BGB und § 15 Abs. 3 PatG aufzulösen. Sofern *Henn* damit zum Ausdruck bringen möchte, die jeweiligen Rechte seien mit dem Sukzessionsschutz kraft gesetzlicher Anordnung belastet, so kann diesem gefolgt werden. Insoweit wird durch den angeordneten Sukzessionsschutz die Verfügungsmacht verbraucht.[742] Bei einer Belastung muss aber eine absolute Wirkung angenommen werden.[743] Sonst ist die Belastung nicht zu erklären. Deswegen führt allein der Hinweis auf die Möglichkeit eines atypischen Sukzessionsschutzes gem. § 566 BGB nicht weiter. Denn gem. § 566 BGB rückt der Erwerber in die Vermieterstellung ein. Dieser atypische Sukzessionsschutz beim Besitz ist damit kein Beleg für die schuldrechtliche Wirkung auch der anderen Sukzessionsschutzvorschriften. Wie oben bereits dargelegt

[736] Parmentier/Steer, GRUR 2003, 196, 201; im Ergebnis so auch schon BGH GRUR 1959, 87, 90 – Fischl; OLG Hamm, WRP 1982, 534, 536 –Eulenspiegel.
[737] Vgl. hierzu BGH GRUR 1986, 681, 682 – Goodwill bei Pachtgeschäften; BGH GRUR 1963, 485, 488 – Micky-Maus-Orangen.
[738] Vgl. zur analogen Anwendung des § 89 b HGB auf Markenlizenzverträge Emde, WRP 2003, 468 ff.; allgemein zur Anwendung des § 89 b HGB beim Franchising Metzlaff-Rauser, § 16, Rdn. 218 ff.
[739] Im Ergebnis ebenso Müller, S. 80; Parmentier/Steer, GRUR 2003, 196, 201; BGH GRUR 1963, 485, 488 – Micky-Maus-Orangen Anm. Reimer, S. 489.
[740] Henn, Rdn. 85.
[741] Henn, Rdn. 77.
[742] Kraßer, GRURInt 1983, 537, 539.
[743] Weinmann, S. 526 FN 2286 m.w.N.

wurde,[744] ist der Sukzessionsschutz vielmehr als Ausprägung einer teilweise absoluten Wirkung anzusehen. Selbst wenn unter Hinweis auf § 566 BGB davon ausgegangen würde, dass der Sukzessionsschutz nicht in jedem Fall eine absolute Wirkung voraussetzt, ist der Umkehrschluss zwingend, dass bei einer absoluten Wirkung Sukzessionsschutz gewährt wird. Mit dem Sukzessionsschutz wird damit nur ein Teilbereich der absoluten Wirkung einer Lizenz erfasst, der Ausschluss eines unbelasteten Erwerbes eines Rechtsnachfolgers des Lizenzgebers.
Die Ansicht von *Henn*[745], dass die Lizenz nur einen schuldrechtlichen Charakter hat, hat ferner folgenden logischen Bruch. *Henn* kann nur mit großem argumentativen Aufwand erklären, warum im Patentrecht der ausschließliche Lizenznehmer ohne Zustimmung des Lizenzgebers zur Vergabe von Unterlizenzen berechtigt ist. *Henn* behauptet in diesem Zusammenhang, dass der Lizenznehmer eine selbstständige Rechtsposition habe, die originär und nicht derivativ sei. Diese Rechtsposition sei kein „dingliches" oder „quasidingliches" Recht. Offen bleibt aber, warum diese originäre Rechtsposition auf Grund eines nur schuldrechtlichen Charakters entsteht. Ferner bleibt offen, welchen Charakter diese Rechtsposition hat. *Henn* nimmt insoweit nur eine Negativabgrenzung vor, ohne den Rechtscharakter zu erläutern.
Diese logischen Brüche werden auf der Grundlage der hier vertretenen Auffassung vermieden. Wenn der Lizenznehmer ein abgeleitetes Recht erhält, kann er dieses auch an einen Unterlizenznehmer abtreten. Dies gilt aber nur, wenn nicht, wie z.B. bei den Unternehmenskennzeichen i.S. von § 5 Abs. 2 MarkenG[746], die weitere Lizenzierung gem. § 399 1. Alt. bzw. 2. Alt. BGB ausgeschlossen ist.

Zusammenfassend kann damit festgehalten werden, dass das dargelegte wirtschaftliche Bedürfnis für eine absolut wirkende Lizenz über die Rechtsfigur einer konstitutiven Übertragung konstruiert werden kann. Auch der BGH geht zumindest bei der Einräumung von Rechten an Bildern von einer teilweisen absoluten Wirkung aus, allerdings ohne die Konstruktion der absoluten Wirkung offen zu legen.[747]

III. Bedenken gegen eine absolute Wirkung der Lizenz

Fraglich ist allerdings, ob Bedenken gegen eine solche Konstruktion bestehen. Solche bestehen nicht wegen der Rechtsnatur der vorliegend interessierenden Zeichen, Firma, besondere Geschäftsbezeichnung und Geschäftsabzeichen.

---

[744] § 6 G I 1 b ff.
[745] Henn, Rdn. 83.
[746] Vgl. § 6 G I 5.
[747] BGH GRUR 1987, 128, 129 – Nena; vgl. auch Wandtke, GRUR 2000, 942, 949.

Denn, wie oben gezeigt,[748] haben alle Unternehmenskennzeichen i.S. von § 5 Abs. 2 MarkenG mit Ausnahme der aus der Untersuchung ausgeschiedenen Zeichen Name und subjektsbezogene Unternehmenskennzeichen den Charakter eines reinen Immaterialgutes. Es ist allgemeine Meinung, dass über ein Immaterialgut endgültig verfügt werden kann. Dann bestehen aber wegen der Rechtsnatur der Zeichen erst recht keine Bedenken gegen die Annahme einer absolut wirkenden Lizenz.
Bedenken gegen die absolute Wirkung der Lizenz könnten aber bei Geltung der sachenrechtlichen Grundsätze vor allem des numerus-clausus-Prinzips, des Bestimmtheitsgrundsatzes und des Publizitätsprinzips bestehen. In Betracht kommt ferner bei der Annahme einer absoluten Wirkung einer Lizenz im engeren Sinn ein Verstoß gegen § 23 HGB, nach dem die Veräußerung einer Firma ohne Übertragung des Geschäftsbetriebes unzulässig ist. Eine konstitutive Verfügung könnte auch zu einer unzulässigen Verdopplung der Unternehmenskennzeichen führen.

1. Bedenken wegen des Verbotes des Vertrages zu Lasten Dritter bzw. wegen des Verstoßes gegen das numerus-clausus-Prinzip der absoluten Rechte

Die Annahme einer absolut wirkenden Verfügung könnte ein verbotener Vertrag zu Lasten Dritter sein. *Troller* wendet sich gegen die Möglichkeit der Einräumung einer Lizenz mit absoluter Wirkung mit der Begründung, dass sonst private Parteien die Möglichkeit hätten, durch einen Vertrag Dritte zu belasten. Private hätten aber nur die Möglichkeit, Dritte zu verpflichten, wenn diese Möglichkeit durch Gesetz oder Gewohnheitsrecht eingeführt worden sei.[749] Der Ausgangspunkt von *Troller* ist hierbei zutreffend. Schuldrechtliche Verträge zu Lasten Dritter sind mit der Privatautonomie unvereinbar und damit unzulässig.[750] Das Verbot des Vertrages zu Lasten Dritter führt aber nicht dazu, dass eine absolute Wirkung einer Lizenz im engeren Sinn nicht zu begründen ist. Es ist vielmehr anerkannt, dass absolute Rechte mit Wirkung für und gegen alle übertragen werden können. Wenn das Eigentum als absolutes (dingliches) Recht übertragen wird, kann der Neueigentümer von allen Dritten die Beachtung seiner Eigentümerbefugnisse verlangen. Damit sind private Parteien durch die Übertragung absoluter Rechte durchaus in der Lage, Rechtswirkungen bei Dritten herbeizuführen. Das Verbot des Vertrages zu Lasten Dritter trifft damit nicht den Kern des Problems. Wenn die Lizenz im engeren Sinn eine absolute Wirkung hat, wirkt sie gegenüber jedermann kraft ihrer Absolutheit, so dass

---

[748] Vgl. § 3.
[749] Troller, S. 828; ebenso Schluep, S. 188 für Marken.
[750] BGHZ 61, 361; BGHZ 78, 374; Palandt-Heinrichs, Einf. v. § 328 Rdn. 10; Erman-Westermann, Vor § 328, Rdn. 11.

auch kein unzulässiger (schuldrechtlicher) Vertrag zu Lasten Dritter vorliegt. Wenn die Lizenz im engeren Sinn keine zumindest teilweise absolute Wirkung hat, kann sie insoweit keinen Dritten belasten.
Zuzugeben ist *Troller* allerdings, dass es nicht in die Rechtsmacht der Parteien gestellt werden darf, willkürlich ausgeformte absolute Rechte zu begründen.[751] Diese Frage der Grenzen der absoluten Rechte ist aber eine Frage der Geltung und der Reichweite des numerus-clausus-Prinzips im Immaterialgüterrecht und keine Frage des Vertrages zu Lasten Dritter.

Fraglich ist damit, ob der sachenrechtliche numerus clausus in der Ausformung des Typenzwanges auch auf Lizenzen an Unternehmenskennzeichen i.S. von § 5 Abs. 2 MarkenG Anwendung findet. Der sachenrechtliche numerus clausus bewirkt, dass absolut wirkende (dingliche) Rechte nach Art und Inhalt abschließend durch Gesetz und Gewohnheitsrecht normiert sind.[752] Zwingend ist die Geltung des numerus clausus auf Lizenzen nicht, da es sich bei Lizenzen nicht um dingliche, sondern um nichtdingliche Rechte handelt. Deswegen führen die Theorien vom geistigen Eigentum bzw. vom Immaterialgut in diesem Zusammenhang nicht weiter. Zwischen dem Immaterialgüterrecht und dem Sachenrecht kann es nur Gleichheit in einigen Punkten geben, sonst liegen aber Unterschiede vor. Denn wenn die Gleichheit sämtliche Punkte erfasst, liegt keine Gleichheit, sondern Identität vor. Dies führt dazu, dass genau geprüft werden muss, ob die Ähnlichkeit des Immaterialgüterrechts und des Sachenrechts die Anwendung der sachenrechtlichen Regeln rechtfertigt.[753] Es geht damit um die Frage einer analogen Anwendung des sachenrechtlichen numerus clausus auf das Immaterialgüterrecht, speziell auf Lizenzen an Unternehmenskennzeichen i.S. von § 5 Abs. 2 MarkenG.
Troller[754] verwendet über den sachenrechtlichen numerus clausus hinaus den Begriff des immaterialgüterrechtlichen numerus clausus. Er schließt aus der Tatsache, dass die Rechtsordnung von vielen Immaterialgütern nur einige schützt, darauf, dass alle anderen gemeinfrei wären. Selbst wenn diese Prämisse richtig ist, ergibt sich nicht zwingend ein Verbot für eine absolute Wirkung von Lizenzen. Denn die Unternehmenskennzeichen i.S. von § 5 Abs. 2 MarkenG, die Gegenstand dieser Arbeit sind, sind geregelte absolute Rechte. Deswegen treten bei den Kennzeichen an sich keine Bedenken mit dem von *Troller* verwendeten immaterialgüterrechtlichen numerus clausus auf. Aus der beschränkten Zahl der geschützten immateriellen Güter kann aber nicht zwingend auf eine beschränkte

---

[751] Forkel, S. 69; wie hier Herbst, S. 140; Müller, S. 77 jeweils unter Hinweis darauf, dass hinter dem numerus clausus auch ein Ordnungsgedanke steht.
[752] Statt aller Staudinger-Seiler, Einl. zum SachenR, Rdn. 38.
[753] Ebenso Wyss, S. 36, 38; a.A. ohne Begründung Großkomm-Teplitzky, § 16, Rdn. 154.
[754] Troller, S. 59 ff.; ähnlich z.B. Forkel, JuS 1989, 721, 723 „die Immaterialgüterrechte sind enumerativ geregelt".

Zahl von (Verwertungs-)rechten geschlossen werden.[755] Absolut wirkende Lizenzen an Unternehmenskennzeichen i.S. von § 5 Abs. 2 MarkenG verstoßen damit nicht gegen das von *Troller* entwickelte immaterialgüterrechtliche numerus-clausus-Prinzip.
Ferner ist der Ausgangspunkt von *Troller,* dass es nur eine gesetzlich kodifizierte Anzahl von absoluten Rechten gibt, nicht zutreffend. Denn es gibt absolut wirkende Rechte, für die nach allgemeiner Meinung das sachenrechtliche Prinzip des numerus clausus nicht gilt. Dazu zählen u.a. die von der Rechtsprechung und Lehre entwickelten Persönlichkeitsrechte, die absolute bzw. ausschließliche Rechte sind.[756] Der Inhalt des Persönlichkeitsrechts kann zwar nicht durch Parteivereinbarung geändert werden.[757] Dies ändert aber nichts daran, dass die von der Rechtsprechung und Lehre entwickelten Persönlichkeitsrechte einen absoluten Charakter haben und nicht vollständig kodifiziert sind. Da das numerus-clausus-Prinizip damit nicht für alle absoluten Rechte gilt, führt der absolute Charakter der Unternehmenskennzeichen[758] nicht zwingend zu einer Geltung der sachenrechtlichen Prinzipien, insbesondere des numuerus-clausus-Prinzips.

Bei der Frage der Geltung des numerus-clausus-Prinzips über das Sachenrecht hinaus ist zu beachten, dass dieses Prinzip in Widerspruch zu dem im Schuldrecht herrschendem Prinzip der Vertragsfreiheit tritt. Die Abschlussfreiheit wird zwar nicht eingeschränkt, aber die Inhalts- bzw. Gestaltungsfreiheit.[759] Die Lizenzen unterliegen als privatrechtliche Verträge insgesamt der verfassungsrechtlich gewährleisteten Vertragsfreiheit,[760] so dass eine Einschränkung der Inhalts- bzw. Gestaltungsfreiheit verfassungsrechtlich gerechtfertigt werden muss, d.h., es muss einen sachlichen Grund für die Einschränkung geben. Der Grund für die Einschränkung der Inhalts- und Gestaltungsfreiheit durch den numerus clausus im Sachenrecht ist vor allem die Rechtssicherheit und Rechtsklarheit. Aber auch im sachenrechtlichen Bereich ist das numerus-clausus-Prinzip durch Rechtsfortbildung eingeschränkt worden. Im sachenrechtlichen Bereich hat der Gesetzgeber mit der Schaffung des Wohnungseigentums nach dem WEG den numerus clausus des BGB auch im Bereich des klassischen Sachen-

---

[755] Im Ergebnis ebenso Weinmann, S. 282 ff. auch mit gewichtigen Bedenken gegen die von Troller verwendete Terminologie eines immaterialgüterrechtlichen numerus clausus.
[756] Wyss, S. 40.
[757] Larenz/Wolf, § 15, Rdn. 14.
[758] § 15 Abs. 1 MarkenG „ausschließliches Recht", d.h. bei den Unternehmenskennzeichen i.S. von § 5 Abs. 2 MarkenG absolutes Recht, Ingerl/Rohnke, § 15, Rdn. 5; v-Schultz-Gruber, § 15, Rdn. 1.
[759] Staudinger, Einl. zum Sachenrecht, Rdn. 38; Baur/Stürner, § 1, Rdn. 7.
[760] BVerfGE 8, 274, 328; Palandt-Heinrichs, Einf. v. § 145, Rdn. 7; Kraßer/Schmidt, GRUR 1982, 324, 326; für Marken betont dies auch Ingerl/Rohnke, § 30, Rdn. 8, 11; ähnlich Forkel, NJW 1993, 3181, 3183.

rechts an Immobilien durchbrochen. Vorliegend wichtiger ist aber die Entwicklung des Sicherungseigentums durch die Rechtsprechung und Lehre. Durch das Sicherungseigentum wurde das Faustpfandprinzip gem. § 1205 BGB für bewegliche Sachen ausgehebelt und das Faustpfand in der Praxis durch das Sicherungseigentum ersetzt. Das von Rechtsprechung und Lehre entwickelte Sicherungseigentum ist mittlerweile gewohnheitsrechtlich anerkannt. Auch die sachenrechtlichen Anwartschaftsrechte, die beim gutgläubigen Erwerb (Übertragungsproblem), bei der Pfändung / Insolvenz (Pfändungsproblem) und beim Schutz nach § 823 Abs. 1 BGB (Schutzproblem) eine Rolle spielen, sind mittlerweile gewohnheitsrechtlich anerkannt.[761] Aus diesen Rechtsfortbildungen kann der Schluss gezogen werden, dass auch im Sachenrecht das numerus-clausus-Prinzip nicht im Sinn eines Dogmas unveränderlich ist. Auch im Sachenrecht wird von dem grundsätzlich geltenden Prinzip bei einer entsprechenden Notwendigkeit abgewichen. Daher muss die Möglichkeit der Rechtsfortbildung erst recht im analogen Anwendungsbereich, im immaterialgüterrechtlichen Bereich, gelten.[762] Festzuhalten bleibt damit, dass für die (analoge) Geltung des numerus-clausus-Prinzips eine sachliche Rechtfertigung nachgewiesen werden muss. Selbst bei einem Nachweis einer solchen sachlichen Rechtfertigung könnte im Wege der Rechtsfortbildung von diesem Prinzip i.S. einer Rückausnahme wieder abgewichen werden.

In § 15 Abs. 1 S. 2 PatG, § 22 Abs. 1 S. 2 GebrMG sowie über die Bezugnahme in § 11 Abs. 2 HalbleiterschutzG ist die beschränkte Übertragung des Patents, Gebrauchsmusters bzw. der Topographie geregelt. Eine ähnliche Regelung findet sich in § 7 Abs. 2 ArbnErfG. Durch die Erklärung des Arbeitgebers erhält dieser bei einer beschränkten Inanspruchnahme ein nicht ausschließliches Benutzungsrecht an der Erfindung. Die § 15 Abs. 1 S. 2 PatG, § 22 Abs. 1 S. 2 GebrMG und § 11 Abs. 2 HalbleiterschutzG wären, den strikten numerus clausus der Sachenrechte unterstellt, reine deklaratorische Hinweise auf die beschränkten Übertragungsmöglichkeiten des BGB wie den Nießbrauch, das Pfandrecht und die Einräumung einer ideellen Quote im Rahmen einer Bruchteilsgemeinschaft. Anhaltspunkte dafür, dass der Gesetzgeber eine solche rein deklaratorische Regelung treffen wollte, sind nicht ersichtlich.[763] Ebenfalls fern liegend ist die Annahme, mit diesen Regeln sei ein Hinweis auf eine Bedin-

---

[761] Staudinger, Einl. zum Sachenrecht, Rdn. 42 ff.

[762] Canaris, FS Flume, 371, 376; Herbst, S. 142; kritisch zum Typenzwang und der Möglichkeit der Rechtsfortbildung, die er als Massenungehorsam bezeichnet, Däubler, NJW 1969, 1117, 1120 FN 29.

[763] So aber wohl Mes, § 15, Rdn. 8; Völp, GRUR 1983, 45, 47; wie hier Herbst, S. 50; Kraßer, S. 952; Forkel, GRUR 1988, 491, 494; ders., S. 48 u. S. 20 unter Hinweis darauf, dass mit dieser Erwähnung nicht schuldrechtliche Verträge gemeint sein könnten, da sonst das Wort „übertragen" vom Gesetzgeber fehlerhaft verwendet würde.

gungs- bzw. Befristungsmöglichkeit gemeint. Denn die Bedingungs- und Befristungsmöglichkeit ist im BGB die Regel. Das Gesetz ordnet nur in Ausnahmefällen die Bedingungs- bzw. Befristungsfeindlichkeit an.[764] Damit ergibt sich aus § 15 Abs. 1 S. 2 PatG, § 22 Abs. 1 S. 2 GebrMG und § 11 Abs. 2 HalbleiterschutzG, dass das Prinzip des numerus clausus zumindest für Patente, Gebrauchsmuster und Topographien nicht uneingeschränkt gilt.[765] Wenn das numerus-clausus-Prinzip aber bei diesen Immaterialgüterrechten zumindest nicht uneingeschränkt gilt, müssten für eine uneingeschränkte Geltung des numerus clausus bei Lizenzen im engeren Sinn an Unternehmenskennzeichen i.S. von § 5 Abs. 2 MarkenG gewichtige Gründe angeführt werden können. Denn nur wenn solche vorliegen, darf die verfassungsrechtlich gewährleistete Vertragsfreiheit in Form der Inhalts- bzw. Gestaltungsfreiheit wirksam eingeschränkt werden, und eine abweichende Beurteilung ist im Hinblick auf die anderen Immaterialgüterrechte gerechtfertigt.[766]
Für die Wirkung des numerus-clausus-Prinzips könnte eine gemeinsame Funktion des Sachenrechts und des Immaterialgüterrechts sprechen. Beide Rechtsgebiete haben eine güterzuordnende Funktion.[767] Durch das Kennzeichenrecht werden die Kennzeichen einem Kennzeicheninhaber zugeordnet, genauso wie das Eigentum dem Eigentümer zugeordnet wird. Allein diese güterzuordnende Funktion rechtfertigt aber nicht die Anwendung des sachenrechtlichen numerus-clausus-Prinzips. Denn durch die gemeinsame güterzuordnende Funktion des Eigentums und der Immaterialgüterrechte darf nicht der unterschiedliche Charakter der zugeordneten Güter vernachlässigt werden.[768] Ferner ist diese Funktion nicht der Grund für die Geltung des numerus-clausus-Prinzips im Sachenrecht. Gründe für die Geltung des numerus-clausus-Prinzips im Sachenrecht sind, neben dem Verbot, dass nicht willkürlich absolut wirkende Rechte begründet werden dürfen, das Bedürfnis nach Rechtssicherheit, Rechtsklarheit und Vereinfachung.[769]

Wie oben bereits erwähnt, kann die Ausgestaltung von neuen absoluten Rechten aus den Gründen der Rechtsklarheit und Rechtssicherheit nicht vollständig in das Belieben der Parteien gestellt werden. Die Drittwirkung der absoluten Rechte kann nur gelten, wenn die Dritten mit solchen Rechten rechnen können.

---

[764] Forkel, S. 21.
[765] Forkel, S. 74; Kraßer, GRURInt 1973, 230, 232; Forkel, NJW 1993, 3181, 3182.
[766] Ähnlich Forkel, NJW 1993, 3181, 3182; a.A. ohne Begründung Larenz/Wolf, § 15, Rdn. 14.
[767] Zur güterzuordnenden Funktion der Immaterialgüterrechte und des Eigentums Wyss, S. 40; ähnlich Herbst, S. 140, Müller, S. 77 unter Hinweis auf den Ordnungsgedanken.
[768] Weinmann, S. 539, FN 2344.
[769] Staudinger, Einl. zum Sachenrecht, Rdn. 38; kritisch gegen die Geltung des numerus clausus bei beweglichen Sachen, Wieling, § 1 II 3 e.

Es wurde bereits dargelegt, dass Lizenzen grundsätzlich möglich sind und auch bei Unternehmenskennzeichen i.S. des § 5 Abs. 2 MarkenG weit verbreitet sind.[770] Der Rechtsverkehr kann und muss also mit Lizenzen rechnen. Das oben dargelegte[771] wirtschaftliche Bedürfnis für absolut wirkende Lizenzen an Unternehmenskennzeichen spricht gegen eine analoge Anwendung des numerus-clausus-Prinzips. Zumindest belegt dieses wirtschaftliche Bedürfnis, dass in diesem Bereich eine Rechtsfortbildung i.S. einer Rückausnahme möglich ist.
Fraglich ist aber, ob die Gründe der Rechtsklarheit und Rechtssicherheit verbieten, eine absolute Wirkung anzunehmen, d.h., ob die Rechtswirkung von solchen Lizenzen wegen der Ordnungsfunktion des numerus clausus auf eine Wirkung inter partes beschränkt werden muss. Rechtsklarheit und Rechtssicherheit sind in jedem Fall gewahrt, wenn diese absolute Wirkung, entsprechend dem sachenrechtlichen Publizitätsprinzip, für den Rechtsverkehr erkennbar ist.[772] Selbst wenn dies aber nicht der Fall ist, sind bei der Beurteilung der Einschränkung der Rechtsklarheit und Rechtssicherheit die Besonderheiten bei den Unternehmenskennzeichen i.S. von § 5 Abs. 2 MarkenG im Vergleich zum Sachenrecht zu berücksichtigen. Die dinglichen Rechte des Sachenrechts richten sich an sämtliche Rechtspersonen. Jede Rechtsperson ist Eigentümer von zumindest einigen körperlichen Sachen. Deswegen muss die Rechtszuordnung von körperlichen Sachen für den gesamten Rechtsverkehr klar und eindeutig sein. Bei Immaterialgüterrechten ist der beteiligte Rechtsverkehr dagegen deutlich kleiner. Der beteiligte Rechtsverkehr reduziert sich auf die im Wirtschaftsleben Tätigen, die dazu noch in einem ganz bestimmten Bereich tätig sind. Bei Lizenzen an Unternehmenskennzeichen i.S. von § 5 Abs. 2 MarkenG beschränkt sich der beteiligte Rechtsverkehr z.B. auf Franchisenehmer und Franchisegeber oder die Partner der selektiven Vertriebssysteme etc. Von diesen kann ein erhöhtes Maß an Aufmerksamkeit und Prüfung der tatsächlichen Gegebenheiten verlangt werden, so dass das Bedürfnis an Rechtsklarheit und Rechtssicherheit nicht so ausgeprägt ist wie beim Eigentum. Die Rechtsklarheit und Rechtssicherheit wird in diesem Zusammenhang auch nicht aufgehoben, sondern nur eingeschränkt. Die tatsächliche Rechtslage ist auch bei der Annahme einer absoluten Wirkung von Lizenzen klar. Diese Rechtslage ist nur nicht so offensichtlich wie beim Eigentum und ggf. von der Vertragsgestaltung abhängig. Diese Einschränkung der Rechtsklarheit und Rechtssicherheit kann aber hingenommen werden. Dies gilt umso mehr als ein Blick in die Verträge der einzige Anknüpfungspunkt für die Rechtssicherheit ist. Denn es fehlt im Verhältnis zum Sachenrecht an einer vergleichbaren Vermutungsgrundlage wie dem Besitz bzw. dem Registerbestand. Ferner ist der bei Immaterialgüterrechten beteiligte Rechtsverkehr nicht

[770] Vgl. oben § 2.
[771] Vgl. § 6 G I.
[772] Vgl. zum Publizitätsprinzip unten § 6 G III 3.

nur betriebswirtschaftlich geschult, sondern auch permanent mit juristischen Fragen konfrontiert. Dies führt dazu, dass der Rechtsverkehr entweder selbst die nötige juristische Sachkunde hat oder es für ihn zumindest selbstverständlich ist, sich den erforderlichen juristischen Rat einzuholen.[773] Dies gilt vor allem bei Lizenzen von Kennzeichen i.S. von § 5 Abs. 2 MarkenG, die vor allem im Konzern oder bei Partnern eine Rolle spielen, die wirtschaftlich sehr eng verbunden sind (z.B. Partner von selektiven Vertriebssystemen, etc.).

Zudem ist zu berücksichtigen, dass auch in anderen Bereichen des Immaterialgüterrechts nach h.M. Lizenzen mit absoluter Wirkung möglich sind, so im Patent-[774], Gebrauchsmuster-[775], Urheber-[776] und Markenrecht[777]. Dies führt dazu, dass der Rechtsverkehr mit der absoluten Wirkung von Lizenzen vertraut ist. Eine Ausdehnung der absoluten Wirkung auf Lizenzen an Unternehmenskennzeichen i.S. von § 5 Abs. 2 MarkenG ist deswegen für den beteiligten Rechtsverkehr nicht fern liegend.

Beim Verkauf des Unternehmens des Lizenzgebers müssen zudem die Lizenzverträge im Rahmen des bei einem Unternehmenskauf allgemein üblichen Due-Diligence-Verfahrens bewertet und beurteilt werden. Die Rechtslage ist insoweit mit einer Forderungsabtretung / Schuldübernahme vergleichbar. Auch dort bleiben Einwendungen gem. § 404 BGB erhalten,[778] auch wenn der § 404 BGB, wie oben dargelegt, den für den Lizenznehmer erforderlichen Sukzessionsschutz nicht gewährleistet. Die Einwendungen, die gem. § 404 BGB erhalten bleiben, muss der Zessionar ermitteln, wenn er sie wertmäßig beurteilen will. Die Rechtssicherheit und Rechtsklarheit spricht damit nicht gegen die Annahme einer absoluten Wirkung einer Lizenz oder genauer, die Rechtssicherheit und Rechtsklarheit gebietet nicht die analoge Anwendung des numerus clausus.

Aus den gleichen Gründen spricht auch der Gesichtspunkt der Leichtigkeit des Rechtsverkehrs nicht für eine analoge Anwendung des numerus clausus. Denn die Vereinfachung von Verfügungen im Immaterialgüterrecht, insbesondere bei Lizenzen an Unternehmenskennzeichen i.S. von § 5 Abs. 2 MarkenG, sind nicht so wichtig wie bei den Verfügungen des BGB. Das BGB ist darauf ausgerichtet,

---

[773] Müller, S. 79; ähnlich Forkel, S. 73.

[774] Benkard-Ullmann, § 15, Rdn. 53 u. 58; Mes, § 15, Rdn. 22 f., jeweils m.w.N.: ausschließliche Lizenzen haben nach h.M. absolute Wirkung, einfache Lizenzen dagegen nur eine schuldrechtliche Wirkung; vgl. aber auch oben § 6 G I 1 b ff: Nach der hier vertretenen Auffassung haben auch einfache patentrechtliche Lizenzen teilweise absolute Wirkung.

[775] Benkard-Ullmann, § 22, GebrMG, Rdn. 4, mit Verweis auf § 15 PatG m.w.N.

[776] Wandtke/Bullinger-Grunert, § 31, Rdn. 31; Schack, Rdn. 540 jeweils m.w.N.; im Urheberrecht hat auch eine einfache Lizenz nach h.M. eine absolute Wirkung. Schricker-Schricker, Vor §§ 28 ff., Rdn. 49 m.w.N.; a.A. Fromm/Nordemann-Hertin, §§ 31/32, Rdn. 2.

[777] v. Schultz-Brandi-Dohrn, § 30, Rdn. 14 ff. m.w.N.

[778] Vgl. hierzu z.B. Baur/Stürner, § 1, Rdn. 8 ff.; Palandt-Heinrichs, § 404, Rdn. 3.

dass jeder Beteiligte einfach Verfügungen vornehmen kann.[779] Es besteht zwar auch bei Lizenzen an Unternehmenskennzeichen i.S. von § 5 Abs. 2 MarkenG ein Bedürfnis nach einer gewissen Verkehrsfähigkeit der Lizenzen. Nur bei einem ausreichenden Sukzessionsschutz und einer gewissen Verkehrsfähigkeit der Lizenzen ist es wirtschaftlich interessant, für lizenzierte Kennzeichen durch Werbung etc. einen mit den Kennzeichen verbundenen Goodwill aufzubauen. Die Lizenzen müssen aber nicht ähnlich leicht verkehrsfähig sein wie bewegliche körperliche Gegenstände. Körperliche Gegenstände müssen jederzeit ohne Probleme übertragen werden können, da sonst schon der morgendliche Brötchenkauf nicht möglich wäre. Der Lizenzgeber hat dagegen wegen der Funktion des Kennzeichens als Hinweis auf das Unternehmen bzw. den Unternehmensträger ein Interesse daran, dass die Lizenz nicht ohne seine Zustimmung übertragen werden kann. Daraus folgt, dass es nicht das Erfordernis eines florierenden Marktes an Lizenzen von Unternehmenskennzeichen gibt. Ferner werden Lizenzverträge an Unternehmenskennzeichen erst nach sorgfältiger Planung abgeschlossen. Im Rahmen dieser Planung kann und wird der Lizenznehmer die entsprechenden Erkundigungen einholen, so dass das Argument der Leichtigkeit des Rechtsverkehrs in den Hintergrund tritt.

Für die analoge Anwendung des numerus-clausus-Prinzips auf Unternehmenskennzeichen spricht auch nicht folgender Gedanke von *Forkel*.[780] Dieser setzt bei der Funktion vom Eigentum und Unternehmenskennzeichen an. *Forkel* geht davon aus, dass Sachen nur den optimalen Vorteil gewähren, wenn nur einer oder wenige sie nutzen. Dies gelte für die Immaterialgüter nicht, da diese ihren vollen Wert erst entfalten würden, wenn möglichst viele einen Zugang zu ihnen hätten und sich ihrer bedienen könnten. Bei Kennzeichenrechten habe diese Überlegung aber keine Gültigkeit, da diese ihrer Funktion umso weniger genügen könnten, je mehr Personen Anteil an ihnen hätten. Selbst wenn die Prämisse von *Forkel* stimmen würde, würde diese nicht eine analoge Anwendung des numerus-clausus-Prinzips auf Unternehmenskennzeichen rechtfertigen. Denn der Grund für die Geltung des numerus-clausus-Prinzips ist nicht primär die güterzuordnende Funktion des Eigentums. Deswegen kann eine ähnliche Funktion von Eigentum und Unternehmenskennzeichen in Bezug auf die Nutzer die analoge Anwendung nicht rechtfertigen. Denn das Fehlen eines nicht tragenden Grundes gegen eine analoge Anwendung ist kein Grund für eine analoge Anwendung. Dieser fehlende Grund führt nicht dazu, dass eine vergleichbare Interessenlage vorliegt, die zu einer Analogie führt. Im Übrigen verengt *Forkel* die Funktion der Unternehmenskennzeichen auf die Herkunftsfunktion. Diese

[779] Ausnahmen gibt es z.B. beim Erfordernis der notariellen Beurkundung bei Grundstücksgeschäften, vgl. § 925 BGB, u.a. wegen einer sog. Warnfunktion, vgl. zur Warnfunktion und den weiteren Funktionen der notariellen Beurkundung gem. § 925, MünchKomm-Kanzleiter, § 923, Rdn. 1.

[780] Forkel, S 71; wohl im Ergebnis wie hier aber ders., NJW 1993, 3181, 3182.

erhalten ihren wirtschaftlichen Wert aber nicht nur durch die Herkunftsfunktion, sondern der Goodwill wird auch durch ihre absatzfördernde Wirkung, d.h. durch ihre Werbefunktion, bestimmt. Diese Werbewirkung vernachlässigt *Forkel*.[781]

Insgesamt können wesentliche Gründe für eine analoge Anwendung des numerus-clausus-Prinzips nicht festgestellt werden.[782] Vielmehr haben die dem Sachenrecht zu Grunde liegenden Wertungen für den Bereich der Lizenzen an Unternehmenskennzeichen i.S. von § 5 Abs. 2 MarkenG nicht dieselbe Bedeutung. Bedenken gegen die absolute Wirkung von Lizenzen bestehen damit wegen des numerus-clausus-Prinzips nicht.

2. Bedenken wegen des Verstoßes gegen den Bestimmtheitsgrundsatz

Die Annahme einer absolut wirkenden Lizenz könnte gegen den (sachenrechtlichen) Bestimmtheitsgrundsatz verstoßen. Zur Wahrung der Rechtsklarheit müssen sich Verfügungsgeschäfte auf bestimmte Sachen[783] bzw. Rechte beziehen. Dieser Bestimmtheitsgrundsatz findet sich außerhalb des Sachenrechtes u. a. auch in § 31 Abs. 4 UrhG. Hiernach kann sich ein Urheber nicht zur Einräumung von Nutzungsrechten für Nutzungsarten verpflichten, die zum Zeitpunkt dieser Verpflichtung noch nicht bekannt waren. Sofern einer Lizenz eine absolute Wirkung beigemessen wird, führt diese absolute Wirkung zu einer Belastung Dritter, da gegen sie die Absolutheit geltend gemacht werden kann. Im Interesse der Rechtsklarheit muss deswegen bestimmt oder zumindest bestimmbar sein, wem das absolute Recht zusteht. In diesem Zusammenhang sind das Immaterialgüterrecht und das Sachenrecht in ihrer güterzuordnenden Funktion vergleichbar. Dies bedeutet, dass der Bestimmtheitsgrundsatz in einer Analogie zum Sachenrecht bzw. über eine entsprechende Anwendung gem. § 413 BGB auch für Lizenzen hergeleitet werden muss, die absolute Wirkung haben.[784]
Eine Geltung des Bestimmtheitsgrundsatzes bei Lizenzen an Unternehmenskennzeichen i.S. von § 5 Abs. 2 MarkenG bereitet in der praktischen Umsetzung auch keine größeren Schwierigkeiten. Bei derartigen Lizenzen ist die Nutzungsart, der tatsächliche Gebrauch, genau bekannt und deswegen auch bestimmt, so dass sich die Problematik entsprechend § 31 Abs. 4 UrhG nicht stellt. Der Bestimmtheitsgrundsatz erhält aber eine praktische Bedeutung dahingehend, dass

---

781 Wie hier Müller, S. 78, FN 89; im Ergebnis ebenso Weinmann, S. 539 f.; zur Werbefunktion allgemein z.B. Oppenhoff, GRURInt 1973, 433, 435 f.

782 Köhler, FS Fikentscher, 494, 496; Forkel, GRUR 1988, 491, 494; ähnlich Kraßer, GRURInt 1973, 230, 232; Däubler, NJW 1968, 1117, 1119; Leßmann, DB 1987, 145, 150; Forkel, NJW 1983, 3181, 3183; ders., JuS 1989, 721, 726; Ahrens, S. 417 FN 654; a.A. ohne Begründung GroßKomm-Teplitzky, § 16, Rdn. 154.

783 Staudinger-Seiler, Einl. zum SachenR, Rdn. 54; MünchKomm-Roth, § 398, Rdn. 67 für die Bestimmbarkeit der abzutretenden Forderung.

784 Im Ergebnis ebenso Forkel, GRUR 1988, 491, 500.

die Parteien das genaue Ausmaß der Einräumung der Nutzungsbefugnisse des Lizenznehmers regeln müssen.[785] Sofern diese Nutzungsbefugnisse nicht zumindest bestimmbar geregelt sind, kann mangels entsprechender Rechtsklarheit keine absolute Wirkung der Lizenz im engeren Sinn angenommen werden. Sonst bestehen aber keine Bedenken hinsichtlich der Annahme einer absoluten Verfügung aus dem analog anwendbaren Bestimmtheitsgrundsatz.

3. Bedenken wegen des Verstoßes gegen das Publizitätsprinzip

Mit dem sachenrechtlichen Bestimmtheitsgrundsatz steht das sachenrechtliche Publizitätsprinzip in einem engen Zusammenhang. Dies Prinzip besagt, dass eine Verfügung im sachenrechtlichen Sinn nur mit einem Publizitätsakt wirksam ist.[786] Publizitätsmittel ist bei beweglichen Sachen der Besitz, bei Immobilien die Eintragung ins Grundbuch. Das Publizitätsprinzip hat im Sachenrecht drei Wirkungen, die Übertragungswirkung, die Vermutungswirkung und die Gutglaubenswirkung.[787]

Eine Übertragung von Immaterialgütern setzt keinen Publizitätsakt voraus, so dass insoweit das Publizitätsprinzip im Hinblick auf die Übertragungswirkung nicht gilt. Gem. § 15 Abs. 1 S. 2 PatG, § 22 Abs. 1 S. 2 GebrMG sowie § 11 Abs. 2 HalbleiterschutzG ist die Übertragung eines Patents, Gebrauchsmusters bzw. der geschützten Topographie auch ohne konstitutiven Publizitätsakt, entsprechend dem Besitzwechsel bei beweglichen Sachen bzw. dem Grundbucheintrag bei Immobilien, möglich. Das Gleiche gilt für die Vollübertragung der Unternehmenskennzeichen i.S. von § 5 Abs. 2 MarkenG. Die Übertragung dieser Zeichen ist nicht in § 27 MarkenG geregelt.[788] Sie erfolgt, da Sonderregeln nicht existieren, entsprechend den allgemeinen Regeln gem. §§ 413, 398 ff. BGB und damit ohne Publizitätsakt.[789] Die Rechtslage bei Immaterialgütern entspricht der Rechtslage bei Forderungen, die ebenfalls ohne Publizitätsakt abtretbar sind. Wenn die Vollübertragung ohne Publizitätsakt erfolgen kann, muss dies auch erst recht für eine Teilübertragung gelten. Deswegen kann das Publizitätserfordernis hinsichtlich der Übertragungswirkung nicht analog auf

---

785 Vgl. Ingerl/Rohnke, § 27, Rdn. 8 für die Übertragung von Marken; OLG Stuttgart NJWE-WettbR 1999, 260, 261 – Zilgrei zur IR-Marke; BGH NJW-RR 1998, 1057, 1058 zum Geschmacksmuster; BGH GRUR 1979, 145, 156 – Aufwärmvorrichtung, für die Übertragung von Patenten. Diese Grundsätze sind auch bei einer Verfügung über Unternehmenskennzeichen i.S. von § 5 Abs. 2 MarkenG anwendbar.

786 Vgl. hierzu Staudinger-Seiler, Einl. zum SachenR, Rdn. 56 ff.

787 Weinmann, S. 338; Staudinger-Seiler, Einl. zum SachenR, Rdn. 56 ff.

788 BT-Drucks. 12/6581 v. 14.1.1994, S. 84.

789 Staudinger-Busche, § 413, Rdn. 3 u. 18; Bühling, GRUR 1998, 196, 198; Kraßer, GRURInt 1973, 230, 231.

Lizenzen an Immaterialgütern übertragen werden.[790] Insbesondere *Wyss* betont, dass auch bei Immaterialgütern das Publizitätserfordernis gilt.[791]
Ein solches Publizitätserfordernis kann aber in der Praxis nicht umgesetzt werden. *Wyss* verkennt, dass es auch neben dem Spezialfall Urheberrecht, in Deutschland Immaterialgüterrechte gibt, die absolut wirken, aber nicht von einer Registereintragung abhängen. Nicht durchführbar für die Unternehmenskennzeichen i.S. von § 5 Abs. 2 MarkenG ist insbesondere die von *Wyss* für Patente vorgeschlagene Eintragung der Lizenzen ins Patentregister. Für die Unternehmenskennzeichen i.S. von § 5 Abs. 2 MarkenG gibt es bis auf das Handelsregister kein entsprechendes Register, in das die Lizenz eingetragen werden könnte. Da Firmenlizenzen im HGB nicht geregelt sind, können diese nach geltendem Recht auch nicht ins Handelsregister eingetragen werden.
Es ist auch keine Anzeige gem. § 1280 BGB analog entsprechend der Konstruktion bei der Verpfändung einer Forderung möglich. Gem. § 1280 BGB ist die Verpfändung einer Forderung nur wirksam, wenn der Gläubiger sie dem Schuldner anzeigt. Die Anzeige gem. § 1280 BGB hat zwei Zielrichtungen. Einerseits soll das Ausscheiden einer Forderung aus dem Vermögen des Verpfänders für Dritte, insbesondere für künftige Kreditgeber, erkennbar sein, und anderseits soll der Schuldner nicht mehr mit befreiender Wirkung an den bisherigen Gläubiger leisten können, § 407 BGB.[792] § 1280 BGB setzt die Anzeige an einen mittelbar Beteiligten, den Schuldner, voraus. Einen solchen mittelbar Beteiligten gibt es bei Lizenzen aber nicht, da die Nutzungsbefugnis, eine absolute Wirkung vorausgesetzt, gegenüber jedermann gelten würde. Das Risiko einer Leistung mit befreiender Wirkung gem. § 407 BGB stellt sich ebenfalls nicht, da bei dem normalen Lizenzvertrag ein Zweipersonenverhältnis (Lizenzgeber, Lizenznehmer) vorliegt und nicht ein Dreipersonenverhältnis (Gläubiger, Schuldner, Pfandgläubiger). Deswegen ist § 1280 BGB nicht auf Immaterialgüterrechte anwendbar.[793] § 1280 BGB kann auch nicht als Ausprägung eines allgemein geltenden Publizitätsprinzips angesehen werden. Denn das Publizitätserfordernis des § 1280 BGB wird in der Praxis durch die allgemein anerkannte Sicherungsabtretung[794] von Forderungen ausgehebelt. Damit kann aus den allgemeinen sachenrechtlichen Prinzipien nicht das Erfordernis eines Publizitätsaktes für eine Verfügung abgeleitet werden.

Teilweise wird gegen die absolute Wirkung von Lizenzen an Unternehmenskennzeichen i.S. von § 5 Abs. 2 MarkenG angeführt, dass der Erwerb dieser

790 Kraßer, GRURInt 1983, 537, 544; Schanda, GRURInt 1994, 275, 287.
791 Wyss, S. 42 für das schweizerische Recht.
792 Vgl. zu diesen Zwecken z.B. Staudinger-Wiegand, § 1280, Rdn. 1; Kraßer, GRURInt 1983, 537, 539.
793 Staudinger-Wiegand, § 1280, Rdn. 4.
794 Vgl. hierzu Staudinger-Wiegand, Vorb. zu §§ 1273 ff., Rdn. 1 ff.

Kennzeichen für den Erwerber wirtschaftlich nicht kalkulierbar sei. Der Erwerber könne ein mit einer absolut wirkenden Lizenz belastetes Kennzeichen erwerben. Die Lizenz mindere den Wert des Kennzeichens erheblich, ohne dass dies für ihn erkennbar sei. Beim Kauf einer Firma würde den Erwerber gem. § 25 Abs. 1 HGB zusätzlich noch die Haftung für im Betrieb des Verkäufers begründete Schulden treffen.[795] Der Hinweis auf § 25 Abs. 1 HGB führt aber deswegen nicht weiter, weil normalerweise bei einem Unternehmenskauf mit Firmenfortführung im Innenverhältnis der Parteien eine kaufpreismindernde Erfüllungsübernahme vereinbart wird.[796] Ferner kann die Haftung gem. § 25 Abs. 2 HGB durch Vereinbarung der Parteien, Eintragung ins Handelsregister und Bekanntmachung ausgeschlossen werden. Deswegen verbleibt bei Annahme einer absoluten Wirkung der Lizenz nur das Risiko, dass der Unternehmenskäufer ein Unternehmen kauft, bei dem für ihn nicht ersichtlich ist, dass die Unternehmenskennzeichen des Unternehmens mit absolut wirkenden Lizenzen belastet sind. Diese Belastung ist im Rahmen des üblichen Due-Diligence-Verfahrens, in dem sämtliche wertbildende Faktoren des Unternehmens untersucht werden, relativ einfach zu recherchieren. Wenn ein Käufer ein solches Due-Diligence-Verfahren unterlässt, geht er bewusst die entsprechenden wirtschaftlichen Risiken ein. Dann kann es ihm auch zugemutet werden, dass er auf Schadensersatzansprüche gegen seinen Verkäufer verwiesen wird. Insoweit kann auf das oben erörterte wirtschaftliche Bedürfnis des Sukzessionsschutzes verwiesen werden.[797]

Die Einschränkung des Publizitätsprinzips hat aber zur Folge, dass bei den Immaterialgütern Einschränkungen hinsichtlich der Vermutungswirkung und damit der Möglichkeiten des gutgläubigen Erwerbs vorzunehmen sind. Zwar kennt das BGB die Möglichkeit des gutgläubigen Erwerbes vom Nichtberechtigten, §§ 932 ff., 892 BGB. Diese Möglichkeiten knüpfen aber immer an eine publizierte Rechtsstellung, den Besitz bzw. die Eintragung im Grundbuch, an. Nur diese Publizität vermittelt den einen gutgläubigen Erwerb rechtfertigenden Vertrauenstatbestand.[798] Da diese oder vergleichbare Publizitätsakte bei Lizenzen an Unternehmenskennzeichen i.S. von § 5 Abs. 2 MarkenG nicht vorhanden sind, kommt auch ein gutgläubiger Erwerb von Lizenzen oder ein gutgläubiger lastenfreier Erwerb nicht in Betracht.[799] Dies gilt auch für

---

[795] Köhler, FS Fikentscher, 494, 505.

[796] Vgl. MünchKommHGB-Bokelmann, § 25, Rdn. 9.

[797] Vgl. § 6 G I 1 a.

[798] Staudinger-Seiler, Einl. zum SachenR, Rdn. 58, unter Hinweis darauf, dass die Einschränkungen der Publizität z.B. durch die Übergabesurrogate, §§ 930, 931 BGB durch den gutgläubigen Erwerb wieder im Ergebnis zurückgenommen (§ 933 BGB) oder eingeschränkt werden (§ 934 BGB); Schack, Rdn. 537.

[799] Herbst, S. 154; vgl. zu § 15 HGB z.B. MünchKommHGB-Lieb, § 15, Rdn. 11 ff.

Firmenlizenzen, bei denen als Vertrauenstatbestand das Handelsregister in Betracht kommt. Denn § 15 Abs. 1 HGB regelt nur die negative Publizität von in das Handelsregister einzutragenden Tatsachen. Firmenlizenzen werden im HGB nicht geregelt und können nicht ins Handelsregister eingetragen werden. Deswegen ist das Handelsregister keine taugliche Grundlage für einen gutgläubigen Erwerb. Auch § 15 Abs. 2 bis 4 HGB ist nicht anwendbar. Als Anknüpfungspunkt für einen gutgläubigen Erwerb kommt ferner nicht der Besitz an einem Immaterialgüterrecht in Betracht. Es ist schon fraglich, ob von Besitz in diesem Zusammenhang gesprochen werden kann. Sofern von Besitz am Immaterialgut gesprochen wird, gibt dieser aber keine Auskunft über die Rechtslage. Im Ergebnis ist bei Immatrialgütern ebenso wie bei Forderungen ein gutgläubiger Erwerb nicht möglich ist.

4. Bedenken wegen des Verstoßes gegen § 23 HGB

Gegen die Zulässigkeit von absolut wirkenden Lizenzen an Firmen, besonderen Geschäftsbezeichnungen und Geschäftsabzeichen könnte § 23 HGB sprechen. Gem. § 23 HGB darf eine Firma nicht „ohne das Handelsgeschäft, für welches sie geführt wird, veräußert werden.“ Damit ist § 23 HGB in seinem unmittelbaren Anwendungsbereich nur auf Firmen anwendbar und nicht auf die anderen Unternehmenskennzeichen i.S. von § 5 Abs. 2 MarkenG. Fraglich ist demnach zunächst, ob eine absolut wirkende Firmenlizenz gegen § 23 HGB verstößt und deswegen unzulässig ist. Erst wenn bejaht wird, dass eine Firmenlizenz gem. § 23 HGB unzulässig ist, könnte über eine analoge Anwendung des § 23 HGB auf die anderen Unternehmenskennzeichen i.S. von § 5 Abs. 2 MarkenG auch eine Unzulässigkeit von Lizenzen an diesen Kennzeichen konstruiert werden.

Ziel des § 23 HGB ist, ein Auseinanderfallen von Firma und Gewerbebetrieb zu verhindern, weil ein solches Auseinanderfallen den Verkehr täuschen könnte, der davon ausgeht, dass die Firma nicht nur den Unternehmensträger, sondern auch das Unternehmen kennzeichnet.[800] Es soll damit die Funktion als Herkunftsangabe erhalten bleiben; ein Markt für „Mondscheinfirmen“ soll verhindert werden.[801] Wegen dieser Funktionen wird § 23 HGB als Verbotsgesetz i.S. von § 134 BGB[802] eingeordnet mit der Folge, dass ein gegen § 23 HGB

[800] Staub/Hüffer, § 23, Rdn. 1; Baumbach/Hopt-Hopt, § 23, Rdn. 1; vgl. zur geschichtlichen Entwicklung des § 23 HGB, Beater, GRUR 2000, 119, 121 f.

[801] Koller/Roth/Morck-Roth, § 23, Rdn. 1; Baumbach/Hopt-Hopt, § 23, Rdn. 1; MünchKommHGB-Bokelmann, § 23, Rdn. 1; Forkel, FS Paulick, 101, 103 auch zum Begriff der Mondscheinfirma.

[802] Vgl. zu den Voraussetzungen eines Verbotsgesetzes i.S. von § 134 BGB: BGH NJW 1983, 2873; Palandt-Heinrichs, § 134, Rdn. 5.

verstoßender Verfügungsvertrag nichtig ist.[803] Der zu Grunde liegende Verpflichtungsvertrag ist in diesem Fall auf eine anfänglich unmögliche Leistung gerichtet. Die Hauptleistungspflicht geht gem. § 275 BGB unter und wird durch einen Schadensersatzanspruch gem. § 311 a BGB ersetzt. Angewendet auf eine Firmenlizenz würde dies bedeuten, dass der Lizenzvertrag im weiteren Sinn zwar wirksam wäre, dass die Hauptleistungspflicht aber auf eine unmögliche Leistung gerichtet wäre, so dass der Lizenznehmer gegen den Lizenzgeber gem. § 311 a BGB einen Schadensersatzanspruch hätte. Der Lizenzvertrag im engeren Sinne wäre gem. § 134 BGB i.V. mit § 23 HGB nichtig. Sofern trotz eines Verstoßes gegen § 23 HGB die Firma für den Erwerber im Handelsregister eingetragen würde, würde im Fall der Bekanntmachung der Eintragung § 15 Abs. 3 HGB gelten, d.h., der Erwerber müsste die Registerpublizität gegen sich gelten lassen.[804] Wird trotz einer Unwirksamkeit der Firmenübertragung gem. § 23 HGB i.V. mit § 134 BGB die Firma gebraucht, kann das Registergericht gem. § 37 Abs. 1 HGB i.V. mit § 140 FGG eingreifen, d.h., das Registergericht kann den unzulässigen Gebrauch durch die Festsetzung eines Ordnungsgeldes unterbinden.
Eine Veräußerung unter einem Verstoß gegen § 23 HGB bzw. eine Lizenzierung, die gegen § 23 HGB verstößt, wäre damit juristisch und wirtschaftlich für die Vertragsparteien risikoreich.

Entscheidend für die Auslegung des § 23 HGB und damit für die Frage, ob eine Lizenz mit absoluter Wirkung gegen § 23 HGB verstößt, ist die Stellung in der Gesamtrechtsordnung. § 23 HGB entspricht § 8 Abs. 1 S. 2 WZG a.F.,[805] der bestimmte, dass ein Warenzeichen nur zusammen mit dem Betrieb oder dem Betriebsteil übertragen werden konnte, zu dem es gehörte. § 8 Abs. 1 S. 2 WZG a.F. wurde schon durch das Erstreckungsgesetz vom 23.4.1992[806] abgeschafft. Seit der Einführung des MarkenG ergibt sich aus § 27 MarkenG, dass eine Marke auch ohne den Geschäftsbetrieb übertragen werden kann. In § 27 Abs. 2 MarkenG ist lediglich eine Zweifelsfallregel normiert, nach der bei Übergang des Geschäftsbetriebs im Zweifel auch Marken übergehen. § 23 HGB wurde dagegen im Zuge der Neufassung des WZG und der Verabschiedung des MarkenG nicht geändert. Trotz der Liberalisierung des Firmenrechts in anderen

---

[803] MünchKommHGB-Bokelmann, § 23, Rdn. 13; Koller/Roth/Morck-Roth, § 23, Rdn. 3; Baumbach/Hopt-Hopt, § 23, Rdn. 3; Pahlow, GRUR 2005, 705, 706; OLG Karlsruhe GRUR 1981, 198, 200 – Famila für eine Lizenz, die unter Umgehung von § 8 WZG a.F., der Bindung des Warenzeichens an den Geschäftsbetrieb als isolierte Übertragung mit der Rechtsfolge des § 134 BGB angesehen wurde.
[804] Heymann-Emmerich, § 23, Rdn. 3; Staub/Hüffer, § 23, Rdn. 10; Koller/Roth/Morck-Roth, § 23, Rdn. 4 zur Löschung einer solchen unzulässigen Firma.
[805] Vgl. zu § 8 Abs. 1 S. 2 WZG a.F. z.B. Hederich, S. 49.
[806] BGBl. I, S. 938, 947, § 47, in Kraft getreten am 1.5.1992.

Bereichen, wurde § 23 HGB auch im Zuge des HRefG nicht verändert. Es ist deswegen davon auszugehen, dass § 23 HGB seinen eigenständigen Anwendungsbereich neben § 27 MarkenG behalten hat. Hierfür spricht auch die amtliche Begründung zum MarkenG[807], nach der im Hinblick auf die Unternehmenskennzeichen die Rechtslage nicht geändert werden sollte. Problematisch ist das Nebeneinander von § 23 HGB und § 27 MarkenG aber deswegen, weil die Diskrepanz dieser Paragrafen vor allem in den wirtschaftlich brisanten Fällen auftritt. Gerade bekannte oder berühmte Marken werden auch zur Firmenbildung verwendet. Umgekehrt wird auch der Firmenkern bzw. das Firmenschlagwort zur Markenbildung verwendet. Gem. § 23 HGB kann die Firma nicht ohne den Geschäftsbetrieb übertragen werden, die identische Marke gem. § 27 MarkenG aber schon. Die Anwendung von § 23 HGB und § 27 MarkenG führt in diesen Fällen zu einer Spaltung des Firmen- und des Markenrechts. Diese Spaltung ist aber als bewusste Entscheidung des Gesetzgebers hinzunehmen.[808] Hierbei sind aber die wettbewerbsrechtlichen Grenzen zu beachten.[809]

Auch nach der Aufhebung der Bindung des Warenzeichens an den Geschäftsbetrieb behält der § 23 HGB damit zwar seinen eigenständigen Anwendungsbereich. Es handelt sich aber (mittlerweile) um eine isolierte Sondervorschrift. Deswegen ist durch die Abschaffung des § 8 Abs. 1 S. 2 WZG a.F. und die Schaffung des § 27 MarkenG jedenfalls die alte Auffassung des BGH überholt, nach der die Bindung des Warenzeichens und der Firma an den Geschäftsbetrieb zum ordre public gehörte.[810] Da § 23 HGB nun nicht mehr zum ordre public gehört, sondern eine Sondervorschrift ist, muss diese nicht entsprechend den Grundsätzen des § 8 Abs. 1 S. 2 WZG a.F. ausgelegt werden. Die früher postulierte einheitliche Auslegung[811] des § 23 HGB und des § 8 Abs. 1 S. 2 WZG a.F. ist nicht mehr zwingend. Vielmehr ist § 23 HGB als Sondervorschrift eng auszulegen.

Für eine enge Auslegung von § 23 HGB spricht auch, dass die Verknüpfung von Betrieb und Firma nicht eng durchgehalten wird. So wird nach allgemeiner

---

[807] BT-Drucks. 12/6581 v. 14.1.1994, S. 84; a.A. Müller, S. 83, der davon ausgeht, dass § 23 HGB obsolet geworden ist. Wie hier z.B. BGH GRUR 1994, 652, 653 – Virion; BGH GRUR 2002, 972, 975 – FROMMIA; Ingerl/Rohnke, Vor §§ 27 – 31, Rdn. 8; Traub, FS Trinkner, 431, 439; Köhler, DStR 1996, 510, 511.

[808] Ingerl/Rohnke, Vor §§ 27 – 31, Rdn. 8; Traub, FS Trinkner, 431, 439; Pahlow, GRUR 2005, 705, 710; Beater, GRUR 2000, 119, 124; a.A. wohl der BGH GRUR 1960, 490, 494 – Vogeler, für einen Vorrang des § 23 HGB allerdings zu einer Zeit, in der § 8 Abs. 1 S. 2 WZG a.F. noch nicht abgeschafft war.

[809] Vgl. zum Verstoß von Lizenzen gegen das UWG unten § 8 B.

[810] BGH GRUR 1987, 525 – LITAFLEX; BGH GRUR 1989, 422, 423 – Flash; auch noch BGH GRUR 1992, 106, 107 – Barbarossa zu einer Zeit, in der die Markenrechtsrichtlinie vom 21.12.1988 schon erlassen war; vgl. Traub, FS Trinkner, 431, 432 FN 5 m.w.N.

[811] BGH GRUR 1973, 363, 365 – Baader-Brezeln; Staub/Hüffer, § 23, Rdn. 2; Müller, S. 35 FN 71 m.w.N.

Meinung eine vorübergehende Betriebsstillegung für das Bestehen der Firma als unschädlich angesehen.[812] Ferner wird allgemein anerkannt, dass für eine wirksame Rechtsübertragung der Firma gem. § 23 HGB keine tatsächliche Fortführung des Geschäfts bzw. eine dahingehende Absicht erforderlich ist. Die Rechtsprechung verlangt nicht die vollständige Übertragung des Unternehmens, sondern hält es für ausreichend, dass der Unternehmenskern übertragen wird. Ausreichen soll, dass die Werte übertragen werden, die den Schluss rechtfertigen, dass die mit dem Kennzeichen verbundene Geschäftstradition vom Erwerber fortgesetzt wird.[813]

Ausgehend von dem Wortlaut des § 23 HGB, nach dem eine Firma nicht ohne das Handelsgeschäft, für welche sie geführt wird, veräußert werden darf, ist damit entscheidend, wie die Veräußerung zu definieren ist. Fraglich ist, ob die Einräumung einer (absolut wirkenden) Nutzungsbefugnis an einer Firma auch bei der gebotenen engen Auslegung eine Veräußerung i.S. des § 23 HGB ist. Der Begriff der Veräußerung wird überwiegend nicht definiert, allerdings konkludent mit einer Übertragung gleichgesetzt.[814]
Teilweise wird § 23 HGB extensiv ausgelegt. *Karsten Schmidt* begründet dies damit, dass der Begriff der Veräußerung nicht sachenrechtlich-eng verstanden werden dürfe. Ziel des § 23 HGB sei, die Übertragung des Firmengebrauchs ohne das dazugehörende Handelsgewerbe zu verhindern. Deswegen sei § 23 HGB erweiternd auszulegen.[815] Jede fortdauernde Berechtigung des Lizenznehmers führe zu einer unzulässigen Verdopplung der Firma.[816] Konsequenterweise führt nach dieser Meinung § 23 HGB auch zu einem Verbot rein schuldrechtlich wirkender Lizenzen. Denn auch bei diesen wird die Nutzung der Firma durch einen Dritten erlaubt. Ohne Bedenken im Hinblick auf § 23 HGB hält *Karsten Schmidt* dagegen einen Mantelkauf für zulässig.[817] Ein Mantelkauf liegt vor, wenn Anteile an einer Kapitalgesellschaft, die ihren Betrieb eingestellt hat, erworben werden, damit diese Gesellschaft einschließlich der Firma Trägerin für

---

[812] BGH GRUR 2002, 967, 968 – Hotel Adlon; RG GRUR 43, 349 jeweils für eine Geschäftsbezeichnung; Forkel, FS Paulick, 101, 105 m.w.N.
[813] Vgl. dazu BGH GRUR 2004, 780, 792 – Gegenabmahnkosten; BGH GRUR 1973, 363, 365 – Baader-Brezeln; OLG Saarbrücken NJWE-WettbR 1999, 284, 285 – H & K; BGH GRUR 1991, 393, 394 – Ott International m.w.N.; MünchKommHGB-Bokelmann, § 23, Rdn. 4; Forkel, FS Paulick, 101, 105; Rohnke, WM 1991, 1405, 1407.
[814] Heinrich, S. 163 ff.; Canaris, § 10, Rdn. 29; Koller/Roth/Morck-Roth, § 23, Rdn. 1; Staub/Hüffer, § 23, Rdn. 3; ohne Definition auch Fezer, MarkenR, § 15, Rdn. 88.
[815] Karsten Schmidt, § 12, II 1 a allerdings ohne Erörterung der Stellung des § 23 HGB in der Rechtsordnung; Staub/Hüffer, § 23, Rdn. 4; BGH GRUR 1967, 89, 92 – Rose.
[816] Staub/Hüffer, § 23, Rdn. 4.
[817] Karsten Schmidt, § 12 II 1 c.

ein wirtschaftlich anderes Unternehmen wird.[818] Sofern § 23 HGB unter dem Gesichtspunkt der Täuschung des Verkehrs extensiv ausgelegt wird, könnte aber auch bei einem Mantelkauf ein Verstoß gegen § 23 HGB begründet werden. Denn bei einem Mantelkauf wird nicht die Firma und der Geschäftsbetrieb zusammen, sondern nur die Firma eines abgewirtschafteten Unternehmens übertragen.

Im Gegensatz zu der extensiven Meinung von *Karsten* Schmidt wird der Begriff der Veräußerung in § 23 HGB überwiegend im sachenrechtlichen Sinn interpretiert. Unter einer Veräußerung wird eine Übertragung des Firmenrechts auf einen Dritten gem. §§ 413, 398 BGB verstanden.[819] Nach diesem Veräußerungsbegriff fällt die Nutzungsbefugnis bzw. die Lizenz an Firmen nicht unter § 23 HGB. *Emmerich* sieht in einer absolut wirkenden Firmenlizenz aber eine Umgehung der §§ 22 bis 24 HGB, die auf eine Leerübertragung, d.h. eine Übertragung der Firma ohne Betrieb, hinauslaufe. Dies sei aber unzulässig.[820]

Die Rechtsprechung erörtert § 23 HGB nicht an Hand des Merkmals der „Veräußerung“, sondern ausschließlich an Hand der Funktion des § 23 HGB. § 23 HGB ist nach Auffassung der Rechtsprechung so auszulegen, dass Täuschungen des Publikums ausgeschlossen werden. Die Entscheidungen in diesem Bereich sind aber nicht einheitlich. In einer BGH-Entscheidung aus dem Jahr 1955 wurde auch eine schuldrechtliche Gebrauchsgestattung als ein Verstoß gegen § 23 HGB gewertet.[821] Nachdem der BGH in der Entscheidung *Migrol*[822] einen nur schuldrechtlichen Verzicht auf Ansprüche als unbedenklich angesehen hat, geht er in den Entscheidungen *Hydair, Ott International, Transatlantische, Decker, Virion* und *Garonor* von einer Wirksamkeit von schuldrechtlichen Gebrauchsgestattungen aus.[823] In sämtlichen angegebenen Entscheidungen wurde § 23 HGB, wenn überhaupt, ausschließlich unter der Irreführungsproblematik geprüft bzw. unter dem Gesichtspunkt, dass § 23 HGB verhindern solle,

---

[818] Vgl. zum Mantelkauf als alternative Konstruktionsmöglichkeit als Ersatz für eine Lizenz § 4 C V; allgemein zum Mantelkauf: Karsten Schmidt, § 12 II 1 c; MünchKommHGB-Bokelmann, § 22, Rdn. 9 ff.

[819] Heymann-Emmerich, § 23, Rdn. 2; Bussmann, S. 92; Bleutge, S. 61; hiervon gehen auch Staub/Hüffer, § 23, Rdn. 3; Koller/Roth/Morck-Roth, § 23, Rdn. 1 aus.

[820] Heymann-Emmerich, § 23, Rdn. 2; ähnlich Staub/Hüffer, § 23, Rdn. 4; Baumbach/Hopt-Hopt, § 23, Rdn. 2; nicht ganz eindeutig Koller/Roth/Morck-Roth, § 23, Rdn. 2 auch in Richtung der Unzulässigkeit von schuldrechtlichen Lizenzen.

[821] BGH GRUR 1957, 44, 45.

[822] BGH GRUR 1970, 528, 531 – Migrol.

[823] BGH GRUR 1985, 567, 568 – Hydair; BGH NJW 1991, 1353, 1354 – Ott International; BGH GRUR 1991, 780, 781 – Transatlantische; BGH GRUR 1993, 574, 575 – Decker; BGH GRUR 1994, 652, 654 – Virion; BGH GRUR 1997, 903, 906 – Garonor; ähnlich OLG Düsseldorf GRUR-RR 2001, 49, 52 – Combit/ComIT.

dass eine Firma verdoppelt werde.[824] Der BGH führt in den Entscheidungen aber aus, dass absolut wirkende Firmenlizenzen gegen § 23 HGB verstoßen.
Die dargestellten Ansichten sind deswegen dogmatisch nicht sauber, weil eine Auseinandersetzung mit dem Begriff der Veräußerung i.S. von § 23 HGB unterbleibt. Es ist zunächst zu klären, ob eine Gebrauchsüberlassung eine Veräußerung i.S. von § 23 HGB ist. Erst wenn diese Frage verneint wird, kann über eine analoge Anwendung des § 23 HGB nachgedacht werden, mit der eine unzulässige Umgehung der §§ 22 bis 24 HGB vermieden werden soll. Ausgehend von der sehr weitgehenden Ansicht von *Karsten Schmidt* und der alten BGH-Rechtsprechung wird insgesamt untersucht, inwieweit Lizenzverträge in Konflikt mit § 23 HGB geraten.
Sofern in den Lizenzverträgen kein positives Nutzungsrecht eingeräumt wird, sondern i.S. einer negativen Lizenz bzw. i.S. eines pactum de non petendo lediglich ein Verbotsrecht nicht ausgeübt wird, kann darin auch bei weitester Auslegung keine Veräußerung i.S. von § 23 HGB gesehen werden.[825] Dafür, dass solche Fälle von § 23 HGB umfasst sein sollen, fehlt jeglicher Anhalt im Wortlaut des § 23 HGB. Eine Nichtausübung mit einer Veräußerung gleichzusetzen, sprengt den Wortsinn.
Auch eine rein schuldrechtlich wirkende Lizenz gerät nicht in Konflikt mit § 23 HGB.[826] Die entgegenstehende Ansicht von *Karsten Schmidt* und die Entscheidung des BGH aus dem Jahr 1955[827] sind nicht vertretbar. Unter einer Veräußerung wird im allgemeinen Sprachgebrauch[828] die rechtsgeschäftliche Übertragung von Sachen oder dinglichen Rechten bzw. die Abtretung von Forderungen verstanden. Voraussetzung ist damit ein Wechsel der Rechtsinhaberschaft. Damit entspricht der Begriff der Veräußerung dem Begriff der Übertragung i.S. von § 398 BGB und § 27 MarkenG. In § 398 BGB wird der Begriff der Übertragung ebenfalls als Wechsel der Rechtsinhaberschaft angesehen.[829] Eine rein schuldrechtlich wirkende Benutzungsbefugnis ist im Rahmen des § 398 BGB nicht ausreichend. Das Gleiche gilt für die Übertragung i.S. von § 27 MarkenG.[830] Denn ein solcher Wechsel der Rechtsinhaberschaft findet bei einer schuldrechtlichen Lizenz gerade nicht statt. Die Auffassung von *Karsten*

---

[824] Vgl. zur unzulässigen Kennzeichenverdopplung § 6 G III 5.
[825] Schricker, FS v. Gamm, 289, 295.
[826] GroßKomm-Teplitzky, § 16, Rdn. 176 ff. m.w.N.; dies entspricht auch der ganz h.M. zu § 8 WZG a.F.; vgl. hierzu Traub, FS Trinkner, 431, 436 m.w.N.
[827] BGH GRUR 1955, 44, 45.
[828] Meyers Taschenlexikon, S. 323; vgl. auch Pawlowski, S. 297 FN 508, der eine Veräußerung mit einer Übertragung gleichsetzt; für § 23 HGB genauso Götting, S. 120.
[829] Erman-Westermann, § 398, Rdn. 2; Palandt-Grüneberg, § 398, Rdn. 6; MünchKomm-Roth, § 398, Rdn. 1.
[830] BGH WM 2003, 1036, 1038 – Hotel Adlon. Die Verpachtung ist nur die Einräumung eines Nutzungsrechtes und damit keine Übertragung des Geschäftsbetriebes i.S. von § 27 Abs. 2 MarkenG; Ingerl/Rohnke, § 27, Rdn. 1; v.Schultz-Brandi-Dohrn, § 27, Rdn. 1.

Schmidt hätte auch zur Folge, dass auch eine Miete eine Veräußerung i.S. von § 23 HGB wäre. Damit wird der Wortsinn von § 23 HGB unzulässig überdehnt. Letztendlich möchten *Karsten Schmidt* und der BGH in der Entscheidung GRUR 1957, 44 ff. damit aus teleologischen Erwägungen heraus eine analoge Anwendung des § 23 HGB annehmen. Wie *Schricker* aber richtig betont, trägt derjenige, der für eine extensive analoge Anwendung eintritt, die Argumentationslast.[831] Insbesondere müsste erläutert werden, warum eine rein schuldrechtliche Benutzungsbefugnis unzulässig sein soll, obwohl Benutzungsbefugnisse bei Kennzeichen, z.B. in § 30 MarkenG, ausdrücklich anerkannt sind. Auch nach der Rechtslage zu § 8 Abs. 1 S. 2 WZG a.F. war eine schuldrechtliche Lizenz möglich. Ferner widerspricht eine solche analoge Anwendung des § 23 HGB auch dem oben dargestellten[832] wirtschaftlichen Bedürfnis nach der Zulässigkeit von Lizenzen an Unternehmenskennzeichen i.S. von § 5 Abs. 2 MarkenG. Wegen des Wegfalls der Bindung von Warenzeichen an den Geschäftsbetrieb ist ferner § 23 HGB als Sondervorschrift einschränkend auszulegen. Damit ist der Satz, dass isolierte Firmenlizenzen unzulässig sind, in dieser Allgemeinheit nicht zutreffend.[833] Gegen eine solche extensive Auslegung des § 23 HGB spricht auch die oben dargestellte nach h.M. zulässige Lockerung der Verknüpfung von Betrieb und Firma. Es ist nach h.M. für das Bestehen der Firma unschädlich, wenn der Betrieb vorübergehend eingestellt wird. Ferner ist für eine gem. § 23 HGB wirksame Übertragung des Firmenrechts keine tatsächliche Fortführungsabsicht des Betriebes erforderlich. Durch diese Einschränkungen würde der behauptete Zweck des § 23 HGB, Täuschungen des Verkehrs zu verhindern, ebenfalls berührt. Bei einer konsequenten Anwendung des § 23 HGB müssten diese Lockerungen der Verknüpfung von Betrieb und Firma rückgängig gemacht werden.[834]

Schwierigkeiten mit § 23 HGB treten aber bei der Annahme einer absolut wirkenden Lizenz auf. Entsprechend der oben dargestellten Konstruktionsmöglichkeit, wird ein Tochterrecht von dem Mutterrecht konstitutiv abgespalten und übertragen. Deswegen kann eine solche absolut wirkende Lizenz unter den Begriff „Übertragung" des § 23 HGB subsumiert werden. Bei der Auslegung des § 23 HGB ist neben dem Charakter als Sondervorschrift zu berücksichtigen, dass es für die absolute Wirkung ein entsprechendes wirtschaftliches Bedürfnis gibt. Ferner treten die oben dargestellten Schwierigkeiten im Zusammenhang mit dem Auseinanderfallen der Kennzeichen Marke und Firma auf. Deswegen sollte § 23 HGB einschränkend ausgelegt werden. Diese Einschränkung kann sich aber nur in den Grenzen des Wortlautes des § 23 HGB halten. Damit ist es nicht möglich, translative, d.h. endgültige Übertragungen aus dem Anwen-

---

[831] So ausdrücklich für diesen Fall Schricker, FS v. Gamm, 289, 299.
[832] Vgl. oben § 2.
[833] Wie hier z.B. Köhler, DStR, 1996, 510, 513; Schricker, FS v. Gamm, 289, 296.
[834] Ähnlich Pahlow, GRUR 2005, 705, 708.

dungsbereich des § 23 HGB auszuschließen. Diese translativen Übertragungen sind nach dem allgemeinen Sprachgebrauch von dem Begriff der „Veräußerung" i.S. von § 23 HGB umfasst. Ferner hätte § 23 HGB keinen Anwendungsbereich mehr, wenn auch translative Übertragungen aus dem Anwendungsbereich des § 23 HGB ausgeschlossen würden. Möglich erscheint aber, § 23 HGB dahingehend einzuschränken, dass konstitutive Übertragungen nicht erfasst werden.[835] Hierfür spricht, dass es nicht zu einer vollständigen Änderung der Rechtsinhaberschaft kommt, sondern dass nur ein zudem noch an das Mutterrecht gebundenes Tochterrecht übertragen wird. Es handelt sich damit nicht um eine Veräußerung, sondern um eine Belastung, vergleichbar mit einem Nießbrauch gem. §§ 1030 ff. BGB. Gegen eine solche einschränkende Auslegung spricht auch nicht der Sinn und Zweck des § 23 HGB, den Verkehr vor Irreführungen zu schützen. Möglichen Irreführungsgefahren kann über das Wettbewerbsrecht begegnet werden. § 23 HGB ist damit als Instrument des Firmenordnungsrechts einzuordnen.[836]

Die hier vertretene Ansicht, nach der § 23 HGB einschränkend auszulegen ist, wird auch durch Art. 14 GG gestützt. Denn die Unternehmenskennzeichen i.S. von § 5 Abs. 2 MarkenG sind, wie oben dargestellt, bis auf die aus der Untersuchung ausgeschiedenen Kennzeichen Name und subjektsbezogene besondere Geschäftsbezeichnung als Immaterialgut einzuordnen. Damit fallen diese unter die Eigentumsgarantie des Art. 14 GG. Da es sich bei den Lizenzen an Unternehmenskennzeichen nach der hier vertretenen Ansicht im Regelfall um Verfügungsgeschäfte handelt, geht es auch nicht lediglich um die durch Art. 2 Abs. 1 GG gewährleistete Vertragsfreiheit, sondern um den Eigentumsschutz gem. Art. 14 GG.[837] Sofern ausnahmsweise nur eine schuldrechtlich wirksame Lizenz erteilt wird, wird eine solche Lizenz über die allgemeine Vertragsfreiheit gem. Art. 2 Abs. 1 GG geschützt. Art. 14 GG stellt zwar, wie insbesondere Art. 14 Abs. 1 S. 2 GG betont, kein Eigentumsfreiheitsrecht dar, sondern beinhaltet nur eine Institutsgarantie. Bei der Einschränkung des Eigentumsrechts sind aber nach ständiger Rechtsprechung des BVerfG die Ausgestaltungsmöglichkeiten des Gesetzgebers durch das Gebot der gerechten Abwägung beschränkt.[838] Bei dem Gebot der gerechten Abwägung ist zu berücksichtigen, dass ein Verbot der Erteilung von Firmenlizenzen mit absoluter Wirkung die Eigentümerstellung des Firmeninhabers massiv beeinträchtigt. Ein schonenderer Ausgleich wäre gege-

---

[835] In diese Richtung schon Schricker, FS v. Gamm, 289, 296.

[836] Wie hier Pahlow, GRUR 2005, 705, 709; Ausführlich zu den wettbewerbsrechtlichen Grenzen von Lizenzen unten § 8 B.

[837] Maunz/Dürig-Di Fabio, Art. 2 Abs. 1, Rdn. 104; Maunz/Dürig-Papier, Art. 14, Rdn. 14; BVerfGE 26, 215, 222, Art. 14 GG schützt die Veräußerungsmöglichkeit bei Grundstücken.

[838] BVerfGE 25, 112, 117; BVerfGE 37, 132, 139; BVerfGE 50, 290, 340; BVerfGE 52, 1, 29; BVerfGE 58, 137, 147; Maunz/Dürig-Papier, Art. 14, Rdn. 307 ff.; vgl. auch Müller, S. 44; Pahlow, GRUR 2005, 705, 709.

ben, wenn der Gesetzeszweck, den Verkehr vor Irrtümern zu schützen, auch auf einfacherer Weise erfüllt werden kann. Dies ist im Hinblick auf die wettbewerbsrechtlichen Grenzen von Lizenzen an Firmen der Fall. Damit ist § 23 HGB auch verfassungskonform einschränkend auszulegen.
§ 23 HGB steht also der Annahme einer absoluten Wirkung von Firmenlizenzen nicht entgegen. Daher gibt es erst recht keinen Anlass für eine Ausdehnung des § 23 HGB auf die anderen Unternehmenskennzeichen i.S. von § 5 Abs. 2 MarkenG.[839] Der Umkehrschluss spricht vielmehr dafür, § 23 HGB einschränkend auszulegen, um eine Abweichung der Firma von den anderen Unternehmenskennzeichen i.S. von § 5 Abs. 2 MarkenG zu vermeiden.[840]

5. Bedenken wegen einer unzulässigen Verdopplung der Unternehmenskennzeichen

Bei der Annahme einer absoluten Wirkung der Lizenz könnte es zu einer unzulässigen Verdopplung der Unternehmenskennzeichen i.S. von § 5 Abs. 2 MarkenG kommen. Dieser Einwand findet sich häufig im Zusammenhang mit § 23 HGB. Der BGH führt im Rahmen seiner teleologischen Prüfung des § 23 HGB aus, dass § 23 HGB eine unzulässige Firmenverdopplung verhindern wolle.[841] Teilweise wird weitergehend auch bei einer schuldrechtlichen Firmenlizenz gefordert, dass sich der Lizenzgeber in der Regel vertraglich verpflichten müsse, auf den Gebrauch der Firma für die Dauer der Gestattung zu verzichten.[842] Dies ist nach der hier vertretenen Auffassung aber kein Problem des § 23 HGB, da die Subsumption unter den Begriff der Veräußerung erfolgen muss. Eine Verdopplung des Kennzeichens kann nur zu einer unzulässigen Irreführung führen. Diese liegt aber nicht in jedem Fall vor und ist eine Frage der wettbewerbsrechtlichen Grenzen der Lizenzen.[843]
Deswegen ist eher fraglich, ob unabhängig von der Irreführungsproblematik eine Kennzeichenverdopplung unzulässig ist. Eine solche könnte unzulässig sein, damit die Funktion des Kennzeichens erhalten bleibt. Dieser Einwand kann aber in Anbetracht von § 27 Abs. 4 und § 46 MarkenG nicht aufrechterhalten werden. In diesen Paragrafen ist eindeutig geregelt, dass eine Marke so aufgespalten werden kann, dass sie nur noch für einzelne Waren und Dienstleistungen gelten

---

[839] Ingerl/Rohnke, Vor §§ 27-31, Rdn. 1; a.A. aber ohne ausführliche Erörterung von § 23 HGB GroßKomm-Teplitzky, § 16, Rdn. 140 ff. m.w.N.
[840] Im Ergebnis ebenso Fezer, MarkenR, § 30, Rdn. 56, allerdings ohne Begründung; a.A. v. Gamm, WRP 1993, 793, 796, der für eine Bindung von allen Unternehmenskennzeichen an den Geschäftsbetrieb eintritt.
[841] BGH NJW 1991, 1353, 1354 – Ott International; genauso OLG Düsseldorf, GRUR-RR 2001, 49, 52 – Combit/ComIT; Staub/Hüffer, § 23, Rdn. 4.
[842] MünchKommHGB, § 23, Rdn. 11; Koller/Roth/Morck-Roth, § 23, Rdn. 2; BGH NJW 1991, 1353, 1554 – Ott International.
[843] Vgl. zu den wettbewerbsrechtlichen Grenzen unten § 8 B.

soll.[844] Damit kann das Markenrecht nach der geltenden Gesetzeskonstruktion aufgespalten und vermehrt werden. Wenn der Gesetzgeber dies im parallelen Markenrecht als zulässig erachtet, kann nicht allein der Hinweis auf eine Verdopplung der Kennzeichenrechte i.S. von § 5 Abs. 2 MarkenG zu einer Unzulässigkeit der Lizenzen hieran führen.[845] Deswegen kann die alte Rechtsprechung des BGH zum Warenzeichen, die eine Verdopplung des Warenzeichens als unzulässig eingestuft hat, nicht mehr aufrechterhalten werden.[846] Die Funktion der Marke, die ebenso wie die Unternehmenskennzeichen i.S. von § 5 Abs. 2 MarkenG eine Herkunftsfunktion hat,[847] wird nach der Auffassung des Gesetzgebers bei einer Kennzeichenverdopplung nicht beeinträchtigt.

Gegen die Zulässigkeit von Firmenlizenzen spricht auch nicht der Grundsatz der Firmeneinheit. Dieser besagt, dass ein Kaufmann grundsätzlich für ein und dasselbe Unternehmen nicht zwei Firmen haben darf.[848] Aber auch unter Geltung dieses Grundsatzes ist eine Vervielfältigung der Firma zulässig, wenn eine unter einer abgeleiteten Firma betriebene Zweigniederlassung ohne die Hauptniederlassung veräußert und damit verselbständigt wird.[849] Damit kann auch aus dem Grundsatz der Firmeneinheit kein striktes Verbot der Verdopplung von Unternehmenskennzeichen abgeleitet werden. Ferner ist der Grundsatz der Firmeneinheit auf die vorliegenden Fragestellungen der absoluten Wirkung einer Lizenz nicht anwendbar. Denn es geht nicht um die Frage, ob ein Kaufmann im Geschäftsverkehr einheitlich, d.h. unter einer Firma, auftreten muss, sondern es geht um die Frage, ob ein weiterer selbstständiger Kaufmann auch unter dem Kennzeichen auftreten darf.

Entscheidend ist damit allein, dass die Funktion des Kennzeichens, d.h. die Kennzeichnung eines Unternehmens bzw. bei der Firma des Unternehmensträgers, erhalten bleibt. Diese Funktion bleibt vorbehaltlich der wettbewerbsrechtlichen Grenzen erhalten. Deswegen gibt es keine Bedenken gegen eine absolut wirkende Lizenz unter dem Gesichtspunkt einer Kennzeichenverdopplung.

H. Zusammenfassung

In der Lizenz im weiteren Sinn liegt eine Einwilligung, die auf der Erfüllungsebene, d.h. auf der Ebene der Lizenz im engeren Sinn, wirkt. Dies bedeutet, dass

---

[844] Müller, S. 83; vgl. zum Markenrecht Ingerl/Rohnke, § 27, Rdn. 25; v.Schultz-Brandi-Dohrn, § 27, Rdn. 8.

[845] Vgl. auch Koos, GRUR 2004, 808, 814, der eine Vervielfältigung auch des Namensrechtes nicht als bedenklich einstuft; im Ergebnis genauso Forkel, NJW 1993, 3181, 3183.

[846] Z.B. BGH GRUR 1989, 422, 424 – Flash zum § 8 WZG a.F.

[847] EUGH GRURInt 2002, 47, 49 – Baby-dry; EUGH GRURInt 2002, 145, 147 – Bravo; BGH GRUR 2002, 1070, 1071 – Bar jeder Vernunft; Ingerl/Rohnke, Einl., Rdn. 66; Fezer, MarkenR, Einl., Rdn. 31 u. 36; v.Gamm, WRP 1003, 793, 795.

[848] BGH NJW 1991, 2024; Koller/Roth/Morck-Roth, § 17, Rdn. 15.

[849] Vgl. MünchKommHGB-Bokelmann, § 13, Rdn. 22, § 23, Rdn. 6.

schuldrechtlich eine Benutzungsbefugnis des Lizenznehmers seitens des Lizenzgebers eingeräumt wird.

Die Lizenz im engeren Sinn ist kein Erlass, kein Verzicht im schuldrechtlichen oder immaterialgüterrechtlichen Sinn und auch kein pactum de non petendo. Gegen die Annahme dieser rechtlichen Ausgestaltungen der Lizenz im engeren Sinn spricht, dass diese dem Lizenznehmer kein positives Benutzungsrecht gewähren. Zur Einräumung eines positiven Benutzungsrechts ist der Lizenzgeber nach der hier vertretenen Auffassung dem Lizenznehmer in Erfüllung der Hauptleistungspflicht aus dem Lizenzvertrag im weiteren Sinn aber verpflichtet. Die Lizenz im engeren Sinn kann auch nicht als Nießbrauch aufgefasst werden, da der Nießbrauch grundsätzlich unbeschränkt eingeräumt wird sowie nicht übertragbar und vererbbar ist. Der Nießbrauch ist ferner auf die Nutzung einer einzelnen Sache ausgerichtet.

Die Lizenz im engeren Sinn kann aber als absolut wirkende Verfügung aufgefasst werden. Für diese Konstruktion der Lizenz im engeren Sinn als Verfügung mit absoluter Wirkung besteht ein wirtschaftliches Bedürfnis. Hierfür spricht insbesondere das Bedürfnis des Sukzessionsschutzes für den Lizenznehmer, das sonst konstruktiv nicht erfasst werden kann. Der erforderliche Sukzessionsschutz kann über die Annahme einer absolut wirkenden Lizenz konstruiert werden, die eine Belastung des Mutterrechts ist. Diese Belastung wird konstitutiv an den Lizenznehmer übertragen. Bei Zeitablauf des Lizenzvertrages ist eine Rückübertragung des Tochterrechts nicht erforderlich. Dieses wächst dem Mutterrecht automatisch wieder zu, sog. Elastizität.

Insgesamt bestehen gegen diese Konstruktion der konstitutiven Übertragung keine Bedenken. Solche Bedenken können weder aus den sachenrechtlichen Prinzipien[850] noch aus § 23 HGB bzw. einer Unzulässigkeit der Kennzeichenverdopplung abgeleitet werden. Wegen der unterschiedlichen Interessenlage ist das sachenrechtliche numerus-clausus-Prinzip nicht auf Lizenzen an Unternehmenskennzeichen i.S. von § 5 Abs. 2 MarkenG anwendbar. Durch die Annahme einer dinglichen Wirkung wird insbesondere kein Vertrag zu Lasten Dritter konstruiert oder eine absolute Wirkung vollständig in das Belieben der Parteien gestellt. Das sachenrechtliche Bestimmtheitserfordernis ist dagegen entsprechend auch auf Immaterialgüter anzuwenden, da sich das Immaterialgüterrecht und das Sachenrecht in ihrer güterzuordnenden Funktion entsprechen. Im Interesse der Rechtsklarheit und Rechtssicherheit muss der Umfang der absoluten Wirkung zumindest bestimmbar sein. Das Publizitätsprinzip findet bei Lizenzen

---

[850] Insgesamt gegen die Anwendung von sachenrechtlichen Grundsätzen wegen der zu vielschichtigen Fallgestaltungen z.B. Hilty, S. 144; Kraßer, GRURInt 1973, 230, 231.

an Unternehmenskennzeichen i.S. von § 5 Abs. 2 MarkenG keine Entsprechung. Eine solche ist auch nicht erforderlich, da das Publizitätsprinzip für Lizenzen an diesen Kennzeichen hinsichtlich der Übertragungswirkung nicht erforderlich ist. Die Einschränkung des Publizitätsprinzips führt dazu, dass keine Vermutungsgrundlage zur Verfügung steht und damit kein gutgläubiger Erwerb in Betracht kommt.

Bedenken gegen die Annahme einer absoluten Wirkung können auch nicht auf § 23 HGB gestützt werden. § 23 HGB ist nach der Aufhebung der Bindung des Warenzeichens an den Betrieb eine Sondervorschrift und als solche eng auszulegen. Translative, d.h. endgültige, Übertragungen werden weiterhin von § 23 HGB erfasst. § 23 HGB kann aber dahingehend ausgelegt werden, dass konstitutive Verfügungen wie absolut wirkende Lizenzen keine Veräußerungen i.S. von § 23 HGB sind, sondern nicht von § 23 HGB erfasste Belastungen. Diese Annahme führt auch nicht zu einer unzulässigen Verdopplung der Unternehmenskennzeichen i.S. von § 5 Abs. 2 MarkenG.

§ 7 Verknüpfung der Lizenzverträge im weiteren und engeren Sinn

Fraglich ist, in welchem Verhältnis die Lizenzverträge im weiteren und im engeren Sinn zueinander stehen, d.h., ob das Trennungs- und das Abstraktionsprinzip gelten.[851] Unter dem Trennungsprinzip wird im Folgenden die Trennung zwischen Verpflichtungsgeschäft und Verfügungsgeschäft verstanden, mit dem Abstraktionsprinzip die rechtliche Unabhängigkeit der beiden Rechtsgeschäfte voneinander.[852] Neben dieser sog. äußerlichen Abstraktheit des Verfügungsgeschäfts vom Verpflichtungsgeschäft gibt es auch noch die inhaltliche Abstraktion. Diese besagt, dass das Verfügungsgeschäft zweckfrei ist. Bei einem Verpflichtungsgeschäft liegt diese inhaltliche Abstraktion gerade nicht vor. Denn Verpflichtungsgeschäfte tragen die causa regelmäßig in sich.[853] Wenn im Folgenden der Begriff des Abstraktionsprinzips verwendet wird, beschreibt dieser Begriff die äußerliche Abstraktheit und damit die Abstraktheit des Verpflichtungs- vom Verfügungsgeschäft.

Es gibt keine ausdrückliche Regelung des Trennungs- und Abstraktionsgrundsatzes für Rechtsgeschäfte an Unternehmenskennzeichen im MarkenG.[854] Deswegen ist fraglich, ob die diesbezüglichen Regeln des BGB angewendet werden können.[855] Die Übertragung der Unternehmenskennzeichnung und auch die Teilübertragung im Wege einer konstitutiven Verfügung richtet sich, wie dargelegt, nach §§ 413, 398 BGB. Damit scheint die Geltung des das BGB beherrschende Trennungs- und Abstraktionsprinzip vorgegeben zu sein.[856] Ausgehend von der allgemeinen Geltung des Trennungs- und Abstraktionsprinzips ist aber fraglich, ob die Besonderheiten bei Lizenzen an Unternehmenskennzeichen

[851] Das Abstraktions- und das Trennungsprinzip sind eine Besonderheit des deutschen Rechts, hierzu z.B. Pawlowski, Rdn. 586 a; vgl. Habermeier, AcP 195 (1995), 283, 287 ff., der darlegt, dass in Frankreich auf anderer dogmatischer Grundlage vergleichbare Ergebnisse wie in Deutschland erzielt werden. Vgl. zu den historischen Wurzeln des Trennungs- und Abstraktionsprinzips in Deutschland Larenz/Wolf, § 23, Rdn. 84 ff. m.w.N.

[852] Ausführlich hierzu m.w.N. Jauernig, JuS 1994, 721 ff.; Ahrens, S. 414, FN 637 beide unter Hinweis darauf, dass die Begriffsbildung nicht immer eindeutig ist; vgl. z.B. Larenz/Wolf, § 23, Rdn. 75, der das Trennungsprinzip quasi mit dem Abstraktionsprinzip nach der hiesigen Definition gleichsetzt; ausführlich zum Trennungsprinzip Habermeier, AcP 195 (1995), 282.

[853] Wente/Härle, GRUR 1997, 96; vgl. hierzu auch Jauernig, JuS 1994, 721, 722 u. 726.

[854] Vgl. Weinmann, S. 563, der dies auf das gesamte Immaterialgüterrecht ausdehnt.

[855] Vgl. zur rechtspolitischen Diskussion des Trennungs- und Abstraktionsprinzip und ob diese Prinzipien de lege ferenda durch andere Konstruktionen ersetzt werden sollten. Larenz SchuldR II/1, S. 18 ff. m.w.N.

[856] Kraßer, GRUR Int 1973, 230, 236; Wente/Härle, GRUR 1997, 96, 97; für die Geltung des Abstraktionsgrundsatzes bei Marken Ingerl/Rohnke, § 30, Rdn. 34; Fezer, MarkenR, § 27, Rdn. 1; allgemein Forkel, S. 56 FN 182; vgl. aber auch ders., S. 162, a.a.O. geht er von einer analogen Anwendung des § 9 VerlG aus; a.A. wohl Hasselblatt-Strasser, § 38, Rdn. 1.

i.S. von § 5 Abs. 2 MarkenG gebieten, dass diese Prinzipien nicht gelten. Zu trennen ist diese Frage von der Frage, ob nach Ablauf der Lizenzzeit des Lizenzvertrages im engeren Sinn, das Tochterrecht automatisch zum Mutterrecht zurückfällt. Bei dieser Frage handelt es sich ausschließlich um eine Frage der Konstruktion des Lizenzvertrages im engeren Sinn. Nach der hier vertretenen Auffassung ist ein solcher Rückfall anzunehmen.[857]

A. Geltung des Trennungsprinzips

Die Lizenzverträge im weiteren und im engeren Sinn sind zwei unterschiedliche Rechtsgeschäfte. In dem Lizenzvertrag im weiteren Sinn verpflichtet sich der Lizenzgeber nach der hier vertretenen Auffassung, sofern ausnahmsweise nicht etwas anderes geregelt ist, dem Lizenznehmer mit absoluter Wirkung eine positive Benutzungsbefugnis an dem lizenzierten Kennzeichen einzuräumen. In dem Lizenzvertrag im engeren Sinn räumt der Lizenzgeber dem Lizenznehmer die positive Benutzungsbefugnis durch eine konstitutive Übertragung ein. Diese gedankliche und rechtliche Trennung gilt auch, wenn die Lizenzverträge im weiteren und engeren Sinn in der Praxis regelmäßig zusammenfallen. Die Unterscheidung ist zwar praktisch schwierig, da für das Verpflichtungsgeschäft ebenso wie für das Verfügungsgeschäft jeweils eine Einigung ausreicht. Denn es ist für das Verfügungsgeschäft bei Unternehmenskennzeichen im Unterschied zum Sachenrecht kein zusätzlicher Publizitätsakt wie die Übergabe oder die Eintragung in ein Register erforderlich. Diese praktischen Unterscheidungsprobleme der einzelnen Rechtsgeschäfte ändern aber nichts daran, dass zwischen dem Lizenzvertrag im weiteren Sinn und dem Lizenzvertrag im engeren Sinn das Trennungsprinzip gilt.[858] Denn das Trennungsprinzip ist nicht Ausfluss des im Sachenrecht geltenden Publiziätsprinzips bzw. des Traditionsprinzips.[859] Dies wird auch beim Rechtskauf deutlich. Der schuldrechtliche Kaufvertrag richtet sich nach §§ 433 ff. BGB und der Vollzug nach §§ 398 ff. BGB, die keinen Publizitätsakt erfordern.

Fraglich ist damit nur, ob das Trennungsprinzip auch zwischen der Lizenz im weiteren Sinn und der hierin regelmäßig liegenden Einwilligung gilt. Denkbar ist ein schuldrechtlicher Vertrag, in dem sich der Lizenzgeber zu einer getrennten Einwilligung verpflichtet. Die Einwilligung wird später erteilt. Diese Konstruktion könnte relevant werden, wenn der Lizenzgeber das zu lizenzierende Kennzeichen erst noch erwerben bzw. begründen muss. Diese Möglichkeit, dass

---

[857] Vgl. auch Jauernig, NJW 1982, 268, 269, der darauf hinweist, dass entgegen BGH NJW 1982, 275 ff. die Akzessorietät eines Pfandrechts von der Abstraktheit des Pfandrechts zu unterscheiden ist.

[858] Z.B. Bartenbach/Gennen, Rdn. 39; Forkel, JuS 1989, 721, 725; Wente/Härle, GRUR 1997, 96, 98 FN 30.

[859] Habermeier, AcP 195 (1995), 283, 285.

die Einwilligung auch ohne den Lizenzvertrag im weiteren Sinn erteilt werden kann, spricht für die Geltung des Trennungsprinzips auch zwischen dem Lizenzvertrag im weiteren Sinn und der Einwilligung.[860] Die Möglichkeit der Trennung der Einwilligung und des Lizenzvertrages im weiteren Sinn führt dazu, dass die Trennung auch aufrechterhalten werden muss, wenn die Einwilligung und der Lizenzvertrag im weiteren Sinn zusammenfallen.[861]
Somit bleibt es auch bei den Lizenzverträgen im weiteren und engeren Sinn bei der Geltung des Trennungsprinzips. Eine Abweichung von der Konstruktion des BGB gem. §§ 413, 398 ff. BGB ist nicht angezeigt.

B. Geltung des Abstraktionsprinzips

Fraglich bleibt allerdings, ob die Lizenzverträge im weiteren und engeren Sinn auf der Grundlage der hier vertretenen Auffassung abstrakt voneinander sind, d.h., ob neben dem Trennungsprinzip auch das Abstraktionsprinzip gilt. Auf die umstrittene Frage, ob auch das Abstraktionsprinzip auf den schuldrechtlichen Vertrag und die Einwilligung angewendet werden kann, wird nicht weiter eingegangen,[862] da nach der hier vertretenen Auffassung die Verpflichtung im Lizenzvertrag im weiteren Sinn nicht auf eine Einwilligung, sondern auf eine Verfügung, d.h. die Einräumung einer positiven Nutzungsbefugnis, gerichtet ist.

Durch die Geltung des Trennungsprinzips ist die Geltung des Abstraktionsprinzips auch nicht automatisch vorgegeben. Da das Abstraktionsprinzip ein Grundprinzip des BGB ist, müssen aber für ein Abweichen von diesem Grundsatz gute Gründe vorliegen. Die Verweisungsnorm § 413 BGB ist so allgemein gefasst, dass es dogmatisch durchaus möglich ist, auf Bedenken Rücksicht zu nehmen, die bei Unternehmenskennzeichen gegen die Anwendung des Abstraktionsgrundsatzes sprechen.[863] Ferner sind nicht alle rechtlich voneinander trennbaren Geschäften abstrakt. Auch rechtlich trennbare Geschäfte können in einem kausalen Zusammenhang stehen.[864] Dies wird u.a. durch § 9 VerlG deutlich, nach dem das Verlagsrecht automatisch mit Beendigung des Verlagsvertrages erlischt. Eine direkte Anwendung des § 9 VerlG auf Lizenzverträge an Unternehmenskennzeichen scheidet allerdings aus, da das VerlG gem. § 1 VerlG

---

860 Dasch, S. 61; Götting, S. 159; im Ergebnis auch Kohte, AcP 185 (1985), 105, 136; wohl auch BGH GRUR 1975, 561, 563 f. – Nacktaufnahmen, wenn der BGH zwischen der Einwilligung einer Minderjährigen einerseits und andererseits der vermögensrechtlichen Regelung, also wohl dem Vertrag, differenziert.

861 Habermeier, AcP 195 (1995), 283, 286; zur sog. „Einheitstheorie", die eine Trennung ablehnt, ausführlich z.B. Ahrens, S. 362 ff.

862 Vgl. hierzu z.B. Götting, S. 158 ff.; Dasch, S. 58 ff. jeweils m.w.N.

863 Allgemeiner für alle Immaterialgüter Kraßer, GRURInt 1973, 230, 236.

864 Jauernig, JuS 1994, 721, 722; Dasch, S. 61; Wente/Härle, GRUR 1997, 96 FN 6.

nur für Werke der Literatur und Tonkunst gilt. Eine § 9 VerlG ähnliche Regelung findet sich in § 40 Abs. 3 UrhG. Hiernach wird bei einer Beendigung eines Vertrages über Nutzungsrechte an künftigen Werken auch die Verfügung hinsichtlich der Werke unwirksam, die zu diesem Zeitpunkt noch nicht abgeliefert sind.
Ausgehend vom Sinn und Zweck des Abstraktionsprinzips muss damit zunächst untersucht werden, ob dieses Prinzip über § 413 BGB auch im Immaterialgüterrecht im Allgemeinen und bei Lizenzen an Unternehmenskennzeichen i.S. von § 5 Abs. 2 MarkenG im Besonderen gilt. Sinn und Zweck des Abstraktionsprinzips ist die Entlastung der Verfügung. Bei der Abstraktheit des Verfügungsgeschäfts braucht der Erwerber die Wirksamkeit des kausalen Verpflichtungsgeschäfts nicht zu prüfen.[865] Allerdings werden diese Schutzvorschriften zu Gunsten des Erwerbers wiederum durch die Vorschriften zur ungerechtfertigten Bereicherung gem. §§ 812 ff. BGB eingeschränkt. Denn der Erwerber muss, vorbehaltlich seiner Entreicherung gem. § 818 Abs. 3 BGB, das auf Grund des wirksamen Verfügungsgeschäftes Erhaltene wieder an den Veräußerer zurückübertragen, wenn der zu Grunde liegende Verpflichtungsvertrag unwirksam ist. Unabhängig von der Privilegierung des Ersterwerbers durch § 818 Abs. 3 BGB führt die Geltung des Abstraktionsgrundsatzes damit im Wesentlichen nur zu einer Privilegierung des Zweiterwerbers. Denn dieser ist dem Bereicherungsanspruch des ursprünglichen Veräußerers nicht ausgesetzt,[866] sofern nicht ausnahmsweise gem. § 822 BGB wegen einer unentgeltlichen Zuwendung ein Anspruch gegen den Dritten besteht. Wenn das Abstraktionsprinzip nicht gilt, zieht die Nichtigkeit des Lizenzvertrages im weiteren Sinn die Nichtigkeit des Lizenzvertrages im engeren Sinn nach sich. Praktisch relevant wird dies vor allem, wenn die Verträge rückwirkend vernichtet werden z.B. über eine Anfechtung, § 142 BGB, oder wenn die Verträge von Anfang an z.B. wegen Sittenwidrigkeit, § 138 BGB, nichtig waren. Der Lizenznehmer verfügt in diesem Fall bei einer weiteren Verfügung zu Gunsten eines Dritten als Nichtberechtigter. Da es bei Unternehmenskennzeichen keinen gutgläubigen Erwerb gibt, ist der Dritte bei Nichtgeltung des Abstraktionsprinzips den Ansprüchen des Lizenzgebers ausgesetzt. Sofern es sich bei der weiteren Verfügung um eine weitere Lizenzierung handelt, ist der zweite Lizenznehmer diesen Ansprüchen aber sowieso schon ausgesetzt, da der erste Lizenznehmer zu einer Vergabe von Unterlizenzen des lizenzierten Kennzeichens nicht berechtigt ist. Denn nach der hier vertretenen Auffassung führt eine Unterlizenzierung zu einer Änderung des Inhalts der Lizenz, weil das lizenzierte Unternehmenskennzeichen auf ein anderes Unternehmen bzw. einen anderen Unternehmensträger hinweist. Damit verstößt eine

865 Ahrens, S. 416; Larenz AT, S. 327, S. 449; Larenz/Wolf, § 23, Rdn. 85; Larenz SchuldR II/1, S. 20; Pawlowski, Rdn. 591; Schack, Rdn. 525; Schlüter, JuS 1969, 10, 12.
866 Z.B. Larenz AT, S. 328; Larenz/Wolf, § 23, Rdn. 85; vgl. Lichtenstein, NJW 1965, 1839, 1843 zur Kondiktion bei Lizenzverträgen.

unerlaubte Unterlizenz gegen § 399 1. Alt. BGB. Zusätzlich wird regelmäßig gegen ein vertraglich vereinbartes Abtretungsverbot gem. § 399 2. Alt. BGB verstoßen.[867] Relevant wird diese Frage damit nur im Fall der vollständigen Veräußerung der Rechtsstellung des Lizenznehmers. Auch eine solche Veräußerung ohne Zustimmung des Lizenzgebers verstößt regelmäßig gegen ein entsprechendes vertragliches Abtretungsverbot gem. § 399 2. Alt. BGB.[868] Eine Erlaubnis zur Übertragung der Lizenz kann und wird aber regelmäßig erteilt werden, wenn der Lizenznehmer die Lizenz zusammen mit seinem Betrieb an einen Erwerber überträgt.[869] Sofern das Abstraktionsprinzip nicht gilt, ist der Erwerber, da es keinen gutgläubigen Erwerb gibt, schutzlos den Ansprüchen des Kennzeicheninhabers ausgesetzt. Sofern das Abstraktionsprinzip gilt, ist er vor den Ansprüchen geschützt. Auf Grund seines Rechtserwerbs kann er sich mit seiner erworbenen Position verteidigen. Einem Anspruch aus ungerechtfertigter Bereicherung gem. §§ 812 ff. BGB des Kennzeicheninhabers ist er nicht ausgesetzt, da der Erwerbsvertrag mit dem Lizenznehmer der Rechtsgrund für seine Rechtsstellung ist und der Grundsatz gilt, dass mit Ansprüchen aus §§ 812 ff. BGB nicht in fremde Vertragsbeziehungen eingebrochen werden darf.[870] Diese Beispiele machen deutlich, dass die Geltung oder die Nichtgeltung des Abstraktionsprinzips in der Praxis bei Lizenzen bzw. Übertragungen von Unternehmenskennzeichen selten Auswirkungen hat.

Bei der Frage, ob das Abstraktionsprinzip gilt, ist davon auszugehen, dass Unternehmenskennzeichen i.S. von § 5 Abs. 2 MarkenG vollständig, d.h. translativ, und gebunden, d.h. konstitutiv, übertragen werden können. Differenzierungen zwischen diesen Übertragungsarten finden sich im Gesetz nicht, so dass davon auszugehen ist, dass das Abstraktionsprinzip einheitlich für translative und konstitutive Übertragungen anwendbar ist oder nicht.[871] Gegen eine Reduktion der Geltung des Abstraktionsgrundsatzes auf konstitutive Übertragungen spricht folgende Parallele zum BGB. Das BGB kennt an konstitutiven Übertragungen das Pfandrecht und den Nießbrauch. Diese sind nach der Konstruktion des BGB abstrakt von dem zu Grunde liegenden Verpflichtungsgeschäft. Wenn konstitutive Übertragungen des BGB ebenso wie die translativen Übertragungen abstrakt sind, spricht viel dafür, dass die Abstraktheit auch bei konstitutiven und

---

[867] Vgl. oben § 6 G I 5.

[868] Für die insoweit identische Konstellation bei Marken Bühling, GRUR 1998, 196, 199; ähnlich auch BGH GRUR 1959, 147, 149 – Bad auf der Tenne, der wegen der besonderen persönlichen Verbundenheit im Urheberrecht von einem konkludenten Ausschluss der Weiterübertragung gem. § 399 2. Alt. BGB ausgeht.

[869] Im Ergebnis ebenso OLG Saarbrücken, NJWE-WettbR 1999, 284 ff. – H & K.

[870] Palandt-Sprau, § 812, Rdn. 45 ff.; Larenz AT, S. 328; Larenz/Wolf, § 23, Rdn. 85.

[871] Wie hier Ahrens, S. 417, für eine Differenzierung der Geltung des Abstraktionsgrundsatzes zwischen einfachen und ausschließlichen Lizenzen aber Kraßer, GRURInt 1973, 230, 237; ders., S. 961 f.

translativen Verfügungen über Unternehmenskennzeichen einheitlich zu beurteilen ist. Zumindest müssten für eine Differenzierung in Abweichung zum BGB gute Gründe angeführt werden können.

Gegen die Geltung des Abstraktionsprinzips für translative und konstitutive Übertragungen könnte sprechen, dass, wie dargelegt, für Lizenzen an Unternehmenskennzeichen der numerus clausus nicht gilt. Da dieser nicht gilt, bestimmt sich der genaue Rechtsinhalt der Lizenz im engeren Sinn nicht aus dem Gesetz, sondern aus den Vereinbarungen der Parteien. Daraus schließt insbesondere *Kraßer*, dass der Lizenzvertrag im engeren Sinn ein kausaler Vertrag sei, da sich der Inhalt der Verfügung aus der causa, dem Lizenzvertrag im weiteren Sinn, ergebe.[872] Letztendlich wird damit, ähnlich wie im Urheberrecht, mit der dort geltenden Zweckbindungslehre, vgl. § 31 Abs. 5 UrhG[873], argumentiert. Hiernach soll nur das übertragen werden, was nach dem Vertragszweck übertragen werden muss. § 31 Abs. 5 UrhG geht dabei über eine reine Auslegungsregel hinaus und ist im Grenzbereich zwischen Vertragsauslegung und Vertragskorrektur anzusiedeln.[874] Im Urheberrecht ist über eine analoge Anwendung des § 9 VerlG und den Zweckbindungsgrundsatz wohl h.M., dass das Abstraktionsprinzip nicht gilt.[875] Unmittelbar gilt der Zweckbindungsgrundsatz bei Unternehmenskennzeichen i.S. von § 5 Abs. 2 MarkenG allerdings nicht, da eine dem § 31 Abs. 5 UrhG entsprechende Regelung fehlt. Deswegen bleibt der Einwand, dass sich der Inhalt der Verfügung maßgeblich nach dem Inhalt der Verpflichtung richtet. Dieser Einwand ist aber in unserem Zusammenhang unergiebig. Der fehlende numerus clausus führt nur dazu, dass der Umfang der Rechtseinräumung im Lizenzvertrag im engeren Sinn ausdrücklich bestimmt werden muss. Sofern in diesem umfassend und ausdrücklich der Umfang der Rechteerteilung geregelt ist, ist für einen Rückgriff auf die Regelungen des Lizenzvertrages im weiteren Sinn kein Raum. Deutlich wird dies insbesondere, wenn im Lizenzvertrag im engeren Sinn nicht nur eine vollständige Regelung enthalten ist, sondern wenn dieser in Abweichung des Normalfalls der Praxis in einem eigenständigen Vertrag geschlossen wurde. Nur wenn es keine vollständige

---

[872] Kraßer, GRURInt 1973, 230, 237; Knap, GRURInt 1973, 226, 228; ähnlich Lüdecke, NJW 1966, 815, 817, regelmäßig unlöslicher Zusammenhang der Abreden (schuldrechtlich und Erfüllung); Forkel, S. 159 vor allem zur ratio legis des § 9 VerlG; Schricker-Schricker, Vor §§ 28 ff., Rdn. 61.

[873] Vgl. hierzu z.B. Hoeren, Internetrecht, S. 127 ff.

[874] Fromm/Nordemann-Hertin, §§ 31, 32, Rdn. 19; Schricker-Schricker, §§ 31, 32, Rdn. 34 jeweils m.w.N.

[875] OLG Hamburg GRUR 2002, 335, 336 – Kinderfernseh-Sendereihe; OLG Hamburg GRURInt 1998, 431, 435 – Feliksas Bajoras; LG Köln, Urt. V. 16.11.2005, Az 28 O 350/05; wohl auch BGH GRUR 1982, 308, 309 – Kunsthändler; BGH GRUR 1966, 567, 569 – Gelu; Schricker-Schricker, Vor §§ 28 ff., Rdn. 61; a.A. Schack, Rdn. 525 ff.; BGHZ 27, 90, 95 f. – Privatsekretärin, in der Entscheidung wird allerdings eine analoge Anwendung des § 9 VerlG für möglich gehalten; Schwarz/Klingner, GRUR 1998, 103, 113.

Regelung im Lizenzvertrag im engeren Sinn gibt, kann für die Auslegung des Lizenzvertrages im engeren Sinn auf den im weiteren Sinn zurückgegriffen werden. Durch eine solche Auslegung werden die Lizenzverträge im weiteren Sinn und im engeren Sinn aber nicht in ein kausales Verhältnis zueinander gesetzt.[876] Deswegen könnte von den Geltung des Abstraktionsgrundsatzes, den die §§ 413, 398 ff. BGB auch bei Lizenzen an Unternehmenskennzeichen i.S. von § 5 Abs. 2 MarkenG vorgeben, nur durch eine analoge Anwendung des § 9 VerlG abgewichen werden. Die Unbestimmtheit der Verweisungsnorm § 413 BGB und die Besonderheiten des Immaterialgüterrechts im Verhältnis zum BGB führen dazu, dass eine planwidrige Regelungslücke bejaht werden könnte.[877] Die Planwidrigkeit der Regelungslücke bei Unternehmenskennzeichen i.S. von § 5 Abs. 2 MarkenG kann deswegen bejaht werden, weil der Gesetzgeber die geltende Gesetzeslage nicht ändern wollte. Nach der 1995 geltenden Gesetzeslage konnten nach der Auffassung des BGH nur schuldrechtlich wirkende Lizenzen an Unternehmenskennzeichen erteilt werden. Nach der hier vertretenen Auffassung wird die dogmatische Grundlage verändert, und es können auch absolute Lizenzen erteilt werden. Da die dogmatische Grundlage verändert wird, konnte der Gesetzgeber die Folgen der Änderung der Grundlage nicht berücksichtigen, so dass die für eine Analogie erforderlich Planwidrigkeit vorliegt.
Fraglich ist allerdings, ob eine vergleichbare Interessenlage vorliegt. Gegen eine Vergleichbarkeit der Interessenlage spricht nicht, dass es sich bei § 9 VerlG um eine Ausnahmevorschrift handelt. Der Satz, dass Ausnahmevorschriften nicht analogiefähig sind, ist in dieser Allgemeinheit nicht richtig.[878] Richtig ist nur, dass eine der ratio der Ausnahmevorschrift vergleichbare Ausnahmesituation für eine Analogie erforderlich ist. Damit kann aus § 9 VerlG auch nicht ohne weitere Begründung i.S. eines argumentum e contrario hergeleitet werden, dass die Existenz des § 9 VerlG ein Beleg dafür ist, dass das Abstraktionsprinzip nur beim Verlagsvertrag nicht gilt, überall sonst aber schon.[879] Entscheidend ist, ob die ratio legis des § 9 VerlG analogiefähig ist.
Sofern § 9 VerlG analog angewendet wird, kann diese analoge Anwendung nicht weiter gehen als der ursprüngliche Anwendungsbereich. Der Anwendungsbereich des § 9 VerlG ist in seiner unmittelbaren Anwendung auf die Vertragsbeziehung zwischen dem Verfasser und dem Verleger beschränkt. Nur für dieses Vertragsverhältnis wird gem. § 9 VerlG das Abstraktionsprinzip rückgängig gemacht, für folgende Veräußerungen bzw. Lizenzerteilungen des Verlegers

---

876 Ähnlich Wente/Härle, GRUR 1997, 96, 98; a.A. Kraßer, GRURInt 1973, 230, 237; Knap GRUR Int 1973, 226, 228.
877 Kraßer, GRURInt 1973, 230, 237.
878 Forkel, S. 162; Larenz/Canaris, Methodenlehre, S. 208 ff.; Schlüter, JuS 1969, 10, 14; Analogiebeispiele aus der Rechtsprechung: BGHZ 2, 300, 306; BGHZ 17, 266, 282 ff.
879 Schack, Rdn. 526.

an weitere Personen dagegen nicht.[880] Eine analoge Anwendung des § 9 VerlG würde also nur zu einer teilweisen Aufhebung des Abstraktionsprinzips führen.

Wegen des Charakters als Ausnahmevorschrift muss, wie oben dargelegt, die Analogiefähigkeit des § 9 VerlG sorgfältig überprüft werden. § 9 VerlG bezieht sich auf einen Verlagsvertrag, bei dem gem. § 1 S. 2 VerlG den Verleger die Pflicht trifft, das Werk zu vervielfältigen und zu verbreiten.[881] Diese Vervielfältigungs- und Verbreitungspflicht führt zu einer besonders engen Beziehung zwischen dem Verleger und dem Urheber. Der Urheber hat regelmäßig an dieser Vervielfältigung und Verbreitung ein erhebliches wirtschaftliches Interesse z.B. bei einem Absatzhonorar gem. § 24 VerlG. Eine Vervielfältigungs- und Verbreitungsverpflichtung fehlt dagegen schon bei Lizenzen an Unternehmenskennzeichen i.S. von § 5 MarkenG. Eine Entsprechung könnte höchstens in einer aus dem Vertrag resultierenden Benutzungspflicht des lizenzierten Kennzeichens seitens des Lizenznehmers gesehen werden. Eine solche Benutzungspflicht kann allerdings nicht immer aus den jeweiligen Verträgen herausgelesen werden. Diese kann zwar ggf. auch konkludent vereinbart sein, z.B. wenn sich die Lizenzgebühr nach dem Maß der Nutzung richtet. Eine allgemeine Benutzungspflicht begründet der Lizenzvertrag im weiteren Sinn ohne weitere Anhaltspunkte aber nicht. Aus dem Lizenzvertrag im engeren Sinn erhält der Lizenznehmer ohne eine weitere ggf. konkludente Vereinbarung damit nur ein Benutzungsrecht und keine Benutzungspflicht. Eine entsprechende Benutzungspflicht ist bei einer Vollübertragung von Unternehmenskennzeichen erst recht nicht ersichtlich. Eine Einzelanalogie zu § 9 VerlG scheidet damit wegen der fehlenden Entsprechung zur Vervielfältigungs- und Verbreitungspflicht sowohl bei konstitutiven als auch bei translativen Übertragungen aus.

§ 9 VerlG könnte aber, losgelöst von dieser Voraussetzung, analog angewendet werden, wenn § 9 VerlG als Ausprägung eines allgemeinen Grundsatzes interpretiert wird. Der Grundsatz könnte lauten, dass die Abstraktheit der Rechtseinräumung dort nicht gilt, wo typischerweise das Bedürfnis des Verkehrsschutzes als gering einzuschätzen ist und wo die rechtlich anzuerkennenden Interessen des Verfügenden mit solchen des Erwerbes eng verflochten sind.[882] Im Ergebnis wird damit § 9 VerlG aber nicht mehr analog angewendet, sondern das Abstraktionsprinzip wird aus teleologischen Gesichtspunkten reduziert. Für eine solche Reduktion ist aber über die Offenheit der Verweisungsnorm des § 413 BGB

[880] Wente/Härle, GRUR 1997, 96, 97; Schwarz/Klingner, GRUR 1998, 103, 104; Forkel, S. 157; Kraßer, GRURInt 1973, 230, 237.
[881] BGH GRUR 1958, 504, 507 – Privatsekretärin; Schwarz/Klingner, GRUR 1998, 103, 107; a.A. Forkel, S. 160.
[882] So Forkel, S. 162; kritisch zu dieser Vorgehensweise allgemein Laranz/Canaris, Methodenlehre, S. 208 ff.

hinaus ein Anhalt im Gesetz erforderlich. Allein die Verflechtung der Interessen des Verfügenden und des Erwerbers reichen hierfür nicht aus. Dieser Gedankengang könnte sonst auch auf Verfügungen zwischen Ehegatten angewendet werden mit der Folge, dass dort das Abstraktionsprinzip nicht gelten würde. Auf der Grundlage des BGB ist die Geltung des Abstraktionsprinzips bei Verfügungen zwischen Ehegatten aber zwingend. Auch das zusätzliche Kriterium, dass zusätzlich das Bedürfnis des Verkehrsschutzes als gering einzuschätzen sein muss, führt nicht weiter. Es müssten feste Kriterien dafür entwickelt werden, wann das Bedürfnis des Verkehrsschutzes als gering einzuschätzen ist. Dieses Bedürfnis ist bei den Unternehmenskennzeichen, wie oben dargelegt, als gering einzuschätzen. Fraglich ist, ob dies auch für das verwandte Markenrecht gilt. Sicher ist dagegen das Bedürfnis nach Verkehrsschutz im Patentrecht zu bejahen.[883] Eine je nach betroffenem Immaterialgut unterschiedliche Konstruktion von Lizenzverträgen hinsichtlich der Abstraktheit kann aber nur die ultima ratio sein. Gegen die Annahme eines allgemeinen Grundsatzes spricht auch, dass der Gesetzgeber in zahlreichen Reformen die Grundsätze des § 9 VerlG nicht weiter aufgegriffen hat.

Im Ergebnis kann damit wegen der fehlenden Analogiefähigkeit des § 9 VerlG vielmehr im Umkehrschluss angenommen werden, dass die Geltung des Abstraktionsprinzips durch § 9 VerlG bestätigt wird.

C. Durchbrechung des Abstraktionsprinzips

Deswegen ist fraglich, ob das Abstraktionsprinzip zwar gilt, aber im Regelfall durchbrochen wird. In Betracht kommt vor allem die Annahme einer Geschäftseinheit gem. § 139 BGB bzw. die Annahme einer Bedingung zwischen Verpflichtungs- und Verfügungsgeschäft. Bei der im Zusammenhang mit Durchbrechungen des Abstraktionsprinzips häufig erörterten Fehleridentität handelt es sich dagegen nicht um eine Durchbrechung des Abstraktionsprinzips im engeren Sinn. Bei der Fehleridentität bleibt die Abstraktheit von Verpflichtungs- und Verfügungsprinzip gewahrt. Der Fehler des Verpflichtungsgeschäfts „schlägt nicht auf das Verfügungsgeschäft durch", sondern der identische Fehler hat Auswirkungen sowohl auf das Verpflichtungs- als auch auf das Verfügungsgeschäft.[884] Die Frage der Fehleridentität ist im vorliegendem Zusammenhang deswegen unerheblich.

Häufig wird der Bedingungszusammenhang und die Geschäftseinheit inhaltlich zusammen erörtert bzw. gleichgesetzt.[885] Eine Abgrenzung ist aber erforderlich, weil die Voraussetzungen von einer Geschäftseinheit i.S. von § 139 BGB und eines Bedingungszusammenhanges gem. § 158 BGB unterschiedlich sind. Bei

---

[883] Kraßer, GRURInt 1973, 230, 237.

[884] Vgl. Jauernig, JuS 1994, 721, 724; Pawlowski, Rdn. 591 ff.

[885] Z.B. Palandt-Heinrichs, § 139, Rdn. 7; nicht eindeutig auch Forkel, S. 56 FN 182.

einer Geschäftseinheit gem. § 139 BGB reicht es aus, dass der Einheitlichkeitswille der einen Partei von der anderen erkannt und hingenommen wird,[886] während eine Bedingung gem. § 158 BGB Gegenstand der vertraglichen Vereinbarung sein muss. Unterschiede gibt es auch auf der Rechtsfolgenseite. Bei der Annahme einer Bedingung gibt es bei einer Unwirksamkeit des Grundgeschäfts keine Möglichkeit der Aufrechterhaltung des Verfügungsgeschäftes, während bei einer Geschäftseinheit i.S. von § 139 BGB ausnahmsweise die Aufrechterhaltung möglich bleibt. Praktisch relevant wird die Frage, ob eine Geschäftseinheit oder eine Bedingung vorliegt vor allem, wenn die Parteien eine Geschäftseinheit oder eine Bedingung nicht ausdrücklich vereinbart haben. Es bleibt in diesen Fällen die Möglichkeit, dass angenommen wird, dass eine Bedingung oder eine Geschäftseinheit konkludent vereinbart worden ist.
Fraglich ist zunächst, ob § 139 BGB auf das Verpflichtungs- und Verfügungsgeschäft überhaupt anwendbar ist. Die Rechtsprechung[887] und ihr folgend ein Teil der Literatur[888] gehen davon aus, dass das Verpflichtungs- und das Verfügungsgeschäft von den Parteien i.S. von § 139 BGB zu einem einheitlichen Geschäft zusammengefasst werden können. Für diese Auffassung könnte die Privatautonomie sprechen. Der Hinweis auf die Privatautonomie ist aber nicht stichhaltig. Denn der Privatautonomie ist durch das für das BGB grundlegende Trennungs- und Abstraktionsprinzip vom Gesetz her eine Schranke gezogen.[889] Die Aushebelung des Trennungs- und Abstraktionsprinzip steht damit nicht zur Disposition der Parteien. Hierfür spricht auch, dass § 139 BGB nicht für die Verknüpfung von Verpflichtungs- und Verfügungsvertrag erlassen wurde, sondern in Abkehr von der Grundregel der gemeinrechtlichen Maxime „utile per inutile non vitiatur“, nach der im Zweifel bei Teilnichtigkeit die Aufrechterhaltung des Rechtsgeschäfts im Übrigen angenommen wurde.[890] Die Verknüpfung von Verpflichtungs- und Verfügungsgeschäft erfolgt nach der Gesetzeskonstruktion nicht über § 139 BGB, sondern über die §§ 158 ff. BGB. Auch wenn mit der Rechtsprechung die grundsätzliche Anwendbarkeit des § 139 BGB angenommen wird, dürfte eine solche nach den Maßstäben der Rechtsprechung in den praktisch relevanten Fällen nicht vorliegen. Denn die Rechtsprechung

[886] St. Rspr. BGHZ 112, 376, 378 m.w.N.; ebenso Palandt-Heinrichs, § 139, Rdn. 5; vgl. ausführlich hierzu Eisenhardt, JZ 1991, 271, 273.

[887] BGHZ 31, 321, 323; BGH NJW 1967, 1128, 1130; BGHZ 112, 376, 378; BGH NJW-RR 1989, 519; BGH NJW 1982, 275, 276, auch wenn dort die Abstraktheit mit Akzessorietät gleichgesetzt wird; § 139 BGB für anwendbar gehalten auch in BGH DNotZ 1990, 169, 170.

[888] Ingerl/Rohnke, § 30, Rdn. 34; Fezer, § 27, Rdn. 14; Palandt-Heinrichs, § 139, Rdn. 7; wohl auch Forkel, S. 56, FN 182.

[889] Larenz/Wolf, § 45, Rdn. 11 m.w.N.; Schlüter, JuS 1969, 10, 12; im Ergebnis wie hier Jauernig, JuS 1994, 721, 724; Staudinger-Roth, § 139, Rdn. 54; Erman-Palm, § 139, Rdn. 23; Soergel-Hefermehl, § 139, Rdn. 20.

[890] Hierzu Soergel-Hefermehl, § 139, Rdn. 1; MünchKomm-Mayer-Maly/Busche, § 139, Rdn. 1; Staudinger-Roth, § 139, Rdn. 1.

fordert für die Annahme einer Geschäftseinheit konkrete Anhaltspunkte. Nicht ausreichend sind hierbei insbesondere der praktisch immer vorliegende wirtschaftliche Zusammenhang von Verpflichtungs- und Verfügungsvertrag sowie die Zusammenfassung beider Verträge in einer Urkunde.[891] Bejaht wurde eine Geschäftseinheit, soweit ersichtlich, nur in einem Fall. In dieser Entscheidung, der ein atypsicher erbrechtlicher Fall zu Grunde lag,[892] wurde eine Geschäftseinheit i.S. von § 139 BGB nur mit Hilfe eines schuldrechtlichen Vertrages angenommen, der nicht das Verpflichtungsgeschäft war. Deswegen sind die Hinweise im markenrechtlichen Schrifttum, dass bei Markenlizenzen gem. § 139 BGB in der Regel anzunehmen sei, dass die Nichtigkeit des Kausalgeschäftes auch das Verfügungsgeschäft erfasse,[893] so nicht vertretbar.
Nach der hier vertretenen Auffassung kann die Verknüpfung zwischen Verpflichtungs- und Verfügungsgeschäft nur über die Vereinbarung einer Bedingung gem. § 158 BGB erfolgen. § 449 BGB belegt, dass die Vereinbarung einer solchen Bedingung grundsätzlich möglich und vom BGB auch so vorgesehen wird. Gem. § 449 Abs. 1 BGB steht bei der Vereinbarung eines Eigentumsvorbehaltes die sachenrechtliche Einigung im Zweifel unter der aufschiebenden Bedingung der vollständigen Zahlung des Kaufpreises. Die Möglichkeit einer solchen Bedingung ist also unstreitig. Deswegen ist die Bedingung der Wirksamkeit des Grundgeschäfts für das Verfügungsgeschäfts keine unzulässige Umgehung des Abstraktionsprinzips.[894] Unabhängig von diesem Umgehungseinwand bestehen Bedenken gegen diese Konstruktion, weil die Wirksamkeit des Grundgeschäfts häufig keine Bedingung i.S. von § 158 BGB ist. Eine Bedingung i.S. von § 158 BGB ist eine Bestimmung, die die Rechtswirkung des Geschäfts vom einem zukünftigen Ereignis abhängig macht, dessen Eintritt noch ungewiss ist.[895] Die Wirksamkeit des Grundgeschäfts ist aber häufig kein zukünftiges Ereignis mit Ausnahme z.B. vom Rückritt gem. § 323 BGB. In der Regel treten die Gültigkeitsmängel schon bei Abschluss des Grundgeschäfts auf z.B. bei Verstoß gegen §§ 134, 138 BGB. In diesen Fällen könnte über eine analoge Anwendung des § 158 BGB nachgedacht werden. Entscheidender ist aber, dass Voraussetzung für die Annahme einer Bedingung die Ungewissheit des zu Grunde liegenden Umstandes ist. Dies bedeutet, dass den Parteien die Ungewissheit der Rechtsbeständigkeit des Grundgeschäfts bewusst gewesen

---

891 BGH DNotZ 1990, 169, 170; BGH NJW-RR 1989, 519.
892 BGH NJW 1968, 1128, 1129.
893 Z.B. Ingerl/Rohnke, § 30, Rdn. 34 unter Hinweis auf BGH NJW 1968, 1128, 1130 ohne das Urteil zu erörtern; etwas vorsichtiger Fezer, § 27, Rdn. 14.
894 So aber z.B. Schlüter, JuS 1969, 10, 13.
895 Staudinger-Bork, Vorb. zu §§ 158-163, Rdn. 4 ff. m.w.N.; MünchKomm-Westermann, § 158, Rdn. 8; Larenz/Wolf, § 50, Rdn. 1.

sein musste.[896] *Jauernig*[897] weist in diesem Zusammenhang aber zu Recht darauf hin, dass in diesen Fällen die Parteien versuchen werden, die Ungewissheit durch die Neuvornahme des Rechtsgeschäfts zu beseitigen. Insgesamt ist damit die Vereinbarung einer Bedingung zwar möglich, aber wenig praxisrelevant.

D. Zusammenfassung

Die Lizenzverträge im weiteren und engeren Sinn sind getrennte Verträge für die sowohl das Trennungs- als auch das Abstraktionsprinzip gelten. Der Umfang der Rechtseinräumung bestimmt sich nach dem Lizenzvertrag im engeren Sinn. Nur bei Unklarheiten über den Umfang der Rechtseinräumung durch den Lizenzvertrag im engeren Sinn kann zur Auslegung dieses Vertrages auf den Lizenzvertrag im weiteren Sinn zurückgegriffen werden. Diese Auslegung des Lizenzvertrages im engeren Sinn durch den Lizenzvertrag im weiteren Sinn macht den Lizenzvertrag im engeren Sinn aber nicht zu einem kausalen Geschäft. Das Abstraktionsprinzip kann auch nicht durch eine Analogie zu § 9 VerlG ausgehebelt werden. Die erforderliche planwidrige Regelungslücke kann zwar bejaht werden, eine vergleichbare Interessenlage liegt aber nicht vor. Es fehlt bei Lizenzen an Unternehmenskennzeichen an einer Entsprechung zur Vervielfältigungs- und Verbreitungspflicht entsprechend § 1 S. 2 VerlG. Es kann auch kein allgemeiner Grundsatz angenommen werden, dass die Abstraktheit der Rechtseinräumung dort nicht gilt, wo typischerweise das Bedürfnis des Verkehrsschutzes als gering einzuschätzen ist und eine enge Beziehung zwischen dem Verfügenden und dem Erwerber vorliegt. Für eine solche teleologische Reduktion des Abstraktionsprinzips gibt es keine Anhaltspunkte im Gesetz.

Eine Durchbrechung des Abstraktionsgrundsatzes über die Annahme einer Geschäftseinheit gem. § 139 BGB ist nicht möglich. Denn nach der gesetzlichen Konstruktion erfolgt die Verknüpfung des Verpflichtungs- und Verfügungsgeschäftes über eine Bedingung gem. § 158 BGB. Es kann zwar als Bedingung des Verfügungsgeschäftes vereinbart werden, dass das Verpflichtungsgeschäft wirksam ist. Voraussetzung hierfür ist aber, dass die Parteien über die Wirksamkeit des Grundgeschäftes im Ungewissen sein müssen. Sofern dies der Fall ist, werden die Parteien das Rechtsgeschäft neu vornehmen, so dass diese Durchbrechung des Abstraktionsprinzips praktisch nicht relevant ist.

---

[896] Staudinger-Seiler, Einl. zum SachR, Rdn. 52; Jauernig, JuS 1994, 721, 723 f.; nicht ganz eindeutig Erman-Palm, § 139, Rdn. 23; wie hier aber Erman-Michalski, § 929, Rdn. 5.
[897] Jauernig, JuS 1994, 720, 724.

§ 8 Grenzen für Lizenzen an Kennzeichen i.S. von § 5 Abs. 2 MarkenG

Lizenzen an Unternehmenskennzeichen i.S. von § 5 Abs. 2 MarkenG sind aber nicht schrankenlos möglich. Neben dem Einhalten von Formvorschriften kommen vor allem wettbewerbsrechtliche und kartellrechtliche Grenzen in Betracht.

A. Form

Aus § 34 GWB a.F. konnte sich aus kartellrechtlichen Gründen ein Schriftformerfordernis ergeben.[898] Diese Vorschrift wurde durch die Neufassung des GWB vom 26.8.1998 aufgehoben,[899] so dass ein solches Schriftformerfordernis für Neuverträge nicht mehr gilt. Nach Auffassung des BGH führt der Wegfall des Schriftformerfordernisses aber nicht zu einer nachträglichen Wirksamkeit von Altverträgen. Möglich bleibt nur eine Bestätigung des Geschäfts gem. § 141 BGB.[900] Teilweise schreibt das Ausland allerdings auch jetzt noch die Schriftform vor. In der Praxis kommen aber mündlich geschlossene Lizenzverträge so gut wie nie vor, so dass dieses Problem vernachlässigt werden kann.[901] Wegen der tatsächlichen Vermutung der Vollständigkeit und Richtigkeit von unterschriebenen Verträgen[902] sollten Lizenzverträge normalerweise schriftlich abgeschlossen werden. Dies ist in der Praxis auch regelmäßig der Fall. Eher praktisch relevant ist eine nach allgemeinen Regeln vereinbarte Schriftformklausel mit der Folge der Nichtigkeit mündlicher Vereinbarungen, § 125 S. 2 BGB. Nach allgemeinen Regeln kann aber eine vereinbarte Schriftform spiegelbildlich zur Vereinbarung aber mündlich wieder aufgehoben werden.[903]
Eine notarielle Formbedürftigkeit kann sich bei einer unentgeltlichen Lizenzerteilung aus § 518 BGB ergeben. In diesen Fällen ist aber immer sorgfältig zu prüfen, ob tatsächlich eine Unentgeltlichkeit vereinbart wurde. Häufig besteht die Gegenleistung nicht in der Zahlung einer Lizenzgebühr, sondern in anderen Leistungen. In Betracht kommt als Gegenleistung insbesondere auch das Überlassen von Know-how etc.[904] Bei Franchisesystemen ist eine unentgeltliche Lizenzerteilung praktisch ausgeschlossen. Die vom Franchisenehmer zu erbringenden Leistungen sind auch eine Gegenleistung für die Zurverfügungstellung

[898] Vgl. z.B. BGH GRUR 2003, 896 – Chirurgische Instrumente.
[899] BGBl I, S. 2546.
[900] BGH WRP 1999, 542, 543 – Coverdisk; BGH WRP 1999, 672 – Markant; kritisch zur Auffassung des BGH Ingerl/Rohnke, § 30, Rdn. 29 ff. m.w.N.
[901] Busse-Keukenschrijver, § 15, Rdn. 77; Fehrenbacher, JR 2002, 309, 312; vgl. ausführlich zur alten Rechtslage bei Markenlizenzen Fezer, MarkenR, § 30, Rdn. 17 a.
[902] Zöller-Geimer, § 440, Rdn. 1 m.w.N.
[903] Vgl. hierzu und zur Abgrenzung von konstitutiver und deklaratorischer Schriftform, Palandt-Heinrichs, § 125, Rdn. 12 ff.
[904] BGH GRUR 2000, 788, 790 – Gleichstromsteuerung; Ingerl/Rohnke, § 30, Rdn. 28.

der Unternehmenskennzeichen. Auch bei den anderen Vertriebssystemen, bei denen Lizenzen an Unternehmenskennzeichen praktisch relevant sind, den Alleinvertretern, den Inhabern ausschließlicher Handelskonzessionen etc. wird grundsätzlich eine Gegenleistung vereinbart.

Eine notarielle Formbedürftigkeit wegen einer unentgeltlichen Lizenzerteilung kann damit nur im Konzern relevant werden. Eine solche unentgeltliche Zurverfügungstellung der Kennzeichen im Konzern ist aber die Ausnahme. Denn im Konzern gibt es nach der hier vertretenen Auffassung keine Pflicht, Lizenzen an Unternehmenskennzeichen unentgeltlich zur Verfügung zu stellen. Sofern die Zahlung von Lizenzgebühren von der Tochtergesellschaft an die Muttergesellschaft vereinbart wird, können diese bei der Tochtergesellschaft steuerrechtlich geltend gemacht werden. In der Zahlung der Lizenzgebühren liegt nach der hier vertretenen Auffassung keine verdeckte Gewinnausschüttung gem. § 8 Abs. 3 S. 2 KStG.[905] Der BFH schränkt allerdings die steuerliche Absatzmöglichkeit ein und verlangt, dass zusätzlich zu einem Unternehmenskennzeichen auch eine Marke lizenziert wird. Sonst geht der BFH von einer verdeckten Gewinnausschüttung der Tochtergesellschaft an die Muttergesellschaft gem. § 8 Abs. 3 S. 2 KStG aus.[906] Damit gibt es für die Praxis keinen steuerlichen Vorteil, wenn bei einer isolierten Lizenz über Unternehmenskennzeichen i.S. von § 5 Abs. 2 MarkenG Lizenzzahlungen von der Tochter- an die Muttergesellschaft vereinbart werden. Aber auch ohne einen steuerlichen Vorteil wird im Normalfall eine Gegenleistung für Lizenzeinräumung vereinbart werden.

Möglich bleibt aber eine Formbedürftigkeit gem. § 518 BGB. Diese Form wird bei der Gründung von Tochtergesellschaften häufig eingehalten, da hierfür die notarielle Form erforderlich ist, § 2 Abs. 1 S. 1 GmbHG. Bei nachträglichen Beherrschungsverträgen ist dagegen gem. § 291 Abs. 1, § 293 Abs. 2 und 3 AktG nur Schriftform erforderlich.

B. Wettbewerbsrechtliche Grenzen

Im Hinblick auf die Zulässigkeit von Lizenzen an Firmen, besonderen Geschäftsbezeichnungen und Geschäftsabzeichen sind vor allem die wettbewerbsrechtlichen Grenzen einzuhalten. Entsprechend den obigen Ausführungen geht es hierbei um wettbewerbsrechtliche Grenzen des Lizenzvertrages im weiteren Sinn.

Hierbei ist zu unterscheiden, was die Unternehmenskennzeichen i.S. des § 5 Abs. 2 MarkenG bezeichnen. Wie oben dargestellt,[907] kennzeichnet die Firma gem. § 17 HGB primär den Unternehmensträger. Darüber hinaus kennzeichnet die Firma aber genauso wie die übrigen Unternehmenskennzeichen i.S. des § 5

---

[905] Vgl. oben § 2 D.
[906] BFH GRUR 2001, 346, 347; vgl. hierzu ausführlich oben § 2 D.
[907] Vgl. § 1 A I 2.

Abs. 2 MarkenG auch das Unternehmen.[908] Bei Lizenzen an Unternehmenskennzeichen i.S. von § 5 Abs. 2 MarkenG könnte es damit zu Irreführungen des maßgeblichen Verkehrs über den Unternehmensträger (Firma) und / oder das Unternehmen (Firma, besondere Geschäftsbezeichnung, Geschäftsabzeichen) kommen. Ferner könnte das lizenzierte Unternehmenskennzeichen markenmäßig verwendet werden, so dass eine Irreführung über Waren oder Dienstleistungen angenommen werden könnte. Eine i.S. von § 5 UWG maßgebliche Irreführung könnte ferner dadurch eintreten, dass es zu einer Spaltung von Unternehmenskennzeichen und Marke kommen kann. Dieser Fall wird praktisch vor allem relevant, wenn die Marke übertragen wird, die Firma aber nicht. Der BGH[909] hat in einem obiter dictum zur alten Rechtslage ausgeführt, dass ein Nebeneinander von Warenzeichen und Firma verschiedener Rechtsträger mit demselben oder vom Verkehr als gleich aufgefassten Familiennamen zu Täuschungen des Verkehrs und zu unerwünschten sonstigen Unzuträglichkeiten führen würde. Die Möglichkeit der Spaltung von Marke und Unternehmenskennzeichen beruht darauf, dass § 23 HGB nicht verändert wurde, während § 8 Abs. 1 S. 2 WZG a.F. abgeschafft wurde.[910] Das Risiko einer Spaltung der Kennzeichen ist damit eine bewusste Entscheidung des Gesetzgebers. Deswegen ist davon auszugehen, dass diese Spaltung der Kennzeichen allein nicht zur Anwendung von § 5 UWG ausreicht. Eine Irreführung kann aber durch andere, zusätzliche Faktoren begründet werden, z.B. eine irreführende markenmäßige Benutzung.[911] Bei der Beurteilung dieser Irreführung kann die Spaltung der Kennzeichenrechte damit nur als ein zusätzliches Indiz für eine Irreführung gewürdigt werden. Eine ähnliche Situation liegt vor, wenn an einer Marke eine Alleinlizenz gewährt wird, die identischen Unternehmenskennzeichen aber beim Lizenzgeber verbleiben. Theoretisch denkbar ist auch der Fall, dass eine Alleinlizenz an einem Unternehmenskennzeichen i.S. von § 5 Abs. 2 MarkenG erteilt wird, die identische Marke aber beim Lizenzgeber verbleibt. In diesen Fällen werden die inhaltlich identischen Kennzeichen de facto unterschiedlichen Rechtsträgern zugeordnet. Die tatsächliche Spaltung von Kennzeichenrechten ist nicht anders zu beurteilen als die rechtliche. Deswegen reicht auch eine tatsächliche Spaltung von Kennzeichenrechten für die Anwendung des § 5 UWG nicht aus.

Sofern eine Irreführung i.S. von § 5 UWG angenommen wird, ist nach der h.M. der zu Grunde liegende Lizenzvertrag i.V. mit § 134 BGB[912] oder gem. § 138

---

[908] Vgl. § 1 A I 2.

[909] BGHZ 32, 103, 114 – Vogeler.

[910] Vgl. hierzu § 6 G III 4.

[911] Traub, FS Trinkner, 431, 439 f.; ähnlich Ingerl/Rohnke, Vor §§ 27 – 31, Rdn. 8.

[912] BGHZ 1, 241, 246 – Piek Fein; BGHZ 44, 372, 377 – Meßmer Tee II; BGH GRUR 1970, 528, 531 – Migrol; Baumbach/Hefermehl-Bornkamm, § 5, Rdn. 1.73; Ingerl/Rohnke, § 30, Rdn. 96.

Abs. 1 BGB[913] nichtig. Gegen eine Einordnung des § 5 UWG als Verbotsgesetz i.S. von § 134 BGB sprechen aber gewichtige Bedenken. Nach allgemeinen Regeln ist ein Verbotsgesetz i.S. von § 134 BGB nur ein Gesetz, dass sich gegen die Vornahme eines Geschäfts als solches richtet.[914] Gem. § 5 UWG ist eine Lizenzierung von Unternehmenskennzeichen aber nicht an sich unzulässig, sondern es kann nur gem. § 5 UWG eine Ausführung des Vertrages unzulässig sein.[915] In der Sache führt eine Anwendung von § 138 Abs. 1 BGB aber nicht zu wesentlichen Abweichungen. Sofern der Sittenwidrigkeitsvorwurf darauf gestützt wird, dass eine unzulässige Irreführung gem. § 5 UWG vorliegt, ist Voraussetzung für eine Anwendung des § 138 Abs. 1 BGB nach allgemeiner Meinung nur, dass die Parteien die Umstände kannten, aus denen sich die Sittenwidrigkeit ergibt,[916] d.h. vorliegend die Irreführung. Diese Irreführungsgefahr wird den Parteien im Regelfall bekannt sein. So unterfällt ein bewusstes kollusives Zusammenarbeiten von Lizenzgeber und Lizenznehmer zur Täuschung des Verkehrs § 138 BGB. Abweichungen ergeben sich zwischen der Konstruktion über § 134 BGB und § 138 Abs. 1 BGB allerdings, wenn die Irreführungsgefahr bei Abschluss des Vertrages für die Parteien nicht erkennbar war. In diesem Fall kommt im Gegensatz zu der Konstruktion über § 134 BGB keine Nichtigkeit gem. § 138 Abs. 1 BGB in Betracht, da Voraussetzung für § 138 Abs. 1 BGB ist, dass beide Parteien Kenntnis von der Sittenwidrigkeit haben. Neben die Nichtigkeit gem. § 138 Abs. 1 BGB tritt die Möglichkeit u.a. von Wettbewerbern (vgl. § 8 Abs. 3 Nrn. 1 bis 3 UWG), dem Lizenznehmer die irreführende Verwendung gem. § 8 Abs. 1 i.V. mit §§ 3, 5 UWG zu untersagen.
Im Rahmen der unzulässigen Irreführung i.S. von § 5 UWG ist die oben dargestellte[917] h.M. zu berücksichtigen, nach der das Markenrecht in seinem Anwendungsbereich den außerkennzeichenrechtlichen Ansprüchen vorgeht. Für den Vorrang des Markenrechts vor dem UWG spricht neben den oben dargestellten Gründen im Rahmen der Irreführung u.a. die unterschiedliche Klagebefugnis im Markenrecht und im UWG. Bei einem Verstoß gegen das UWG sind nicht nur der Kennzeicheninhaber klageberechtigt, sondern auch die anderen Mitbewerber, § 8 Abs. 3 Nr. 1 UWG. Diese Mitbewerber müssen nur in einem konkreten Wettbewerbsverhältnis stehen.[918] Neben den Mitbewerbern sind auch die Verbände zur Förderung gewerblicher oder selbstständiger beruflicher Interessen (§ 8 Abs. 3 Nr. 2 UWG) und qualifizierte Einrichtungen zum Schutz von

913 Schricker, GRUR 1980, 650, 656.
914 BGH NJW 1983, 2873; Palandt-Heinrichs, § 134, Rdn. 5.
915 Henning-Bodewig/Kur, S. 229; Müller, S. 110; Schricker, GRUR 1980, 650, 654; ebenso für § 3 UWG n.F. z.B. Baumbach/Hefermehl-Köhler, § 3, Rdn. 65.
916 Palandt-Heinrichs, § 138, Rdn. 40; st. Rspr. BGH NJW 1990, 567, 568; BGH NJW 1992, 310; zur Irreführung als Sittenwidrigkeitsgrund Schricker, GRUR 1980, 650, 656.
917 Vgl. hierzu oben § 1 C VI.
918 Fezer-Büscher, UWG, § 8, Rdn. 190.

Verbraucherinteressen (§ 8 Abs. 3 Nr. 3 UWG) klageberechtigt.[919] Sofern trotz einer kennzeichenrechtlich zulässigen Lizenzierung eines Unternehmenskennzeichens ein Verstoß gegen das UWG angenommen wird, erhält der Lizenznehmer damit keine gesicherte Rechtsposition. Dies spricht für eine einschränkende Auslegung der Unwirksamkeit gem. § 5 UWG auf den außerkennzeichenrechtlichen Bereich.[920]

Bei einer Irreführung über außerkennzeichenrechtliche Wertungen hat dagegen der Schutz der Allgemeinheit Vorrang vor dem Bedürfnis des Kennzeicheninhabers nach Lizenzierung.[921] Denn auf die außerkennzeichenrechtlichen Wertungen erstreckt sich die Dispositionsbefugnis des Kennzeicheninhabers nicht. Erforderlich ist damit, dass über das Kennzeichenrecht hinaus, weitere Unlauterbarkeitsgründe hinzutreten müssen. Eine Unterscheidung zwischen Lizenzverträgen im weiteren Sinn, die auf relative und absolute Wirkungen beim Lizenzvertrag im engeren Sinn gerichtet sind, ist im Rahmen des UWG entbehrlich. Denn es kommt nicht auf die Wirkungsweise der Lizenzen an, sondern auf die tatsächliche Nutzung der Kennzeichen durch den Lizenznehmer und die damit verbundene Wirkung bei den beteiligten Verkehrskreisen.[922]

Auf die Auffassungen zu § 3 UWG a.F. kann bei der Irreführungsproblematik allerdings nur teilweise zurückgegriffen werden. § 5 UWG n.F. weicht vom Wortlaut her deutlich von § 3 UWG a.F. ab. Eine materiellrechtliche Änderung im Hinblick auf das Verbot der Irreführung ist zwar vom Gesetzgeber nicht beabsichtigt.[923] Zu beachten ist jedoch, dass durch den Verweis in § 5 Abs. 1 UWG n.F. auf § 3 UWG n.F. eine Bagatellgrenze eingeführt wurde. Viele ältere Entscheidungen zu § 3 UWG a.F. gehen zudem von dem alten Verbraucherleitbild aus. Der BGH stellte früher zur Beurteilung der Irreführung auf den flüchtigen, oberflächlichen Verbraucher ab.[924] Ausreichend war eine Irreführungsquote von 13 bis 15 %, in einigen Bereichen z.B. in der Gesundheitswerbung auch darunter.[925] Seit der *Orient-Teppichmuster*-Entscheidung des BGH ist dagegen für die Bestimmung der Irreführungsgefahr der situationsadäquat aufmerksame,

---

[919] Vgl. Fezer-Büscher, UWG, § 8, Rdn. 191 ff. zur Klagebefugnis gem. § 8 Abs. 3 Nr. 2 UWG und Rdn. 216 ff. zur Klagebefugnis gem. § 8 Abs. 3 Nr. 3 UWG.

[920] BGH NJW 2002, 2093, 2094 – Vossius & Partner m.w.N.

[921] Kur GRUR 1989, 248 f.; BGH NJW 2002, 2093, 2094 – Vossius & Partner m.w.N; Baumbach/Hefermeh-Bornkamm, § 5, Rdn. 1.68.

[922] Henning-Bodewig/Kur, S. 221; a.A. Oppenhoff, GRURInt 1973, 433, 435, der zwischen einer alleinigen Lizenz und den übrigen Lizenzen differenzieren will, da es bei der alleinigen Lizenz zu keinem Irrtum über die Herkunftsquelle kommen könne.

[923] BT-Drucks 15/1487 v. 22.8.2003, S. 13 f.; vgl. Baumbach/Hefermehl-Bornkamm, § 5, Rdn. 1.5; Fezer-Peifer, UWG, § 5, Rdn. 9.

[924] Z.B. BGH GRUR 1992, 450, 452 – Beitragsrechnung; Baumbach/Hefermehl-Bornkamm, § 5, Rdn. 1.46 m.w.N.; Weber, S. 9 ff; ausführlich zur früheren Rechtsprechung Omsels, GRUR 2005, 548.

[925] Vgl. Omsels, GRUR 2005, 548 mit den Nachweisen aus der Rechtsprechung.

durchschnittlich informierte und verständige Verbraucher maßgebend.[926] Für die Annahme einer Irreführung ist nun ein Quorum von 1/4 bis 1/3 der Durchschnittsverbraucher maßgeblich.[927] Von diesem Verbraucherleitbild geht auch der Gesetzgeber des UWG n.F. aus.[928]

I. Irreführung über den Unternehmensträger

Die Führung einer lizenzierten Firma könnte als unzulässige Täuschung über den Unternehmensträger aufgefasst werden.[929] In diesem Zusammenhang kann auch eine Spaltung der Marke und Unternehmenskennzeichen eine Rolle spielen.

Neben einem Verstoß gegen § 5 UWG kommt bei einer Firmenlizenz auch ein Verstoß gegen das spezielle handelsrechtliche Irreführungsverbot gem. § 18 Abs. 2 S. 1 HGB in Betracht. Auf die anderen Unternehmenskennzeichen des § 5 Abs. 2 MarkenG ist § 18 Abs. 2 S. 1 HGB dagegen nicht anwendbar. Sofern die Fortführung der Firma gem. §§ 22 ff. HGB zulässig ist, sind diese Paragrafen nach h.M. leges speciales im Verhältnis zum UWG.[930] Die Wertung des insoweit spezielleren HGB darf durch die Anwendung des UWG nicht ausgehebelt werden. Diese Aussage führt im Bereich der Lizenzen an Firmen aber nicht weiter. Denn bei der Erteilung einer Firmenlizenz geht es nicht primär um die Fragen der §§ 22 ff. HGB, sondern darum, ob unter Nutzung einer lizenzierten Firma und / oder eines lizenzierten Firmenschlagwortes eine neue Firma gegründet werden kann. § 5 UWG ist insoweit im Verhältnis zu § 18 Abs. 2 S. 1 HGB der weitere Tatbestand. In der Sache kommt es zwischen § 18 Abs. 2 S. 1 HGB und § 5 UWG aber nicht zu wesentlichen Abweichungen.[931] Denn gem. § 18 Abs. 2 S. 1 HGB darf die Firma keine Angaben enthalten, die geeignet sind, über geschäftliche Verhältnisse irrezuführen, die für die angesprochenen Verkehrskreise wesentlich sind. § 18 Abs. 2 S. 1 HGB weicht damit von § 5

---

[926] Nun st. Rspr. EUGH GRURInt 1998, 795, 797 – Gut Springenheide; BGH GRUR 2000, 619, 621 – Orient Teppichmuster; BGH GRUR 2004, 244, 245 – Marktführerschaft; Baumbach/Hefermehl-Bornkamm, § 5, Rdn. 1.46 m.w.N.; vgl. Helm, WRP 2005, 931, 932 ff., zum Verbraucherleitbild auf der Grundlage der neuen Richtlinie des Europäischen Parlaments bei Geschäften zwischen Unternehmern und Verbrauchern und insbesondere kritisch zum Merkmal „verständig".

[927] Baumbach/Hefermehl-Bornkamm, § 5, Rdn. 1.51 u. 2.104; in diese Richtung BGH GRUR 2004, 162, 163; vgl. Omsels, GRUR 2005, 548, 554 f. zu den Gegenauffassungen; Helm, WRP 2005, 931, 937, sogar 15 % können ausreichen; Ulbrich, WRP 2005, 940, 941 zur Frage, ob die Irreführungsgefahr normativ oder empirisch ermittelt werden muss.

[928] BT-Drucks 15/1487 v. 22.8.2003, S. 19.

[929] Die Firma bezeichnet den Unternehmensträger und nicht das Unternehmen an sich, vgl. oben § 1 A I 2.

[930] Canaris, GRUR 1989, 711, 721 m.w.N.; Parmentier/Steer, GRUR 2004, 196.

[931] Ebenroth/Boujong/Joost-Zimmer, § 18, Rdn. 37 f.; Baumbach/Hopt-Hopt, § 18, Rdn. 14; Weber, S. 142 ff. jeweils zum Verhältnis von § 18 HGB zu § 3 UWG a.F.

UWG insofern ab, als § 5 UWG wegen des Verweises auf § 3 Abs. 1 UWG nur Bagatellfälle ausschließt, während § 18 Abs. 2 S. 1 HGB eine Wesentlichkeit fordert. Wegen des aktuellen Verbraucherleitbildes, für das der durchschnittlich informierte und verständige Verbraucher maßgebend ist, der der Werbung die der Situation angemessene Aufmerksamkeit entgegenbringt, wird im Ergebnis eine Irreführung i.S. von § 5 UWG auch zu einem Verstoß gegen § 18 Abs. 2 S. 1 HGB führen. Maßgeblich für die äußere Grenze von Lizenzen an Unternehmenskennzeichen ist damit der tatbestandlich weitere § 5 UWG. Deswegen wird im Folgenden nur auf diesen abgestellt.

Eine Irreführung i.S. von § 5 UWG über den Unternehmensträger ist bei zwei Personenkreisen denkbar. In Betracht kommt eine Irreführung von Verbrauchern und von gewerblichen Geschäftspartnern. Durch § 1 UWG wird klargestellt, dass das UWG nicht nur dem Schutz der Mitbewerber dient, sondern auch dem Interesse der Verbraucher und sonstiger Marktteilnehmer sowie dem Interesse der Allgemeinheit, d.h. auch von Gewerbetreibenden.[932] Damit kann eine Irreführung von beiden Personenkreisen gem. § 5 UWG unzulässig sein. Abweichungen zwischen diesen beiden Personenkreisen ergeben sich nur beim Verbraucherleitbild. Anstelle des situationsadäquat aufmerksamen, durchschnittlich informierten Verbrauchers tritt der situationsadäquat aufmerksamen, durchschnittlich informierte Gewerbetreibende. Dieser widmet der Werbung im Regelfall mehr Aufmerksamkeit als ein Verbraucher.[933]

Zu beachten ist aber, wie bereits mehrfach betont,[934] der Vorrang des Kennzeichenrechts vor dem UWG. Die mit einer Lizenzierung fast zwangsläufig verbundene Zuordnungsverwirrung reicht für die Annahme einer Irreführung gem. § 5 UWG nicht aus.[935] Diese Zuordnungsverwirrung ist wegen der grundsätzlichen Zulässigkeit von Lizenzen an Unternehmenskennzeichen hinzunehmen. Erst wenn über diese Zuordnungsverwirrung hinaus der Verkehr mit der fraglichen Angabe eine bestimmte Gütevorstellung verbindet, kommt eine Unzulässigkeit gem. § 5 UWG in Betracht. Es muss sich also um eine qualifizierte Herkunftsangabe handeln.[936] Eine solche Irreführung kommt bei einer Irreführung über den Unternehmensträger vor allem bei der Inanspruchnahme

---

[932] BT-Drucks 15/1487 v. 22.8.2003, S. 15; Omsels, GRUR 2005, 548, 549; vgl. Helm, WRP 2005, 931, 932 zur neuen bis zum 12.6.2007 in nationales Recht umzusetzende Richtlinie des Europäischen Parlamentes über Geschäfte zwischen Unternehmern und Verbrauchern.

[933] Omsels, GRUR 2005, 548, 549.

[934] Vgl. oben § 1 C VI.

[935] Im Gegensatz zu einer isolierten Irreführung über den Unternehmensträger BGH GRUR 1989, 211 – Shop in the shop II; BGH GRUR 1970, 320 – Doktor-Firma.

[936] BGH NJW 2002, 2093 – Vossius & Partner; BGH GRUR 1966, 267, 270 – White Horse; BGH NJW-RR 1990, 480, 481 – VOGUE-Ski; Henning-Bodewig/Kur, S. 208, m.w.N; Fezer-Peifer, UWG, § 5, Rdn. 36, 296; enger Baumbach/Hefermehl-Bornkamm, § 5, Rdn. 1.71, 1.72 der im Ergebnis auch Fehlvorstellungen über die Güte nicht ausreichen lässt.

von besonderen Kompetenzen und Fähigkeiten gerade des (natürlichen) Unternehmensträgers in Betracht. Dieses Vertrauen auf besondere Kompetenzen und Fähigkeiten muss für den Verkehr aber auch eine Bedeutung für den Geschäftsabschluss haben. Dies ist bei einer Lizenzierung von Unternehmenskennzeichen nur ausnahmsweise der Fall. Wie oben ausgeführt,[937] kennt der Verkehr typischerweise den Unternehmensträger nicht und kann damit mit diesem auch keine besonderen Kompetenzen und Fähigkeiten verbinden. Selbst wenn der Unternehmensträger bekannt ist, verbindet der Verkehr mit diesem im Regelfall keine besonderen Kompetenzen und Fähigkeiten. Bei Franchisesystemen z.B. McDonald´s, Obi etc. ist der Unternehmensträger für die Kaufentscheidung irrelevant. Das Gleiche gilt für die wirtschaftlich nahe stehenden Erscheinungsformen der Alleinvertretung, der selektiven Vertriebssysteme etc. Maßgeblich für die Kaufentscheidung ist eher die Erwartung des Verkehrs, dass die unter dem lizenzierten Unternehmenskennzeichen angebotenen Produkte und Dienstleistungen eine bestimmte Güte aufweisen. Dies betrifft aber keine Irreführung über den Unternehmensträger, sondern es geht um eine markenmäßige Benutzung.[938] Relevant werden kann § 5 UWG aber, wenn durch die Verwendung des lizenzierten Kennzeichens eine Aussage über das haftende Vermögen verbunden ist. Dies ist aber nur ausnahmsweise der Fall.[939] Unzulässig wäre z.B. die Lizenzierung einer Firma einer Aktiengesellschaft mit dem Rechtsformzusatz „AG" an eine GmbH. Denn durch den irreführenden Rechtsformzusatz wird auch eine Irreführung über das haftende Vermögen erzeugt.
Eine Lizenz über Unternehmenskennzeichen verstößt damit nur in Ausnahmefällen wegen einer beachtlichen Irreführung über den Unternehmensträger gegen § 5 UWG. Sofern mit dem Lizenzgeber als Unternehmensträger besondere Kompetenzen und Fähigkeiten verbunden werden, die der Lizenznehmer nicht hat, ist eine Irreführung möglich.

II. Irreführung über das Unternehmen

Lizenzen an Unternehmenskennzeichen können auch zu einer Irreführung über das Unternehmen führen. Hier gilt im Wesentlichen dasselbe wie bei einer Irreführung über den Unternehmensträger. Der Unterschied liegt nur darin, dass sich bei der Irreführung über den Unternehmensträger das Vertrauen auf die besonderen Kompetenzen und Fähigkeiten auf den (natürlichen) Unternehmensträger beziehen, während sich bei der Irreführung über das Unternehmen sich die besonderen Kompetenzen und Fähigkeiten auf das Unternehmen an sich, d.h. auch auf die Mitarbeiter, beziehen. Bei Franchisesystemen, selektiven Vertriebssystemen etc. ist aber nicht nur der Unternehmensträger, sondern auch das Unter-

[937] Vgl. § 3 A 5.
[938] Vgl. unten § 8 B III.
[939] Müller, S. 102; Harte/Henning-Dreyer, § 5, Rdn. 631.

nehmen für die Kaufentscheidung irrelevant. Entscheidend ist vielmehr regelmäßig die Vorstellung des Verkehrs über die Güte der angebotenen Produkte, d.h. die markenmäßige Verwendung.

III. Irreführung über die Waren und Dienstleistungen

Sofern die lizenzierten Unternehmenskennzeichen markenmäßig eingesetzt werden, kann hierdurch eine Irreführung im Hinblick auf die bereits angesprochene Güte der angebotenen Produkte liegen. Bei einem Verstoß gegen die Qualitätsfunktion der Marke kann ein Verstoß gegen § 5 UWG angenommen werden.[940] Eine solche Irreführung wird in der Praxis eher die Ausnahme sein. Denn der Lizenzgeber hat ein erhebliches wirtschaftliches Interesse daran, dass der mit seinen Kennzeichen verbundene gute Ruf erhalten bleibt. Der gute Ruf von markenmäßig eingesetzten Kennzeichen hängt zwar einerseits auch von den Werbeaufwendungen ab, die nicht unbedingt etwas mit der Güte der Produkte zu tun haben, aber andererseits und wesentlich von der Qualität der Produkte. Sofern der Lizenzgeber einem Lizenznehmer die Benutzung eines Kennzeichens gestattet, wird er aus eigenem Interesse dafür sorgen, dass der Lizenznehmer die erforderliche Qualität einhält. In Franchisesystemen wird u.a. deswegen den Franchisenehmern das erforderliche Know-how zur Verfügung gestellt. Ferner werden Bezugsbindungen vereinbart oder Qualitätskriterien vorgegeben.[941] Diese Qualitätskriterien können durch effektive Qualitätskontrollen sichergestellt werden. Bei der Vereinbarung von Qualitätskriterien haftet der Lizenznehmer bei Nichteinhaltung dieser Qualitätskriterien gem. § 280 Abs. 1 BGB auf Schadensersatz. Ferner hat der Lizenzgeber einen Anspruch auf Unterlassung, bei besonders schwerwiegenden Verstößen kann der Lizenzgeber sogar (nach Abmahnung) ein Kündigungsrecht gem. § 314 BGB haben. Praktisch problematisch ist die Lösung über Qualitätskontrollen aber deswegen, weil dies für den Lizenzgeber zu einer bürokratischen Belastung führt. Er muss diese Kontrollen durchführen und auf eventuelle Verstöße reagieren.[942] Ferner führen Qualitätskontrollen häufig zu Streitigkeiten zwischen dem Lizenzgeber und dem Lizenznehmer, wenn Art, Ort, Umfang, Intensität, Mitwirkungspflichten des Lizenznehmers etc. vertraglich nicht genau geregelt sind.[943]

Die Vereinbarung und Durchführung von Qualitätskontrollen sind nach der hier vertretenen Ansicht aber keine Voraussetzung für die Wirksamkeit des Vertrages. Denn mit einer Lizenzierung von Unternehmenskennzeichen ist nicht in

---

[940] Z.B. Kur, GRURInt 1990, 1, 9; Müller, S. 104; Ströbele/Hacker-Hacker, § 30, Rdn. 96; a.A. Baumbach/Hefermehl-Bornkamm, § 5, Rdn. 1.71 f.; ähnlich Oppenhoff, GRURInt 1973, 433, 435; Ingerl/Rohnke, § 30, Rdn. 96.
[941] Metzlaff-Metzlaff, § 8, Rdn. 142 ff.
[942] Hierauf weist u.a. Müller, S. 105 hin.
[943] Müller, S. 106.

jedem Fall die Erlaubnis der markenmäßigen Benutzung verbunden. Selbst wenn mit der Lizenz die Erlaubnis verbunden ist, das lizenzierte Kennzeichen auch markenmäßig zu nutzen, kann eine eventuelle Irreführung nicht nur durch Qualitätskontrollen ausgeschlossen werden. Sofern die Qualität auch ohne Kontrollen eingehalten wird, kommt es nicht zu einer Irreführung des Verkehrs. Sollte die Qualität ausnahmsweise abweichen, kommt zur Vermeidung der Irreführung des Verkehrs auch die Aufnahme eines ausdrücklichen Lizenzvermerkes in Betracht. Dieser Vermerk muss hinreichend groß sein, damit er dem maßgeblichen situationsadäquat aufmerksamen, durchschnittlich informierten Verbraucher auffällt.[944] Ferner muss er so gestaltet sein, dass dem Verkehr klar wird, dass er ggf. mit einer anderen Qualität zu rechnen hat.

IV. Zusammenfassung

Bei Lizenzen über Unternehmenskennzeichen i.S. von § 5 Abs. 2 MarkenG müssen wettbewerbsrechtliche Grenzen eingehalten werden. Fehlvorstellungen des Verkehrs über den Unternehmensträger oder das Unternehmen rechtfertigen eine Anwendung des § 5 UWG aber nur, wenn über diese Fehlvorstellung hinaus, der Verkehr mit dem Unternehmensträger bzw. dem Unternehmen besondere Fähigkeiten oder Kompetenzen verbindet. In der Praxis tritt eine solche Irreführung des Verkehrs ebenso wie eine Irreführung über die Haftungsmasse selten auf. Praktisch relevant wird eine Irreführung des Verkehrs aber, wenn die Unternehmenskennzeichen auch markenmäßig eingesetzt werden. Im Regelfall wird der Lizenzgeber eine Abweichung der Qualität des gekennzeichneten Produktes zwar durch Qualitätskontrollen oder durch die Vereinbarung eines ausdrücklichen Lizenzvermerkes verhindern. Sofern es dennoch zu einer relevanten Fehlvorstellung des Verkehrs über die Güte der unter den Unternehmenskennzeichen angebotenen Produkte kommt, liegt ein Verstoß gegen § 5 UWG vor.

C. Kartellrechtliche Grenzen

Fraglich ist, ob neben den wettbewerbsrechtlichen Grenzen auch kartellrechtliche Vorgaben einzuhalten sind. Hierfür könnte sprechen, dass die Kennzeichen gem. § 5 Abs. 2 MarkenG jeweils Ausschließlichkeitsrechte gewähren, die zeitlich unbefristet aufrechterhalten werden können.[945] Im Rahmen dieser Untersuchung kann eine ausführliche Erörterung von sämtlichen in Betracht kommenden Konstellationen nicht geleistet werden. Es soll aber deutlich gemacht wer-

---

[944] Omsels, GRUR 2005, 548; vgl. Müller, S. 106 m.w.N. noch auf der Grundlage des alten Verbraucherleitbilds.

[945] Vgl. zum Verhältnis des Kartellrechts zu gewerblichen Schutzrechten z.B. Schumacher/Schmid, GRUR 2006, 1, 2.

den, in welchen Bereichen Probleme mit dem nationalen bzw. europäischen Kartellrecht auftreten können. Den nachfolgenden Ausführungen wird dabei das GWB in der Fassung des Beschlusses des Deutschen Bundestages vom 16.6.2005 zu Grunde gelegt (7. GWB-Novelle).[946]
Durch diese Novelle wurde u.a. die Unterscheidung zwischen vertikalen und horizontalen Wettbewerbsbeschränkungen aufgehoben, § 1 GWB n.F. Horizontale Beschränkungen sind alle Abreden zwischen im Wettbewerb stehenden Unternehmen. Vertikale Wettbewerbsbeschränkungen sind dadurch gekennzeichnet, dass Unternehmen von unterschiedlichen Wirtschaftsstufen eine Vereinbarung treffen.[947] Durch das GWB n.F. wird bei horizontalen Wettbewerbsbeschränkungen die Pflicht zur vorherigen Anmeldung und Genehmigung von wettbewerbsbeschränkenden Vereinbarungen aufgehoben. Bei vertikalen Wettbewerbsbeschränkungen waren Inhaltsbindungen für Preise und Konditionen per se verboten. Andere Vertriebsbindungen waren grundsätzlich erlaubt, unterlagen aber einer Missbrauchsaufsicht. Wegen der Gleichstellung von horizontalen und vertikalen Wettbewerbsbeschränkungen sind die speziellen Vorschriften über die vertikalen Wettbewerbsbeschränkungen weggefallen, §§ 16 ff. GWB a.F.
Gem. § 1 GWB n.F. sind Vereinbarungen zwischen Unternehmen, Beschlüsse von Unternehmensvereinigungen und aufeinander abgestimmte Verhaltensweisen, die eine Verhinderung, Einschränkung oder Verfälschung des Wettbewerbs bezwecken oder bewirken, verboten.[948] § 1 GWB n.F. ist damit ein Verbotsgesetz i.S. von § 134 BGB, so dass entgegenstehende kartellrechtliche Verträge nichtig sind.[949] § 1 GWB n.F. entspricht damit im Wesentlichen Art. 81 Abs. 1 EGV, der ebenfalls ohne Differenzierung zwischen horizontalen und vertikalen Absprachen[950] anwendbar ist, wenn der Lizenzvertrag geeignet ist, den Handel zwischen den Mitgliedsstaaten zu beeinträchtigen.[951] Die gem. Art. 81 EGV verbotenen Vereinbarungen oder Beschlüsse sind gem. Art. 81 Abs. 2 EGV nichtig. Das Verbot des Art. 81 Abs. 1 EGV hat als EG-Vertragsklausel genauso

[946] Vgl. zur 7. GWB-Novelle die Gesetzesbegründung BT-Drucks. 15/3640 v. 7.6.2004, S. 1 ff., auch wenn dieser Gesetzesentwurf im Vermittlungsausschuss noch verändert wurde. Die Veränderungen betreffen aber nicht den hier erörterten Bereich.
[947] Immenga/Mestmäcker-Mestmäcker, Einleitung, Rdn. 11 ff.; Fikentscher, GRURInt 2004, 727, 729; vgl. hierzu bei Markenlizenzverträgen z.B. Ingerl/Rohnke, § 30, Rdn. 83 ff.
[948] Vgl. zur Definition und Abgrenzung der Tatbestandsmerkmale Vereinbarungen zwischen Unternehmen, Beschlüsse von Unternehmensvereinigungen und aufeinander abgestimmte Verhaltensweisen Schröter/Jakob/Mederer-Schröter, Artikel 81 Absatz 1, Rdn. 65 ff.
[949] BT-Drucks. 15/3640 v. 7.6.2004, S. 23; Immenga/Mestmäcker-Zimmer, § 1 GWG, Rdn. 12 zum insoweit nicht geänderten § 1 GWG a.F.
[950] Schröter/Jakob/Mederer-Schröter, Artikel 81 Einführung, Rdn 18.
[951] Vgl. zur Zwischenstaatlichkeitsklausel Schröter/Jakob/Mederer-Schröter, Artikel 81 Absatz 1, Rdn. 192 ff.; Fikentscher, GRURInt. 2004, 727, 728.

wie § 1 GWB n.F. unmittelbare Wirkung.[952] Nach Auffassung des EUGH erfasst die Nichtigkeit gem. Art. 81 Abs. 2 EGV aber nur die wettbewerbsbeschränkende Klausel. Über die Weitergeltung des übrigen Vertrages müssen nach Auffassung des EUGH die nationalen Gerichte befinden.[953] In Deutschland muss damit bei einer europäischen Wettbewerbswidrigkeit einer Klausel gem. § 139 BGB entschieden werden, ob der Vertrag insgesamt nichtig ist oder die Nichtigkeit der einzelnen Klausel den Restvertrag nicht berührt. Maßstab hierfür ist gem. § 139 BGB der Parteiwille. In diesem Zusammenhang können die sog. salvatorischen Klauseln eine Rolle spielen, durch die die Parteien vereinbaren, dass sie bei Nichtigkeit einer Klausel den Erhalt des Restvertrages wünschen.[954]
Bei Sachverhalten, die sowohl i.S. der Zwischenstaatlichkeitsklausel europäisch zu würdigen sind, aber auch eine nationale Dimension haben, bestimmt § 22 Abs. 1 GWB n.F., dass neben dem GWB n.F. auch Art. 81 Abs. 1 EGV anwendbar ist. Bei der Anwendung des Art. 81 Abs. 1 EGB ist aber stets der Vorrang des Gemeinschaftsrechts vor dem nationalen Recht zu beachten.[955] Vorliegend wird wegen der Angleichung des § 1 GWB n.F. an Art. 81 Abs. 1 EGV nicht zwischen rein nationalen und zwischenstaatlichen Sachverhalten unterschieden. Auch nach Auffassung des Gesetzgebers hat das GWB n.F. – u.a. wegen der weiten Auslegung der Zwischenstaatlichkeitsklausel – nur noch Bedeutung in Fällen, die rein lokale oder regionale Auswirkungen haben und keine zwischenstaatliche Relevanz aufweisen.[956]
Die Kommission hat im Rahmen des Art. 81 Abs. 3 EGV zahlreiche Gruppenfreistellungsverordnungen erlassen. Diese haben auch nach dem Übergang zum Prinzip der Legalausnahme durch Art. 1 Abs. 2 VO (EG) 1/2003 weiter ihre Gültigkeit. Durch Art. 1 Abs. 1 und 2 VO (EG) 1/2003 sind wettbewerbsbeschränkende Vereinbarungen i.S. von Art. 81 Abs. 1 EG, die nicht unter Art. 81 Abs. 3 EG fallen, verboten, ohne dass durch eine vorherigen Entscheidung festgestellt werden müsste. Gem. Art. 1 Abs. 2 VO (EG) 1/2003 wird positiv geregelt, dass Verhaltensweisen, die unter Art. 81 Abs. 3 EG fallen ohne eine vorherige Entscheidung zulässig sind. Das vor dieser Verordnung geltende Prinzip des Zusammenwirkens von Einzelfreistellungen und Gruppenfreistellungsverordnungen ist damit aufgegeben. Einzelfreistellungen sieht die VO (EG) 1/03 nicht mehr vor. Weiter anwendbar sind aber Gruppenfreistellungsverordnun-

[952] Schröter/Jakob/Mederer-Schröter, Artikel 81 Einführung, Rdn 28 ff.
[953] EUGH GRURInt, 1987, 868, 869 – VAG France/Mange; ebenso Papenberg/Geissler, S. 28, 30; Henn, Rdn. 393 FN 183.
[954] Vgl. allgemein zur Anwendung und zu den Grenzen von salvatorischen Klauseln z.B. MünchKomm-Mayer-Maly/Busche, § 139, Rdn. 5 ff. m.w.N; zur Anwendung im Kartellrecht z.B. Röhling, GRUR 2003, 1019, 1025 m.w.N.
[955] Immenga/Mestmäcker-Mestmäcker, Einleitung, Rdn. 71.
[956] BT-Drucks. 15/3640 v. 7.6.2004, S. 21.

gen.[957] Bei Gruppenfreistellungsverordnungen werden bestimmte Arten von Vereinbarungen (pauschal) definiert, die der Ausnahmemöglichkeit des Art. 81 Abs. 3 EGV unterfallen. Bei diesen typischen Ausnahmefällen wird davon ausgegangen, dass diese für den Wettbewerb insgesamt positive Wirkung haben.[958] Schwierigkeiten bereitet aber die rechtliche Natur der Gruppenfreistellungsverordnungen. Einerseits haben sie unmittelbare Wirkung. Dies spricht für eine konstitutive Präzisierung des Art. 81 Abs. 3 EGV. Teilweise wird davon ausgegangen, dass eine Gruppenfreistellungsverordnung nur noch eine deklaratorische Bedeutung haben könne.[959] Dieser dogmatischen Frage kann im Rahmen dieser Untersuchung nicht nachgegangen werden. Für diese Untersuchung kann davon ausgegangen werden, dass nach einer Gruppenfreistellungsverordnung erlaubte Vereinbarung nicht kartellrechtswidrig ist.
Gem. § 2 Abs. 2 GWB n.F. werden die Gruppenfreistellungsverordnungen der EU für das GWB für anwendbar erklärt.[960] Es handelt sich bei § 2 Abs. 2 GWB n.F. um eine dynamische Verweisung auf die Gruppenfreistellungsverordnungen in der jeweiligen Fassung. Die Genehmigung von Ausnahmen von Gruppenfreistellungsverordnungen seitens der Kommission sind in Deutschland aber nicht anwendbar.[961]

Nach Art. 81 Abs. 1 EGV sind häufig Absprachen / Vereinbarungen innerhalb eines Konzerns unbedenklich. Diese Absprachen haben keine Eignung zur Beschränkung des Wettbewerbs, wenn Mutter- und Tochtergesellschaft wirtschaftlich eine Einheit bilden.[962] Voraussetzung für eine wirtschaftliche Einheit ist, dass die Tochtergesellschaft keine selbstständigen wirtschaftlichen Entscheidungen und Handlungen treffen darf. Ausreichend hierfür ist, dass der Muttergesellschaft entweder ein Weisungsrecht zusteht oder die Muttergesellschaft ähnlich wirksame Mittel hat, um ihren Willen durchzusetzen. Sofern die Tochtergesellschaft ihr Verhalten aber in eigener Verantwortung bestimmen kann, liegt keine wirtschaftliche Einheit vor.[963] Lizenzverträge können in diesem Fall kartellrechtlich bedenklich sein. Bei Lizenzen an Unternehmenskennzeichen i.S.

---

957 Vgl. z.B. Art 29 der VO (EG) 1/03 in dem geregelt ist, dass die Kommission einer an sich unter eine Gruppenfreistellung fallende Vereinbarung den Vorteil der Gruppenfreistellungsverordnung entzieht, wenn diese mit Art. 81 Abs. 3 EGV unvereinbar ist.
958 Fehrenbacher, JR 2001, 309, 311.
959 Vgl. hierzu z.B. Schumacher/Schmid, GRUR 2006, 1, 3 mit Nachweisen zu den jeweiligen Auffassungen.
960 Bedenken gegen die Verfassungsmäßigkeit dieser dynamischen Verweisung bei Röhling, GRUR 2003, 1019, 1025.
961 BT-Drucks. 15/3640 v. 7.6.2004, S. 25.
962 Schröter/Jakob/Mederer-Schröter, Artikel 81 Absatz 1, Rdn. 123 ff m.w.N; ABL. EG 1970 Nr. L 147, 24, Nr. 11 u. 12.
963 Schröter/Jakob/Mederer-Schröter, Artikel 81 Absatz 1, Rdn. 125 m.w.N; ABL. EG 1970 Nr. L 147, 24, Nr. 11 u. 12.

von § 5 Abs. 2 MarkenG wird aber häufig eine wirtschaftliche Einheit zwischen Mutter- und Tochtergesellschaft vorliegen. Denn in vielen Fallkonstellationen haben Mutter- und Tochtergesellschaft regelmäßig einen Beherrschungsvertrag i.S. von § 291 Abs. 1 AktG abgeschlossen, der zu einer wirtschaftlichen Einheit führt. In diesen Fällen ist eine Lizenz über die Unternehmenskennzeichen kartellrechtlich weitgehend unproblematisch. Problematisch kann allerdings das missbräuchliche Ausnutzen einer beherrschenden Stellung sein, Art. 82 EGV. Allein die absolute Rechtsstellung eines Immaterialgutes rechtfertigt aber nicht die Anwendung von Art. 82 EGV.[964] Art. 82 EGV kann aber unter besonderen Voraussetzungen einschlägig sein, wenn eine Lizenz für ein Immaterialgut verweigert wird.[965]
Ebenfalls nicht unter Art. 81 Abs. 1 EGV fallen mangels einer unabhängigen Wirtschaftstätigkeit echte Handelsvertreterverträge. Solche liegen vor, wenn der Vertreter keine oder nur unbedeutende Risiken in Bezug auf die im Auftrag geschlossenen und / oder ausgehandelten Verträge und in Bezug auf die geschäftsspezifischen Investitionen für das betreffende Geschäftsfeld trägt.[966] Bei echten Handelsvertreterverträgen werden dem Handelsvertreter regelmäßig aber auch keine Lizenzen an Unternehmenskennzeichen eingeräumt.

Kartellrechtlich relevant können damit im hier interessierenden Zusammenhang vor allem Franchiseverträge, selektive Vertriebssysteme oder ähnliche Fallgestaltungen sein. In Art. 81 Abs. 1 lit. a bis e EGV sind eine Reihe typischer Wettbewerbsbeschränkungen aufgeführt. Hierbei handelt es sich nicht um abschließende Verhaltensweisen. Relevant sind bei Lizenzen über Unternehmenskennzeichen i.S. von § 5 Abs. 2 MarkenG vor allem Art. 81 Abs. 1 lit. a EGV, die Festsetzung von An- oder Verkaufspreisen oder sonstiger Geschäftsbedingungen, Art. 81 Abs. 1 lit. b EGV, die Einschränkung oder Kontrolle der Erzeugung, und Art. 81 Abs. 1 lit. c EGV, die Aufteilung der Märkte oder Versorgungsquellen.
Voraussetzung für das Eingreifen von Art. 81 Abs. 1 EGV ist, dass die fragliche Vereinbarung im relevanten Markt spürbar sein muss. Der relevante Markt muss

---

[964] EUGH NJW 1990, 628 Volvo/Wenig für ein Geschmacksmuster; Henn, Rdn. 384; Schröder/Jakob/Mederer-Sucker/Guttuso/Gaster, Art. 81 – Fallgruppen Immaterialgüterrechte, Rdn. 51 für Unternehmenskennzeichen.

[965] Abgelehnt EUGH NJW 1990, 628 Volvo/Wenig für ein Geschmacksmuster; bejaht unter besonderen Voraussetzungen EUGH GRURInt. 1994, 490 ff. – Magill für Urheberrechtslizenzen; EUGH GRUR 2004, 524 ff. – IMS Health für geistiges Eigentum an einer Datenbankstruktur.

[966] ABL. EG 2000, Nr. C 291/1, Nr. 15.

nach sachlichen, örtlichen und zeitlichen Kriterien abgegrenzt werden.[967] Nach der Bagatellbekanntmachung der Kommission[968] fallen Vereinbarungen zwischen Wettbewerbern nicht unter das Verbot des Art. 81 Abs. 1 EGV, wenn der Teil der Vertragspartner am relevanten Markt 10 % nicht überschreitet. Bei Vereinbarungen von Nichtwettbewerbern dürfen diese nicht mehr als 15 % des relevanten Marktes kontrollieren.[969] Diese Schwellen gelten aber nur, wenn sie nicht eine Festsetzung der Preise beim Verkauf von Erzeugnissen an Dritte, die Beschränkung der Produktion oder des Absatzes oder die Aufteilung von Märkten oder Kunden bezwecken.[970] Aber auch bei einer Überschreitung dieser Schwellen kann (im Einzelfall) von nur geringfügigen Auswirkungen auf den Wettbewerb ausgegangen werden, mit der Folge, dass Art. 81 Abs. 1 und 2 EGV nicht einschlägig sind.[971] Diese sog. de-minimis-Bekanntmachung der Kommission zur Auslegung des Art. 81 Abs. 1 EGV hat zwar keinen umfassenden Charakter und ist auch nicht rechtlich verbindlich. Sie bindet nur die Kommission, nicht aber die Gerichte und nationalen Kartellbehörden.[972] Faktisch wird sie aber auf europäischer Ebene angewendet.[973] Wegen des Grundsatzes der europafreundlichen Auslegung des nationalen Rechts ist diese Bekanntmachung auch bei der Auslegung des GWB zu berücksichtigen.[974] Auf Grundlage dieser Schwellen sind viele Lizenzverträge an Unternehmenskennzeichen i.S. von § 5 Abs. 2 MarkenG kartellrechtlich unproblematisch.

Ferner ist bei der Frage, ob eine Wettbewerbsbeschränkung vorliegt, der Charakter des Ausschließlichkeitsrechts der Unternehmenskennzeichen zu berücksichtigen. Denn durch (ausschließliche) Lizenzen an Unternehmenskennzeichen wird nur der Wettbewerb innerhalb des Kennzeichens, z.B. innerhalb eines Franchisesystems, beschränkt. Entsprechend der Rechtslage bei Marken ist auch

---

[967] Schröter/Jakob/Mederer-Schröter, Art. 81 Absatz 1, Rdn. 129; vgl. auch die Bekanntmachung der Kommission über die Definition des relevanten Marktes ABL. EG 1997 Nr. C 372/2.

[968] ABL. EG 2001 Nr. C 368/13, Nr. 7 lit. a u. b; ausführlich hierzu Schröter/Jakob/Mederer-Schröter, Art. 81 Absatz 1, Rdn. 209 ff m.w.N.

[969] Ferner begünstigt die Kommission mit der Bagatellbekanntmachung die sog. „KMU's", d.h. die kleinen und mittleren Unternehmen (mit weniger als 150 Beschäftigten und einem Jarhesumsatz von höchstens 40 Mio. Euro oder bei einer Bilanzsumme von höchstens 27 Mio. Euro. Nach der Bagatellbekanntmachung sind Vereinbarungen zwischen KMU's nur selten geeignet den zwischenstaatlichen Handel spürbar zu beeinträchtigen; ABL. EG 2000, Nr. C 291/1, Nr. 11.

[970] ABL. EG 2001 Nr. C 368/13, Nr. 11, 1, lit. a, b, c; weitere Einschränkungen z.B. in Nr. 8.

[971] ABL. EG 2001 Nr. C 368/13, Nr. 2.

[972] Schumacher/Schmid, GRUR 2006, 1, 2.

[973] Hilty, S. 390.

[974] BT-Drucks. 15/3640 v. 7.6.2004, S. 23, vgl. auch § 4 GWB n.F. zu Mittelstandskartellen und ABL. EG 1996 Nr. L 107/4.

bei Unternehmenskennzeichen zu differenzieren. Vereinbarungen innerhalb eines Kennzeichens sind in Bezug auf den Wettbewerb weniger einschneidend als Vereinbarungen, die unterschiedliche Kennzeichen betreffen. Bei Marken wird entsprechend zwischen inter-brand competition und intra-brand competition unterschieden.[975] Eine inter-brand competition, d.h. eine Wettbewerbsbeschränkung innerhalb einer Marke, ist weniger einschneidend als eine Wettbewerbsbeschränkung zwischen Marken, intra-brand competition. Wettbewerbsbeschränkungen z.B. innerhalb der Marke Coca Cola sind weniger schädlich als Wettbewerbsbeschränkungen zwischen Coca Cola und Pepsi Cola. Dies gilt erst recht bei Unternehmenskennzeichen, da diese im Unterschied zu Marken primär unternehmens- bzw. unternehmensträgerindentifizierend sind.

Bei einer Anwendung des Art. 81 Abs. 1 EGV ist zu prüfen, ob eine auf Art. 81 Abs. 3 EGV gestützte Gruppenfreistellungsverordnung eingreift. Sofern keine Gruppenfreistellungsverordnung einschlägig ist, bedeutet dies aber keine Vermutung für die Unvereinbarkeit mit Art. 81 Abs. 3 EGV.[976] Voraussetzung für alle in Betracht kommenden Gruppenfreistellungsverordnungen ist, dass nur zwei Unternehmen beteiligt sind. Eine Gruppenfreistellungsverordnung, die ausschließlich für Marken oder andere Kennzeichenlizenzverträge gilt, gibt es nicht.[977]

Lizenzverträge über Unternehmenskennzeichen i.S. von § 5 Abs. 2 MarkenG können aber unter die Technologietransferfreistellungsverordnung fallen. Voraussetzung hierfür ist, dass die Lizenzverträge über Unternehmenskennzeichen in unmittelbarem Bezug zu einer Patentlizenzvereinbarung, einer Know-how-Vereinbarung oder einer Softwarelizenz-Vereinbarung stehen und unmittelbar auf die Produktion von Vertragsprodukten gerichtet sind, Art. 1 Abs. 1 lit. b VO (EG) 772/2004. Reine Lizenzen über Unternehmenskennzeichen fallen nicht unter diese Verordnung. Denn diese gilt für reine Urheber- und Markenlizenzen nicht.[978] Damit gilt sie erst recht nicht für Lizenzen an Unternehmenskennzeichen i.S. von § 5 Abs. 2 MarkenG. Gem. Art. 3 Abs. 1 VO (EG) 772/2004 sind bei Wettbewerbern Marktanteile von bis zu 20 % unschädlich, bei Nichtwettbewerbern sind gem. Art. 3 Abs. 2 VO (EG) 772/2004 Marktanteile von bis zu 30 % unschädlich. Basis für die Ermittlung der Prozentzahlen ist dabei das jeweilige Vorjahr. In Art. 4 VO (EG) 772/2004 werden wichtige Rückausnahmen geregelt, z.B. dass die Beschränkung der Möglichkeit

---

975 ABL. EG 2000, Nr. C 291/1, Nr. 119, 2.

976 Fehrenbacher, JR 2001, 309, 313; hiervon geht der Gesetzgeber auch für die Anwendung des GWB aus BT-Drucks. 15/3640 v. 7.6.2004, S. 25; vgl. auch VO EG 772/2004 Erwägungsgrund Nr. 12.

977 Schröder/Jakob/Mederer-Sucker/Guttuso/Gaster, Art. 81 – Fallgruppen Immaterialgüterrechte, Rdn. 109 u. 127.

978 Schumacher/Schmid, GRUR 2006, 1,4.

einer Partei, den Preis eigenständig festzusetzen, von der Freistellung nicht erfasst wird, Art. 4 Abs. 1 lit. a VO (EG) 772/2004.[979]
Ferner kann die VO (EG) 790/1999 über die Freistellung von vertikalen Vereinbarungen anwendbar sein. Gem. Art. 2 Abs. 3 VO (EG) 790/1999 gilt die Freistellung gem. Art. 1 auch für vertikale Vereinbarungen, die Bestimmungen enthalten, welche die Übertragung von geistigen Eigentumsrechten auf den Käufer oder die Nutzung solcher Rechte durch den Käufer betreffen, sofern diese Bestimmungen nicht Hauptgegenstand der Vereinbarung sind. Unter „Nutzung solcher Rechte" sind hierbei auch Lizenzverträge zu verstehen. Die geistigen Eigentumsrechte umfassen gem. Art. 1 lit. e VO (EG) 790/1999 u.a. gewerbliche Schutzrechte sowie verwandte Schutzrechte und damit auch Unternehmenskennzeichen i.S. von § 5 Abs. 2 MarkenG. Die Einschränkung, dass die Nutzung solcher Rechte nicht Hauptgegenstand der Vereinbarung sein darf, wird bei Lizenzen über Unternehmenskennzeichen selten praktisch relevant. Beim Franchising, selektiven Vertriebssystemen etc. werden in der Praxis keine isolierten Verträge über die Kennzeichen geschlossen. Die Lizenzverträge werden vielmehr in ein Gesamtsystem eingebettet, in dem sich der Lizenznehmer u.a. zum Bezug von Waren etc. verpflichtet, der Lizenzgeber zu entsprechenden Beschaffungsleistungen etc. Demzufolge fallen nach Auffassung der Kommission Franchisevereinbarungen grundsätzlich unter die Freistellung in der VO (EG) 790/1999 [980] Gem. Art. 3 Abs. 2 VO (EG) 790/1999 darf der Marktanteil aber nicht 30 % überschreiten.

Insgesamt bleibt festzuhalten, dass Lizenzverträge an Unternehmenskennzeichen i.S. von § 5 Abs. 2 MarkenG nur selten gegen das europäische und / oder nationale Kartellrecht verstoßen. In den meisten Fällen liegt schon kein Verstoß gegen Art. 81 Abs. 1 EGV vor, bzw. die Verträge sind von Gruppenfreistellungsverordnungen gedeckt. Sofern dies ausnahmsweise nicht der Fall sein sollte und Art. 81 Abs. 3 EGV nicht eingreift, sind die Vereinbarungen gem. Art. 81 Abs. 2 EGV nichtig.

---

979 Kritisch zur Praxistauglichkeit der Technologietransferfreistellungsverordnung Schumacher/Schmid, GRUR 2006, 1 ff.
980 ABL. EG 2000, Nr. C 291/1, ausdrücklich in Nr. 43, vgl. auch Nrn. 35, 42.

§ 9 Zusammenfassung der Ergebnisse

In dieser Arbeit wurden nach der Einführung und der Darstellung der wirtschaftlichen und historischen Hintergründe folgende Ergebnisse erarbeitet:

1.
Sämtliche Zeichen i.S. von § 5 Abs. 2 MarkenG mit Ausnahme des Namens und der subjektiven Geschäftsbezeichnung sind Immaterialgüter und keine Persönlichkeitsrechte. Beim Namen und den subjektiven Geschäftsbezeichnungen gibt es kein praktisches Bedürfnis für eine Lizenzierung als Unternehmenskennzeichen. Deswegen wurden diese Zeichen aus der weiteren Untersuchung ausgeschieden. Bedenken gegen die Lizenzierbarkeit der übrigen Kennzeichen i.S. von § 5 Abs. 2 MarkenG bestehen auf Grund der Rechtsnatur nicht.

2.
Es ist möglich, eine positive sowie eine negative Lizenz zu erteilen. Bei der negativen Lizenz verzichtet der Lizenzgeber im Verhältnis zum Lizenznehmer nur auf seine Abwehrrechte, während bei einer positiven Lizenz der Lizenznehmer ein positives Benutzungsrecht an dem lizenzierten Kennzeichen erhält. Wegen des positiven Charakters der Rechtseinräumung treffen Lizenznehmer und Lizenzgeber bei einer positiven Lizenz diverse Nebenpflichten. Wenn keine gegenteiligen Anhaltspunkte bestehen, wollen Lizenznehmer und Lizenzgeber eine positive Lizenz vereinbaren.

3.
Bei Lizenzverträgen ist zwischen dem Verpflichtungsvertrag, dem Lizenzvertrag im weiteren Sinn, und dem Erfüllungsvertrag, dem Lizenzvertrag im engeren Sinn, zu differenzieren. Hinsichtlich der Rechtswirkungen des Lizenzvertrages im engeren Sinn ist zwischen einer relativen und einer absoluten Wirkung zu unterscheiden. Die häufig verwendeten Begriffe der Dinglichkeit oder Quasidinglichkeit sind ungenau und deswegen abzulehnen.

4.
Der Lizenzvertrag im weiteren Sinn an Unternehmenskennzeichen i.S. von § 5 Abs. 2 MarkenG ist als Vertrag sui generis einzuordnen. Er ist ein Dauerschuldverhältnis. Sofern der Lizenzvertrag im engeren Sinn keine absolute Wirkung hat, kann sich der Lizenzgeber zwar schuldrechtlich wirksam verpflichten, keine Verfügung über das lizenzierte Kennzeichen zu treffen. Hieraus folgt aber keine Verfügungsbeschränkung, § 137 BGB.

5.
In dem Lizenzvertrag im weiteren Sinn liegt in jedem Fall eine Einwilligung in die Benutzung des Kennzeichens. Hierdurch erhält der Lizenznehmer eine schuldrechtliche Benutzungsbefugnis. Im Regelfall verfügt der Lizenzgeber ferner mit absoluter Wirkung über das lizenzierte Gut durch den Lizenzvertrag im engeren Sinn. Die Annahme einer rein schuldrechtlichen Lizenz ist die Ausnahme. Hierfür sind Anhaltspunkte in der Vereinbarung der Parteien erforderlich.
Durch die regelmäßig anzunehmende absolute Wirkung der Lizenz wird das wirtschaftliche Bedürfnis des Lizenznehmers, insbesondere am Sukzessionsschutz, befriedigt. Ferner werden durch die Annahme einer solchen Verfügung Probleme im Zusammenhang mit dem Recht des Lizenznehmers bei einer Inanspruchnahme durch einen Dritten sowie bei der Schadensberechnung vermieden.

6.
Die angenommene Verfügung ist eine konstitutive Rechtsübertragung mit der Folge, dass das lizenzierte Kennzeichen bei Ablauf der Lizenzzeit automatisch an den Lizenzgeber zurückfällt, sog. Elastizität. Eine Rückübertragung ist nicht erforderlich.

7.
Gegen die Annahme einer absoluten Wirkung in Form einer konstitutiven Rechtsübertragung bestehen keine durchgreifenden Bedenken. Das nunmerusclausus-Prinzip und das Publizitätsprinzip sind nicht anwendbar. Bei der Firma führt § 23 HGB auch nicht zu einer unzulässigen Veräußerung der Firma ohne Geschäftsbetrieb. § 23 HGB ist als mittlerweile isolierte Sondervorschrift dahingehend auszulegen, dass unter „Veräußerung" i.S. von § 23 HGB nur translative und nicht konstitutive Übertragungen subsumiert werden können. Durch eine konstitutive Rechtsüberübertragung kommt es auch nicht zu einer mit der Funktion des Kennzeichens nicht zu vereinbarenden Verdopplung der Kennzeichen.

8.
Bei den Lizenzverträgen im weiteren und engeren Sinn über Unternehmenskennzeichen i.S. von § 5 Abs. 2 MarkenG gelten die das BGB beherrschenden Prinzipien der Trennung und Abstraktion von Verpflichtungs- und Verfügungsgeschäft. § 9 VerlG, der die teilweise Nichtgeltung des Abstraktionsprinzip vorsieht, kann nicht analog angewendet werden. Eine Durchbrechung des Abstraktionsprinzips über die Annahme einer Geschäftseinheit i.S. von § 139 BGB ist ebenfalls nicht möglich. Die Wirksamkeit des Verpflichtungsgeschäfts ist auch im Regelfall keine Bedingung für das Verfügungsgeschäft i.S. von § 158 BGB.

9.
Lizenzverträge über Unternehmenskennzeichen i.S. von § 5 Abs. 2 MarkenG sind im Inland nicht formbedürftig, es sei denn, es greifen besondere Formvorschriften z.B. bei Unentgeltlichkeit gem. § 518 BGB. Die Parteien sollten aber, um ihre Beweissituation zu verbessern, Lizenzverträge schriftlich abschließen.

10.
Lizenzverträge über Unternehmenskennzeichen i.S. von § 5 Abs. 2 MarkenG können wettbewerbsrechtlich unzulässig sein, § 5 UWG. Die mit jedem Lizenzvertrag verbundene Zuordnungsverwirrung über den Unternehmensträger bzw. das Unternehmen reicht für die Annahme einer unzulässigen Irreführung i.S. von § 5 UWG nicht aus. Ausreichend kann aber eine unzulässige Irreführung über Fähigkeiten und Kompetenzen des Unternehmensträgers bzw. des Unternehmens oder die Haftungsmasse sein. Ferner kann durch die Lizenzierung der Unternehmenskennzeichen, wenn diese Kennzeichen auch markenmäßig verwendet werden, eine Irreführung über die Waren und Dienstleistungen hervorgerufen werden.
Ein Verstoß gegen das Wettbewerbsrecht liegt in der Praxis aber nur in Ausnahmefällen vor.

11.
Lizenzverträge über Unternehmenskennzeichen können auch gegen das Kartellrecht verstoßen. § 1 GWB n.F. entspricht Art. 81 Abs. 1 EGV. Erforderlich für eine Kartellrechtswidrigkeit ist eine spürbare Beeinträchtigung des Wettbewerbs. Bei der Spürbarkeit der Beeinträchtigung ist in der Praxis die de-minimis-Bekanntmachung der Kommission zu beachten, auch wenn diese keine Gesetzeskraft hat. Eine Beeinträchtigung des Wettbewerbs liegt ferner nicht vor, wenn im Konzern Mutter- und Tochtergesellschaft eine wirtschaftliche Einheit bilden. Viele Lizenzverträge über Unternehmenskennzeichen werden zudem im Zusammenhang mit der Lizenzierung von Patenten bzw. Know-how oder im Zusammenhang mit vertikalen Vertriebssystemen abgeschlossen. In diesen Fällen können die Technologietransferfreistellungsverordnung, VO (EG) 772/2004, oder die Gruppenfreistellungsverordnung über vertikale Vereinbarungen, VO (EG) 790/1999, anwendbar sein. Die Kartellrechtswidrigkeit von Lizenzverträgen über Unternehmenskennzeichen i.S. von § 5 Abs. 2 MarkenG mit der Folge der Nichtigkeit (Art. 81 Abs. 2 EGV, § 1 GWB n.F. i.V. mit § 134 BGB) ist damit in der Praxis die Ausnahme.

Peter Lang · Europäischer Verlag der Wissenschaften

Verena Käbisch

Markenschutz im Strafrecht

Die Rechtslage in Deutschland und den USA

Frankfurt am Main, Berlin, Bern, Bruxelles, New York, Oxford, Wien, 2006.
447 S.
Criminalia. Herausgegeben von Klaus Volk. Bd. 42
ISBN 3-631-55388-9 · br. € 68.50*

Markenpiraten sind die Piraten der Neuzeit: Sie reiten mit auf der Welle des Erfolges von Markenprodukten und streichen dabei hohe Gewinne ein. Die Schäden für den Welthandel gehen in die Milliarden. Nicht selten wird der Ruf nach dem Strafrecht zur Bekämpfung dieses Phänomens laut. Die Verfasserin vergleicht die Rechtslage zum strafrechtlichen Markenschutz in Deutschland und den USA. Sie erörtert die Strafnormen, die Markenverletzungen sanktionieren, sowie materiell-rechtliche und strafprozessuale Besonderheiten bei diesen Taten. Nach einem Blick auf die Rechtswirklichkeit bespricht sie internationale Initiativen zum strafrechtlichen Schutz von Marken. Basierend auf den bei der Strafverfolgung auftretenden Problemen und der rechtsvergleichenden Betrachtung entwickelt sie einen eigenen Vorschlag für einen Straftatbestand, der eine Balance zwischen effektivem Schutz und Überkriminalisierung sucht.

Aus dem Inhalt: Einführung in das Markenrecht · Strafbarkeit bei Markenverletzungen · Materiell-rechtliche Probleme bei Markenstraftaten · Strafprozessuale Besonderheiten · Rechtswirklichkeit · Internationale Initiativen zur Ausgestaltung von Straftatbeständen · Schlussfolgerungen

Frankfurt am Main · Berlin · Bern · Bruxelles · New York · Oxford · Wien
Auslieferung: Verlag Peter Lang AG
Moosstr. 1, CH-2542 Pieterlen
Telefax 0041 (0)32/376 17 27

*inklusive der in Deutschland gültigen Mehrwertsteuer
Preisänderungen vorbehalten

Homepage http://www.peterlang.de

FSC
www.fsc.org
MIX
Papier | Fördert
gute Waldnutzung
FSC® C083411

Kolibri 360 GmbH
Ferdinand-Jühlke-Straße 7
99095 Erfurt, Deutschland
produktsicherheit@kolibri360.de

Druck:
CPI Druckdienstleistungen GmbH
im Auftrag der
Kolibri 360 GmbH
Ferdinand-Jühlke-Str. 7
99095 Erfurt